Franz Konz ist ehemaliger Steuerinspektor und Revisor bei Wirtschaftsprüfungsgesellschaften und Verbänden und heute ein kompetenter Ratgeber und Kämpfer für die Belange von Steuerzahlern und Existenzgründern.

Seine Bücher – am bekanntesten die »1000 ganz legalen Steuertricks«, der »Kleine Konz« und die »Tips & Tricks bei Steuerfahndung und Betriebsprüfung« erreichen Millionenauflagen und sind seit Jahren ständig auf den Bestsellerlisten vertreten.

Von Franz Konz sind außerdem erschienen:

Der Kleine Konz. 1000 Steuertricks (Band 07792)
1000 ganz legale Steuertricks (Band 07665)
Keinen Schilling zuviel (mit Harald Eder) (Band 07885)

Originalausgabe Oktober 1997

Umschlaggestaltung: Agentur Zero, München
Satz: Ventura Publisher im Verlag
Druck und Bindung: Ebner Ulm
Printed in Germany
ISBN 3-426-82119-2

5 4 3 2 1

Franz Konz

1000 Tips und Tricks für Selbständige und alle, die es werden wollen

Knaur

Inhalt

3. Organisation

4. Controlling

5. Finanzierung

6. Recht

7. Steuern

8. Vorsorge

Vorwort

Nutze Deine Talente!
Wenn nur die besten Vögel sängen,
herrschte Schweigen im Wald
(R. W. Emerson)

Lieber Leser,
glaub mir, das ist kein Buch nach dem Motto: »Ich hab' die besten Ratschläge, damit Du als Selbständiger reich wirst – ich muß sie nur erst oft genug an die Dummen verkaufen.«
Mir kannst Du es abnehmen: Ich habe mich schon sehr früh selbständig gemacht und meinen sicheren Inspektoren-Posten an den Nagel gehängt. Und ich habe es nicht bereut.
Ich verstehe eine ganze Menge vom Selbständigsein und weiß, worauf es dabei ankommt.
Ich hab's zum Millionär gebracht – und das gleiche gelingt Dir – wenn Du nicht gerade Industrie-Manager bist – nur als Selbständiger.
Ich hoffe, der Erfolg stellt sich recht bald ein. Denn dieses Buch habe ich nicht für jeden geschrieben, sondern nur für die wenigen, die mehr aus sich machen wollen als die meisten, die nur vor sich hinleben.

In diesem Sinne bin ich der Verfasser

1. Einführung

Erfolg: die einzige unverzeihliche Sünde
gegen unsere Mitmenschen
(A. Bierce)

Vier, die es geschafft haben

**Gute Vorbilder sind dazu da, daß man Ihnen nacheifert. Existenz- 1
gründer gibt es viele, doch zum unternehmerischen Erfolg gehört Mut zum Risiko, eine Nase für die richtige Marktlücke – und nicht zuletzt ein bißchen Glück und das Gespür für die richtige Gelegenheit.**
Kommt all dies zusammen, kann sich sogar der ganz große Erfolg einstellen.

Bill Gates: 2
Auf Erfolg programmiert

Erfolgreiche Unternehmer nehmen die Dinge nicht, wie sie sind. Status quo – das gibt es für sie nicht. Visionen, Optimismus, Glaube an scheinbar Unmögliches, Vertrauen in die eigenen Fähigkeiten – das macht sie aus.
Und so liest sich auch manche Biographie bekannter Wirtschaftsgrößen wie ein Märchen – die alte Geschichte vom Tellerwäscher, der zum Multimillionär wird.
Das Paradebeispiel für unternehmerischen Erfolg der 90er Jahre ist zweifellos Bill Gates. Sein Aufstieg zu einem der reichsten Männer und erfolgreichsten Unternehmer der Welt ist ein modernes Erfolgsmärchen.
Gerade mal 18 Jahre war der begeisterte Computerfreak, als er gemeinsam mit seinem Schulfreund Paul Allen seine erste Firma »Traf-O-Data« gründete. Die Geschäftsräume des Zwei-Mann-Betriebs: die Garage der Familie Gates. Erster Jahresumsatz: gerade mal 20 000 Dollar.
Damals steckte die Entwicklung von Personalcomputern noch in den Kinderschuhen. Die Geräte waren unerschwinglich teuer und unglaublich

schwierig zu bedienen. Nur wenige Experten kamen vor allem mit der hochkomplizierten Computersprache zurecht. Daß nur 20 Jahre später in jedem zweiten deutschen Haushalt ein PC steht, davon hätte damals niemand auch nur geträumt.

Gates und sein Kumpel Allen sahen das anders. Für den amerikanischen Computerhersteller MITS entwickelten sie die erste allgemein verständliche Computersprache. Mit unglaublichem unternehmerischen Weitblick erkannten sie, welche ungeheure Marktchance hinter dieser neuen Technik steckt.

Gates gab kurzerhand sein Jurastudium auf und legte den Grundstein zu der Firma, ohne die heute im Bereich Computer nichts mehr läuft: 1975 gründete er Microsoft. 1979 – nur sieben Jahre nach seiner ersten Gründung – erzielte er mit gerade mal 13 Mitarbeitern einen Jahresumsatz von 3 Millionen Dollar.

In weiser Voraussicht sicherte sich Gates für seine Software-Entwicklungen jeweils die Rechte und konnte so seine genialen Software-Lösungen an Hardware-Hersteller in aller Welt verkaufen. Auch in seiner Unternehmensführung zeigte sich Bill Gates unkonventionell. Bei Microsoft gibt es kaum Hierarchien. Gates setzt auf konsequente Teamarbeit und strikte Leistungskontrolle. Die Leistung jedes Mitarbeiters wird halbjährlich neu bewertet.

Zu den Entwicklungen aus dem Hause Gates gehören MS-DOS, Word und Windows. Seit 1986 ist Microsoft eine Aktiengesellschaft. Der Börsenwert des ehemaligen 2-Mann-Garagenbetriebs: mehr als 20 Milliarden Dollar. Seit 1993 ist Microsoft mit einem Jahresumsatz von 4 Milliarden Dollar der unumstrittene Marktführer in der Software-Branche.

> **Guter Rat:** Falls Du kein Genie wie Bill Gates bist: Genies brauchen Verstand, Intelligenz, Talent; normale Selbständige Ausdauer, Fleiß.

3 *Luciano Benetton:* Die Modemasche für alle

Keine Fußgängerzone, keine Einkaufspassage, ob in Mailand, Wien, Wanne-Eickel oder Zwickau, ohne das grüne Benetton-Logo. Obwohl Tausende von Läden in der ganzen Welt unter dem gleichen Logo firmieren, gehören sie doch nicht dem gleichen Unternehmer. Luciano Benetton verkauft nämlich nicht nur Kleider, sondern gleich ein ganzes Marketing-Konzept. Er war einer der ersten Unternehmer in Europa, die ihre Geschäftsidee per Franchising an Subunternehmer verkauften. Die unter Vertrag stehenden Einzelhändler müssen ihre Läden alle mit der gleichen Inneneinrichtung ausstatten und natürlich bei den Benetton-Fabriken einkaufen.

Dabei hat alles mit einem Pullover angefangen. Luciano Benetton, geboren im italienischen Treviso, mußte bereits als Kind arbeiten, um für den Lebensunterhalt der sechsköpfigen Familie beizutragen. Er jobbte im Lager einer Kleidergroßhandlung und verdingte sich als Hemdenverkäufer. Damals war er 14 Jahre alt. Seine Schwester Giuliana nähte Pullover für einen ansässigen Textilproduzenten. Dabei kam den beiden Geschwistern die Idee, Pullover in modischen Farben anzubieten.

Der findige Benetton-Sproß widmete sich fortan neuen Färbetechniken. Sein Ziel: ein Verfahren, mit dem nicht die Rohwolle, sondern das fertige Kleidungsstück eingefärbt werden konnte. Dahinter steckte eine geniale Marketingidee. Denn so konnten Kleidungsstücke auf Vorrat produziert und erst kurz vor der Auslieferung eingefärbt werden. Damit konnte Benetton sehr kurzfristig auf alle kommenden Modetrends reagieren. Auf diesem Prinzip fußt bis heute das Erfolgsrezept des Pullovergiganten Benetton.

1958 begann er, seine selbstgenähten Pullover zu vertreiben. 1961 waren es bereits 20 000, die jedes Jahr das Haus verließen. Schließlich war der Absatz so groß, daß eine eigene Fabrik nötig wurde. Zur gleichen Zeit gründete Benetton gemeinsam mit seinen Brüdern das Bekleidungsunternehmen Benetton. Noch im selben Jahr öffneten die ersten Läden ihre Pforten. Zunächst nur in Italien, dann in ganz Europa.

Guter Rat: Blick stets nach vorn: Wie verändert sich der Markt, wie könnte er sich verändern? Kann ich mich rechtzeitig darauf einstellen?

4 *Sascha Hancke und Jürgen Peter:* **Erfolg auf rheinische Art**

Das amerikanische Märchen vom kometenhaften Aufstieg junger, dynamischer und begeisterter Existenzgründer funktioniert auch in Deutschland, genauer gesagt in Aachen. An der dortigen Technischen Hochschule schrieben sich 1984 die Computerfreaks Jürgen Peter und sein Freund Sascha Hancke zum Informatikstudium ein. Während die Studienkollegen zur Aufrechterhaltung des Monatsbudgets kellnerten oder Getränke auslieferten, löteten Sascha und Jürgen in ihrer Studentenbude Platinen zusammen, reparierten Computerteile und verkauften die selbstgebastelten Rechner an ihre Kommilitonen. Bald schon waren die beiden Bastler die erste Anlaufstelle für Aachener Studenten, um billig an einen Computer zu kommen.
Drei Jahre später mußten sich die beiden Newcomer entscheiden: Jürgen Peter und Sascha Hancke wagten den Sprung ins kalte Wasser und stellten die ohnehin sporadischen Studienbemühungen ein. Sie gründeten eine eigene Firma und mieteten sich ein erstes richtiges Ladenlokal.
Bald allerdings mußten die Exstudenten erkennen, daß mit dem bloßen Verkauf von Rechnern nicht das große Geld gemacht werden konnte – der Konkurrenzkampf mit den großen Hardware-Häusern war einfach zu hart.
»Schlüsselfertige PC-Lösungen« – das war der Weg zum Erfolg der Hancke & Peter GmbH: Kunden werden vor dem Kauf beraten, Software und Hardware werden installiert und angepaßt. Zudem werden die Anwender geschult, mit den neuen Computern auch fachgerecht umzugehen.
Probleme hatten die Existenzgründer allerdings massenhaft: Die erste Hausbank der jungen Firma tat sich mehr als schwer, den Finanzbedarf des aufstrebenden Unternehmens auch nur annähernd zu befriedigen. Den Bankern war das rasche Wachstum des jungen Unternehmens offenbar nicht ganz geheuer – sie weigerten sich, trotz verheißungsvoller Umsatzzahlen, den Kreditspielraum von Hancke & Peter zu erweitern.
Erst der Wechsel der Bank brachte Abhilfe: Die Konkurrenz zeigte sich aufgeschlossener und stellte die Investitionsmittel zur Verfügung – mit Erfolg, wie sich zeigte: 1994 erwirtschaftete das Computer-Unternehmen runde 60 Millionen Mark.
Um die rasant wachsende Firma auch weiterhin im Griff zu behalten, sind

Sascha und sein Freund Jürgen dazu übergegangen, einzelne Geschäftsbereiche – wie Verkauf oder Logistik – als kleine, selbständige und somit überschaubare Betriebe auszugliedern. Der Wahlspruch der erfolgreichen Existenzgründer: »Lieber eine Flotte kleiner Schnellboote als ein Schlachtschiff.«

> **Guter Rat:** Du solltest nicht alles selbst beherrschen wollen, wenn Dein Unternehmen wächst. Gib an andere gegen entsprechend profitable Verträge oder Geschäftsanteile ab, falls Dein Unternehmen einmal zu groß wird.

Artur Fischer: 5
Vorsprung durch Köpfchen

Manche Unternehmer gründen ihr gesamtes Lebenswerk auf eine zündende Idee – nicht so Artur Fischer aus dem schwäbischen Tumlingen. Silvester 1994 feierte er seinen 75. Geburtstag – und konnte auf nicht weniger als 5300 angemeldete Patente zurückblicken. Die Fischer-Gruppe erwirtschaftet in ihren in- und ausländischen Gesellschaften mit mehr als 2300 Mitarbeitern einen Umsatz von mehr als 450 Millionen Mark.

Es gibt sie noch – die hemdsärmeligen Unternehmer- und Erfindertypen à la Daniel Düsentrieb, die der Ärger über eine Unzulänglichkeit des Alltags dazu treibt, aus purem Trotz eine bahnbrechend neue, unglaublich praktische und obendrein verblüffend einfache Lösung zu entwickeln. Im Jahr 1949 mußte Fischer zum Beispiel feststellen, daß es mit der herkömmlichen Fototechnik nicht möglich war, ein vernünftiges Foto von seiner Tochter zu blitzen – die damaligen Pulverblitze funktionierten nie gleichzeitig mit dem Kameraverschluß. Fischers Lösung:

Der elektrische »Fotoblitzer«, der synchron mit dem Kameraauslöser blitzte. Auf der »Photokina« 1950 war Fischers Patent der Branchenrenner – der Fotoriese Agfa kaufte in den Folgejahren 12 Millionen »Fotoblitzer«.

Die Erfindung, die den Namen Fischer aber bis in die heutigen Tage bekannt hält, ist noch viel einfacher: Bis nach dem Krieg war es ein schwieriges Unterfangen, eine Schraube oder einen Haken in einer Wand zu befestigen.

Mit Hammer und Meißel mußte ein faustgroßes Loch geschlagen werden, ein Stück Holz wurde eingepaßt und dann alles zugegipst. Und wenn alles trocken war: wieder gestrichen oder tapeziert – dann konnte die Schraube in die Wand. Fischers Lösung waren kleine Plastikdübel, die insbesondere durch ihre spreizbaren, abstehenden Schwänzchen auffielen. In der Bau- und Heimwerkerbranche erntete er Hohn und Spott. Fischer indes brachte seine Kritiker schnell zum Verstummen, als er kurzerhand einen seiner Firmenwagen an einen Dübel hängte. Heute produziert seine Firma täglich über sechsmillionenmal die kleine unscheinbare Erfindung, die dem genialen Tüftler damals wahrscheinlich aus purer Verzweiflung über die umständliche Eingipserei eingefallen ist.

Guter Rat: Nie das Nachdenken über aller Arbeit vergessen: Wie kann ich es noch besser hinkriegen?

Manche halten den Unternehmer für einen räudigen Wolf,
den man totschlagen muß,
andere für eine Kuh,
die man ununterbrochen melken kann.
Nur wenige sehen in ihm ein Pferd, das den Karren zieht.
(Winston S. Churchill)

6 Die sieben Todsünden des Unternehmers

7 1. Angst

Wenn Du Angst hast, durch Deine Existenzgründung Geld zu verlieren, dann bewerbe Dich lieber um eine Beamtenlaufbahn – das ist sicherer. Ein – kalkuliertes – Risiko ist der Preis, den Du für unternehmerischen und damit finanziellen Erfolg zahlen mußt. Wenn Du Dir und Deiner Geschäftsidee sicher bist, dann verfolge Deinen Plan mit ganzem Einsatz, mit all Deinem Geld und ohne ängstliches Zaudern.
Bedenke: Angst führt zu halben Entscheidungen, zu falschen Kompromissen und letztendlich zum unternehmerischen Scheitern.

2. Engstirnigkeit 8

Wer Chancen nicht erkennt, weil sie unkonventionell sind, in dessen Adern fließt kein Unternehmerblut. Nur durch Innovationen erlangst Du den entscheidenden Vorsprung vor der Konkurrenz. Bessere Ideen, alternative Büroorganisation, kalkuliertes Auslagern von Leistungen – das alles sind Deine Möglichkeiten, der Konkurrenz eine Nasenlänge vorauszueilen.

Bedenke: Setzt Du bei der Wahl Deiner Mittel immer nur auf Altvertrautes, dann bleibst Du stets nur Durchschnitt.

3. Leichtsinn 9

Schnelles Geld ist zumeist unsicheres Geld. Wenn Du dennoch versuchen möchtest, Teile Deines Betriebskapitals durch Warenterminspekulationen oder obskure ausländische Beteiligungen mit unwahrscheinlichen Gewinnaussichten oder überhöhten Zinsen zu vermehren, dann ist Dir nicht mehr zu helfen.

Bedenke: Gier ist oft stärker als Vernunft. Doch die wenigsten Existenzgründer haben ihr Betriebsvermögen durch Zocken vermehrt.

4. Protzerei 10

Nobelkarosse, Designermöbel, Champagner zum Frühstück – wenn Du glaubst, diese Accessoires machen einen erfolgreichen Geschäftsmann aus, dann kauf sie Dir. Aber wundere Dich nicht, wenn Deine Kasse, nach solchen Aderlässen zweifelhafter Notwendigkeit, nicht mehr ausreichend für die nächste Rechnung gefüllt ist.

Bedenke: Je eher Du Dir nach der Geschäftseröffnung die Statussymbole des unternehmerischen Erfolgs leistest, desto eher kann Dir der Gerichtsvollzieher den Kuckuck daraufkleben.

5.Schlamperei 11

Das kreative Chaos gibt es nicht. Zumindest nicht bei einem Unternehmer, der seine Rechnungen pünktlich – stets unter Ausnutzung des Skontos – bezahlt, säumige Kunden fristgerecht mahnt und dem Finanzamt komplette Belege, eine ordentliche Buchführung und pünktlich abgegebene, sorgsam gefertigte Abschlüsse präsentiert. Ein Auftraggeber, bei dem Du einen

Termin verpaßt, wird sich fragen, ob Du der richtige Geschäftspartner für ihn bist.
Bedenke: Kunden, die Du durch Schlamperei verlierst, werden ihre schlechten Erfahrungen mit Deiner Firma meistens weitererzählen.

12 **6. Unfreundlichkeit**
Griesgrämigkeit und Unwirschsein kannst Du Dir als Selbständiger nie und nirgendwo erlauben. Deine Kunden kommen nicht wieder, wenn sie sich über eine patzige Antwort von Dir ärgern. Sie kommen gern zu der Firma zurück, wo sie zuvorkommend und liebenswürdig bedient worden sind.
Bedenke: Deine Kunden sind Dein Kapital, und Kapital behandelt man pfleglich.

13 **7. Ungeduld**
Investitionen müssen sich rechnen – aber nicht bereits morgen oder übermorgen. Wenn Du nur auf schnellen Gewinn aus bist, ohne langfristig zu planen, kann es passieren, daß Dir der finanzielle Atem ausgeht, bevor Du die Gewinnzone erreichst. Sei realistisch und bereite Dich darauf vor, auch eine wirtschaftliche Talsohle zu durchschreiten, ohne gleich alles hinschmeißen zu müssen.
Bedenke: Brichst Du eine Investition zu früh ab, ist das dafür bereits ausgegebene Geld unwiederbringlich verloren.

Der Unterschied zwischen Erfolg und Mißerfolg ist der Unterschied zwischen Richtigmachen und Fast-Richtigmachen.
(Edward Simmons)

14 Test: Bist Du ein Unternehmertyp?

Du steckst in den Startlöchern, willst Dein Leben verändern, Dein Schicksal selbst in die Hand nehmen. Doch längst nicht jeder ist für die unternehmerische Selbständigkeit geboren.
Du brauchst nämlich nicht nur Fachkenntnisse für Deine Geschäftsidee oder Deine neue Firma. Du mußt darüber hinaus auch menschliche Fähigkeiten und Charaktereigenschaften mit-

**bringen, die einen Unternehmer erst ausmachen: Durchhaltevermögen, Zielstrebigkeit und Entschlußkraft sind nur einige
davon. Gerade in der Gründungsphase hängt alles von Dir und** 15
Deiner Willenskraft ab.

Erfolg ist die Kunst, dem Sinnvollen
das Rentable vorzuziehen
(Helmut Nahr)

Der große Unternehmertest 16

Die folgenden Fragen helfen Dir, herauszufinden, ob in Deinen Adern Unternehmerblut fließt. Du erhältst Auskunft, wie fit Du für die Anforderungen bist, die das Leben als eigener Chef an Dich stellt. Außerdem bekommst Du noch notwendige Tips, wie Du Deine persönlichen Startvoraussetzungen fürs Unternehmerleben verbessern kannst.
Beantworte die Fragen spontan und natürlich wahrheitsgemäß. Es nützt gar nichts, Dich selbst zu beschwindeln, um nachher ein besseres Ergebnis zu erreichen. Nur so kannst Du ermitteln, was für ein Unternehmertyp Du wirklich bist.

1. Welche Antwort trifft auf Dich zu?

Ich bin mit meinem momentanen Job unzufrieden,

a) weil ich keine Chance habe, eine verantwortungsvolle Position einzunehmen. (2)
b) weil ich kaum Chancen habe, in den nächsten Jahren mehr zu verdienen. (1)
c) weil ich mich mit meinem Chef und meinen Kollegen nicht verstehe. (0)

2. Welche Antwort trifft auf Dich zu?

Ich möchte mich selbständig machen, weil

a) ich die Herausforderung mag. (2)
b) mir meine Arbeit keinen Spaß macht. (1)
c) ich mein eigener Herr sein will. (2)

d) ich mich nicht ausgelastet fühle. (3)
e) ich zuwenig verdiene. (1)

3. Bist Du risikofreudig?

a) Ja, in jedem Fall. (2)
b) Manchmal. (3)
c) Eher nicht. (1)

4. Wie steht Dein Partner zu Deinem Plan, Dich selbständig zu machen?

a) Ich bin mir der vollen Unterstützung durch meinen Partner sicher. (3)
b) Mein Partner steht der Sache skeptisch gegenüber. (0)
c) Mein Partner ist eher gleichgültig. (1)

5. Welche Aussage trifft am ehesten auf Dich zu?

a) Ich lege großen Wert darauf, meine Abende und Wochenenden mit meiner Familie zu verbringen. (0)
b) Wenn es eng wird, arbeite ich schon mal durch, achte aber darauf, daß meine Freizeit nicht zu kurz kommt. (1)
c) Ich vergesse bei der Arbeit oft die Zeit. Dann können es auch mal 60 Stunden und mehr in der Woche sein. (3)

6. Welche Aussage trifft am ehesten auf Dich zu?

a) Ich bin in Topform und hatte in den letzten Jahren auch keine nennenswerten Erkrankungen. (3)
b) Ich fühle mich manchmal richtig ausgepowert. (0)
c) Hin und wieder bin ich ein bißchen schlapp, aber das vergeht auch wieder. (1)

7. Wie würdest Du Deine finanzielle Situation einschätzen?

a) Ich spare seit Jahren auf meine Selbständigkeit und habe einige Rücklagen für den nötigen Anschub.
b) Mein momentaner Lebensstandard ist mir sehr wichtig. Ich will mich auf keinen Fall verschlechtern. (0)

c) Ich habe nichts angespart, kann mich aber einschränken, wenn es unbedingt sein muß. (2)

8. Wie reagierst Du auf Streßsituationen?

a) Ich raste leicht aus, schmeiße alles hin und brauche dann eine Weile, bis ich mich beruhigt habe. (1)
b) Wenn es ganz dick kommt, schlägt mir das schon mal auf den Magen. Durch die Anspannung mache ich dann leicht Fehler. (1)
c) Unter Streß kann ich am besten arbeiten. (2)

9. Wie würdest Du in folgender Situation reagieren?

In drei Tagen steht eine wichtige Prüfung an (Meisterprüfung, Diplom usw.) und Du konntest Dich aus Zeitmangel bis jetzt noch nicht richtig vorbereiten.

a) Jetzt noch etwas zu tun, hat keinen Zweck. Ich überlege, ob ich mich abmelden soll. (1)
b) Ich sage mir: »Das schaffe ich schon«, und setze mich auf den Hosenboden. (3)
c) Ich ärgere mich über mich selbst, weil ich eigentlich seit Wochen lernen wollte. (1)

10. Wie würdest Du Deine kaufmännische und betriebswirtschaftliche Ausbildung beurteilen?

a) Mir sind die Grundbegriffe schon geläufig; an einer entsprechenden Weiterbildung komme ich aber nicht vorbei. (1)
b) Ich habe umfangreiche Qualifikationen und bereits kaufmännische Erfahrung in meiner bisherigen Tätigkeit gesammelt. (3)
c) Ich verfüge über ein solides Wissen, habe aber wenig Praxiserfahrung. (2)

11. Welche Aussage trifft am ehesten auf Dich zu?

a) Ich gebe meinen Mitarbeitern stets exakte Anweisungen, die sie genauestens befolgen sollen. (1)
b) Wenn es irgendwie geht, mache ich so viel wie möglich selbst. Auf die wenigsten Leute kann man sich verlassen. (0)

c) Gute Leute sind Gold wert. Ich weiß, wie wichtig sie für meinen Betrieb sind. (3)

12. Du bist mitten in der Gründungsphase.
Plötzlich wird das Geld knapp. Was tust Du?

a) Ich spreche mit meiner Bank und versuche, mir zusätzlichen Spielraum zu verschaffen. (2)
b) Ich behalte das für mich, da niemand etwas von meiner angespannten Situation wissen soll. (0)
c) Ich mache erst mal weiter. Geld wird schon irgendwie reinkommen. (0)

13. Du achtest stets darauf, daß Dein Lager gefüllt ist,
weil Du Deine Kunden prompt bedienen willst.
Ein Unternehmensberater weist Dich darauf hin,
daß Du durch die Lagerhaltung zuviel Kapital bindest.
Wie reagierst Du?

a) Meine Geschäfte sind bisher gut gelaufen. Ich wüßte nicht, warum ich etwas ändern sollte. (0)
b) Ich halte nur noch die Umsatzrenner auf Lager und versuche, mit meinen Lieferanten günstigere Konditionen zu vereinbaren. (3)
c) Ich rechne für jeden einzelnen Artikel aus, wie hoch der Lagerbestand sein muß, um immer alle Kunden zügig bedienen zu können. (1)

14. Seit einigen Monaten geht Dein Umsatz permanent zurück.
Was tust Du?

a) Ich versuche herauszufinden, warum meine Kunden ausbleiben und was die Konkurrenz besser macht. (3)
b) Ich stecke mehr Geld in die Werbung. (1)
c) Ich frage den Firmenkundenberater bei meiner Hausbank um Rat. (0)

Die Auflösung:
Addiere die Punktezahl hinter den Antworten, die Du angekreuzt hast. Der Selbstcheck stellt kein ultimatives Urteil über Deine unternehmerischen Fähigkeiten dar. Er soll Dich lediglich auf Stärken und Schwächen hinweisen.

24 bis 38 Punkte:
Herzlichen Glückwunsch. In Deinen Adern fließt Unternehmerblut! Deine persönlichen Voraussetzungen, Deine Motivation und Arbeitseinstellung sind idealtypisch. Du bist bestens qualifiziert und hast unternehmerisches Gespür. Deine Fähigkeiten sollten nicht weiter im Angestelltendasein verkümmern. Mache den entscheidenden Schritt in die unternehmerische Selbständigkeit – Dein bisheriger Chef wird einen ernstzunehmenden Konkurrenten bekommen.

12 bis 23 Punkte:
Du hast alle Grundvoraussetzungen, Dich selbständig zu machen. Doch Dein Temperament und Deine Ungeduld könnten Dir hin und wieder ein Schnippchen im Geschäftsalltag schlagen. Damit Du Dein unternehmerisches Ziel nicht aus den Augen verlierst, mußt Du ganz besonders darauf achten, planvoll vorzugehen. Und wenn zu Anfang nicht alles nach Wunsch läuft, darfst Du nicht gleich die Flinte ins Korn werfen, sondern solltest ruhig auf das Know-how von professionellen Beratern zurückgreifen.

bis 11 Punkte:
Du hast alle Fragen sehr ehrlich beantwortet. Das spricht für Dich und Deine Fähigkeit, Dinge realistisch zu beurteilen. Damit bringst Du bereits eine wichtige Unternehmereigenschaft mit. Bevor Du jedoch den Schritt in die Selbständigkeit wagst, solltest Du Dir aber genau vor Augen halten, was auf Dich zukommt. Unwägbarkeiten und gelegentliche Rückschläge scheinen nämlich nicht Deine Sache zu sein. Gerade als Existenzgründer mußt Du jedoch damit leben können.

Es hat sich noch für jede Karriere von
Vorteil erwiesen, die Fehler, aus denen
man lernen kann, möglichst früh zu machen.
(Winston S. Churchill)

Das Wichtigste in Kürze

Die ersten sieben Tips.

17 **So machst Du Dir selbst Dampf, Dein Unternehmen erfolgreich zu führen:**

- Erinnere Dich auf dem Weg zu einem neuen Ziel an alte Erfolge und das gute Gefühl, das Du dabei hattest.
- Große Aufgaben verlieren ihren Schrecken, wenn Du sie »kleindenkst«, sie in handliche Pakete zerlegst und hintereinander angehst.
- Fokussiere die Chancen und Möglichkeiten, die für Dich in einer Aufgabe stecken. Allzu oft überschätzt man die Risiken des Handelns und unterschätzt die Vorteile.
- Stelle Dir die Frage nach dem Sinn Deiner Arbeit. Ist sie spannend? Was würde Dich wirklich interessieren, und was hält Dich davon ab, Deine Situation zu verändern?
- Unterschätze nicht die Kraft der Gedanken – auch der negativen: Sich selbst erfüllende Prophezeiungen sind Überlegungen, die dadurch zur Realität werden, daß Du Dich vor ihnen fürchtest.
- Verzweifle nicht an schwierigen Aufgaben und Problemen. Gerade dort hält das Leben Chancen für Dein persönliches Wachstum bereit.
- Verschiebe nicht Dein Glück auf morgen – übernimm Verantwortung für Dich sofort.

Wer mehr darüber wissen will, dem empfehle ich Sprengers Buch »Mythos Motivation – Wege aus der Sackgasse«.

18 Checkliste zur Selbständigkeit

Die folgende Checkliste zeigt Dir in einem kurzen Abriß die wichtigsten Stationen auf Deinem Weg in die Selbständigkeit. Sie dient Dir in der

Planungsphase Deiner Existenzgründung als Leitfaden. Sie gibt Dir außerdem die Möglichkeit, alle wichtigen Fragen in der richtigen Reihenfolge zu klären. Zu allen Punkten findest Du unter den entsprechenden Stichworten im Hauptteil des Buches nützliche Tips.

1. Prüfe zuerst Deine Geschäftsidee auf Herz und Nieren 19

Vergewissere Dich, daß Du mit Deinem Angebot Chancen auf dem Markt hast.

Daran mußt Du denken:

- Kannst Du eine fest umrissene Käufergruppe nennen?
- Kennst Du Deine Kunden und ihren Geschmack?
- Wie ist die Nachfrage nach Deinem Angebot heute/in zwei Jahren?
- Kennst Du die Branche aus dem Effeff?
- Wie sieht das Angebot Deiner direkten Konkurrenten aus?
- Wie kannst Du Dein Angebot attraktiver machen?

2. Lege Dein Konzept schriftlich nieder 20

Verfasse Dein Konzept auf jeden Fall auf Papier, auch wenn Du es bis ins letzte Detail im Kopf hast. Das hilft Dir, bei der Planung wirklich strategisch vorzugehen.

Das muß drinstehen:

- Ziel Deines Unternehmens
- kurze Marktanalyse
- mögliche Geschäftsverbindungen, etwa zu Lieferanten
- erwarteter Umsatz
- Gewinnerwartung
- Kapitalbedarf
- Kosten (Mieten, Einrichtung usw.)

3. Beantrage Fördermittel 21

Es gibt unzählige Fördertöpfe, die Du anzapfen kannst. Erkundige Dich zeitig, die Verfahren sind oft langwierig.

Daran mußt Du denken:
- Wenn Dir Deine Hausbank nicht weiterhelfen kann oder will, suche am besten einen professionellen Förderberater auf.
- Die meisten Gelder gibt es nur für zukünftige Investitionen, deshalb gib vorher kein Geld aus.

22 4. Treffe Vorsorge für die Zukunft

Als Selbständiger mußt Du Dich selbst um Deine soziale Absicherung und Altersversorgung kümmern. Auch Dein Geschäftsalltag birgt viele Risiken, gegen die Du Dich abzusichern hast.
- Gegen welche Risiken mußt Du Deinen Betrieb zwingend absichern?
- Wer zahlt, wenn Du wegen Krankheit ausfällst?
- Welche Möglichkeiten bieten Dir private Renten- bzw. Lebensversicherungen?
- Führe auf jeden Fall die gesetzliche Rentenversicherung aus der Zeit Deiner abhängigen Beschäftigung weiter.

23 5. Prüfe den Standort Deines Betriebs

Die beste Geschäftsidee nutzt Dir nichts, wenn Du nicht nah genug an Deinen Kunden dran bist.

Deshalb vergewissere Dich:
- Wie groß ist Dein Einzugsbereich?
- Wie stark ist dort die Konkurrenz vertreten?
- Wie ist das sonstige Geschäftsumfeld in Deiner Nachbarschaft?
- Gibt es in unmittelbarer Nähe Publikumsattraktionen?

24 6. Wähle die richtige Rechtsform

Von der Rechtsform hängt maßgeblich Dein unternehmerisches Risiko ab. Deshalb wähle sie mit Bedacht.

Die wichtigsten Entscheidungskriterien sind:
- Willst Du Dich allein oder mit mehreren Partnern selbständig machen?
- Willst Du Fremdkapital in Deine Firma holen?
- Kannst und willst Du mit Deinem Privatvermögen haften?

7. Sichere vorher die Finanzierung ab 25

Mit der Finanzierung steht und fällt Dein Geschäft. Hier mußt Du mit spitzem Bleistift rechnen. Fehler können sich bitter rächen.

Daran mußt Du denken:

- Wie hoch ist Dein Kapitalbedarf?
- Wie viele Eigenmittel bringst Du ins Geschäft ein?
- Kannst Du der Bank Sicherheiten bieten?
- Ist Dein Kreditkonzept der aktuellen Zinssituation angepaßt?
- Ist Deine Zahlungsfähigkeit fürs erste Geschäftsjahr sichergestellt?
- Ohne Eigenmittel kannst Du Dich höchstens im Dienstleistungsbereich selbständig machen.

8. Vergiß nie den Hauptteilhaber an Deiner Firma: das Finanzamt 26

Gib acht, daß Du von Anfang an keine Mark zuviel zahlst. Laß nur niedrige Einkommensteuervorauszahlungen zu. Gerade in den ersten Jahren kannst Du viele Anlaufkosten geltend machen und dadurch eine Menge Geld sparen.

Darauf mußt Du achten:

- Trenne bereits vor der Gründung Privat- und Geschäftsausgaben sorgfältig.
- Hohe Vorlaufkosten zahlen sich später aus, weil Du sie vom Gewinn abziehen kannst.
- Gilt für Deine Branche ein pauschaler Vorsteuer-Durchschnittsatz? Nimm ihn in Anspruch: Du hast von Anfang an genug am Hals.
- Eventuell kannst Du Deinen Ehepartner in Deinem Betrieb unterbringen, um dessen Lohn schon bei Betriebsbeginn sogleich steuerlich absetzen zu können – während er dann doch wieder der Familie zufließt.

9. Leiste Dir eine gute Werbung 27

Damit Dein Angebot auch von Anfang an ankommt, mußt Du Deiner Firma ein unverwechselbares Outfit verpassen.

Daran mußt Du denken:
- Hast Du Dich für die richtige Werbemethode entschieden?
- Ist Deine Außenwerbung aus einem Guß (Logo, Briefköpfe, Werbegeschenke?
- Paßt Deine Inneneinrichtung zu Deinem Firmenimage?
- Hast Du Deine Geschäftseröffnung bestens organisiert?

28 10. Schiebe die Gründungsformalitäten nicht hinaus

Hier mußt Du Dich anmelden:
- Finanzamt
- Gewerbeamt
- Krankenkasse (wenn Du Angestellte hast)
- Arbeitsamt (wenn du Angestellte hast)

2. Marketing

Die geschickteste Art, einen Konkurrenten zu besiegen,
ist, ihn in dem zu bewundern, worin er besser ist.
(Peter Altenberg)

Zeig Dich schon zu Beginn von Deiner besten Seite

Eine x-beliebige Ware über den Ladentisch reichen kann jeder. Ein Angebot erstellen, das tatsächlich ins Schwarze trifft, beim Kunden ankommt, den entscheidenden Umsatzschub bringt – dazu gehört mehr als nur ein glückliches Händchen.

Das Zauberwort heißt Marketing. Während große Unternehmen 29
sich ganze Abteilungen leisten, um ihr Angebot auf Vordermann zu bringen, verlassen sich die meisten Kleinunternehmer auf ihr Glück. Dabei ist gerade für Dich ein starker Auftritt wichtig. Nur so kannst Du Dich als Newcomer dauerhaft gegen die Konkurrenz behaupten.

So testest Du Deine Geschäftsidee auf Herz und Nieren 30

Du hast die zündende Geschäftsidee und willst natürlich eher heute als morgen loslegen. Zaudern hat noch nie zu Deinen Stärken gehört, und Du denkst Dir: »Wer wagt, gewinnt.« Keine Frage: Wer den Einstieg in die Selbständigkeit wagt, muß ins kalte Wasser springen.

Doch gerade am Anfang mußt Du planvoll vorgehen. Bevor Du Dich gänzlich in den Gründungstaumel stürzt, solltest Du Dir die Zeit nehmen und Deine Geschäftsidee prüfen.

Wie Du den Durchblick bekommst

1. Lesen

Für nahezu jedes Produkt und jede Dienstleistung gibt es in Deutschland einen Verband (Adressen findest Du im »Taschenbuch des öffentlichen
31 Lebens«, das in jeder Bibliothek zu finden ist). Bei Deinem Fachverband kannst Du erste Informationen anfordern. Hier bekommst Du auch eine Liste mit Fachzeitschriften, in denen schon eine Menge drinsteht.

2. Fragen

32 Deine zuständige Industrie- u. Handelskammer bietet spezielle Gründungsberatungen an. Hier kannst Du Dich schnell und unverbindlich beraten lassen. Auch die Arbeitsämter bieten diesen Service an. Die Experten können Dir beispielsweise auf Anhieb sagen, ob Deine Idee tatsächlich neu ist oder ob die Konkurrenz Dir längst voraus ist.

3. Umschauen

33 Auf Fachmessen kannst Du nicht nur einkaufen und Kontakte knüpfen, Du
34 kannst auch wunderbar beobachten, was die anderen machen. Beim Ausstellungs- und Messe-Ausschuß der Deutschen Wirtschaft e.V. (AUMA) in Köln bekommst Du ausführliche Terminpläne aller Messen im In- und Ausland. Nimm Dir die Zeit und besuche eine Messe – das kann auch eine kleinere regionale Veranstaltung sein. Hier findest Du nicht nur Anregungen, Du kannst auch gleichzeitig die Konkurrenz beobachten und sehen, wie es die anderen machen. Auf den meisten Messen kannst Du auch Fachveranstaltungen besuchen.

Trick

Viele Messen sind nur für Fachbesucher geöffnet – als Noch-Privatmann kommst Du nicht ohne weiteres rein. Doch wird meist jede Messe von ein oder mehreren Fachverbänden betreut – die Möbelmesse etwa vom

Verband der Deutschen Möbelindustrie. Ein Anruf beim richtigen Verband kann Dir auch als Outsider die Messetore öffnen.

Der 5-Schritte-Kurzcheck für Deine Geschäftsidee 35

1. Schritt
Wie langlebig ist Deine Idee? Willst Du eher ein Trendprodukt verkaufen 36
oder Dienste anbieten, die in ein, zwei Jahren vielleicht überflüssig sein könnten, weil sich der Zeitgeschmack geändert hat oder die Technik bessere Lösungen bietet? Falls Du auf einer Modewelle mitschwimmst, denke zeitig über Alternativen nach.

2. Schritt
Auch Deine Freunde und Bekannten können sich nützlich machen. Und
zwar, indem sie Dir für Probeverkäufe zur Verfügung stehen. Am besten tust 37
Du, als wolltest Du tatsächlich ein Geschäft abschließen. Versuche also auch hart zu verhandeln und bitte Deine Freunde, Dein Angebot genau zu prüfen. Auf diese Weise kannst Du schon mal Schwachstellen ausmerzen.

3. Schritt
Jetzt ist es an der Zeit, einen ersten Kostenplan aufzustellen. Liste schon mal 38
grob auf, was Du investieren mußt, wieviel Geld Produktion, Vertrieb, Mieten und Werbung voraussichtlich verschlingen. Am Schluß schlägst Du noch einmal 15 bis 20 Prozent als Sicherheitspuffer drauf. Wenn alles im grünen Bereich liegt, okay. Ansonsten mußt Du Dich nach günstigeren Alternativen umschauen. Am besten sofort, noch kannst Du alles korrigieren.

4. Schritt
Kannst Du Dein Geschäftsvorhaben alleine stemmen, reicht ein kleiner exklusiver Mitarbeiterstab aus oder brauchst Du gleich eine Riesencrew?
Unterschätze auf keinen Fall die Personalfrage. Vor allem, wenn Du Spe- 39
zialisten brauchst, mußt Du Dich zeitig umschauen, ob Du an entsprechend gute Leute rankommst.

5. Schritt

40 Die Konkurrenz schläft nicht. Du kannst nur besser als die anderen sein, wenn Du deren Leistungen kennst. Als Maßstab solltest Du Dir den Marktführer oder erfolgreichsten Konkurrenten suchen. Vergleiche genau, in welchen Bereichen Dein Konzept besser oder schlechter ist. So kannst Du ganz einfach Vorteile ausmachen. Mehr zur Konkurrenzanalyse unter »Die besten Tips liefert Dir die Konkurrenz« im Kapitel 2, Marketing.

Wissen macht erfolgreich

Ein neuer Geschmack sollte den Kampf um die Marktanteile endgültig entscheiden. Coca-Cola brachte vor 10 Jahren das braune Kultgetränk mit einem völlig neuen Rezept auf den Markt. Damit wollte der Getränkemulti aus Atlanta den stärksten Konkurrenten Pepsi endgültig auf den zweiten Platz verweisen. Nur ein Jahr später rührte Coca-Cola die braune Limonade wieder nach altbewährtem Rezept an. Der Grund: Niemand wollte das neue Produkt haben.

Wer den Willen der Verbraucher ignoriert oder glaubt, er könne dem Kunden etwas aufzwingen, der schaut auf lange Sicht in die Röhre. Das gilt für Getränkeriesen genau wie für den Bäcker an der Ecke.

Doch die geniale Produktidee fällt nicht vom Himmel. Freund Zufall trifft selten den Zeitgeschmack. Und auch die beste Spürnase kann einmal danebenliegen. Bei großen Unternehmen ist Marktforschung deshalb schon seit Jahren eine Selbstverständlichkeit. Dort verläßt kein Produkt die Hallen, das nicht auch von Marktforschern auf Herz und Nieren getestet wurde.

41 **Das bringt Dir Deine persönliche Marktforschung**

Auch kleine Betriebe können die Methoden der Marktforscher nutzen. Für Existenzgründer ist das Abstecken des eigenen Markts ein absolutes Muß – es entscheidet, ob der Laden läuft oder ob das Geschäft zum Scheitern verurteilt ist.

Drei Fragen sind dabei maßgeblich:

1. Trifft Dein Angebot? Willst Du das richtige Produkt verkaufen? Kommt Deine Dienstleistung an?
2. Hast Du für Dein Geschäft den richtigen Standort gewählt?
3. Wirst Du genügend Abnehmer bzw. Kunden finden?

Beispiel: Bäckermeister Mehlig möchte eine kleine Bäckerei eröffnen. Er hat einiges gespart, den Rest schießt die Bank dazu. Per Inserat sucht er sich ein Ladenlokal. Nach kurzer Zeit bekommt er ein lukratives Angebot. Der Verkaufsraum ist hell und freundlich, außerdem gehört eine moderne Backstube zum Laden. Mehlig will jetzt natürlich wissen, wie seine Marktchancen stehen. Ein Marktforschungsteam zu engagieren, ist ihm zu teurer. Also beschließt er, sich selbst zu helfen. Zunächst macht er eine kleine Standortanalyse. 42

Du an seiner Stelle würdest dabei so vorgehen:

Bestimme zuerst das geschäftliche Einzugsgebiet 43

Auf einer Straßenkarte kreist Du es ein. Dann markierst Du alle Deine Konkurrenzbetriebe. Dabei helfen Dir Branchenbücher, die zum allgemeinen Gebrauch in der Industrie- und Handelskammer ausliegen, oder einfacher noch die Gelben Seiten der Telekom. Du kannst aber auch eine Liste beispielsweise aller Bäckereien von der örtlichen Industrie- und Handelskammer anfordern.

Um die Größe Deines Einzugsgebietes richtig einzuschätzen, mußt Du außerdem bedenken: Wie sind die Verkehrsverbindungen? Ist etwa eine Bushaltestelle in der Nähe. Als Faustregel gilt: Fußgänger gehen selten länger als 10 Minuten zu einem Laden. Auf jeden Fall solltest Du an einem Werktag das Gebiet sondieren. Spaziere ruhig einmal die Straßen entlang und gib genau acht, wie viele Passanten unterwegs sind und an Deinem zukünftigen Geschäft vorbeikommen.

> Bahnübergänge, Brücken oder mehrspurige Straßen sind stets natürliche Grenzen für Dein Einzugsgebiet. Verkaufsfördernd wirken sich sogenannte Frequenzbringer aus. Das können Parks, große Unternehmen oder auch Einkaufszentren sein. Das zieht die Leute an.

Für Bäckermeister Mehlig war die Sache schnell klar. Seine zukünftige Bäckerei lag direkt gegenüber der Mensa, außerdem gab es mehrere Bürohäuser in nächster Umgebung, die nur teilweise über eine Kantine verfügten. Allein durch die Studenten und die Büroangestellten war er sich eines breiten Laufpublikums sicher.

Prüfe nach, ob Dein Angebot stimmt

Beziehe die Daten dafür direkt vom Kunden
Eine einfache Methode, Dein Angebot genau auf die Wünsche Deiner
44 Kunden abzustimmen, ist die Kundenbefragung.
Hier gibt es mehrere Möglichkeiten.

Schriftliche Befragung

Du kannst einen Fragebogen neben die Kasse legen oder ihn Deinen Kunden mit nach Hause geben.
Folgende Regeln solltest Du dabei beachten:

- Frage niemals nach Namen und Adresse der Kunden! Das darfst Du aus
45 datenrechtlichen Gründen nicht und niemand will das von den Kunden.
- Stelle möglichst wenige, gezielte Fragen. Wenn Du Deine Kunden mit seitenlangen Fragebögen nervst, erreichst Du nur eins: das Papier wandert in den Mülleimer.

Hier der einfache Fragebogen von Bäckermeister Mehlig:

> Kleine Anfrage der Bäckerei Mehlig
>
> Lieber Kunde,
> nun sagen Sie mal:
> Sind Sie mit meinen Angebot rundum zufrieden?
> ja ❑ nein ❑
> Welche Leistungen und Angebote wünschen Sie sich zusätzlich?
> Was fehlt Ihnen noch in unserem Angebot an Waren?
> 1. ______________________
> 2. ______________________
> 3. ______________________

Suche das Gespräch

Noch einfacher kommst Du an Informationen, wenn Du mit Deinen Kunden redest. Das hört sich selbstverständlich an, ist es aber nicht, denn gezielt fragt kaum jemand. Während des Verkaufsgesprächs kannst Du aber auch einiges erfahren. Du solltest auch Deine Mitarbeiter – etwa die Verkäufer – immer wieder darauf hinweisen, Dir alle Kundenwünsche vorzutragen.

Lerne, Kritik für Dein Geschäft zu nutzen **46**

Es ist noch kein Meister vom Himmel gefallen. Verstehe deshalb Kundenbeschwerden stets als Anregung. Und Kunden, die merken, daß ihre Kritik und Anregungen aufgegriffen werden, werden zufriedene Kunden.

Sonstige Quellen für die Kundenanalyse **47**

Als Existenzgründer in größeren Sparten als der einer Bäckerei ist es besonders wichtig für Dich zu wissen:

- was Deine Kunden wollen;
- wo sie sitzen;
- und welchen Preis sie für Deine Produkte und Dienstleistungen zu zahlen bereit sind.

48 So kommst Du günstig an die Verbraucherdaten ran

Tageszeitungen

Die meisten großen Zeitungsverlage machen regelmäßige Leseranalysen. Sie erfassen dabei viele interessante statistische Daten – nicht nur über das Lese-, sondern auch über das Kaufverhalten der Leserschaft in ihrem Verbreitungsgebiet. Anzeigenkunden stellen sie diese Daten in der Regel kostenlos zur Verfügung. Dazu forderst Du einfach mit Deinem Firmenbogen deren »Medienunterlagen« an.

Großverlage

Die großen deutschen Verlagshäuser wie Bauer, Jahreszeiten, Gruner + Jahr, Spiegel oder Burda stellen ihren Anzeigenkunden ebenfalls die Ergebnisse ihrer Marktforschungsabteilungen zur Verfügung. Dazu gehö-
49 ren auch detaillierte Branchenbilder mit Berechnungen über die Absatzmöglichkeiten einzelner Produkte und Dienstleistungen. Kostenpunkt: etwa 30 Mark.

Wirtschaftsdienst

Presseartikel aus Zeitungen, Fachzeitschriften zu Märkten, Produkten und Unternehmen bietet der MID (Marktinformationsdienst GmbH in Düsseldorf). Du kannst von dort auch Werbeveröffentlichungen der Konkurrenz beziehen. Kostenpunkt: ab 100 Mark.

Konsumforschung

50 Bei der Gesellschaft für Konsumforschung (GfK) in Nürnberg kannst Du
51 eine sogenannte Kaufkraftkarte bestellen. Sie zeigt in insgesamt neun Farbabstufungen die jeweilige Kaufkraft der Konsumenten in den einzelnen Regionen der Bundesrepublik. Die Karte kostet etwa 90 Mark.

Datenbanken

52 Die Industrie- u. Handelskammern, Handwerkskammern und viele Banken haben Zugriff auf elektronische Datenbanken. Der Zugriff ist für Mitglieder bzw. Kunden meistens kostenlos. Die Kammern und Berufsverbände erheben außerdem auch eigene Daten zu vielen Branchen. Zum Beispiel über

Umsätze und betriebliche Kennzahlen einzelner Branchen in den Kammerbezirken.

Das bieten Dir die Profiagenturen

Absatzforscher

53 Der größte und renommierteste ist A. C. Nielsen, Institut für Absatzforschung in Frankfurt. Hier erfährst Du genau, wie der Handel in Deiner speziellen Branche strukturiert und organisiert ist, wie sich die Umsätze in den letzten Jahren entwickelt haben und vor allem, wie das Einkaufsverhalten der Konsumenten ist. Die Arbeit der Profiagentur ist jedoch nicht billig. Unter 8000 Mark ist nichts zu machen.

Marktforscher

Beim Arbeitskreis Deutscher Marktforschungsinstitute e. V. (ADM) in 54
Offenbach erhältst Du eine Liste aller deutschen Marktforschungsinstitute. Die Agenturen machen regelmäßig repräsentative Umfragen im großen Stil. Du kannst eine oder mehrere Fragen »bestellen«. Die Ergebnisse sind sehr aussagekräftig, aber auch entsprechend teuer. Eine Frage kostet beispielsweise 1300 Mark.

Konkurrenz belebt das Geschäft.
(Sprichwort)

Die besten Tips liefert Dir die Konkurrenz

Selbst gestandene Unternehmer machen häufig einen verhängnisvollen Fehler: Sie sind so sehr mit ihrer eigenen Firma beschäftigt, daß sie vergessen, die Konkurrenz im Auge zu behalten.
Du mußt die Stärken und Schwächen Deiner Konkurrenten genauso gut kennen wie Deine eigenen, dann besitzt Du einen erheblichen strategischen Vorteil.

Beispiel: Bäckermeister Mehlig hat vor einem halben Jahr seine Bäckerei eröffnet. Die Bilanz der ersten beiden Quartale ist zufriedenstellend. Die Umsatzzahlen stimmen. Inzwischen hat er auch viele Stammkunden aus der Gegend. Doch immer noch, so beobachtet er, nehmen die meisten Kunden den längeren Weg zum Bäcker zwei Ecken weiter auf sich.
Natürlich will Mehlig wissen, woran es liegt. Schließlich beauftragt er einen Bekannten, im Konkurrenzgeschäft systematisch alle Geschäftsbereiche zu vergleichen. Das Ergebnis ist verblüffend: Obwohl sich die Produktpalette kaum unterscheidet, gehen vor allem viele Mütter und Väter mit kleinen Kindern zur Konkurrenz. Der Grund: Dort gibt es eine größere Auswahl von Apfeltaschen und Vollkornbrötchen, die vor allem bei kleinen Kindern gut ankommen. Und von denen die Mütter glauben, sie seien gesünder als die üblichen Semmeln. Vor allem bietet er etwas sehr Billiges an: den guten alten Brotkuchen, der aus Abfallbrot, kostengünstig und mit Rübenkraut dunkel gefärbt, herzustellen ist. Und schließlich hat der andere noch was anzubieten: Feines amerikanisches Eis aus einer Eistheke.

55 Das Beispiel von Bäckermeister Mehlig hat gezeigt: Manchmal sind es nur Kleinigkeiten, die entscheiden, ob ein Kunde bei Dir oder der Konkurrenz kauft.
Wenn Du in regelmäßigen Abständen – zweimal im Jahr genügt – eine systematische Konkurrenzanalyse machst, behältst Du die Nase vorn.

56 Hier ein Beispiel für Deine Checkliste

	[KONKURRENZ]			[EIGENE FIRMA]		
	gut	mittel	schlecht	gut	mittel	schlecht
Produktqualität	❑	❑	❑	❑	❑	❑
Sortimentsbreite	❑	❑	❑	❑	❑	❑
Preis	❑	❑	❑	❑	❑	❑
Lage	❑	❑	❑	❑	❑	❑

Service	❑	❑	❑	❑	❑	❑
Lieferzeiten	❑	❑	❑	❑	❑	❑
Werbung	❑	❑	❑	❑	❑	❑

Und so füllst Du die Tabelle aus

Du vergleichst die Leistung Deines Betriebs mit der Deines stärksten Konkurrenten. Zuerst markierst Du die Position des Marktführers in der Tabelle. Dann trägst Du die eigenen Daten in das Schema ein. Die Kreuzchen verbindest Du durch Linien. Je größer der Abstand zwischen den Linien ist, desto größer ist das Defizit Deines Betriebs gegenüber der Konkurrenz. Auf einen Blick kannst Du sehen, wo Du gezielt Stärken ausbauen oder Schwachstellen abbauen mußt.

Ich will wirklich nicht alles Land.
Ich will nur das Land, das an meines angrenzt.
(Amerikanischer Pionier-Spruch)

Die Konkurrenz ist keine Konkurrenz für Dich, wenn Du besser bist! 57

Das gilt nicht nur für den Bäcker, das gilt für alle selbständigen Berufe.
Ja, in einer guten Geschäftslage kann es sogar vorteilhafter für Dich sein, Konkurrenten ganz in der Nähe zu haben:

- wenn Du Deinen Kunden mehr Auswahl bietest,
- wenn Du Deinen Kunden Besseres bietest,
- wenn Du Deinen Kunden Neues bietest.

Als nunmehr selbständiger Bäcker könntest Du beispielsweise:

- nicht nur Brot, Brötchen und die üblichen süßen Sachen feilhalten, sondern auch Herzhafteres, wie etwa Zwiebel-Lauch- oder Brokkolikuchen. Oder leckere Hackfleischklopse (die am besten schmecken, wenn Du viele Anteile altbackene Brötchen dazugibst). Oder feine Quiche-Lorraine-Stücke und hausgemachtes Käsegebäck. Oder frische, gut belegte Pizzastücke, die Du in der Phase der Eröffnungszeit besonders riesig und billig anbietest.

- den üblichen trockenen Streuselkuchen mit vielen Apfelstücken im Teig füllen. Oder die nichtssagende Sahne für die Torten stärker süßen. Oder statt der üblichen Papierverpackung die Kuchenstücke in einen bebilderten und mit einem Werbeaufdruck für Deine Firma versehenen, aufklappbaren Pappkarton stellen.
- Dich an Deine Ferien in fremden Ländern erinnern und die Kunden mit frischen, auf der Zunge zergehenden Doughnuts aus den USA verwöhnen. Oder mit den feinen Blätterteigteilchen, voll Vanille-, Schoko- oder Mokkacreme. Oder die Berliner nicht rund, sondern länglich backen und statt mit Marmelade mit viel Vanillecreme oder Apfelmus füllen.

Das unverwechselbare Outfit für Deine Firma

58 Marketing-Experten nennen es »Corporate Identity« – hinter dem Begriff verbirgt sich eine ganz einfache Sache: das unverwechselbare Gesicht einer Firma. Für Großunternehmen ist es längst eine Selbstverständlichkeit. Sie schießen große Summen in die Entwicklung und Förderung ihres Firmenbilds. Dahinter steckt die Idee, daß das Logo oder der Firmenname (beim Betrachter, sprich Kunden, unwillkürlich eine angenehme oder unangenehme Assoziation hervorruft. Der Mercedes-Stern steht für soliden Luxus, der Lufthansa-Kranich für Mobilität, der diagonale Balken des Branchenführers Deutsche Bank steht für aufstrebende Bilanzen und Erfolg, das Quadrat des Hamburger Sportvereins für Klotzigkeit. Die beiden ersten sind positiv, die beiden letzteren wegen ihrer Kälte negativ zu werten. Während das von Camel gewählte Dromedar für die tierische Dummheit des Verbrauchers wieder bestens gewählt ist.

59 Dein Firmenbild

60 Das Firmenbild ist auch für Dich als Kleinunternehmer ein wichtiges Werbemittel. Es bestimmt maßgeblich, wie Du beim Kunden ankommst. Ob Du jung, dynamisch, kreativ wirkst oder eher gediegen, edel, konservativ. Willst Du Zuverlässigkeit oder Geschwindigkeit zu Deinem Markenzeichen

machen, oder paßt eher Frische, Vitalität, Gesundheit zu Deiner Firmenphilosophie.
Merke: Ein guter Ruf kommt nicht von allein. Du mußt schon etwas dafür tun.

Wichtige Punkte für das Firmenprofil 61

Markennamen 62

Namen sind nicht Schall und Rauch. Sie sind es, die Produkte zu Rennern, Firmen über alle Grenzen hinweg zum Begriff machen. Jedes Kind weiß, was Spüli, ein Fön oder ein Walkman ist. Der Fön steht mittlerweile für alle Haartrockner. Dabei war es früher ein bestimmtes Gerät der Firma Braun, das diesen Namen trug.
Auch Du kannst Deinem Geschäft ein einmaliges und unverwechselbares Image geben. Namen setzen Signale, wecken Assoziationen, sind das Erkennungsmerkmal für Deine Firma.

> **Beispiel:** Die Duisburger Brauerei-Unternehmerin Doris König war eine der ersten, die es wagte, ein alkoholfreies Bier auf den Markt zu bringen. Nach einer kurzen Entwicklungsphase war es soweit. Das Bier sollte in die Geschäfte. Die hauseigene Werbeabteilung machte folgende Namensvorschläge: Götterfunken, Goldkehlchen, Freitags Freibier. In diesem Augenblick war der Geschäftsführerin der König-Brauerei klar: Das wird ein Ladenhüter.
> Dann wandte sie sich an einen Spezialisten für Markennamen. Das Bier ist heute ein Verkaufsschlager in ganz Europa. Der Name: Kelts.

So findest Du einen Namen, der einschlägt

Ein guter Name läßt sich schwer auf dem Reißbrett konstruieren. Meist dauert es eine Zeitlang, bis der Funke überspringt und Du weißt: Der ist es. Hilfreich ist es, in einer größeren Runde zu überlegen. Du kannst Dich mit Freunden oder der Familie zusammensetzen und ein Brainstorming machen: einfach drauflosreden. Jeder sagt, was ihm gerade zu einem Namen einfällt. Bei solchen Gelegenheiten werden die besten Ideen geboren.

Hier ein Leitfaden, der Dir weiterhilft:

- Der Name kann mit Eigenschaften zusammenhängen – etwa Schnelligkeit und Termintreue, Sauberkeit und Frische, Luxus und Exklusivität, Umweltbewußtsein und Naturverbundenheit.
- Du kannst auch mit Assoziationen spielen. Der Name muß also nicht direkt in Zusammenhang mit Deiner Leistung stehen. Shell verkauft Benzin und keine Meeresfrüchte, Apple Computer keine Äpfel, Icebear verkauft Pullover und eben keine Eisbären.
- Der Ton macht die Musik. Auch ein guter Klang, eine ungewöhnliche Silbenkonstruktion kann einen guten Namen ausmachen. Der Name Twix ist genauso eine Kunstkonstruktion wie Twingo oder Vectra.

63 Wenn Du einen guten Namen gefunden hast, kannst Du ihn schützen lassen. Damit Dir die Konkurrenz Deine Idee nicht klauen kann, meldest Du sie zur Sicherheit beim Patentamt in München an.

64 Namen und Rechtsformen

Je nach Rechtsform Deines Betriebes mußt Du bei der Namensgebung bestimmte Regeln einhalten.

- **Kleinunternehmer:** Als solcher bist Du bei der Wahl Deines Namens völlig frei. Wenn Du jedoch eine Phantasiebezeichnung wählst, muß sie allerdings Deinen Namen als Zusatz tragen. Also »Solaris Sonnenstudio, Anton Becker« oder »Sieh klar – Brillen und Kontaktlinsen Rudi Sturm«.
- **GmbH:** Der Name muß einen Bezug zum Gegenstand der Firma haben (»Baustoffe«, »Fallschirmbau und Service«, »Backwaren«) oder den Namen eines Gesellschafters enthalten. Der Zusatz »Gesellschaft mit beschränkter Haftung« ausgeschrieben oder als Abkürzung ist Pflicht.

- **KG:** Der Name eines Komplementärs mit dem Zusatz KG ist vorgeschrieben.
- **OHG:** Mindestens ein Gesellschafter muß mit seinem Namen herhalten. Außerdem muß der Zusatz OHG dabeistehen.

Tip

Eine gute Idee für einen Firmennamen ist noch nicht alles. Hat nämlich schon jemand vor Dir diese Idee gehabt und seine Firma auf diesen Namen eintragen lassen, kann Dich das teuer zu stehen kommen: Bei einer Namensänderung mußt Du die neue Eintragung ins Handelsregister bezahlen, natürlich neue Firmenschilder, Telefonbucheinträge, Briefpapier und Kataloge. Im schlimmsten Fall – nämlich dem, wenn die andere Firma mit den älteren Rechten Dich verklagt – sind noch Anwalts- und Gerichtskosten fällig.

Also: Vor der Firmentaufe aufgepaßt! Wie kannst Du erfahren, ob es bereits eine Firma mit dem Namen gibt, den Du Deinem Gewerbebetrieb verpassen möchtest? Da gibt es zwei Möglichkeiten: Deine örtliche Industrie- u. Handelskammer recherchiert für Dich, ob Dein Firmenname bereits existiert.
Vorteil: Es kostet Dich keinen Pfennig; Nachteil: Die Recherche findet nur 65
im Kammerbezirk statt.
Wenn Du ganz auf Nummer Sicher gehen möchtest, mußt Du eine professionelle Wirtschaftsauskunftei mit einer deutschlandweiten Recherche beauftragen. Das kostet zwar ein paar hundert Mark, dafür mußt Du aber auch keine Angst mehr haben, eines Tages von einem »Namensvetter« verklagt zu werden.

Das Firmenlogo 66

Firmennamen und Logo gehören untrennbar zusammen. Es springt sofort ins Auge und erinnert den Kunden an Deine Firma. Sicher fallen Dir

auch ein paar bekannte Logos ein: die Audi-Ringe, das gelbe M von Mac Donalds.
Das Firmenlogo kann ein Symbol sein oder auch der stilisierte Anfangsbuchstabe Deines Namens.
Bei der Gestaltung Deines Firmenlogos solltest Du zurückhaltend sein. Hier ist weniger mehr. Wenn Du die berühmten Logos großer Unternehmen betrachtest, wird Dir sicher auffallen, daß sie sehr schlicht sind.
Achte darauf, daß es sich

- sofort einprägt,
- unverwechselbar,
- unkompliziert
- und auffallend ist.

67 Dein Slogan

Du kannst mit Deinem Firmennamen noch eindrucksvoller werben, wenn Du ihn mit einem Verkaufsargument – einem Slogan – verbindest. Der Slogan sagt mit wenigen Worten, was das besondere an Deinem Produkt, Deiner Leistung ist. Er spricht quasi dem Kunden aus der Seele.
Ein guter Slogan ist kurz und knapp, er ist einprägsam und leicht lesbar. Versuche, die Gefühle Deiner Kunden anzusprechen. Das geht am besten, wenn Du Dich in Deine Kunden hineinversetzt.
Einige Beispiele guter Slogans:

- Otto … find' ich gut.
- Mach Plus bei Plus!
- Tetra Pack – irgendwie clever
- Wo ist der Deinhardt?
- Campari – was sonst
- It's not a trick – it's a Sony.

Unordnung – wo nichts am rechten Platz ist.
Ordnung – wo am rechten Platz nichts ist.
(Spruch)

Dein Auftreten nach draußen (Selbstdarstellung) 68

Bei unzähligen Gelegenheiten kommst Du mit Deinen Kunden in Berührung. Laß keine Chance ungenutzt, für Dich und Deine Firma zu werben.

Wo Dein Name, Dein Logo, Dein Slogan überall hingehören:

- auf alle Geschäftspapiere – Visitenkarten, Rechnungen, Briefpapier, Umschläge, Vordrucke, Bestellungen, Angebote, Etiketten und Verpackungsmaterial;
- auf alle Werbeträger – Anzeigen, Werbegeschenke;
- auf Teile der Ladeneinrichtung – Spiegel, Wandschirme, Polster;
- auf die Arbeitskleidung Deiner Mitarbeiter;
- auf Firmenwagen.

Ein paar Tips zur Gestaltung

Schriftart

Mit der Wahl der Schriftart kannst Du bereits etwas über Deine Unternehmensphilosophie aussagen.

Schriftcharakter

Diese Schriftarten wirken sehr sachlich. Für Geschäftsbriefe sind sie ideal und für Broschüren und Bücher am besten lesbar:
Garamond (Stempel)
Times
Sabon

Diese eher filigranen Schrifttypen wirken schlank und elegant:
Caslon

Optima
Souvenir

Hier sind alle Striche gleich dick. Sie sind typisch für die neue Sachlichkeit und wirken eher nüchtern:
Helvetica
Avantgarde
Frutiger

69 Geschäftsbriefe: Deine Visitenkarte per Post

Briefe in unverständlichem Deutsch, mit zerzaustem Layout und dann noch auf miesem Papier zu verschicken – das können sich heute nur noch Behörden leisten. Die haben ja auch keine Kunden zu verlieren. Du als Unternehmer mußt aber bedenken: Das Erscheinungsbild Deiner Firma nach außen ist mit dafür verantwortlich, wie Du auf dem Markt ankommst.

70 Äußere Form

Dein Briefpapier mit Deinem Briefkopf ist oft das erste, was potentielle Kunden von Dir zu sehen bekommen. Hier hast Du die Gelegenheit, zu repräsentieren.

71 Also: Natürlich wird Deine Geschäftspost nicht auf schlechtem grauen Papier erledigt, auch wenn Du das aus Umweltgründen vielleicht für chic hältst. Denn inzwischen weiß wirklich jeder, daß es auch umweltfreundlich hergestelltes Papier gibt, was nicht aussehen muß, als hätte es in einer Pfütze gelegen. Bei der Papierqualität darf es ruhig etwas teurer sein – Wasserzeichen ist obligatorisch. Aber übertreibe nicht. Geschäftspost auf Büttenpapier – das gibt es wirklich – erweckt eher den Anschein von Protzerei.

Dein Briefkopf und die Fußnote sollten natürlich alle wichtigen Daten enthalten, die der Kunde über Deine Firma braucht: Name, Anschrift, Telefon, Fax, eventuell E-Mail-Adresse, Bankverbindungen, Gerichtsstand. Das alles übersichtlich auf einer Seite anzuordnen, dazu bedarf es schon eines gewissen grafischen Verständnisses. Laß Dir Deine Geschäftspost –

und natürlich auch gleich die Visitenkarten – lieber von einem Fachmann entwerfen. Die paar Hunderter zahlen sich im Endeffekt aus.

Inhalt 72

Und ist die äußere Form des Geschäftsbriefs noch so hübsch – was nützt das alles, wenn Bandwurmsätze, Substantivierungen oder Bürokratendeutsch den Leser das Gähnen lehren? Mit einem frischen, unverkrampften Schreibstil machst Du dem Adressaten hingegen das Lesen zu einem Vergnügen.

Aufbau 73

Bei so manchem Brief vergeht dem Empfänger schon von weitem die Lust am Lesen: Ein einziger fetter Textblock ohne Absätze – das vermittelt dem normalen Leser: Vorsicht – langweilig, langatmig und schwer verständlich. Faustregel für jeden Briefschreiber daher: Kein Absatz länger als sechs Zeilen. Im Zweifel lieber zwei Seiten beschreiben als die Information auf eine Seite quetschen.

Formulierung 74

Wer schwafelt, verliert. Es gibt nur wenige Leute, die so extravagant und witzig schreiben, daß das Lesen zum Vergnügen wird. Bleibe also mit Deinen Formulierungen lieber auf dem Boden der Tatsachen: Knapp und präzise – so will der Empfänger die Informationen serviert bekommen.

> **Falsch:** »Der Frühling spannt sein grünes Band über das Land und gleich den Bienen wollen auch wir nun wieder fleißig werden und Ihnen das neueste Meisterwerk unserer Marketing-Abteilung übersenden …«
> **Richtig:** »Die neue Saison steht vor der Tür. Grund genug für uns, Ihnen unseren aktuellen Katalog zu schicken.«

Satzlänge 75

Bei Deutschlands Boulevardblatt Nummer eins, der Bild-Zeitung, soll es eine Redaktions-Anordnung geben: Kein Satz länger als sieben Worte. Erfolg: Die Bild-Zeitung wird von jedem verstanden. Ganz so plakativ wie Bild sollst Du Deine Geschäftsbriefe natürlich nicht verfassen. Aber wenn ein Satz über mehr als zwei Zeilen läuft, solltest Du Dir schon Gedanken machen, ob Du ihn nicht dem Leser zuliebe in zwei Sätze aufteilen kannst.

Falsch: »Wir bitten um Entschuldigung für die Produktionsverspätung, die Ihnen entstanden ist, weil unser Firmenwagen, der einen Unfall hatte, nicht rechtzeitig in Ihrem Lager eingetroffen ist.«
Richtig: »Für die Ihnen entstandene Produktionsverspätung bitten wir um Entschuldigung. Unser Firmenwagen hatte einen Unfall und traf deswegen nicht rechtzeitig in Ihrem Lager ein.«

76 Wortwahl

Nichts macht ein Schreiben langweiliger als ausgeprägte Substantivierungen, Passivformulierungen und veraltetes Deutsch. Also: Schmeiß solche Wortungetüme aus Deinen Geschäftsbriefen und ersetze sie durch allgemeinverständliche und umgangssprachliche Worte.

(veraltetes Deutsch)
Falsch: »Für die Mühewaltung Ihrerseits bedanken wir uns.«
Richtig: »Vielen Dank für Ihre Mühe.«

(Passivformulierungen)
Falsch: »Der Katalog wurde speziell entwickelt für ...«; »Es wird leider zu Lieferschwierigkeiten kommen.«
Richtig: »Unsere Designer haben den Katalog speziell entwickelt für ...«; »Leider rechnen wir mit Lieferschwierigkeiten.«

(Substantivierungen)
Falsch: »Die Anrechnung des Mehrumsatzes auf Ihre Skontostaffel wird zu einer Rabatterhöhung bei Ihrer nächsten Bestellung führen.«
Richtig: »Wir rechnen den Mehrumsatz Ihrer Skontostaffel an und werden Ihnen deswegen bei Ihrer nächsten Bestellung gern einen höheren Preisnachlaß einräumen.«

Kontrolle 77

Niemand, der professionell Schriftstücke verfaßt, wird sofort nach dem letzten Punkt das Geschriebene ausdrucken, kuvertieren und in die Post geben, beziehungsweise ins Faxgerät stecken.

Regel Nummer eins: Immer gegenlesen lassen. Auch dem sorgfältigsten Schreiber unterlaufen Fehler: Tippfehler, halbe Sätze, falsch geschriebene Namen, logische Ungereimtheiten. Laß daher alles, was Du geschrieben hast, von einem Mitarbeiter noch einmal kontrollieren. Ermutige schüchterne Angestellte, nicht mit Kritik zu sparen – immerhin geht es nicht um Deine Eitelkeit, sondern darum, daß Dein Kunde einen einwandfreien Geschäftsbrief erhält.

Ist gerade niemand zur Endkontrolle greifbar, mußt Du auf die Notlösung zurückgreifen: Den Brief eine halbe Stunde liegenlassen, Dich zwischendurch mit etwas anderem beschäftigen und dann das Schriftstück noch einmal Wort für Wort korrekturlesen.

Tip

Wenn Du die Kosten für eine Werbebriefaktion nicht gescheut hast, dann 78
darfst Du natürlich auch bei der Portofrage nicht knauserig sein. Das soll heißen: Auf den beiliegenden Brief oder die beiliegende Karte für die Rückantwort gehört natürlich in das Briefmarkenkästchen die Formulierung »Porto zahlt Empfänger« oder »Die Gebühr zahlen wir für Sie«. Manch ein potentieller Kunde ist von dieser kleinen Geste so entzückt, daß er nun doch auf Deinen Werbebrief antwortet. Also merke: Mit der Porto-frei-Methode bekommst Du auf Deine Mailings den größtmöglichen Rücklauf.

Willst Du auf die nur vage interessierten Kunden verzichten und nur Antwort von potentiellen Käufern auf Dein Mailing bekommen, dann mußt Du bei der Frage der Frankierung der Rückantwort genau das Gegenteil machen: »Ein Mark, die sich lohnt« oder aber gar kein Spruch im Briefmarkenfeld zwingt den Empfänger des Mailings, die Rückantwort selbst zu frankieren. Und das werden natürlich nur die tun, die auch etwas von Dir wollen.

Preissenkungen sind deshalb so problematisch, weil sie vom Käufer sofort als Eingeständnis minderer Warenqualität betrachtet werden.
(Peter L. Stanford)

79 Das kostet Dich ein neuer Kunde

Neue Kunden laufen nicht von selbst in Deinen Laden. Die Zeiten der sogenannten sanften Akquisition – hin und wieder mal eine Anzeige im Gemeindeblatt oder einer Festschrift eines ortsansässigen Vereins – sind vorbei. Der Markt ist dichter geworden, die Konkurrenz aggressiver. Das gilt für nahezu
80 alle Branchen. Die klassischen Akquisitionsmethoden sind Anzeigen, Messen, Kundenbesuche, Mailings und Telefonaktionen. Doch der Königsweg des einen kann der Holzweg für einen anderen Unternehmer sein. Maßgeblich ist nämlich nicht nur die Zahl der Kundenkontakte, sondern auch das erzielte Auftragsvolumen. Und das vergessen viele Unternehmer.

Beispiel: Raumausstatter Redlich hat einen gutgehenden Laden. Der Betrieb ist alteingesessen und seit mehr als 70 Jahren im Familienbesitz. Redlich – in der Stadt bekannt wie ein bunter Hund – sitzt im Vorstand mehrerer Vereine und ist Vorsitzender der städtischen Werbegemeinschaft. Im örtlichen Gemeindeblatt und in der Lokalzeitung schaltet er seit mehr als 25 Jahren regelmäßig Anzeigen.
Eines Morgens klingelt bei Redlich das Telefon. Am anderen Ende ist eine große renommierte Werbeagentur, die ihm ein unglaublich verlockendes Angebot macht. Eine Anzeige in einem großen Wochenmagazin, das eine Millionenauflage hat, für ganze 8000 Mark. Redlich schlägt ein.
Die Bilanz seiner Anzeigenaktion: 8000 Mark für das Nachrichtenmagazin, 250 Mark monatlich für die Lokalanzeigen. Welche Anzeige nun aber mehr Kunden gebracht hat, kann Redlich nicht sagen.

Viele Mittelständler und Neugründer machen es wie Redlich. »Werbung muß sein«, denken sie sich und rühren kräftig die Werbetrommel. Daß längst nicht jedes Mittel den gewünschten Effekt hat, bleibt dabei zunächst unbedacht. Da werden Mailings verschickt, Telefonagenturen beauftragt, Messen besucht und Anzeigen geschaltet, doch unterm Strich kommt nichts dabei heraus. Solche Fehlinvestitionen solltest Du vermeiden. Werbung ist nur sinnvoll, wenn

- genügend potentielle Kunden und nicht irgend jemand damit erreicht wird;
- die dadurch erzielten neuen Aufträge auch ein attraktives Volumen haben.

Was ist passiert: Eine Anzeige in einer überregional verbreiteten Zeitung und Zeitschrift ist für ein kleines Einzelhandelsgeschäft einfach eine Nummer zu groß. Kaum ein Neukunde wird mehr als 50 Kilometer fahren, um das Geschäft von Paul Redlich zu besuchen.
In der Lokalpresse ist die Anzeige schon besser aufgehoben. Nur: Redlichs Laden ist alteingesessen und in der ganzen Stadt bekannt. **Neue** Kunden werden kaum durch eine Kleinanzeige auf das Geschäft stoßen.

Was hätte er besser machen können: Mehr hätte Paul Redlich eine gezielte Werbeaktion gebracht. Zum Beispiel **Werbebriefe** mit einer unverbindlichen Einladung zum Geschäftsbesuch, in einem Neubaugebiet verteilt. Hier sitzt genau die Käufergruppe, die Redlich ansprechen will: Junge Familien, die sich neu einrichten.

Tip

Diese zwei Fragen mußt Du Dir bei der Neukundenakquisition stellen:
1. Wer ist Deine Zielgruppe?
2. Wie kannst Du sie am besten erreichen?

81 Die fünf klassischen Methoden der Werbung

82 Anzeigen

Anzeigen sind der Imageträger für Produkt und Firma schlechthin. Sie erzielen ihre volle Wirkung jedoch nur als Teil einer größeren Kampagne. Damit sich der Firmenname oder die beworbene Ware richtig einprägt, muß die Anzeige mehrmals geschaltet werden.
Große Publikumszeitschriften und überregionale Tageszeitungen sind eigentlich nur etwas für große Firmen, die Markenartikel vertreiben wollen. Wenn Du Dein neues Geschäft vorstellen willst, bist Du in der lokalen Presse gut aufgehoben. Zum Gewinn von neuen Kunden ist sie nicht unbedingt geeignet.

Kosten

83 Anzeigenkosten sind von Medium zu Medium völlig unterschiedlich. Deshalb hier nur ein Beispiel:
Eine halbe Schwarzweißseite, Fachzeitschrift, Auflage 80 000, 10mal geschaltet, kostet etwa 32 000 Mark. Erfahrungswerte zeigen, daß bei einer solchen Anzeige ein neuer Kunde mindestens 500 Mark kostet. Entsprechend rentieren sich solche Aktionen nur, wenn das Auftragsvolumen entsprechend hoch ist.

Guter Rat: So sparst Du bei der Anzeigenwerbung

Immer noch geben deutsche Unternehmen den Löwenanteil ihres Werbebudgets für Werbung in Zeitungen und Zeitschriften aus. Geld, das Du in Anzeigen investierst, ist meist gut angelegt. Allerdings mußt Du nicht alles bezahlen, was die Verlage von Dir verlangen. Hier drei kleine Tricks, wie Du bei der Print-Werbung Kosten sparen kannst:

- **Feilschen**

Eigentlich simpel, doch im Umgang mit großen Verlagen befällt manch einen kleinen Unternehmer eine Art lähmende Ehrfurcht. Das ist grundfalsch: Verlage sind auch nur Wirtschaftsunternehmen, die es sich nicht leisten können, Kunden zu vergraulen. Deswegen kann es gar nichts schaden, wenn Du versuchst, den Anzeigenpreis runterzuhandeln. Ein gutes Argument bei solch einer Verhandlung ist sicherlich der Hinweis, daß Du bislang all Deine Rechnungen für frühere Anzeigen pünktlich bezahlt hast – das ist nämlich nicht die Regel.

- **Agentur gründen**

Dieser Schritt lohnt sich insbesondere dann, wenn Du regelmäßig viel Geld in Print-Kampagnen investierst. Die Verlage räumen Werbeagenturen – den Mittlern zwischen Anzeigenkunden und Zeitung – meist einen beträchtlichen Rabatt auf die Anzeigenpreise ein. Also was liegt näher, als eine Ein-Mann-Agentur zu gründen, deren Geschäftsführer Du bist und deren einziger Kunde Deine Firma.

- **Gedrucktes unter die Lupe nehmen**

Jede in einer Zeitung oder Zeitschrift erschienene Anzeige mußt Du kritisch unter die Lupe nehmen. Stimmen die vorgegebenen Farben? Wie ist die Druckqualität? Stimmt die vereinbarte Positionierung? Gibt es etwa Rechtschreibfehler? Findest Du eine Unzulänglichkeit, mußt Du dem Verlag auf jeden Fall gehörig auf den Schlips treten. Bei kleineren Fehlern kannst Du sicherlich einen Rabatt für die nächste Anzeige rausschlagen, bei schwerwiegenden Patzern muß der Verlag Deine Anzeige in der nächsten Ausgabe noch mal abdrucken – kostenlos und fehlerfrei, versteht sich.

Mailings 84

Zu deutsch auch Werbebriefe. Neuerdings überschwemmt eine ganze Flut von Mailings die Briefkästen. Nicht ohne Grund. Der Werbebrief ist eine einfache, günstige und sehr wirksame Methode, neue Kunden anzusprechen. Das ganze funktioniert aber nur unter zwei Bedingungen:

1. Ganz entscheidend ist die Qualität der Adressen. Je präziser sie ausgewählt sind, desto geringer sind die Streuverluste. Adressen kannst Du übrigens kaufen.
2. Das Mailing muß professionell gestaltet sein, um beim Kunden anzukommen.

Kosten
Für ein Mailing (Text, Beilagen und Rückantwortkarte), das nicht gleich im Papierkorb landet, mußt Du inklusive Porto mit etwa 2 Mark pro Stück rechnen. Die Rücklaufquote eines guten Mailings liegt bei etwa 2 Prozent. Bei 500 Adressen kostet Dich Dein neuer Kunde also 100 Mark.

85 Telefon-Marketing

Neue Kunden via Telefon anzusprechen gehört inzwischen zu den klassischen Werbemethoden. Genau wie beim Versenden von Mailings steht und fällt die Sache mit der Auswahl der richtigen Adressen bzw. Telefonnummern. Die Telefonakquisition gehört allerdings ausschließlich in die Hände von Profis. Spezielle Direktmarketing-Agenturen beschaffen die Adressen und rufen Deine Kunden an. Zur Kontrolle liefern sie Dir von jedem Gespräch ein Protokoll. Die Nachbereitung gehört übrigens auch zum Service einer guten Agentur.
Achtung: Versicherungen und Geldanlagen dürfen nicht per Telefon verkauft werden.

Kosten
Ein Kontakt kostet etwa 20 Mark. Erfahrene Telefonverkäufer haben in der Regel einen Rücklauf von mindestens 5 Prozent. Auch hier mußt Du mit Kosten um 500 Mark für jeden neu zugeführten Kunden rechnen.

Tip

So ergatterst Du eine Telefon-Geheimnummer: Wenn Du durch Vertreter, Gläubiger oder den Amtsschimmel telefonisch belästigt wirst und die Post Dir keine geheime Telefonnummer zugesteht, melde einfach einen neuen Anschluß auf eine flugs gegründete GbR (Gesellschaft bürgerlichen Rechts) oder einen eigenen eingetragenen Verein an. Die Post kann Dir dies nicht verwehren.

Ist die neue Leitung , die ja nicht auf Deinen Namen eingetragen ist, installiert, bezahl einfach nicht die nächste Telefonrechnung für Deinen alten Anschluß. Ergebnis: Wird die alte Nummer angewählt, stellen Gläubiger, Vertreter und Amtsschimmel fest, daß da auf einmal »kein Anschluß unter dieser Nummer« mehr ist.
Läuft das Tonband, zahlst Du die (alte) Rechnung und meldest den (alten) Anschluß ab – die Post sperrt sonst aufgrund der gleichen Adresse (nicht weil die Post das Recht dazu hat, sondern weil sie die Macht dazu hat) auch die neue »Geheimnummer«.

Messen 86

Messen werden traditionell am meisten von Betrieben besucht, die überregional tätig sind. Doch auch kleine und mittlere Unternehmen können sich über die Industrie- u. Handelskammern günstig an Gemeinschaftsständen beteiligen. Das geht schon ab 10 000 Mark.
Die Grenze nach oben ist offen. Die Zahl der Kundenkontakte ist auf Messen allerdings ungewöhnlich hoch. Nur: Nicht jeder Kontakt ist auch ein Auftrag. Auch hier mußt Du mit etwa 500 Mark pro neuem Kunden rechnen.

Kundenbesuche 87

Früher waren »Kaltbesuche« nach dem Zufallsprinzip – sprich ohne Anmeldung – gang und gäbe. Ein Vertreter stellte beim Klinkenputzen unangemeldet die neuesten Angebote vor. Heute ist das nur noch selten üblich – etwa beim Verkauf von Staubsaugern oder Kosmetika. Zur Neukundengewinnung sind Kaltbesuche ungeeignet, weil die Erfolgschance kaum berechenbar ist.

88 So wird Dein erster Messeauftritt zum vollen Erfolg

Bereits vor mehr als 700 Jahren trafen sich Händler aus ganz Europa und dem Orient, um ihre Waren – Gewürze und Stoffe, Spitzen und Glas – vorzustellen. Der Ort des Geschehens: Die Leipziger Messe. Weit mehr als 10 Millionen Besucher finden sich heute jedes Jahr auf dem Messeplatz Deutschland ein – dem bedeutendsten der Welt. Über 100 internationale Messen werden hier jedes Jahr abgehalten. Für Handel und Industrie sind die jährlichen Treffen von unschätzbarer Bedeutung. Doch das Terrain Messe ist nicht allein von großen Unternehmen besetzt. Auch für Dich als Kleinunternehmer bieten Fachmessen eine einmalige Gelegenheit, Verbindungen zu knüpfen, einzukaufen und Kunden zu finden. Aber bedenke: Dabeisein ist nicht alles. Ein Messeauftritt will gut vorbereitet und geplant sein.

Finde die richtige Messe

89 Es gibt unzählige große und kleine Messen in Deutschland. Um die richtige Fach- und Regionalmesse zu finden, wendest Du Dich am besten an den Ausstellungs- und Messe-Ausschuß der Deutschen Wirtschaft e.V. in Köln.

> Mach mal einen Probebesuch. Schau Dir in Ruhe eine Messe Deiner Branche an. Dort kannst Du auch mit anderen Ausstellern sprechen und sie nach ihren Erfahrungen fragen.

Wenn Du weißt, auf welche Messe Du später willst, fertige Dir am besten eine Checkliste an. Folgendes muß draufstehen: Anmeldeformalitäten, Standmiete, Herstellung der Exponate, Erstellen von Werbetexten, Fotos für Fachpresse und Besucher, Werbung im Ausstellungskatalog. Sei bei der Wahl Deines Standorts in der Messehalle ruhig selbstbewußt. Die Nähe

eines erfolgreichen Konkurrenten garantiert Dir auf jeden Fall viel Publikumsverkehr.
Achtung: Vergiß nicht, nach Fördermitteln zu fragen.

Vergiß die Werbung nicht
Zur Messe mußt Du Dich werbemäßig voll ins Zeug legen. Immerhin willst Du Dich von Deiner besten Seite zeigen. An Deine Kunden verschickst Du natürlich persönliche Einladungen. Auch die Fachpresse darfst Du nicht vergessen einzuladen.

Du mußt unverwechselbar sein

Du mußt nicht mit Champagner und Kaviar aufwarten (das tun schon genug andere). Wenn Du originell, aber passend auftrittst, wirst Du die Besucheraugen auf Dich ziehen. Der Messestand muß natürlich ansprechend sein – wichtig ist vor allem, daß Dein Firmenlogo unverwechselbar rüberkommt.

Offene, begehbare Stände ziehen eher Publikum an. Geschlossene Tresen wirken dagegen wie eine Barriere. Als Messeneuling kannst Du Dich auch von professionellen Messebaufirmen beraten lassen.

Damit am Stand nicht das totale Chaos ausbricht, solltest Du schon ein paar Tage vorher die Aufgaben unter Deinen Mitarbeitern verteilen. Selbstverständlich müssen immer genügend Getränke für die Besucher vorrätig sein. Für das Standpersonal entwirfst Du einen Gesprächsleitfaden. Vorgefertigte Formulare mit einer Rubrik für die Anschrift der Kunden und Besucher und einer Sparte für besondere Vermerke sollten bereitliegen. Und: Jeden Abend Manöverkritik mit Deinen Leuten machen. So kannst Du schnell noch Nachlässigkeiten ausbügeln.

90 Betreue die Kunden rundum

Der erste Eindruck zählt. Kaum ein Besucher kommt ein zweites Mal zu Deinem Stand, wenn ihm bei seiner ersten Visite nicht genügend Aufmerksamkeit geschenkt wurde. Achte deshalb darauf, daß niemand lange allein steht. Denk immer daran: Mehr als Neinsagen kann der andere nicht. Lieber ein bißchen aufdringlicher sein und nachfragen als sich einen Kunden durch die Lappen gehen lassen. Merke: Deine Leute müssen eindeutig als Standpersonal Deiner Firma zu erkennen sein. Dazu müssen nicht alle im Einheitslook rumrennen. Es genügt, wenn sie einheitliche Accessoires – Krawatten oder Halstücher mit Firmenlogo – tragen.

91 Vergiß die Erfolgskontrolle nicht

Alles ist zusammengepackt, der größte Streß ist vorbei. Jetzt geht es ans Nachbereiten. Am einfachsten ist es, alle Kontakte systematisch in drei Kategorien einzuteilen: A steht für die wichtigen Kontakte, etwa neue Kunden, die gleich geordert haben. Unter B können beispielsweise Stammkunden fallen, um die Du Dich sowieso kümmerst, und unter C fallen alle, die nur eben mal vorbeigeschaut haben. Selbstverständlich werden auch die C-Kunden nach der Messe mit Prospekten oder Produktinformationen versorgt. Sodann erstelle die vereinbarten Angebote, besuche die Kunden bis spätestens zwei Wochen nach der Messe. Wenn Du hier schlampig bist, war die ganze Messegeschichte umsonst: Bleib am Ball!
Vergiß nicht: Auch Kunden, die nicht auf der Messe waren, kannst Du mit Infos über Deinen Messeerfolg versorgen. Vielleicht kommen sie ja beim nächsten Mal.

92 Ziehe Schlußbilanz

Erst mehrere Wochen nach der Messe kannst Du eine echte Kosten- Nutzen-Analyse machen. Jetzt siehst Du, was Dir die neuen Kontakte gebracht haben und in welchem Verhältnis sie zu den Kosten stehen. Laß den Kopf nicht

hängen, wenn es beim ersten Mal nicht ganz so gut gelaufen ist, wie Du 93
vielleicht gehofft hast. Auch Tendenzen können Dir zeigen, wo Du beim nächsten Mal die Schwerpunkte setzen sollst. Wenn es gutgelaufen ist, weiter so.

> Die Veranstalter machen in der Regel eine Ausstellerbefragung. Die 94
> Auswertungen kannst Du anfordern. Daraus kannst Du bestens sehen, wie die Messe für Deine Konkurrenz gelaufen ist.

Mit einer guten Verpackung wickelt man nicht nur
die Waren ein, sondern auch den Käufer.
(Werner Mitsch)

So gewinnst Du Stammkunden 95

Dein wichtigstes Kapital sind Deine Kunden – deshalb mußt Du sie hegen und pflegen. Denn Kundenpflege kostet längst nicht soviel wie das Gewinnen von Neukunden. Verprellte Kunden sind dagegen eine denkbar schlechte Werbung für Dein Geschäft.

> **Beispiel:** Belinda Bleibtreu hat seit zwei Monaten einen Laden für Designer-Möbel in bester Innenstadtlage. Doch trotz verlockender Sonderangebote muß Belinda feststellen: Der größte Teil ihrer Kundschaft findet nach einmaligem Besuch nicht wieder in ihr Geschäft zurück. Sie ist ratlos, bis ihr ein empörter Kunde die Leviten liest: Über eine halbe Stunde habe er warten müssen, ehe eine Verkäuferin ihn beachtet habe. Die vor zwei Wochen bestellten Metallstühle wären immer noch nicht eingetroffen. Als der Kunde fragte, wann denn mit der Lieferung zu rechnen sei, habe er als Antwort lediglich ein Schulterzucken bekommen. Jetzt wolle er die Stühle nicht mehr haben. Bei der Konkurrenz seien sie

zwar um einiges teurer, dafür werde er aber korrekt bedient und die Ware werde frei Haus geliefert.

96 Leider unterschätzen immer noch viele Geschäftsleute die Bedeutung eines guten Kunden-Services. Der Kunde wird wie ein lästiger Bittsteller behandelt. Dabei ist er eigentlich der Arbeitgeber des selbständigen Unternehmers. Vergiß das nie!

Die wichtigsten Kniffe, wie Deine Kunden Dir treu bleiben

97 **Freundlichkeit**

Das oberste Gebot im Umgang mit Kunden. Es kostet Dich keinen Pfennig, zu lächeln. Also tu es. Der Dienst am Kunden beginnt schon mit Kleinigkeiten. Eine freundliche Begrüßung, wenn er den Laden betritt, ist selbstverständlich. Stammkunden werden natürlich mit Namen angesprochen. Achte auch darauf, daß Deine Angestellten sich ebenfalls entsprechend verhalten.

98 **Ambiente**

In einer ansprechenden, freundlichen Umgebung fühlt sich Dein Kunde wohl. Bei längeren Verkaufsgesprächen kannst Du Deinen Kunden ruhig eine Tasse Kaffee oder ein Glas Saft anbieten. Eine ruhige Sitzecke – vielleicht mit einer Espressobar –, in der sie in Ruhe auswählen können; Probier- und Schmökerrunden, die zum Verweilen einladen. Damit unterscheidest Du Dich vor allem von den großen Massenanbietern.
Sorge dafür, daß Deine Kunden einen festen Ansprechpartner haben. Das ist vor allem bei größeren Aufträgen wichtig. Dieser »Kundenpate« kümmert sich um alle Anfragen, leitet Informationen weiter und betreut den Kunden rundum. Denn mancher Kunde hat schon das Handtuch geschmissen, weil offensichtlich keiner im Laden so richtig Bescheid wußte.
Oft kommst Du nicht daran vorbei, Aushilfen anzuheuern. Gerade in Stoßzeiten sorgen sie dafür, daß der Laden läuft. Aber aufgepaßt: Inkompetentes Personal kann Dir selbst geduldige Kunden vertreiben. Gerade als Kleinunternehmer sind Beratung und Service Deine Trümpfe gegenüber den Branchenriesen. Diese Chance mußt Du auf jeden Fall nutzen. Nimm Dir

also die Zeit, auch kurzfristig eingestellten Aushilfen eine kurze Einführung zu geben. Im Zweifelsfall lohnt es, ein paar Mark mehr Lohn für eine ausgebildete Fachkraft zu zahlen.

Auch hier: Vergiß nicht, nachzufassen.
Das beste Geschäft macht man oft nach dem Geschäft – das ist eine alte Kaufmannsweisheit. Mit anderen Worten: Melde Dich bei Deinen Kunden, auch wenn der ursprüngliche Auftrag schon abgewickelt ist. Eine kurze Nachfrage, ob sie beispielsweise Ersatzteile benötigen oder irgendeine an- **99**
dere Serviceleistung in Anspruch nehmen wollen.
Ein guter Ruf ist die beste Werbung für Dich. Wenn Du für bekannte Unternehmen oder Großkunden in Deiner Umgebung gearbeitet hast, halte nicht damit hinterm Berg. Ein exquisiter Kundenkreis spricht für Dich und Dein Unternehmen. So kannst Du von Anfang an bei Neukunden Vertrauen schaffen.
Für viele Kunden ist Termintreue und schneller Service ausschlaggebend bei der Wahl des Dienstleisters. Das gilt auch für Kleinigkeiten wie das Beantworten von Anfragen oder Zuliefern von Ersatzteilen. Wenn es mal nicht so schnell gehen kann, sorge auf jeden Fall dafür, daß Dein Kunde unterrichtet wird. Ruf ihn an und erkläre ihm, warum er warten muß. Zeige ihm, daß er wichtig für Dich ist.
Mit kleinen Geschenken bringst Du Dich immer wieder angenehm in Erinnerung. Passende Anlässe sind Geburtstage, Jubiläen oder Feiertage wie Ostern und Weihnachten. Aber übertreibe es nicht. Üppige Geschenke hältst Du nur für besondere Kunden bereit. Ansonsten reicht eine gute Flasche Wein, ein Blumenstrauß oder ein Stoffhase für die Kinder. Du solltest möglichst auch nach Feierabend verfügbar sein. Wenn Du Dich als Handwerker niederläßt, kannst Du mit Notdiensten abends und am Wochenende Deine Kunden an Dich binden. Am besten richtest Du eine spezielle Rufweiterschaltung ein, unter der immer ein Mitarbeiter erreichbar ist. Kunden, die wissen, daß sie sich in Notsituationen auf Dich verlassen können, bleiben Dir auch sonst treu.

Stell dich voll und ganz auf Deine Kunden ein!

Deine Dienstleistungen müssen auf den einzelnen Kunden zugeschnitten werden:

- Vermarkte also Deine Produkte oder Dienstleistung mit persönlicher Note. Sprich nicht Massen, sondern den einzelnen Menschen an.
- Beachte bei allem, was Du unternimmst, die Bedürfnisse Deiner Kunden und benutze die Informationen über deren Wünsche, um den Service zu verbessern.

100 **Übe Selbstkritik**

Nicht immer sagt ein Kunde, was ihm nicht paßt. Verprellte Käufer ziehen oft von dannen, ohne daß Du weißt, warum. Damit das nicht passiert, solltest Du regelmäßig eine Qualitätskontrolle Deiner Leistungen durchführen. Vor allem größere Unternehmen machen öfter Fragebogenaktionen, in denen sie ihre Kunden befragen – ob sie mit dem Service zufrieden sind, ob die Beratung stimmt, ob alle Wünsche erfüllt werden? Wenn Dir die Fragebogenaktion zu aufwendig ist, kannst Du auch einfach im Gespräch nachfragen.

Das beste Beschwerdemanagement nutzt Dir nichts, wenn Du die Reklamationen nicht ernst nimmst. Wütende Kunden wollen vor allem ihren geballten Ärger irgendwo abladen. Die oberste Regel bei allen Kundenbeschwerden lautet deshalb: zuerst einmal zuhören. Schärfe das auch Deinen Mitarbeitern ein. Ansonsten sind Reklamationen Chefsache. Eine Entschuldigung per Brief oder ein persönlicher Anruf können Wunder wirken und selbst das aufgebrachteste Gemüt besänftigen.

Gastlichkeit lohnt sich

101 Es gibt viele Gelegenheiten, den Kontakt zu Deinen Kunden zu verstärken. Auch außerhalb der normalen Geschäftsbeziehungen. Du kannst beispiels-

weise zu besonderen Anlässen einladen – das kann eine Hausmesse sein oder ein Tag der offenen Tür.

Egal ob es sich um eine Glückwunschkarte handelt, eine Einladung zur Messe oder ein besonderes Angebot: Sprich immer alle Kunden persönlich an. »Sehr geehrte Damen und Herren« klingt nicht nur unpersönlich und steif, es zeigt auch, daß Du kein echtes Interesse an Deinen Kunden hast. Die direkte, namentliche Ansprache schafft dagegen eine private individuelle Atmosphäre. Wenn ein guter Kunde Deinen Laden betritt, wird er natürlich von Dir persönlich begrüßt. Auch wenn ein anderer Mitarbeiter ihn weiter bedient. Diesen Chefbonus solltest Du auf jeden Fall nutzen: Die meisten Leute fühlen sich geschmeichelt, wenn der Chef persönlich sich um sie kümmert.

Tip

Selber garantieren zahlt sich aus. Deine Kunden werden gerne wieder bei Dir einkaufen, wenn sie das Gefühl haben, Deinem Geschäft und Deinen Waren vertrauen zu können. Da wirkt eine eigene Garantiekarte mit dem Namenszug Deines Geschäfts Wunder. Die Kunden erhalten die Karte zusammen mit dem Produkt. Wenn sie, so können sie darauf lesen, die Karte mit ihrer Adresse versehen an Dich zurückschicken, haben sie ein halbes Jahr Garantie auf das gekaufte Produkt. Neben dem Imagegewinn, den Du einheimst, wenn Du derart offensiv für die Qualität Deiner Waren wirbst, bekommst Du ganz nebenbei auch die Adressen von Kunden, die in Deinem Geschäft gekauft haben.

Übrigens riskierst Du mit einer solchen Garantieaktion weniger, als Du 102
vielleicht denkst. Denn: Auf die meisten größeren Waren, wie etwa Elektrogeräte oder Hifi-Bausteine, gibt es ohnehin eine Herstellergarantie.

Dein großer Auftritt zum Start

103 »Bescheidenheit ist eine Zier ...« – doch nichts für den Geschäftsstart. Damit sich der Geschäftserfolg von Anfang an einstellt, mußt Du kräftig auf die Pauke hauen.

Für den Eröffnungstag ist »klotzen, nicht kleckern« angesagt.

> **Beispiel:** »Wir haben uns etwas Besonderes einfallen lassen« – Kay Rundlich hat gerade ein Herrenkonfektionsgeschäft eröffnet. Er setzt auf Übergrößen für Herren, besonders Hemden, Pullover, Jacketts gehören zum Sortiment. Am Tag der Eröffnung hat er eine große Anzeige in der örtlichen Tageszeitung geschaltet. Dem dicksten Kunden des Tages hat er darin einen Warengutschein über 300 Mark versprochen. Rundlichs Idee war ein Treffer. Am ersten Tag war der Laden bereits gerammelt voll. Mit seinem Wettbewerb hat er gleich zwei Fliegen mit einer Klappe geschlagen. Die Käufergruppe, die er ansprechen will – nämlich dicke Männer – kamen in Scharen. Auch die Resonanz in der örtlichen Presse war mehr als zufriedenstellend: Die Tageszeitung und beide Anzeigenblätter berichteten ausführlich und mit mehreren Fotos vom ungewöhnlichen Wettbewerb.

Für den Eröffnungstag sind Deine Phantasie und Kreativität gefragt. Hier ein paar Tips, wie Du gut ankommst.

104 **1. Wähle den richtigen Zeitpunkt**

Kurz vor Weihnachten oder Ostern sind die umsatzstärksten Zeiten im Einzelhandel, entsprechend viele Neueröffnungen gibt es in diesen Wochen. Doch bedenke: Die dritte Neueröffnung in einer Woche zieht keinen Kunden mehr an. Wenn es Dein Zeitplan erlaubt, starte nicht so dicht an den großen Festen. Ungünstig ist außerdem die Saure-Gurken-Zeit in den Sommermonaten Juli und August. Während der Ferienmonate sind viele Leute im Urlaub. Deshalb lieber davor oder kurz danach eröffnen.

Wichtig für Deinen Termin sind auch andere Großereignisse. Ein Jahrmarkt oder eine Sportveranstaltung kann Dir schon einen Strich durch die Rechnung machen.

2. Errege Aufmerksamkeit 105

Nur die Ladentür aufsperren genügt nicht. Du mußt kräftig die Werbetrommel rühren und alle Register ziehen. Auch in den Wochen vor der Eröffnung. Du kannst beispielsweise vor dem Einzug bereits ein riesengroßes farbiges Schild mit blinkender Leuchtreklame an Dein Schaufenster hängen, auf dem Du das neue Geschäft ankündigst: »Hier eröffnet am ... ... die Herrenboutique Chic und rund.«

3. Bereite Wurfsendungen vor 106

Ein günstiges und wirksames Werbemittel sind Handzettel und Prospekte. Du kannst sie ganz gezielt in bestimmten Wohngegenden verteilen oder der Tageszeitung beilegen lassen. Wichtig auch hier: professionelles Aussehen. Auf Prospekte und Handzettel gehört selbstverständlich Dein Firmenlogo, außerdem ein Blickfang, der sogenannte Eyecatcher. Das können beispielsweise Worte mit Signalwirkung wie »Topangebot« oder »supergünstig« sein. Du kannst aber auch eine fetzige Schlagzeile wählen: »Hier erwartet Sie ein dickes Ding.«

Bedenke: Deine Werbebotschaft muß auf jeden Fall einfach, klar und 107
deutlich sein. Lange Satzungetüme sind tabu. Die Rückseite der Handzettel kannst Du übrigens für eine kleine Skizze mit Wegbeschreibung nutzen.

4. Erzeuge Spannung

Daß Du Dein Eröffnungsereignis per Anzeige ankündigst, ist selbstverständ- 108
lich. Doch Anzeige ist nicht gleich Anzeige. Du kannst die Sache spannender machen, wenn Du zwei Anzeigen schaltest. Drei Tage vorher kündigst Du – natürlich mit Firmenlogo – die Eröffnung an. »In drei Tagen ist es soweit ...« oder »Noch dreimal schlafen, dann haben wir Sie ...«. Am Tag der Eröffnung kommt die zweite Anzeige.

Denk daran: Du mußt dem Leser einen Grund bieten, in Deinen Laden zu kommen.

Mit attraktiven Eröffnungsangeboten lockst Du Kunden in Deinen Laden. 109
Das kann ein besonders günstiger Einführungspreis für ein Produkt sein, aber auch eine zusätzliche Serviceleistung, zum Beispiel eine Wartung frei oder ähnliches.

Achtung: Du darfst nur einzelne Produkte verbilligt anbieten. Auf keinen

Fall darfst Du auf Dein gesamtes Sortiment einen Rabatt geben. Damit
110 verstößt Du gegen das Gesetz gegen den unlauteren Wettbewerb (UWG). Im Zweifelsfall fragst Du besser noch mal bei Deiner Industrie- und Handelskammer nach.

Überrasche Deine Einweihungsgäste mit kleinen Geschenken. Hier ist vor allem Originalität gefragt. Der Wert des Geschenkes ist weniger wichtig. Gern gesehen sind Werbeartikel mit praktischem Nutzen. Selbst die Standards wie Feuerzeuge, Lineale oder Kugelschreiber mit einem witzigen Aufdruck und Deinem Firmenlogo versehen, kommen besser an, als Wimpel oder Fähnchen, die direkt in die Mülltonne wandern.

Vielleicht kannst Du auch einige Highlights setzen und aus Deiner Geschäftseröffnung ein Ereignis machen, von dem die Öffentlichkeit spricht. Mit besonderen Einfällen kannst Du viel Publikum anziehen.

Hier ein paar Vorschläge:

1. Autogrammstunde mit bekannten Sportlern und Künstlern
2. Gewinnspiele
3. Hüpfburg
4. Karussell
5. Modenschau
6. Pantomimen
7. Tombola
8. Zauberer

Selbstverständlich mußt Du auch für das leibliche Wohl Deiner Gäste und Kunden sorgen. Dabei steht Dir die ganze kulinarische Palette zur Verfügung: von rustikal mit Bier und Würstchen bis zum edlen Büfett mit Champagner und Lachs.

Vergiß nicht, Einladungen zu verschicken. An die Vertreter der Stadt etwa, den Bürgermeister oder den Beigeordneten, Deine Standesorganisation, Vereine, Lieferanten und die Nachbarschaft. Sie alle können Dir helfen, wichtige Kontakte aufzubauen. Vergiß nicht, die Lokalpresse einzuladen. Vor allem mit lokaler Prominenz hast Du gute Chancen, mit einem Artikel in der Zeitung zu erscheinen.

> Wenn Narren nicht auf den Markt kämen,
> würden gesprungene Töpfe niemals verkauft.
> (Orson Welles)

Verkaufe wie ein Profi

Schlag einmal den Stellenteil Deiner Tageszeitung auf: Auf mindestens
einem Viertel der Seiten werden händeringend gute Verkäufer gesucht. Zu 111
Recht: Was nützt die beste Betriebsorganisation, wenn die Produkte einfach
nicht an den Mann gebracht werden? Folgerichtig gehören Verkäufer – gute
Verkäufer natürlich – zu den bestbezahlten Leuten in einem Unternehmen.
Du als Existenzgründer hast zu Anfang aber in der Regel noch nicht die
Finanzkraft, 300 000 Mark pro Jahr für einen Starverkäufer auszugeben, wie
es in großen Unternehmen üblich ist. Also mußt Du für Deinen Betrieb Dein
eigenes Verkaufswunder sein.
Jetzt nur keine falsche Scheu – auch die besten Verkäufer kochen nur mit
Wasser. Wenn Du die Grundkniffe für den richtigen Umgang mit potentiel- 112
len Kunden beherrschst, wirst Du auch Deine Waren erfolgreich losschla-
gen. Im folgenden wirst Du mit dem kleinen Einmaleins des Verkaufens,
Verhandelns und des richtigen Telefonierens vertraut gemacht.

Tip

Mach aus Zeitungsanzeigen das Beste!

Gute Dienstleistungen sind die beste Werbung für Deine Firma. Das spricht sich am schnellsten herum. Wenn Du daneben noch werben willst, so ist das Verteilen von Handzetteln in Deiner nächsten Umgebung am effektivsten. Wenn Du daneben noch in kleineren Lokalzeitschriften werben willst, so merke Dir:

- Versuch nicht, jeden Leser der Zeitung anzusprechen. Sprich mit der Überschrift nur potentielle Kunden an, die aus ihr gleich die wichtigsten Informationen entnehmen können.

- Mit einer schlagkräftigen Aufmachung weckst Du die Aufmerksamkeit der Leser am meisten. Sie wird aber von potentiellen Kunden oft als unseriös empfunden. Wähle statt dessen eine direkte, ansprechende Aufmachung, die originell wirkt und Zuverlässigkeit ausstrahlt.
- Stelle in der Anzeige dar, was Du Besonderes für den Leser tun kannst.
- Wähle einen Stil, der zu der veröffentlichenden Zeitung paßt.

Die richtige Strategie

Ziele definieren

113 Bevor Du Dir Gedanken über die richtige Verkaufsstrategie machst, mußt Du natürlich wissen, welche Prioritäten Du überhaupt verfolgst. Beantworte für Dich persönlich folgende Fragen:

- Welche Waren und Dienstleistungen werde ich voraussichtlich im kommenden Jahr herstellen bzw. anbieten?
- In welchem räumlichen Umkreis möchte ich meine Produkte absetzen?
- Welche Marktposition möchte ich unter meinen Konkurrenten einnehmen?
- Mit welcher Spezialisierung möchte ich mir eine Marktnische schaffen?

Wissen ansammeln

Die Einkäufer der Firmen, denen Du Deine Produkte verkaufen willst, erwarten einen kompetenten Gesprächspartner. Du mußt nicht nur die Güte Deiner Produkte anpreisen können, Du mußt auch beispielsweise gesamtwirtschaftlich oder umweltpolitisch argumentieren, Du mußt bei Themen wie Rationalisierung und Kostenrechnung mitreden können.

Hört sich erschreckend an, kann man aber bewältigen. Hier einige Informationsquellen, mit deren Hilfe Du Dir ein solides Wissen aneignen kannst:

- Überregionale Tageszeitung,
- Fachliteratur,
- Fachmessen,
- Seminare,
- Gespräche mit Kollegen.

TRICK: Versuche nie, mit Halbwissen oder vorgetäuschtem Wissen zu protzen. Es gibt nichts Unangenehmeres, als wenn Dein Kunde Dir im Gespräch auf die Schliche kommt. Besser fährst Du, wenn Du einfach zugibst, daß Du Dich in einem Thema nicht genug auskennst. Vielfach wird Dich Dein Gesprächspartner mit Freuden belehren – wer liebt es nicht, sein Wissen weiterzugeben?

Kundenbesuche planen

Kundenbesuch ist nicht gleich Kundenbesuch. Je nachdem, was Du genau 114
erreichen willst und wie gut Du den Kunden schon kennst, unterscheidest Du zwischen Routinebesuchen, Reklamationsbesuchen, Informationsbesuchen, Servicebesuchen und natürlich Verkaufsbesuchen. Bevor Du nun jedoch ins Büro Deines Kunden spazierst, mußt Du Dir folgende Vorbereitungsfragen gestellt haben:

- Was ist mein Besuchsmotiv?
- Welche konkreten Ziele will ich erreichen?
- Wie ist mein letzter Besuch verlaufen?
- Welche Unterlagen und Informationen brauche ich für diesen Besuch?

Eine Reklamation ist erst einmal natürlich nicht angenehm. Der Kunde 115
ist mit dem Produkt, das er von Dir bezogen hat, nicht zufrieden. Andererseits stecken in Reklamationen auch Chancen für Dich und Deine Firma. Wenn der Kunde nämlich das Gefühl hat, er wurde mit seiner Beschwerde ernst genommen und konnte sich richtig Luft machen, wird er letztendlich von Deinem Geschäft sogar noch eine bessere Meinung haben als zuvor. Denn: Es kann immer mal etwas schiefgehen – das

versteht im Prinzip jeder. Wichtig ist wie gesagt nur, daß Du die Reklamation entsprechend ernst nimmst.

116 **Höre Dir die Beschwerden Deines Kunden in Ruhe an und unterbrich ihn nicht. Notiere Dir die wichtigsten Punkte. Sorge dafür, daß dem Kunden der entstandene Schaden ersetzt wird – das kann neben einem fehlerfreien neuen Produkt noch ein zusätzlicher Service sein, wie etwa ein kleines Werbegeschenk oder ein Strauß Blumen.**

Nutze die Reklamation zum Abschluß eines Neugeschäfts. Und das geht zum Beispiel so: Du überreichst Deinem Kunden einen Gutschein für einen Preisnachlaß von 5 Prozent (oder 30 Mark) bei seinem nächsten Besuch. Im Normalfall wird der Kunde bestrebt sein, diesen Preisvorteil auch zu realisieren, und kauft demnächst wieder bei Dir.

Die meisten Kunden sind glücklich, wenn sie Anerkennung bekommen. Deswegen mußt Du Dir vor jedem Besuch noch einmal die Persönlichkeit Deines Kunden vor Augen rufen: Welche Erfolge hatte er? Welche Ämter bekleidet er? Was sind seine Hobbys? Welche Gemeinsamkeiten habt Ihr? Auch ist es für Dich von besonderer Wichtigkeit, den Verlauf des Gesprächs so weit wie möglich vorzuplanen. Denn: Je mehr Gesprächssituationen Du bereits im voraus durchdacht und je mehr Argumente und Gegenargumente Du Dir zurechtgelegt hast, um so geringer ist die Wahrscheinlichkeit, daß Dein Gesprächspartner Dich auf dem falschen Fuß erwischt. Auch hierzu ein kleiner Fragenkatalog:

- Welche speziellen Probleme hat der Kunde, bei deren Lösung ich helfen könnte?
- Welche Produkte kann ich anbieten?
- Wie ist das vorangegangene Gespräch verlaufen?
- Wie werde ich ins Gespräch einsteigen?
- Welche neuen Informationen erwartet der Kunde von mir?
- Warum könnte der Kunde eventuell verärgert sein?

117 Eigenes Verhalten (Verkaufsstrategie)

Einem Stammkunden eine Ware zu liefern, die er schon seit Jahren bezieht, hat nichts mit Verkaufen zu tun. Verkaufen heißt: Jemandem etwas anbieten, für das er bislang noch gar keinen Bedarf hatte. Also mußt Du alle Register ziehen, um Deinen Kunden zu überzeugen. Dazu gehört natürlich auch Dein allgemeines Auftreten. Ein Besucher in auberginefarbenem Anzug und weißen Tennissocken, der auf den ersten Blick durch seine fettigen, strähnigen Haare und seine lückenhafte Rasur auffällt, hat es ungleich schwerer, sein Produkt an den Mann zu bringen, als sein gepflegter Konkurrent. Abgesehen von den reinen Äußerlichkeiten kann man sich besonders durch ungehöriges Benehmen den ganzen Kundenbesuch versauen. Nur die wenigsten Geschäftspartner reagieren positiv auf kumpelhaftes, polterndes Benehmen. In den allermeisten Fällen fährst Du gut, wenn Du die essentiellen Benimmregeln beachtest:

- Schaue nicht an die Decke oder in den Katalog, wenn der Kunde redet.
- Fläze Dich nicht auf den angebotenen Stuhl hin, als wäre es Dein eigener Fernsehsessel.
- Unterbreche den Kunden nicht in seiner Rede.
- Platze nicht in ein Gespräch, das Dein Kunde gerade führt, einfach hinein.
- Schaue nicht in Schriftstücke des Kunden, die auf dem Tisch liegen.
- Rauche nicht ungefragt, auch wenn ein Aschenbecher auf dem Tisch steht.

Richtig verhandeln 118

Als Existenzgründer kannst Du Dir einer Sache ganz sicher sein: Du bekommst nichts geschenkt, sondern mußt um alles kämpfen. Aufträge, Neukunden, Kredite, Zahlungsaufschübe, Außenstände – vor jedem Geschäftsabschluß steht erst einmal die Verhandlung mit Deinem zukünftigen Vertragspartner. Hierbei mußt Du beweisen, daß Du Deinem Gegenüber gewachsen bist. Nicht umsonst heißt es: »Der Weg in die Pleite ist mit schlechten Gesprächen gepflastert.« Wer laufend seine Geschäftsverhandlungen schlecht führt, wird trotz guter Produkte und Dienstleistungen auf Dauer im Wettbewerb nicht bestehen.

Eine ausgefeilte Verhandlungstechnik bringt Dir dagegen so manchen Vor- 119
teil: Du überzeugst Neukunden, Aufträge mit Dir abzuschließen. Du verhandelst mit der Bank erfolgreich um eine Aufstockung Deiner Kreditlinie. Du setzt bei Deinen Beschäftigten Sonderschichten durch.

Die Kunst des Verhandelns ist nicht angeboren – jeder kann sie erlernen.

Beherzige die folgenden Hinweise und Du wirst auch bei schwierigen Gesprächen standfest bleiben.

120 **Bereite Dich gründlich vor**

Bevor Du Dich mit Deinem Gesprächspartner an einen Tisch setzt, mußt Du Dir darüber klar sein, was der andere will. Was Du in der Verhandlung erreichen willst, weißt Du ja bereits. Aber um dem Gespräch die gewünschte Richtung geben zu können und um auf unvorhergesehene Wendungen richtig reagieren zu können, mußt Du Dich bemühen, die Welt einmal aus den Augen des Gegenübers zu sehen.

Welche Informationen wird er wohl von Dir fordern? Welche Argumente will er hören? Ein detailorientierter Käufer etwa möchte Zahlen, Daten, Fakten über Deine Produktion, über Deine Liefertermine und über Deine Kapazitäten hören. Hier mußt Du im Vorfeld des Gesprächs alle relevanten Zahlen vorbereiten, um sie dann griffbereit zu haben. Hast Du es hingegen eher mit einem ergebnisorientierten Menschen zu tun, mußt Du nicht mit Zahlenkolonnen aufwarten – das würde Dein Gegenüber im schlimmsten Falle langweilen. Er will eher von Dir wissen, was er für sein Geld im Endeffekt bekommt – das Wie ist zweitrangig.

Zum kleinen Einmaleins jedes Verhandlungsprofis gehört es, vor dem Gespräch alle wichtigen Argumente, die für sein Angebot sprechen, aufzulisten. Denn: In der Hitze der Diskussion überlegt es sich meist schlecht. Brillante Formulierungen fallen Dir dann meist nicht ein – es sei denn, Du hast sie Dir im Vorfeld schon zurechtgelegt. Wenn Du bei der Vorbereitung noch einen Schritt weiter gehen willst, dann machst Du Dir Gedanken, welche Einwände Dein Gesprächspartner gegen Deine Argumente ins Feld führen könnte. Hierbei hilft wieder der Trick mit dem geistigen Rollentausch: »Was würde ich an seiner Stelle für unbequeme Fragen stellen?« Zu jedem Gegenargument legst Du Dir nun natürlich eine stichhaltige Erwiderung parat.

121 Wenn Du ganz auf Nummer Sicher gehen willst – und bei einem Verhandlungsgespräch über einen Großauftrag solltest Du das –, dann kannst Du die Situation einmal mit einem Bekannten durchspielen, der sich in die Rolle des Kunden versetzen soll.

Guter Rat: Die beste Vorbereitung nützt gar nichts, wenn Dein Verhandlungspartner von völlig anderen Voraussetzungen ausgeht oder – was noch schlimmer ist – von der gesamten Materie, die Du mit ihm bereden willst, keine Ahnung hat. Also solltest Du auch dafür sorgen, daß Dein Gesprächspartner informiert ist. Am besten schickst Du ihm einen Tag vor dem Gesprächstermin die entsprechenden Unterlagen. Doch bedenke: Niemand möchte mit ein bis zwei Kilo Informationen zugeschüttet werden. Versende lieber eine Mappe mit ausgewählten Schriftstücken, die leicht in einer halben Stunde zu lesen sind.

Locker beginnen

Jetzt ist es soweit: Du bist im Büro Deines Verhandlungspartners angelangt, **122** hast abgelegt und wirst an den kleinen Konferenztisch gebeten. Nach dem ersten Austausch von Grußformeln hast Du nun Gelegenheit, das Gespräch in lockerer Atmosphäre beginnen zu lassen. Eine kleine Plauderei zu Anfang und dazu ein lächelndes Gesicht – das signalisiert Deinem Gesprächspartner, daß Du nicht verbissen aufs Geschäft aus bist, sondern daß Dein Horizont durchaus weiter reicht. Für den einleitenden Small talk kannst Du fast jedes Thema anschneiden: von der schwierigen oder leichten Anfahrt über das gewonnene Fußball-Länderspiel vom Vorabend bis hin zur Designer-Büroleuchte, die Dir auch sehr gut gefällt. Vermeide aber potentielle Fettnapfthemen, wie zum Beispiel Politik oder Religion. Die können schlimmstenfalls in einer Auseinandersetzung enden – bevor die eigentliche Verhandlung begonnen hat.

Stelle den Kunden stets in den Mittelpunkt **123**

Bedenke, wenn es jetzt in die eigentliche Verhandlung geht, daß Du etwas von Deinem Gegenüber möchtest. Also sind folgerichtig nicht Deine Wünsche, Einschätzungen und Erwartungen ausschlaggebend, sondern immer die Deines potentiellen Kunden. Also werden nicht Aspekte Deiner Produktionserfordernisse, Deiner Trendeinschätzungen und Deiner Umsatzerwartungen das Gespräch beherrschen, sondern die des anderen. Du mußt im Gespräch natürlich schon abklären, ob Ihr mit Euren Einschätzungen einigermaßen übereinstimmt – das geht dann mit Fragen wie »Sie sind doch auch der Meinung, daß gerade in diesem Marktsegment noch enorme

Potentiale liegen?« oder »Würde das nicht wunderbar in Ihre Frühjahrskollektion passen?« Das darf natürlich nicht aufdringlich wirken, so daß der Gesprächspartner den Eindruck gewinnen könnte, Du willst ihn belehren. Aber richtig dosiert zeigen solche Einschätzungen, daß Du nicht nur an Deinen eigenen Nutzen denkst, sondern daß beide Vertragspartner von einem Geschäftsabschluß Vorteile hätten.
Außerdem – und diesen Hinweis solltest Du immer im Hinterkopf behalten – sind die meisten Menschen eitel und deswegen sehr dafür empfänglich, daß über sie, ihre Geschäfte und ihre Probleme gesprochen wird.

124 **Guter Rat:** Die Eitelkeit Deines Gesprächspartners bezieht sich im Zweifel nicht nur auf das Geschäftliche, sondern auch auf sein Privatleben. Das kannst Du gut ausnutzen. Daran ist gar nichts Schlimmes, denn wer bekommt nicht gern Anerkennung von seinem Gesprächspartner? Manchmal liefert Dir der Verhandlungspartner von selbst den Anlaß für eine ausgiebige Anerkennung Deinerseits: Hat er eine schwere Erkältung, wirst Du natürlich staunend bemerken, mit welchem Durchhaltevermögen er immer noch seinen Job macht. Hat er ein Segelfoto auf dem Tisch, kommt von Dir natürlich eine Anerkennung, daß Segeln ein Kindheitstraum von Dir ist.
Das hört sich alles zwar erst mal ein wenig untertänig an, verfehlt aber meist nicht die Wirkung, denn: Du zollst Deinem Gegenüber persönliche Anerkennung, und so etwas hört jeder gern.

125 **Bleibe stets direkt am Thema (Gesprächsführung)**
Bei aller Psychologie ist es für Dich natürlich entscheidend, daß Du während der Verhandlung alle für Dich wichtigen Punkte klären kannst: Ist der Kunde generell interessiert? Was will er anders haben? Wie kann ich ihm entgegenkommen? Sind wir uns über Preise und Mengen einig?
Manche Gesprächspartner neigen nämlich auch bei wichtigen Verhandlungen dazu, vom Hundertsten ins Tausendste zu kommen und sich in Nebensächlichkeiten festzubeißen. Hier mußt Du das Heft in der Hand behalten und dem Gespräch wieder die richtige Richtung geben. Das geht natürlich nicht, indem Du Deinen Gesprächspartner einfach mit einem Satz wie »Das

führt jetzt aber zu weit; lassen Sie uns lieber noch mal über die Preiskonditionen reden« abbügelst. Die natürliche Reaktion wird Verärgerung sein. Besser ist es, wenn Du mit gezielten Fragen die Verhandlung wieder in die richtige Bahn lenkst. Dazu eignen sich sogenannte offene Fragen – also Fragen, auf die man nicht mit ja oder nein antworten kann. »Wie beurteilen Sie denn jetzt meine Vorkalkulation?« – das ist eine Frage, auf die Dein Gegenüber auf jeden Fall eine begründende Antwort liefern muß. Folge: Du erfährst nicht nur, ob ihm Dein Preis paßt oder nicht, sondern auch etwas über den Hintergrund seiner Einstellung.

Guter Rat: Sei generell sparsam mit Fachausdrücken. Normalerweise verhandelst Du mit einem kaufmännischen Leiter und nicht mit einem erklärten Fachmann. In diesem Fall hätte der exzessive Gebrauch von Fachwörtern lediglich den Sinn, Dein Gegenüber zu beeindrucken. Tut es aber in den meisten Fällen gar nicht! Eher wird Dein Verhandlungspartner irgendwann das Interesse verlieren, weil er Deiner Argumentation nicht mehr folgen kann. Also: Bemühe Dich, Deine Gründe so einfach, klar und verständlich vorzubringen, daß man sie schon beim ersten Hören verstehen und nachvollziehen kann, ohne tausendmal nachzuhaken.

Nutze Kritik – Du lernst nur dadurch! 126

Natürlich wird Dein Verhandlungspartner bestrebt sein, Einwände, Zweifel und Gegenargumente zu Deinem Angebot anzubringen – das gehört zum Geschäft, damit will er Dich verunsichern und später den Preis drücken. Deine Strategie muß daher sein, mit Kritik clever umzugehen, sie zu entkräften und im besten Fall sogar in ein Pro-Argument für Dich zu verwandeln. Dazu gehört erst einmal eine gewisse Gleichmütigkeit. Wenn Du auf Widerspruch wie eine beleidigte Leberwurst mit Einwänden wie »Das stimmt ja gar nicht« reagierst, zeigst Du Schwäche.

Beste Abwehrtaktik – egal, was Dir Dein Gegenüber gerade an den Kopf 127
geworfen hat – ist erst einmal Verständnis. Hört sich komisch an, hat aber gleich zwei Vorteile: Zum einen fühlt sich der Kritiker mit Sätzen wie »Ja, das kann ich verstehen, daß Sie das vermuten …« oder »Da ist was dran, was Sie sagen …« ernst genommen. Sein Einwand, so glaubt er, wird nicht einfach rundweg abgebügelt, sondern in die Diskussion mit einbezogen.

Natürlich hast Du Dir im Vorfeld der Verhandlung über alle möglichen
Einwände von seiten des Kunden Gedanken gemacht und das passende
Gegenargument parat. Und nachdem Du seinen Einwand ernst genommen
hast, ist er nun auch gern bereit, Deine Argumente anzuhören. Zweiter
128 Vorteil der Bestätigungstaktik: Sie gibt Dir schlicht und einfach Zeit, Dir
ein Gegenargument zu überlegen, falls Du keines in petto hattest. Den
gleichen Effekt – nämlich Zeit schinden zum Nachdenken – hat es, wenn Du
den Einwand Deines Gesprächspartners einfach noch mal wiederholst: »So,
Sie sind also der Meinung, daß ich mit meinem derzeitigen Fuhrpark meinen
Lieferverpflichtungen nicht nachkommen kann ...« So jetzt ist Dir etwas
eingefallen, und Du kannst den anderen widerlegen, ohne dabei ins Stottern
zu kommen.

129 **Führe keine reinen Preisgespräche!**

Geht es ans Eingemachte, also an den Preis, den der Kunde für Deine Produkte oder Dienstleistungen zu zahlen bereit ist, kommt es besonders darauf an, einen kühlen Kopf zu bewahren. Erste Regel: Laß Dich nicht auf eine reine Preisdiskussion ein. Wenn Dir Dein Gesprächspartner vorwirft, mit dem Preis weit über seinen Vorstellungen zu liegen, darfst Du nicht einfach nur antworten: »Aber das ist schon so knapp wie möglich kalkuliert, da kann ich nicht noch weiter runtergehen.« Du mußt Argumente bringen, warum der Preis gerechtfertigt ist: »Bedenken Sie, daß unsere Produkte auch über der marktüblichen Qualität liegen«; »... daß wir Sie innerhalb von zwölf Stunden nach Bestellung beliefern können.«

Wenn Du Dich im Preis bewegst – was ja schließlich der Sinn von Verhandlungen ist –, dann aber nur unter der Bedingung, daß Dein Gesprächspartner dafür auch etwas tut: Beispielsweise kann er größere Stückzahlen ordern oder einen längeren Vertrag anbieten. Wenn Du nämlich ganz ohne Gegenleistung Deinen Preis senkst, vermutet Dein Kunde zu Recht, daß Du ja noch reichlich Luft in Deinem Angebot hast und Du vielleicht noch ein wenig billiger wirst.

Guter Rat: Ein beliebter Verhandlungstrick, der sich aber immer wieder
bewährt, ist der, in unwesentlichen Teilbereichen seufzend und schweren
130 Herzens Zugeständnisse zu machen, aber in der eigentlichen Sache stein-

hart zu bleiben. So kannst Du beispielsweise als letzte großartige Geste anbieten, die erste Lieferung sowie die bisher erfolgten Probesendungen nicht zu berechnen. Klingt wie ein großes Geschenk, macht aber vielleicht weniger aus, als wenn Du 2 Prozent mit dem Gesamtpreis heruntergehst.

Bleibe beim Finale cool

Wenn jeder seine Argumente vorgebracht hat und noch immer keine Einigung erzielt worden ist, passiert schon mal etwas Merkwürdiges: Nämlich gar nichts. Beide Seiten schweigen sich an. Vorsicht: Das ist eine reine Nervenprobe, denn die ganz natürliche Reaktion geht dahin, das merkwürdige Schweigen zu beenden – indem man noch mal mit dem Preis nachgibt. Genau das will Dein Gegenüber aber und schweigt deswegen eisern. Also mußt Du genauso eisern zurückschweigen, den Kontrahenten dabei fest im Auge. Das signalisiert: Ich bin mir mit meinem Preis sehr sicher.

Natürlich hast Du Dir vor der Verhandlung einen Minimalpreis überlegt, bis **131**
zu dem Du runtergehen kannst, ohne Verlust zu machen. Weigert sich der Verhandlungspartner beharrlich, auf diesen letzten Preis einzugehen, mußt Du das Gespräch konsequent abbrechen und den Raum verlassen. Gehe ganz langsam hinaus. Du wirst sehen, in neun von zehn Fällen gibt der andere nach und ruft Dich zurück.

Richtig telefonieren **132**

Sicher: Der harte Kampf von Angesicht zu Angesicht gehört zu den Königsdisziplinen des Verhandelns. Aber auch an der Telefonstrippe wurde schon so manches gute Geschäft angebahnt – oder aber verdorben. Denn glaube nicht, der telefonische Geschäftskontakt sei einfacher, nur weil Du Dein Gegenüber nicht siehst. Ein erfolgreiches Telefonat erfordert ebensoviel Strategie, Fingerspitzengefühl und Vorbereitung.

Das gilt natürlich nicht nur für Dich, sondern auch für Deine Angestellten. Besonders solche Firmen, die einen Großteil ihrer Aufträge übers Telefon abwickeln, kommen nicht umhin, ihr Personal zu schulen. Für Dich als Existenzgründer muß das nicht heißen, daß Du Tausende Mark für teure

Telefonseminare investieren mußt. Für den Anfang reicht es durchaus, wenn Du denjenigen Mitarbeitern, welche in der Regel mit den Kunden am Telefon sprechen, die wichtigsten Regeln erklärst.
Acht goldene Regeln des Telefonierens (kannst Du ruhig auch als Merktafel in jedes Büro hängen) gilt es zu beachten.

133 **Begrüße den Partner komplett**

Wer ein Gespräch entgegennimmt, kann sich frühzeitig den Zorn des Anrufers zuziehen, wenn er sich nicht richtig meldet. Die richtige Reihenfolge: Zuerst die Firma, dann der Name, gefolgt von »Guten Tag, was kann ich für Sie tun?« Übrigens: Ein langer Firmenname wird nicht verständlicher, wenn Du ihn lustlos herunterleierst.

134 **Passe Dich dem Sprechtempo des Partners an**

Auch wenn es sich banal anhört, mußt Du immer darauf achten, langsam und deutlich zu sprechen. Das Gehirn arbeitet ja bekanntermaßen weitaus schneller, als der Mund spricht. Wer versucht, dieses Ungleichgewicht durch Schnellsprechen à la Dieter Thomas Heck zu kompensieren, überfordert den Gesprächspartner.

Notiere Namen

Sich Namen zu merken, ist nicht einfach. Deswegen notierst Du Dir praktischerweise den Namen Deines Gesprächspartners, sobald er ihn nennt. Das hat zwei Vorteile: Du kannst ihn im Gespräch immer mal wieder mit Namen anreden – das schmeichelt jedem. Seinen Namen hört man immer gern. Außerdem ist es auch nicht gut, jemandem Nachrichten zu hinterlassen wie diese: »Herr Specht oder Spich oder so ähnlich hat angerufen.«

Ermittle die Anliegen genau

Eine todsichere Methode, Kunden zu verärgern, ist die, nicht genau zu notieren und weiterzugeben, was sie nun eigentlich wollen. Der genervte Kundenausruf: »Aber das habe ich doch alles bereits Ihrem Kollegen geschildert«, verheißt nichts Gutes. Der Kunde fühlt sich zu Recht nicht ernst genommen und hat das letzte Mal bei Dir gekauft.

Kläre vollständig auf

Wenn Du während des Gesprächs merkst, daß der Anrufer sich nicht völlig in der Materie auskennt, mußt Du ihm erst mal das nötige Know-how verschaffen – ansonsten bestellt er vielleicht Produkte, die er gar nicht braucht. Dein Kunde will am Telefon das Gefühl vermittelt bekommen, daß Deine Firma nicht einfach nur Umsatz machen will, sondern ihm das passende Produkt für seine Bedürfnisse anbieten möchte.

Vermittle kompetent

Nicht immer bist Du oder Dein Mitarbeiter direkt der richtige Ansprechpartner für den Anrufer. Dennoch ist es mehr als unhöflich, einfach nur mit den Worten »Moment bitte« oder »Ich verbinde« den Anrufer in der Leitung versauern zu lassen. Bevor Du die Trenntaste am Apparat drückst, sage dem Anrufer auf jeden Fall, an wen Du ihn weiterverbinden willst. Dazu ist es hilfreich, ihm die Durchwahlnummer des betreffenden Mitarbeiters zu nennen – falls die Verbindung nicht klappt, kann er dann direkt an der richtigen Stelle anrufen.

Laß Dich nicht stören

Es kommt immer wieder vor, daß Dich ein Kunde anruft, während Du gerade in einem wichtigen Gespräch bist oder kurz vor einem wichtigen Termin stehst. Die schlechtere Variante ist, daß Du versuchst, den Anrufer eilig abzufertigen. Der fühlt sich entsprechend schlecht bedient und überlegt es sich das nächste Mal, ob er wieder Deine Firma anruft. Hingegen wird es jeder Anrufer verstehen, wenn Du ihm kurz erklärst, daß Du im Moment nicht genug Zeit hast, ihn aber in 20 Minuten (dann aber auch wirklich!) zurückrufen wirst.

Bleibe stets freundlich

Eigentlich eine Selbstverständlichkeit, die aber viele anscheinend immer wieder vergessen. Ein ganz einfaches Mittel ist es, beim Telefonieren zu lächeln – jawohl, lächeln. Das sieht Dein Gegenüber zwar nicht, aber er merkt es auf jeden Fall an Deiner Stimme.

135 Andere Länder, andere Sitten

Auch als Newcomer kann es Dir durch einen glücklichen Zufall – vielleicht ein Messekontakt oder eine Vermittlung durch die Außenhandelskammer – passieren, daß Du ein Gespräch mit einem ausländischen Kunden führen mußt.
Das heißt für Dich jetzt natürlich nicht, daß Du Deine ägyptischen Gäste im Kaftan empfangen sollst oder beim russischen Kunden mit vier Flaschen Wodka unterm Arm vorsprechen mußt – übertriebene Anpassung ist zumeist lächerlich und wirkt einem eventuellen Abschluß eher entgegen.
Allerdings gibt es von Land zu Land unterschiedliche Arten von Fettnäpfchen, in die Du als deutscher Verhandlungspartner hineintreten kannst, wenn Du Dir gewisser Gepflogenheiten nicht bewußt bist.

136 Arabische Staaten

Die linke Hand ist – übrigens wie in allen islamischen – tabu, sie gilt als unrein. Wenn Du mit ihr ein Geschenk überreichst oder – schlimmer noch – mit der linken Hand Dein Gegenüber berührst, machst Du Dich nachhaltig unmöglich.
Und wenn Politik bei allen geschäftlichen Besprechungen ein ungeeignetes Thema ist, so ist es das ganz besonders im Gespräch mit arabischen Kunden (Stichwort »Israel«).

137 China

Konfuzius sagt, Ungeduld sei eine Schwäche – also wirst Du beim Gespräch mit einem potentiellen Geschäftspartner aus dem Reich der Mitte lächelnd geduldig bleiben sowie laute Äußerungen und kritische Bemerkungen unterlassen. Direkte Ablehnungen eines Angebots gelten in China als unhöflich – also wird sich so manches »Nein« auf Deine Fragen hinter einem freundlichen »Ja, aber« verstecken.
Beim Essen gilt es als ausgesprochen ungehobelt, die ständigen Toasts, Trinksprüche und guten Wünsche Deines Geschäftspartners nicht lächelnd zu erwidern.

Japan 138

Eine kurze Verbeugung und ein Lächeln – so begrüßt man einen japanischen Kunden. Das gute alte Händeschütteln stößt bei einem Japaner auf Unverständnis. Die Visitenkarten werden wie Geschenke ausgetauscht – mit beiden Händen überreichen und mit beiden Händen entgegennehmen. Und wenn Du Dich richtig unbeliebt machen willst, kritzelst Du Notizen auf die Visitenkarte des Geschäftspartners.

Kanada 139

»Ich kenne Ihr Land – ich war bereits einmal in New York und in Florida« – mit diesem Satz machst Du Dir die meisten Kanadier todsicher zum Feind. Nichts hassen sie mehr, als mit dem übermächtigen Nachbarland USA in einen Topf geworfen zu werden.

Schweden 140

Beim Kontakt mit schwedischen Kunden oder potentiellen Geschäftspartnern ist außergewöhnliche Pünktlichkeit angebracht. Auch mündlich getroffene Verabredungen werden penibelst erfüllt. Unbeliebt machst Du Dich, wenn Du bei einer Einladung zum Essen auf das Wohl des Gastgebers trinkst.

Spanien 141

Der spanische Tagesablauf ist geprägt von der – für unsere Verhältnisse außerordentlich langen – Mittagspause. Eine Geschäftsbesprechung, die Du auf 13 Uhr datierst, könnte von einem spanischen Kunden durchaus als Zumutung empfunden werden.

Südkorea 142

Asiatische Zurückhaltung ist im Umgang mit Südkoreanern besonders gefordert. Lautes Lachen ist unfein. Noch schlimmer – und hier unterscheiden sich Koreaner und Chinesen ganz gewaltig – ist es, sich im Beisein anderer die Nase zu putzen. Übrigens: In Korea haben die Herren Vortritt!

143 **USA**

Für Amerikaner, die ja keine »Sie«-Anrede kennen, ist es ganz normal, sich unter Geschäftsfreunden mit Vornamen anzusprechen. Hat Dir ein Amerikaner erst mal angeboten, ihn »Bob« zu nennen, und Du bleibst aus falscher Scheu doch lieber bei »Mister Smith«, ist das eine grobe Unhöflichkeit.

Achte bei Verkaufsverhandlungen darauf, was im Unterbewußtsein des Partners vorgeht

144 **Diese Körpersprache**	**bedeutet im stillen**
Beißt sich auf die Lippen	Nachdenklich sein, Zeit gewinnen suchen
Füße um die Stuhlbeine legen	Unsicherheit, Halt suchen
Hand von oben herab geben	Will dominierend sein
Finger zum Mund führen	Verlegenheit, nachdenklich oder hochkonzentriert
Reiben der Hände	Selbstgefälligkeit
Verschränken der Arme	Ängstlichkeit
Zurücklehnen des Oberkörpers	Ablehnend / verschlossen
Öffnen des Mundes	Erstaunen, will unterbrechen
An die Nase greifen	Verlegen, sich ertappt fühlen
Brille hochschieben	Sucht Zeit zu gewinnen
Blickkontakt vermeiden	Unsicherheit, Arroganz, Konzentration
Runzeln der Stirn	Entrüstung, Bedenken
Handflächen sind zum Dach geformt	Sich gegen Einwände wehren
Mit dem Zeigefinger auf den Tisch schlagen	Nachdrücklichkeit
Der Zeigefinger wird gehoben	Will belehren oder tadeln
Trommeln mit den Fingern	Nervosität, Ungeduld
Spielen mit einem Stift	Angst, Angriff, Nervosität
Armbewegungen ausufernd	Zeigt Sicherheit

Werbung ist die Kunst, auf den Unterleib
zu zielen und die Brieftasche zu treffen.
(Peter Sellers)

So kannst Du auch als Freiberufler die Werbetrommel rühren 145

Längst nicht jeder darf werben, wie er will. Die sogenannten Kammerberufe – Anwalt, Apotheker, Arzt und Steuerberater – müssen sich den rigiden Vorschriften der jeweiligen Kammer beugen. Wegen der starren Standesregeln ist für solche Freiberufler die Kundenakquise immer noch eine gefährliche Gratwanderung. Sie dürfen zwar über ihre Tätigkeiten sachlich informieren. Auf keinen Fall aber ist es erlaubt, direkt Kunden zu werben. Doch mit ein bißchen Geschick und Einfallsreichtum kannst Du auch als selbständiger Freiberufler wirkungsvoll auf Dich aufmerksam machen. Anbei ein paar Tips, wie Du Dich als Einsteiger von der etablierten Konkurrenz abheben und Deine Kundenkartei füllen kannst. Wichtig dabei ist, daß Du Deinen Bekanntheitsgrad steigerst, ohne Deine Leistungen und Fähigkeiten direkt anzupreisen. 146

Spezielle Tips für Anwälte 147

Zeig, was Du kannst, indem Du Fachvorträge hältst 148

Als Anwalt kannst Du beispielsweise einen neuen Kundenkreis erschließen, wenn Du Dein Wissen in Fachvorträgen präsentierst. Das kann beispielsweise bei der IHK zum Thema Handelsrecht oder zum Bereich Gesellschaftsrecht sein. Bei solchen Vortragsveranstaltungen triffst Du viele andere Selbständige, die sich bei Bedarf an Dich erinnern und Deine Dienste in Anspruch nehmen werden. Auch Volkshochschulen, Fahrschulen und Vereine sind dankbare Foren. Meistens findet sich dann auch schnell ein Thema, das von rechtlicher Relevanz ist und über das Du ein oder zwei Abende referieren kannst.

149 **Kompetenz in den öffentlichen Medien darstellen**

In Deiner regionalen Zeitung oder im örtlichen Gemeindeblatt kannst Du versuchen, regelmäßig eine Kolumne zu veröffentlichen. Themen, die gut ankommen, sind zum Beispiel Recht im Urlaub, Erbrecht, Mietrecht, Fachfragen zu Immobilien, Hausbau und allgemeinen Haftungsbedingungen. Du kannst auch in Deiner Praxis eine Hotline einrichten. Hier können Kunden Informationen zu Standardsituationen – etwa einer überfahrenen Ampel, Geschwindigkeitsüberschreitung oder Eigenbedarf bei Mietwohnungen – abrufen. Natürlich gegen eine Gebühr.

150 **Laß Dich in die Kartei des Anwaltsuchdienstes aufnehmen**

In Köln gibt's einen Anwaltsuchservice. In diese Kartei kann sich jeder Anwalt mit Hinweis auf Spezialgebiete und bestimmte Erfahrungsbereiche, etwa besondere Sprachkenntnisse oder Erfahrung mit speziellen Rechtsthemen, eintragen lassen. Die Anwaltskammer vermittelt potentielle Klienten über diesen Suchservice.

151 Spezielle Tips für Ärzte

Biete Deine medizinische Betreuung auch im Urlaub an

Als Arzt mußt Du nicht nur die medizinische Grundversorgung offerieren. Wenn Du Deinen Patienten ein bißchen Luxus bietest, kannst Du sie auch schnell als Stammkunden gewinnen. Trotz Gesundheitsreform und knapper Kassen sind auch bei Ärzten besondere Dienstleistungen gefragt. Wenn Du die Gesundheitspflege zum Freizeiterlebnis machst, sind Deine Patienten auch gern bereit, zu zahlen.

152 In einigen Großstädten etwa bieten Ärzte Gesundheitsurlaube an. In angenehmer Ferienumgebung – etwa auf einer Kanareninsel oder im Allgäu – veranstalten sie Kochkurse für Diabetiker oder spezielle Gymnastikkurse für Patienten mit Haltungsschäden. Dabei mußt Du nicht einmal die ganze Reise organisieren. Du kannst auch beispielsweise kleinere Reiseveranstalter ansprechen, um mit ihnen zusammenzuarbeiten. Deine ärztliche Leistung wird dann als Zusatzangebot in einen Pauschalurlaub integriert. Du kannst auch

direkt mit Hotels in Kurorten verabreden, daß Du sie mit Deinen Patienten besuchst.

Bleib mit Deinen Patienten per Post in Verbindung

Ein guter Service, den Dir Deine Patienten lohnen werden, ist ein regelmäßiger Newsletter. Das muß nur ein einfacher Brief mit Hinweisen auf lokale 153
oder jahreszeitliche Besonderheiten sein. Alle Patienten bekommen diesen Brief mit Allergie-Infos, in denen Du darauf hinweist, wann welche Pollen fliegen und wie man sich davor schützt. Auch im Vorfeld der klassischen Urlaubszeiten zu Ostern, vor den Sommerferien oder kurz vorm Winterurlaub kannst Du per Newsletter nützliche Tips geben. Damit bindest Du Deine Patienten stärker an Deine Praxis. Solche Infos werden auch gerne weitergereicht. So findest Du im Handumdrehen neue Patienten.

Neue Kunden gewinnst Du mit einem Gesundheits-Check 154

Auch die Zusammenarbeit mit Sportvereinen und Fitneßcentern erhöht Deinen Bekanntheitsgrad und bringt Dir neue Kunden. Du kannst dort Vorträge zur Verletzungsprävention halten oder einen Fitneß-Check anbieten. Viele werden sich an Deinen Namen erinnern, wenn sie dann tatsächlich ärztlichen Rat brauchen.

Spezielle Tips für Apotheker 155

Mach durch phantasievolle Schaufensterwerbung 156
auf Dich aufmerksam

Der einzige Kammerberuf, der seine Leistung im Schaufenster präsentieren darf, ist der des Apothekers. Nutze diese Chance und sorge dafür, daß Du immer eine originelle Dekoration hast. Der Phantasie sind hier keine Grenzen gesetzt. Achte darauf, daß Du immer einen Gesundheitsbezug herstellst. Etwa mit einem Slogan wie: »Der optimale Schutz gegen Sonnenbrand – Ihr Apotheker hilft kompetent.« Auch die typische Erkältungszeit im Herbst gibt Dir die Chance für eine zündende Werbung: »Damit Sie den Winter überstehen – Ihr Apotheker hilft garantiert.«

Trick

> Ein findiger Apotheker hat sich mit einer ganz besonderen Schaufenster-Aktion einen deutschlandweiten Bekanntheitsgrad erworben: Er stellt Monat für Monat neue Medikamente aus, die seiner Meinung nach überteuert und wirkungslos sind. Unter dem Motto »Der Scheiß des Monats« werden die nutzlosen Mittelchen angeprangert.
> Natürlich liegt besagter Apotheker im Dauerkrach mit der gesamten Pharmaindustrie – doch der Werbeeffekt bringt ihm reichlich Neukunden ein.

157 **Hilf Deinen Kunden mit pflanzlichen Heilmitteln**

Du kannst auch Deine Kompetenz beweisen, indem Du auf uraltes Apothekerwissen zurückgreifst. Statt einfach nur die Mittelchen der Pharmaindustrie zu verhökern, kannst Du für viele Lebenslagen bewährte Hausmittel anbieten. Das reicht vom Einsatz pflanzlicher Heilmittel bis hin zur giftfreien Schädlingsbekämpfung.

158 **Umwelttests steigern Deinen Bekanntheitsgrad und bringen Kunden**

Jeder Apotheker muß über ein kleines Labor verfügen. Das kannst Du gut für spezielle Leistungen nutzen. Biete Deinen Kunden beispielsweise Umwelttests an. Du kannst mit wenig Aufwand die Qualität des Trinkwassers prüfen, pH-Wert-Analysen von Kosmetika erstellen oder Schadstoffnachweise in Lebensmitteln vornehmen.

159 Franchising – Ideen auf Pump

Wenn es um eine gute Geschäftsidee geht, setzen immer mehr Existenzgründer auf ein sicheres Pferd. Sie machen sich nicht mit einer eigenen Idee selbständig, sondern leihen sich eine. Franchising nennt man das. Das Wort kommt ursprünglich aus dem Französischen und bedeutet Lizenz.
Hinter dem Prinzip Franchising verbirgt sich folgendes: Der Franchise-

Anbieter stellt sein komplettes Firmenkonzept – inklusive Marketing, Einkauf, Betriebsplanung bis hin zur Inneneinrichtung – zur Verfügung. Der Franchise-Nehmer zahlt dafür eine Grundgebühr und gibt einen bestimmten Prozentsatz seines Umsatzes ab. Zu den bekanntesten und erfolgreichsten Franchise-Systemen gehören zum Beispiel McDonald's, OBI und Benetton. Neben den ganz großen gibt es aber auch kleinere Franchise-Systeme für Dienstleister und Handwerker.

Die Höhe der Grundgebühr hängt von mehreren Faktoren ab. Jaloucity – 160
die Franchise-Nehmer verkaufen Rollos und Jalousien – beispielsweise verlangt 10 000 Mark Einstiegsgebühren. Außerdem mußt Du noch etwa 80 000 Mark für Einrichtung, Ware und Vertriebssystem selbst investieren. Bei Mc Donald's mußt Du dagegen schon mit 50 000 Mark für den Einstieg rechnen. Die Anfangsinvestitionen liegen bei stolzen 1 250 000 Mark.

Beispiel: Die Broschüre des Franchise-Gebers Pizza-Pazza-Lieferservice versprach alles und mehr. Selbständig auf eigenen Füßen stehen, ein florierendes Unternehmen und gute Umsätze. Bernhard Traugott hatte schon länger vom Schritt in die Selbständigkeit geträumt. Jetzt schien alles zum Greifen nah. 600 000 Mark Umsatz im Jahr sei Standard bei Pizza-Pazza, so die Geschäftsleitung. Bernhard Traugott zögerte nicht lange, griff zu und unterschrieb den Franchise-Vertrag – für fünf Jahre. Nach dem ersten Geschäftsjahr kam dann die Ernüchterung. Die erreichte Umsatzzahl: schlappe 200 000 Mark. Der Flop war eigentlich vorprogrammiert: Die ortsansässigen Pizzerien boten bedeutend bessere Ware – und die meisten lieferten auch aus. Doch Traugott war per Vertrag gezwungen, die schlechtgehende Ware abzunehmen – und das noch vier Jahre lang.

Es gibt eine Vielzahl von oft wenig bekannten Franchise-Systemen, und zwar in den Bereichen: 161

- Autozubehör (Funk, Radio, Telefon),
- Balkonausbau,
- Bausanierung,
- Dessous-Fachgeschäfte,
- Fenster- und Wintergartenvertrieb,

- Gebäudereinigung,
- Geländersysteme,
- Jalousien, Fensterdekorationen,
- Kanalreinigung,
- Kfz-Fensterfolien,
- Kochschulen,
- Markisenvertrieb,
- Mauerwerksisolierungen,
- Parfümerien,
- Parkettstudios,
- Schädlingsbekämpfung,
- Schlafmöbel aus Naturmaterialien (Verkauf),
- Selbstbauheizungen,
- Systeme für Fahrzeugeinrichtungen,
- Vermietung von Arbeitsmaschinen,
- Wasseraufbereitung,
- Werbung im Außenbereich.

Dein Schreiben sollte so abgefaßt sein:

162 Betrifft: Info über Ihr Franchise-Konzept

Sehr geehrte Damen und Herren,

ich interessiere mich für spezielle Informationen. Bitte teilen Sie mir mit, wieviel Startkapital Sie erwarten und ob darüber hinaus noch Kosten auf mich zukommen.

Gern würde ich weiter von Ihnen wissen:

– Führen Sie Betriebsvergleiche durch?
– Kann ich eigene Angebote unterbreiten?
– Welche Preisbindungen bestehen?
– Welche bestimmten Abnahmeverpflichtungen existieren?
– Garantieren Sie Gebietsschutz?
– Wie lange existiert Ihre Firma in Deutschland?

Mit freundlichen Grüßen,

Unterschrift

Vermagst Du mehr zu wissen, so hat das für Dich diesen Sinn:
Dein künftiger Geschäftspartner nimmt Dich ernst;
Du bekommst schnell einen Überblick über die Leistungen des Franchise-Gebers;
schickst Du dieses Schreiben an mehrere Adressaten, erhältst Du gute Vergleichsmöglichkeiten.

Mehr als 400 Franchise-Geber gibt es allein in der Bundesrepublik. Die meisten der Geschäftskonzepte sind tatsächlich erprobt und der Erfolg deswegen halbwegs kalkulierbar. Aber auch in dieser Branche tummeln sich mittlerweile schwarze Schafe, die überhöhte Gebühren abzocken und wenig dafür bieten. Wenn Du Dich fürs Franchising entscheiden solltest, mußt Du die Seriosität Deines Anbieters sorgfältig prüfen.

Das mußt Du vorher wissen

Der erste Kontakt mit einem Franchise-Geber läuft meistens über den Postweg. Du bekundest Dein Interesse und bekommst dann eine Broschüre zugeschickt. Vergiß nicht: Du bist Kunde des Franchise-Gebers. Er wird Dir sein Angebot also in den schillernsten Farben darstellen. Wenn Du Dich also näher für die Geschäftsidee interessieren solltest, mußt Du dem anderen kräftig auf den Zahn fühlen. Seriöse Anbieter legen Dir – ohne besondere Aufforderung! – eine Muster-Rentabilitätsrechnung vor. Achte vor allem 163
darauf, daß Gebietsschutz gewährleistet wird. Dann hast Du die Garantie, daß auch bestimmt nicht ein halbes Jahr nach Deiner Eröffnung 20 Meter weiter der gleiche Laden aufmacht.

Beachte: Franchise-Verträge sind sehr kompliziert. Deshalb kann man kaum allgemeingültige Regeln nennen. Der Deutsche Franchise-Verband nennt Dir auf Anfrage Rechtsanwälte, die Erfahrung mit der Materie haben.

Worauf Du beim Franchising auf jeden Fall achten mußt:

1. Der Erfolg eines Franchise-Systems hängt maßgeblich von der Erfahrung des Lizenzgebers ab. Prüfe deshalb genau, ob der Anbieter über genügend Kompetenz verfügt. Systeme, die nicht länger als zwei Jahre auf dem 164
Markt sind und noch wenige Partnerbetriebe haben, sind meist in der

Testphase. Hier solltest Du vorsichtig sein. Auch Dein Laden gehört dann zu den Testobjekten!

2. Die Gebühren für die einzelnen Franchise-Systeme sind zwar sehr unter-
165 schiedlich. Es gibt aber für die einzelnen Branchen durchaus Richtwerte.
Wenn die Gebühr ungewöhnlich hoch ausfällt, solltest Du die Finger davon lassen. Gleiches gilt für die Investitionssumme und die Einkaufspreise, die Du abdrücken mußt.

3. Neben der Geschäftsidee stellen seriöse Franchise-Geber ihrem Ge-
166 schäftspartner ein umfassendes Leistungspaket zur Verfügung. Standard-
leistungen sind unter anderem eine umfassende Standortanalyse, Schulungen und regelmäßige Marketing-Aktionen. Mit weniger solltest Du Dich nicht zufriedengeben.

4. Viele Selbständige verrechnen sich, wenn es um die Kosten geht. Dein Erlös darf nicht nur die Kosten decken, die Dir Dein Franchise-Geber
167 nennt. Vergiß nicht die Zusatzkosten, wie Altersversorgung und soziale
Absicherung. Mehr darüber im Kapitel »Vorsorge«.

5. Hüte Dich vor Verträgen mit allzu kurzer Laufzeit. Als Faustregel gilt: Je höher die Investitionssumme, die Du noch mit einbringen mußt, desto
168 länger muß die Vertragslaufzeit sein. Du willst ja schließlich mehr, als
nur Dein investiertes Geld zurückzubekommen.

Weitere Informationen erhältst Du beim Deutschen Franchise-Verband e.V. (DFV), Paul-Heyse-Str. 33, 80336 München, Tel. 089/ 53 50 27. Fordere alles an.

Das alles solltest Du bei einem Franchise-Geber unter die Lupe nehmen:
Die Leistungen des Franchise-Gebers sollten klar erkennbar sein und im späteren Vertrag stehen.
Der Franchise-Geber sollte möglichst eingetragene Waren- bzw. Markenzeichen besitzen.
Bei aktuellen Betriebsführungsproblemen sollten Beratungen gewährleistet sein.
Betriebsdatenvergleiche sollten regelmäßig zur Verfügung gestellt werden.
Es werden Schulungen, Seminare für Dich und evtl. Deine Mitarbeiter angeboten.

Dir sollten Daten über die Branche und den Markt zur Verfügung gestellt werden.

Es haben sich deutliche Vorteile des Systems gegenüber Konkurrenzangeboten erwiesen.

Der Franchise-Geber sollte mindestens fünf Jahre sein System anbieten und gute Referenzen vorweisen.

Am Standort des jeweiligen Angebots bzw. der Dienstleistung sollte große Nachfrage bestehen.

Das Franchise-System sollte deutliche Wettbewerbsvorteile bieten.

Es sollten klare Anleitungen und Hinweise zur erfolgreichen Geschäftsführung gegeben werden.

Bestehe darauf, daß Dir Nachweise über eine größere Zahl erfolgreicher Franchise-Nehmer vorgelegt und deren Adressen genannt werden. Es ist außerdem empfehlenswert, sich mit einigen dieser Franchise-Nehmer auszutauschen.

Die Geschäftsidee sollte einmalig und konkurrenzlos sein.

Der Franchise-Geber sollte Dich über Finanzierungsmöglichkeiten beraten.

Informiere Dich, ob das Franchise-System mit öffentlichen Mitteln gefördert wird.

Frage nach, ob der Franchise-Geber Mitglied im Deutschen Franchise-Verband e. V. ist.

Es sollte einen Konkurrenzschutz (Gebietsschutz) unter den Franchise- **169**
Nehmern geben.

Gehe sicher, daß die besuchten Betriebe keine Testprojekte sind.

Du solltest das Franchise-Angebot ohne Zeit- und Entscheidungsdruck prüfen.

Die Kosten (einmalige und laufende) sollten klar festgelegt werden.

Wenn du Dich noch nicht ganz fähig zum Bewältigen von betriebswirtschaftlichen Problemen und zum Führen erfolgreicher Kundengespräche fühlst, dann wisse:
Dafür gibt es Einführungs- und Fortbildungskurse.
Unter Beachtung des Grundsatzes »Aus der Praxis für die Praxis« werden für solche Fälle Seminare angeboten, die mit Einzelberatung und Gruppenarbeit Informationslücken schließen und Lösungen für Probleme im Dialog mit anderen Selbständigen finden.
Wende Dich dazu etwa an die Wirtschaftsakademie DIVERSA (Forstwiese 19, 55471 Külz, Tel. 06761/93000, spezialisiert auf Weiterkommen und Erfolg im Beruf und beim Selbständigsein) und zum Beispiel an die Unternehmensberatung Dr. Frank Grätz (Dietrich-von-Dorendorpstr. 2a, 51429 Bensberg, Tel. 02204/81746, 81140, 85728, Spezialist für Existenzgründungen). Fordere von den beiden Informationsmaterial unter Bezug auf dieses Buch. Oder, wer es bescheidener will, der wende sich an die Volkhochschulen.

3. Organisation

> Manche Männer halten sich für Organisationsgenies,
> weil es ihnen gelingt, mit zwei Frauen gleichzeitig
> befreundet zu sein, ohne daß
> die eine etwas von der anderen weiß.
> (Gerhard Uhlenbruck)

So läuft Dein Laden reibungslos

**Nichts gegen kreatives Chaos – kein Mensch verlangt von Dir,
daß die Bleistifte auf Deinem Schreibtisch wie Orgelpfeifen,
messerscharf gespitzt, nebeneinander liegen. Doch ohne ein
Mindestmaß an Organisation kommst auch Du nicht aus. Der** 170
**lässige Umgang mit Papier ist gerade bei Gründern ein weit
verbreitetes Übel. Kein Wunder – Du hast alle Hände voll zu tun,
wer will sich da noch um die Ablage kümmern. Das wird dann
großzügig aufs Wochenende verschoben. Und dann aufs nächste …**

Das perfekt organisierte Büro 171

Ordnung ist kein Selbstzweck. Das Chaos kostet Dich nämlich nicht nur viel Zeit zum Suchen, im schlimmsten Fall geht Dir auch noch ein Geschäft durch die Lappen, weil Du es schlicht und einfach verschlampt hast.

Beispiel: Lampen-Designer Lux kann sich nicht über Kundschaft beklagen – seine handgearbeiteten Modelle sind bei zahlungskräftigen Kunden sehr begehrt. Leider verbringt Lux seine Zeit lieber in der Werkstatt als im Büro. Dort herrscht das blanke Chaos. So ist es kein Wunder, daß Lux, obwohl genug Geld in der Kasse ist, Monat für Monat einige hundert Mark an Mahngebühren für verbummelte Rechnungen zahlt, sowie den Kunden ständig Preisnachlässe für nicht eingehaltene Liefertermine gewähren muß. Besonders dick kommt es, als ein Kunde von Lux eine gesamte Lieferung im Wert von 13 000 Mark zurückgehen läßt, weil er den Originalauftrag eine Woche später noch einmal schriftlich abgeändert hat – dieser Brief fand im Luxschen Büro leider nie zur ursprünglichen Bestellung.

172 **Die PAWA-Methode**

Das wichtigste Utensil in einem gut organisierten Büro ist ein großer Papierkorb. Gewöhne Dir an, wirklich alles, was Du nicht brauchst, wegzuwerfen. Werbebriefe, Zeitungen, Zettel mit alten Notizen – in den meisten Büros türmen sich Stapel mit unnützem Zeug.

Du bekommst das aber leicht in den Griff, wenn Du Dir das PAWA-Prinzip zu Herzen nimmst.

173 • **P** heißt »Papierkorb«. Denk daran: alles, was Du nicht **wirklich** brauchst: weg!

174 • **A** heißt »aktiv werden«. In Deine persönliche **Aktionsbox** kommt alles, was Du selbst und sofort erledigen mußt.

• **W** heißt »weitergeben«. Wenn das Papier für einen Deiner Mitarbeiter wichtig ist, gibst Du es sofort dorthin weiter. Ansonsten: ab in den Papierkorb damit.

• **A** heißt »Ablage«. Alles, was Du aufheben mußt – Rechnungen, Bestel-
175 lungen, Lieferscheine, Preislisten – kommt in Deine **kurzfristige** Ablagebox.

Vergiß nie: 2mal wöchentlich die Ablagebox leeren und die Papiere in die entsprechenden Ordner einsortieren.

Gewöhne Dir an, soviel wie möglich sofort zu erledigen. Du hast zwei Möglichkeiten: entweder, die Sache ist dringlich und es ist klar, was zu tun ist. Also mach es. Wenn Du dagegen eine dieser typischen »Ich weiß nicht genau, was damit zu tun ist«-Dinge in der Hand hast, gibt es nur eines: Du mußt eine Entscheidung treffen. Entweder die Sache ist tatsächlich wichtig oder kommt in die berühmte Ablage P – sprich in den Papierkorb.

Auf keinen Fall einen Extrastapel anlegen, um den Du Dich angeblich »morgen kümmmern« willst.

Die Ablage – das Herzstück Deines Sekretariats 176

Die Ablage wird in vielen Büros stiefmütterlich behandelt – zu Unrecht. Sie ist das Zentrum der Informationen. Richtig geführt, hast Du mit einem Griff alles, was Du brauchst. Eine schlampig geführte Ablage ist sinnlos. Dann kannst Du es auch seinlassen und einfach Deinen ganzen Papierkram in eine Kiste schmeißen.

Es gibt drei Punkte, die eine gute Ablage ausmachen:

- Du findest jedes Schriftstück innerhalb von zwei Minuten;
- Du kannst einfach neue Ordner hinzufügen, ohne das ganze Ordnungssystem umschmeißen zu müssen;
- Überflüssig gewordene Papiere (abgelaufene Fristen usw.) lassen sich aussortieren, ohne daß Du alles durchforsten mußt.

Bei der Bezeichnung der Kategorien mußt Du streng logisch vorgehen. Schon manches Schriftstück ist auf Nimmerwiedersehen verschwunden, weil es unter einem völlig abwegigen Stichwort abgelegt wurde.

Am besten benutzt Du allgemeine Überschriften etwa »Werbung«, »Kunden«, »Lieferanten«.

Guter Rat: Das erste Stichwort sollte ein Hauptwort sein. Erst dann folgen Beifügungen wie »neue« oder Daten und Jahreszahlen. Das macht die Sache übersichtlicher. Also: »Kunden – neue« und nicht »Neue Kunden«. Mit diesem Verfahren kannst Du auch besser Unterverzeichnisse hinzufügen – »Kunden – regional«, »Kunden – Sachsen«. 177

Weitere Ordnungsprinzipien: 178

- alphabetisch,
- chronologisch,
- inhaltlich.

Kampf den Karteileichen 179

Kennzeichne Deine Papiere mit einem Ablaufdatum. Dann kannst Du später auf einen Blick sehen, was in den Reißwolf oder Papierkorb gehört. Um Gottes Willen aber keine Belege, Rechnungen und Quittungen. Die Unterlagen in Deinen aktuellen Ordnern sollten nicht älter als ein Jahr sein. Alles andere kannst Du in – säuberlich beschrifteten – Kisten aufbewahren. Was leider für das Finanzamt sein muß. Aber auch Du willst später vielleicht mal irgend etwas nachsehen.

Wenn sich bereits Aktenmüll und Papierstapel in Deinem Büro türmen, mußt
180 Du das **4-Stufen-Aktionsprogramm** anwenden:

1. Behandle Deine tägliche Post und alle neu hereinkommenden Papiere nach dem PAWA-Prinzip.
2. Dann legst Du Ordner mit allgemein und gut verständlichen Beschriftungen an. Nimm Dir jeden Tag eine halbe Stunde Zeit, ein oder zwei Papierstapel nach der PAWA-Methode zu durchforsten.
3. Wenn sich schon viel Aktenmüll in Deinem Büro angesammelt hat, mußt Du auch einmal einen Samstag opfern, um der Situation wieder Herr zu werden.
   Merke: Arbeite immer einen ganzen Ordner am Stück durch.
4. Spätestens nach vier Wochen sollte Dein Büro in Schuß sein. Ab jetzt aktualisierst Du alle drei Monate Deine Ordner.

TIP: Gewöhne Dir an, Deinen Schreibtisch aufzuräumen und alle herumliegenden Papiere entsprechend einzusortieren, bevor Du Dein Geschäft verläßt:
So hast Du eine gute Kontrolle, daß Du auch nichts vergessen hast. Was dringend am nächsten Tag erledigt werden muß, bleibt auf dem Schreibtisch gut sichtbar liegen. Und nur das.

181 **Standardisierte Formulare**

Du kannst viele Routineabläufe straffen, indem Du mit Formularen arbeitest. Im Geschäftsalltag läßt sich vieles standardisieren:
Bestätigungen, Terminvereinbarungen, Zusagen, Absagen sind meistens gleich. Lediglich Name, Adresse und Datum ändern sich. Für all diese Fälle kannst Du Musterbriefe entwerfen. Die Maske speicherst Du im Computer.

So mußt Du nur noch die entsprechenden Adressen einfügen. Und im Einzelfall auch eine neue Textpassage.
Deine Notizen werden meist schnell von Dir auf irgendeinen Zettel gekritzelt, wer kennt das nicht. Leider haben diese Zettelchen zwei erhebliche Nachteile: entweder Du findest sie nicht mehr oder Du verstehst Deine eigene Notiz nicht mehr. Zu wem gehört eigentlich die Telefonnummer? Was war um 15 Uhr – heute oder morgen? Was wollte Herr Meier – zurückgerufen werden, oder ruft er selbst wieder an? Oder kommt er um 15 Uhr vorbei? Oder ist Herr Meier um 15 Uhr unter der ominösen Telefonnummer zu erreichen?

Guter Rat: Entwirf Dir einfach eigene kleine Notizformulare am Computer. Drei Platzhalter genügen schon: Name, Datum, Art der Anfrage. Fertig. Wenn Du kein PC-Freak bist, schaff Dir einen Kalender an, in den Du alle Termine und Aufgaben sofort eintragen kannst, weil er neben Deinem Telefon liegt. Fährst Du weg, so steckst Du ihn immer ein. Die freien Seiten hinten dienen Dir als Auftragsbuch usw. 182

Tips für die Büroeinrichtung 183

Die lästige Papierarbeit geht sehr viel schneller von der Hand, wenn Dein Schreibtisch ergonomisch ausgestattet ist.
Es gibt ein paar einfache Regeln, die Dir weiterhelfen:
Als Rechtshänder stellst Du am besten das Telefon links auf den Schreibtisch. Dann hast Du die rechte Hand zum Schreiben frei. Computer und Ordner haben dann rechts ihren Platz. Achte vor allem darauf, daß der Bildschirm im richtigen Winkel zum Fenster steht. Vergiß nicht Deine beiden Boxen für Aktion und Ablagen!

Hier eine Checkliste mit den wichtigsten Büroutensilien: 184

- Ablageboxen (»Sofort erledigen«, »Zu bezahlen«, »Termine«),
- Adreßkartei,
- Aktenordner,
- Briefumschläge,
- Büroklammern,

- Computer,
- Fax,
- Formulare,
- Klarsichthüllen,
- Klebeband,
- Kopierer,
- Marker,
- Notizblock,
- Papier,
- Schere,
- Schreibtischlampe,
- Tacker,
- Taschenrechner,
- Terminkalender,
- Visitenkarten.

Guter Rat: Der erste Eindruck gibt oft genug den Ausschlag. Ein Kunde, der Dich in Deinen Büroräumen besucht, wird mit großer Sicherheit auch kritisch den Blick schweifen lassen: Flecken auf dem Teppichboden? Überquellende Aschenbecher? Kabelsalat unter dem Schreibtisch? Vergilbte Unterlagenstapel? Aufgerissene Stuhlpolster? Denke daran: Deine Räume sind Deine Visitenkarte. Deine Produkte und Dienstleistungen können noch so attraktiv sein – die Kunden werden im Zweifelsfall den Konkurrenzbetrieb wählen, der sich um ein ansprechendes Ambiente für Besucher bemüht.
Zugegeben: Nach einigen Monaten und Jahren in den eigenen Räumen wird man leicht betriebsblind und gewöhnt sich an so manchen Mangel. Gegen diesen Schlendrian gibt es aber ein ganz einfaches Mittel: Bitte doch von Zeit zu Zeit einen Freund oder Bekannten, der selten oder noch gar nicht in Deiner Firma war, Deine Räume einmal kritisch unter die Lupe zu nehmen und Dir alsdann schonungslos die Meinung zu geigen.

So stimmen Deine Termine 185

Kein Geschäftsmann kann sich Schlamperei in Terminfragen erlauben. Deine Kunden bist Du dann schnell los. Und nicht nur das: Wenn Du wirklich wichtige Fristen verpaßt, kann es teuer werden.

> **Beispiel:** Lampendesigner Lux hat mal wieder einen fetten Auftrag abgestaubt. Das italienische Edelrestaurant Da Cassatti hat für die neue Innenausstattung bei Lux nachgefragt. Cassatti möchte auf jeden Fall etwas mit Glas und Marmor und bittet Lux um ein Angebot. Der vereinbarte Termin: 15. März. Lux hat aus den Erfahrungen der Vergangenheit gelernt. Mehr als einmal ist ihm ein Geschäft durch die Lappen gegangen, weil er den Termin zur Angebotsabgabe verschwitzt hat.
> Also macht er sich sofort an die Arbeit. Bisher hat er noch nie größere Mengen Marmor gebraucht. Ein neuer Lieferant muß her. Lux erkundigt sich bei einem befreundeten Kollegen und bekommt auch prompt zwei Adressen. Noch am selben Tag fordert er die Preislisten an, die er zur Kalkulation seines Angebots dringend braucht.
> Dann widmet er sich wieder seinem Tagesgeschäft. Zwei Wochen später findet er in seinem Kalender zufällig eine Notiz »Angebot abgeben«. Erst jetzt fällt ihm ein, daß die angeforderten Preislisten immer noch nicht da sind. Es hilft nichts. Das Angebot muß raus. Lux kalkuliert also blind. Ein Verlustgeschäft droht.

Mit einem vernünftigen Terminmanagement wäre das nicht passiert. Und 186
das ist sehr viel einfacher, als es scheint. Es gibt inzwischen ausgefeilte Termin-Software. Dein Computer erinnert Dich dann automatisch an wichtige Daten. Es reicht aber auch ein Karteikasten oder ein einfaches Notizbuch mit Tageseinteilung.

Terminplanung und Kontrolle per Karteikasten 187

Du brauchst: Einen Karteikasten mit 31 Unterteilungen für die Tage und 12 für die Monate

188 Vorn in den Karteikasten kommt die Tageseinteilung, dahinter die Monatseinteilung. Jeden Termin ordnest Du jetzt entsprechend ein. Gewöhne
189 Dir an, Kontrolltermine einzurichten. Wenn Du bis spätestens 15. eines Monats etwas brauchst, liegt Dein Kontrolltag spätestens vier Tage davor. Lampendesigner Lux wäre nicht in Bedrängnis geraten, wenn am 10. eine Erinnerung in seinem Kalender gestanden hätte. Dann wäre immer noch genügend Zeit gewesen, sich die Listen per Fax schicken zu lassen.
190 Falls Du viele langfristige Aufträge bearbeitest, kannst Du auch pro Vorgang und Auftrag drei verschiedenfarbige Karten verwenden – beispielsweise weiß, grün und rot. Die weiße Kundenkarte steht für Deinen ursprünglich geplanten Termin, die grüne dient als Kontrollkarte. Wenn Du bei der roten Karte angekommen bist, heißt das »keinen Aufschub mehr«.

Für die Westentasche

Ein kleines Ringbuch mit Monatseinteilung kann Dir auch gute Dienste leisten. Für jeden Kunden heftest Du ein gesondertes Blatt zum entsprechenden Termin ein (oder vermerkst diesen im Buch selbst). Wenn die Sache erledigt ist, kommt das Blatt zum nächsten Termin. Auf diese Weise hast Du nicht nur einen immer aktuellen Terminkalender. Du kannst das Notizbuch gleichzeitig als tragbare Kundenakte nutzen.

> Das beste Büro kann man auf den hinteren
> Sitzen eines Autos unterbringen.
> (Paul Getty)

So bekommst Du selbst den stressigsten Tag in den Griff

Wer kennt das nicht als Selbständiger – 12-Stunden-Tag im Dauerstreß und die Arbeit wird nicht weniger. »Mein Tag müßte 30 Stunden haben«, das hört man oft bei Selbständigen – gerade in der Gründungsphase. Doch Streß entsteht auch durch mangelnde oder falsche Organisation. Jeder kennt die
191 Zeitfresser. Permanent klingelt das Telefon, Mitarbeiter stellen Fragen, unerwarteter Besuch taucht auf. Das Wesentliche bleibt dann liegen. Sogenannte Zeitexperten haben Bücher mit mehr oder weniger nutzbringen-

den Tips zum Thema Zeitmanagemant gefüllt. Ein vielleicht für Dich brauchbarer Ratschlag: »Steh eine Stunde früher auf, dann hast Du eine Stunde mehr Zeit.« 192

Beispiel: Malermeister Munter versteht die Welt nicht mehr. Jeden Tag bis 20 Uhr im Betrieb. Dazu noch die Wochenenden. Und immer noch liegen unerledigte Aufträge, Bestellungen, Angebote – eben ein Riesenpapierwust – auf seinem Schreibtisch. Ein Wochenende mit der Familie hat er seit Ewigkeiten nicht mehr gehabt, Freunde beim Sport zu treffen, ist sowieso nicht drin.
In Munters Leben spielt Freizeit keine Rolle mehr: »Ich wußte teilweise nicht mehr, wo mir der Kopf steht.« Das war, bevor Munter die Zeitfresser in seinem Arbeitsalltag dingfest machte. »Irgendwann ist mir aufgefallen, daß ich unglaublich viel Zeit mit Routineaufgaben verbringe«, erzählt Munter. Für viele Chefs ist das typisch: eben mal so nebenher noch schnell dies und das erledigen. Ein paar Kundentelefonate führen, einen unangemeldeten Vertreter empfangen. Und schon ist der Vormittag vorbei. Seit einem halben Jahr macht Munter sich einen festen Tagesplan, von dem er nur in Notfällen abweicht. Sein Fazit: »Es ist unglaublich. Ich leiste genausoviel wie früher. Brauche aber nur die Hälfte der Zeit dafür.«

Wenn Du ein paar grundlegende Regeln beachtest, kannst auch Du viel Zeit gewinnen und locker durch den Tag kommen.

1. Fixiere Deinen Tagesplan schriftlich 193

Das ist die goldene Regel der Zeitplanung. Schreibe alles, was Du tun mußt, auf. Wenn etwas schwarz auf weiß auf dem Papier (Terminkalender) steht, wird es verbindlicher. Du wirst es sehen. Es fällt dann nicht mehr so leicht, diese Dinge zu verschieben. Wenn Du eine komplette Liste mit allen Vorhaben für den Tag hast, setzt Du Dir für jeden Punkt einen festen zeitlichen Rahmen. Notiere hinter jedem Punkt, wie lange Du dafür brauchst, wann genau Du damit beginnen willst und wann die Sache beendet sein soll.

Guter Rat: Verplane nie mehr als 60 Prozent Deiner Zeit. Den Rest brauchst Du als Puffer für Unvorhergesehenes und Verzögerungen.

2. Erledige Wichtiges zuerst

Dein Tagespensum füllt wahrscheinlich eine Riesenliste. Das darf Dich aber nicht abschrecken. Längst nicht alles ist so wichtig, daß es sofort erledigt werden müßte. Eine einfache ABC-Einteilung hilft Dir, die Dinge nach Wichtigkeit zu ordnen. Unter A fallen nur sehr wichtige Dinge, die Du selbst erledigen mußt. Den Rest kategorisierst Du – je nach Wichtigkeit – mit B und C.

Konzentriere Dich zunächst einmal auf A. Den Rest solltest Du, soweit es geht, delegieren. Wenn Du Dir nicht ganz sicher bist, wie eine Aufgabe zu beurteilen ist, dann helfen Dir folgende drei Fragen:

- Warum muß es gemacht werden?
- Warum muß es heute sein?
- Warum muß ich es tun?

Überlade Deinen Tagesplan nicht, gewöhne Dich Schritt für Schritt an planvolles Vorgehen. Wer sich zuviel abverlangt, scheitert.

3. Schaff Dir täglich eine stille Stunde

Pläne sind dazu da, daß man sich an sie hält. Das klingt wie eine Binsenweisheit. Doch immer wieder passiert es gerade Geschäftsleuten, daß sie sich von vermeintlich wichtigen Dingen ablenken lassen. Es fällt Dir leichter,
194 konsequent nach Plan zu arbeiten, wenn Du zwei oder drei Fixtermine am Tag einrichtest. Du brauchst eine stille Stunde am Tag, in der Du völlig ungestört bist. Das heißt, kein Telefonat, kein Besuch, absolut keine Störung. Du wirst sehen, daß Du in dieser stillen Stunde doppelt soviel wegschaffst wie sonst.

Eine weitere Stunde für Post und Telefonate. Gewöhne Dir an, alle Rückrufe zu bündeln. Das hat gleich mehrere Vorteile. Erstens unterbrichst Du nicht eine andere Arbeit durch Anrufe. Außerdem hält man sich erfahrungsgemäß kürzer, wenn noch mehrere Anrufe anstehen.

Falls Du mehrere Mitarbeiter hast, solltest Du auch für sie jeden Tag einen
195 festen Besprechungstermin festlegen. In der Regel genügt morgens und abends ein kurzes Meeting, um die tagesaktuellen Dinge zu bereden.

Hab keine Angst vor dem Delegieren. Gerade Neugründer können schwer loslassen. Und wollen – verständlicherweise – alles unter Kontrolle behalten. Doch dadurch halst Du Dir zu viele Routineaufgaben auf, die ein anderer genauso gut erledigen kann. Konzentriere Dich auf Deine Kernaufgabe, die Führung Deines Ladens.

4. Für Zeitfresser fertige ein Protokoll

Deine stille Stunde kannst Du natürlich nicht in die Rush-hour legen. Du mußt also zunächst herausfinden, wann am Tag die heißen Phasen sind. In der Regel weißt Du selbst am besten, wann es so richtig rundgeht. Trotzdem solltest Du zwei oder drei Tage lang ein Störprotokoll führen. 196
Du wirst erstaunt vom Ergebnis sein. Ein Störprotokoll ist einfacher, als es sich anhört. Ein Zettel mit Stundeneinteilung auf dem Schreibtisch genügt. Mach einfach bei jedem Anruf oder Besuch einen Strich. So siehst Du schnell, wann am meisten los ist. Dann kannst Du auch Deine Fixtermine wunderbar in Deinen Tagesplan integrieren.

> **Guter Rat:** Versuche nie, gegen Deine innere Uhr zu arbeiten. Wenn Du morgens nur langsam anläufst, hat es keinen Zweck, wichtige Kundenbesprechungen auf 8 Uhr früh zu legen. Belaß es dann lieber bei Routineaufgaben und leg richtig los, wenn Du fit bist.

5. Lege Zeitlimits fest 197

Kundengespräche oder Vertreterbesuche arten schon einmal aus. Man quatscht sich fest und der Nachmittag ist dahin. Setze Dir deshalb selbst eine Deadline für solche Treffen. Keiner nimmt es Dir übel, wenn Du zeitig erklärst, daß Du hinterher noch einen Termin hast. Falls Du bereits eine Sekretärin hast, so weise sie an, Dich nach einer Viertelstunde anzurufen und an einen »Soforttermin« zu erinnern. Wenn nicht, setze einen Wecker auf Deinen Schreibtisch, den Du vorher entsprechend eingestellt hast.

Deine Langzeitplanung 198

In der Alltagshektik verliert man oft den Blick fürs Ganze. Du bist zwar mit großen Plänen und hochstrebenden Zielen an den Start gegangen, doch dann verlierst Du Dich im Alltagsgeschäft. Die Geschäftserweiterung, die neue Filiale, der neue Geschäftszweig werden von Jahr zu Jahr verschoben, weil noch anderes zu tun ist. Das muß nicht sein. Erfolgreiche Unternehmer lassen ihr Fernziel nie aus den Augen. Im Gegenteil, sie steuern gezielt darauf hin – in kleinen Schritten, aber konsequent und geradlinig.

Beispiel: Als Christiane Schönborn Freunden und Bekannten von ihrer Vision erzählte, wurde sie von allen belächelt. Völlig übergeschnappt, dachten die meisten. Ehrgeizig war die junge Kauffrau schon immer. Von einer PR-Agentur mit Full-Service träumte sie seit ihrer Ausbildung. Als sie eine kleine Erbschaft machte, rückte der Traum in greifbare Nähe. Sie stellte zwei Journalisten und einen Grafiker ein und legte los. Aus der kleinen Klitsche entwickelte sich schnell ein gut gehendes Marketing-Büro, das inzwischen auch große Unternehmen zu seinen Kunden zählt. Konsequent hat sie andere Unternehmen aus dem Medienbereich an sich gebunden – eine Druckerei, Video- und TV-Spezialisten, Layouter und Werbefachleute. Unermüdlich hat sie Kontakte geknüpft. Die Ferien verbrachte sie in den ersten Jahren mit Weiterbildungen. Sprachkurse im Ausland und Fachseminare standen auf dem Programm. Der Einsatz hat sich gelohnt. Die gelernte Bankkauffrau gilt in der Branche als PR-Spezialistin für medizinische Geräte im Mittelstands-Marketing. »Es hat ein paar Jahre gedauert, aber jetzt bin ich fast am Ziel«, sagt Christiane Schönborn.

1. Was willst Du?

Natürlich weißt Du genau, was Du willst. Schließlich hast Du es geschafft, Dein eigener Chef zu werden. Und wenn Du strategisch geschickt vorgehst und zum richtigen Zeitpunkt zupackst, kommst Du Schritt für Schritt Deinem Ziel näher.

Ein altes chinesisches Sprichwort sagt: »Schau immer genau in die Richtung, in die Du gehen willst.« Einen ersten Schritt in Richtung Selbständigkeit hast Du bereits getan. Und was Du werden willst, ist klar: erfolgreich.

Jetzt nimm Dir einmal die Zeit und schreibe in einfachen Worten auf ein Blatt Papier, was Du ganz konkret für Dich und Dein Unternehmen erreichen willst. Ganz egal, was es ist, schreib es auf. Willst Du mit vierzig genug Geld
199 verdient haben, um nicht mehr arbeiten zu müssen? Willst Du Marktführer werden? Später einmal eine ganze Kette von Läden besitzen?

Im zweiten Schritt splittest Du Deinen Lebenstraum auf:

- Wo willst Du in 15 Jahren stehen?
- Wo mußt Du dann logischerweise in 5 Jahren sein?
- Was kannst Du innerhalb von 12 Monaten tun, um Deinem Ziel näher zu kommen?

Du wirst sehen, wenn Du versuchst, diese Dinge aufzuschreiben, konkretisieren sich ganz automatisch Pläne, die vorher nur nebulös in Deinem Kopf vorhanden waren. Gleichzeitig fallen unrealistische Vorstellungen durch das Raster.

> **Guter Rat:** Ziele sind etwas Schönes und Positives. Denke daran, wenn Du sie aufschreibst.
> Was positiv formuliert ist, erscheint auch besser und weniger bedrohlich. Also: »Ich will zehn neue Großkunden gewinnen.« Nicht: »Ich darf keine Kunden verlieren.«

2. Was kannst Du?

Zu jeder wirksamen Strategie gehört eine Bestandsaufnahme. Du kannst 200
keine sinnvollen Maßnahmen ergreifen, wenn Du nicht genau weißt, wo Du stehst. Das ist eine nicht ganz einfache Selbstanalyse. Und wieder geht es ans Aufschreiben. Dieses Mal listest Du exakt Deine Stärken und Schwächen auf.

Bist Du vielleicht ein Verkaufsgenie? Oder sind Zahlen Deine heimliche Leidenschaft? Bist Du besonders kreativ? Oder hast Du kein Händchen für Handwerkliches? Überlege genau, was Du brauchst, um Deinem Ziel näher zu kommen. Jetzt siehst Du genau, welche Deiner Fähigkeiten Du ausbauen kannst, wo Du an Dir arbeiten mußt und wo Du einfach eine Alternative suchen mußt, weil Dein Potential nicht ausreicht.

3. Was mußt Du tun?

Jetzt bist Du schon einen großen Schritt weiter. Du weißt, was Du willst, und was Du kannst. Nun heißt es, die richtige Entscheidung zu treffen. Es
ist an der Zeit, einen detaillierten Maßnahmenkatalog zu entwerfen. Mußt 201
Du einen Französischkurs besuchen, weil Du viele Geschäftspartner im französischsprachigen Ausland hast oder weil Du auf diesen Markt möch-

test? Fehlt vielleicht zu Deiner neuen Produktidee noch ein bißchen technisches Know-how? Am einfachsten und besten ist es, Du gehst von oben nach unten vor.

Also: 1. Jahresziel: Französisch lernen.
2. Informationen über Kurse einholen
3. Freiraum schaffen.
4. Anmelden.

Auf diese Weise integrierst Du die notwendigen Schritte für Dein Fernziel in Deinen Arbeitsalltag.

202 **4. Vergiß die Kontrolle nicht**

Selbst der beste Plan ist nicht vor Änderungen sicher. Gerade bei langfristigen Projekten ist es deshalb ganz wichtig, daß Du regelmäßig gegencheckst. Was heißt das? Selbst dem glücklichsten Händchen geht einmal etwas daneben. Und nicht alle äußeren Umstände lassen sich perfekt kalkulieren. Unvorhergesehenes kann Dich zwingen, Deinen Weg neu zu überdenken. Wenn alles wie am Schnürchen läuft, weiter so. Doch wenn sich Widerstand regt, sofort gegenchecken.

Drei Fragen mußt Du Dir stellen:

- Sind Deine Grundannahmen überhaupt noch richtig, oder haben sich die Umstände geändert?
- Sind Deine geplanten Schritte noch angemessen, oder solltest Du besser auf Alternativen zurückgreifen?
- Wie sieht es mit Deinem Zeitplan aus? Ist er realistisch oder mußt Du ein bißchen was zugeben?

Nimm Dir einmal im Jahr die Zeit, auf diese Weise Dein Vorgehen zu hinterfragen. Du kannst daraus ruhig eine Art Ritual machen – am Tag vor Weihnachten, an Silvester, zu Deinem Geburtstag. Solche Termine bieten sich besonders gut an, weil man sie nicht so leicht verschwitzt. Außerdem läufst Du nicht zu schnell Gefahr, Dich in etwas zu verrennen und durchzuhängen.

Sieh die Dinge nüchtern

Wenn es doch einmal passiert, daß Dich der große Frust packt, hilft ein einfacher Trick. Versuche Dir in Deiner momentanen Situation folgende Frage zu stellen: Was wäre das Schlimmste, was eintreffen kann, wenn ich die nächste Etappe nicht wie geplant erreiche? Die Folgen sind nämlich oft gar nicht so dramatisch, wie es zunächst erscheint. Das soll Dich nicht von Deinem Plan abbringen. Aber Relativierung vermindert den Streß und Du **203**
hast wieder einen klaren Kopf.

Wenn Du merkst, daß Du ständig hinter Deiner Planung herhinkst, hilft nur eines – noch detaillierter und präziser planen. Je detailgenauer Du Dein Ziel aufsplittest, um so besser. Schraube jedes Vorhaben auf ganz überschaubare Monatsziele zurück. Die trägst Du dann in Deinen Kalender ein. Du kannst Dir auch einen entsprechenden Plan an Deine Pinnwand oder einfach so über den Schreibtisch hängen. Nach dem Motto: Was man ständig vor Augen hat, nimmt man sich zu Herzen.

Chef: Einer für alle, alle gegen einen.
(Gerhard Uhlenbruck)

So kommst Du gut mit Deinen Mitarbeitern aus **204**

Teile aus – aber richtig

Als Chef bleibt es Dir nicht erspart: Wenn irgendwas nicht so läuft, wie Du
es willst, mußt Du den Fehler finden und Deine Mitarbeiter kritisieren. Das **205**
Problem dabei: Wer läßt sich schon gerne maßregeln? Viele Mitarbeiter reagieren verschnupft oder gar persönlich beleidigt. Folge: Das Betriebsklima sinkt und Du beginnst zu überlegen, ob Du die nächste Kritik aus Rücksicht lieber unausgesprochen läßt. Hier hilft nur die richtige Strategie beim Kritisieren.

Beginne positiv: Egal, was Du Deinem Mitarbeiter an Kritik reindrücken
möchtest, beginne erst mal mit einem kleinen Lob. Das bessert die Stimmung **206**
und vermittelt den Eindruck, daß Du Dein Gegenüber nicht generell für einen schlechten Angestellten hältst.

Nicht vor versammelter Mannschaft: Kritik darfst Du generell nur dann austeilen, wenn Du mit dem entsprechenden Mitarbeiter allein bist. Ansonsten kommt schnell der Eindruck auf, Du wolltest ihn vor seinen Kollegen bloßstellen – und dann bewirkt Deine gutgemeinte Kritik mit Sicherheit gar nichts.

Werde nicht drastisch: Auch wenn Du Dich über einen Mitarbeiter richtig geärgert hast, nützt es gar nichts, wenn Du ihn herunterputzt. Geschehenes ist eh nicht zu ändern. Der Kritisierte muß eher das Gefühl bekommen, mit Dir zusammen im Gespräch Probleme und Lösungen zu diskutieren. Bedenke zudem: Ein gutes Wort und ein Lob ersetzen oft eine Gehaltserhöhung.

207 **Guter Rat:** Viele Chefs meinen, einem neuen Mitarbeiter erst einmal eine Schonzeit gewähren zu müssen, bevor sie ihn kritisieren. Das kann richtig sein, wenn es sich bei seinen Fehlern um Kleinigkeiten handelt. Sind es jedoch echte Patzer, die Dein neuer Mann am laufenden Band fabriziert, dann mußt Du so bald wie möglich mit ihm sprechen – und wenn es zwei Wochen nach seinem ersten Arbeitstag ist. Das aus zwei Gründen: Einmal werden solche Fehler sonst zur Gewohnheit und lassen sich nur schwer wieder abstellen. Zum anderen wird Dein Mitarbeiter während der Schonfrist der Überzeugung sein, seine Arbeit wäre korrekt – die kalte Dusche einer verspäteten Kritik kommt dann um so unangenehmer.

Deshalb:

- **Halt die Leine kurz!**
  Sonst sind die Folgen fatal. Die Mitarbeiter dürfen sich keine eigenen Regeln schaffen! Von Anfang an mußt Du klare Anordnungen geben, wonach man sich zu richten hat. Chef sein heißt: führen und bestimmen.
- **Reagiere sogleich und eindeutig auf Verstöße.**
  Das heißt am gleichen Tag. Eindeutig bedeutet, verbindlich und verständlich. Mach deutlich klar, daß Du bei weiteren Verstößen härter vorgehen wirst. Drohe nicht gleich mit der Kündigung. Wirksame Mittel sind das Verschieben einer Gehaltserhöhung, der Ausschluß von weiterer Förderung und Beförderung, die Kürzung von freiwilligen Zahlungen, die Gehaltskürzung per Änderungskündigung oder die Abmahnung.

- **Kündige nur vollziehbare Maßnahmen an!**
  Maßnahmen also, die Du tatsächlich auch vornehmen willst und kannst. Sonst verlierst Du an Autorität und Glaubwürdigkeit – und wirst nicht mehr respektiert. Merke dir:
  Es ist nicht Deine Aufgabe, von den Mitarbeitern geliebt zu werden. Wichtiger ist, daß Du als Chef geachtet wirst.
- **Drücke bei Fehlern nicht beide Augen zu.**
  Es sei denn, bei Nebensächlichkeiten – sonst aber nie! Autoritätsverlust kannst Du Dir nicht erlauben. Du bist der Chef.
- **Sei nicht zu bange, Härte zu zeigen!**
  Wenn es sein muß, statuiere auch einmal ein Exempel und trenne Dich von einem Mitarbeiter. Das hat meist heilsame Wirkung auf die anderen. Sonst aber gilt:

Hab ein offenes Ohr

Mitarbeiter, die mit Dir sprechen wollen, müssen immer das Gefühl haben, daß Du Deine ganze Aufmerksamkeit ihnen und ihrem Anliegen widmest. Auch wenn das Problem aus Deiner Sicht vielleicht nicht zu den drängendsten der Firma gehört, solltest Du keinesfalls nur mit halbem Ohr lauschen oder offensichtlich uninteressiert erscheinen. Bedenke: Für Deine Sekretärin beispielsweise ist ein chronisch defekter Kopierer ein Problem, das ihren gesamten Berufsalltag bestimmt. Also: Nimm die Probleme ernst und vermittle Deinem Gegenüber auch genau dieses Gefühl.

Zeige Reaktionen auf das, was Dir Dein Gesprächspartner erzählt. Einfaches Kopfnicken, ab und zu ein bestätigendes Lächeln – das wirkt Wunder. Andersherum kannst Du eine Gesprächssituation dauerhaft vergiften, wenn Du, während der andere spricht, gelangweilt an die Decke starrst oder gar in ein herzhaftes Gähnen ausbrichst.

Wenn Du Zweifel bei der Neueinstellung hast 208

Eigentlich ein guter Mann, der da seine Bewerbung bei Dir abgegeben hat. Aber Du willst auf keinen Fall jemanden, der in seinem alten Job wegen Trunksucht, Diebstahls, Werkspionage oder ähnlich gravierenden Fehlverhaltens aufgefallen ist.

Ein einfaches Mittel ist hier der Anruf beim alten Arbeitgeber. Der ist nämlich aus Gründen der Schadenabwehr gesetzlich verpflichtet, Dir über solche eklatanten Taten seines Exmitarbeiters Auskunft zu geben. Schweigt er darüber, kannst Du ihn später – falls etwas passiert – vor den Kadi ziehen. In aller Regel jedoch wird der Exarbeitgeber auf Mitarbeiter, die bei ihm großen Ärger verursacht haben, nicht gut zu sprechen sein und gern seine Erfahrungen an Dich weitergeben.

Wenn der beste Mann kündigt

Schön ist es nicht, wenn Deine fähige Sekretärin, Dein genialer Program-
209 mierer oder Dein erfolgreicher Verkäufer plötzlich die Kündigung einreicht. Aber es hilft jetzt gar nichts, beleidigt zu sein und kein Wort mehr mit der »treulosen Tomate« zu reden. Ein Mitarbeiter, der geht, wird schon seine handfesten Gründe dafür haben – und je mehr dieser Gründe Du in Erfahrung bringst, um so besser für Dich und Deinen Betrieb.

210 Nutze also das Abschiedsgespräch als Chance, offen und ehrlich von einem Insider gesagt zu bekommen, was ihm nicht paßt. Denn wenn Dein scheidender Mitarbeiter nicht das Gefühl hat, daß Du ihm unendlich böse bist, wird er Dir freimütig Schwachstellen in Deinem Betrieb nennen, die es auszumerzen gilt. Und auch, wenn Dir manche Vorwürfe vielleicht haltlos vorkommen und Du Dich nun doch ärgerst, bewahre auf jeden Fall kühlen Kopf und laß Deinen Gesprächspartner ausreden. Denn ein finaler Streit nützt Dir gar nichts – eine ehrlich gesagte Meinung hingegen viel.

211 Wie Du Deine Verkaufsmannschaft fit machst (Verkaufstraining)

In den allermeisten Gewerbearten lebst Du von zufriedenstellenden Umsatzzahlen – mit anderen Worten vom Verkaufserfolg. Und da Du in Deinem Geschäft nicht alles selber machen kannst, mußt Du zwangsläufig auf einen oder mehrere Verkäufer zurückgreifen.

212 Leider ist kompetentes und fachlich geschultes Verkaufspersonal in vielen Geschäften eine Seltenheit. Der eine kennt nicht das gesamte Sortiment, der andere kann ein Produkt nicht richtig vorführen und der nächste weiß nicht, wie lange eine Nachbestellung dauert. Das sind jedoch die Grundlagen des Verkaufsgeschäftes – das mußt Du Deinen Mitarbeitern einfach einbläuen. Zudem helfen im Gespräch mit dem Kunden oft ein paar ganz einfache
213 Kniffe:

Drei Argumente, die Umsatz bringen:

- »Millionen Kunden können nicht irren.«
  Ein Hinweis, daß das Produkt zu den meistgekauften gehört, zieht bei solchen Kunden, die einen unsicheren Eindruck machen. Doch Vorsicht: Bei Kunden mit exklusivem Geschmack geht dieser Schuß total nach hinten los. Da muß das Argument eher heißen: »Das ist etwas für den ganz speziellen Geschmack – das kauft nicht jeder.«
- »Davon haben wir nur noch zwei Stück auf Lager.«
  Diese kleine Bemerkung bewirkt beim Kunden zweierlei: Zum einen glaubt er, daß dieses Produkt bereits von vielen Leuten gekauft wurde. Zum anderen keimt in ihm die Angst, er könne unter Umständen zu spät kommen, wenn er nicht sofort zuschlägt.
- »Das habe ich auch bei mir zu Hause stehen.«
  Ganz klar: Wenn selbst der erfahrene Verkäufer, der sich ja auf dem Markt auskennen muß, genau dieses Produkt gewählt hat, dann kann das nicht schlecht sein.

So kaufst Du besonders günstig ein

Die meisten Geschäftsleute – auch alte Hasen – versuchen, hauptsächlich über den Preis und den Umsatz Gewinn zu machen. Tatsächlich beginnt das
Geschäft aber schon beim günstigen Einkauf. 1 Prozent Ersparnis beim 214
Einkauf kann Dir genausoviel Gewinn bringen wie 10 Prozent mehr Umsatz. Die ganz Großen im Wirtschaftsleben haben das schon längst bemerkt und nutzen diese Erkenntnis denn auch reichlich aus, indem sie ihren Zulieferern das Wasser abgraben und ihnen die Preise diktieren. Bei Einsteigern sind diese rigiden Methoden Gott sei Dank nicht üblich. Trotzdem kannst auch Du beim Einkauf eine Menge Geld sparen, das Du ja gerade am Anfang dringendst brauchst. »Innovative Beschaffungsstrategien« heißt das im Fachjargon. Dahinter stecken im Grunde einfache, aber sehr pfiffige Ideen.

Bei Preisagenturen arbeiten Profis für Dich 215

Seit ein paar Jahren sind Preisagenturen aus dem Geschäftsleben nicht mehr wegzudenken. Diese Agenturen besorgen alles, was Du willst, von der

Büroeinrichtung bis zum Sargdeckel. Das Prinzip ist sehr einfach. Die Agentur recherchiert für Dich, wo Du die gewünschte Ware zum günstigsten
216 Preis bekommst. Als Entlohnung verlangt sie in der Regel bis zu 30 Prozent der Preisersparnis. Das ist immer noch ein sehr gutes Geschäft für Dich. Ein Kölner Schreibservice konnte bei der Anschaffung für die Büroersteinrichtung durch die Zusammenarbeit mit einer solchen Agentur über 20 000 Mark sparen – das entsprach etwa 40 Prozent der ursprünglich veranschlagten Summe. Es gibt inzwischen sogar Agenturen, die international arbeiten und auch Daueraufträge übernehmen. Aber auch regional gibt es mittlerweile viele kleinere Agenturen, die sich bestens auskennen und Dir alles Gewünschte auch aus der Umgebung besorgen. Das kann für Dich durch die
217 geringeren Lieferkosten noch einmal Preisvorteile bringen. Die Adressen von solchen Agenturen findest Du im Branchenbuch.

Die Zusammenarbeit mit Preisagenturen ist gerade für Neulinge ideal. Du hast ja anfangs alle Hände voll zu tun und kaum Zeit, Dir einen ausgiebigen Marktüberblick zu verschaffen, wenn es um die Einrichtung Deines Büros oder sonstige Anschaffungen geht. International arbeitende Agenturen bieten Dir einen weiteren, nicht zu unterschätzenden Vorteil: Du bist dann nämlich nicht wie die Konkurrenz auf bestimmte Platzhirsche der Branche, die oft eine ganze Region beliefern, angewiesen. Die oft sehr viel günstigeren Lieferanten aus dem Ausland können auch sehr erfrischend für die Produktpalette sein, weil ihr Angebot eben ein bißchen anders ist.

Du sparst am meisten, wenn Du präzise Vorgaben machst. Du mußt lediglich angeben, was genau Du haben möchtest. Folgende Angaben braucht die Agentur: Die Art des gesuchten Produkts – wenn es geht, lieferst Du am besten eine genaue Typbezeichnung. Du solltest auch angeben, welche Garantie- und Serviceleistungen für Dich wichtig sind. Ein supergünstiger Computer macht sich im Endeffekt nicht bezahlt, wenn Du bei Ausfällen niemanden findest, der Dir das Gerät repariert. Wichtig ist auch eine Zeitvorgabe. Gib also an, wann Du spätestens die gewünschten Sachen brauchst.

Bedenke: Aufträge, die Du einmal vergeben hast, sind verbindlich. Auch wenn Du Dich entschließen solltest, aus welchen Gründen auch immer, die
218 Waren nicht zu kaufen, mußt Du der Agentur die Provision zahlen.

Als Orientierung – und als Maßstab für ihre Preiskalkulation – nehmen die Agenturen einen offiziellen Durchschnittswert – wie es ihn beispielsweise

für Gebrauchtwagen gibt. Eine andere Möglichkeit ist, daß die Agentur unter dem Preis liegen muß, den Du bereits als Angebot vorliegen hast. Was heißt das: Wenn Du Dir ein Angebot vom exklusivsten Bürodesigner der Stadt für Deine Einrichtung machen läßt, hat die Agentur es nicht schwer, preislich darunter zu liegen. Für Dein Vergleichsangebot wählst Du also eine mög- 219
lichst niedrige Preiskategorie. Denn sonst fällt die Preisdifferrenz zum Angebot der Agentur – und damit die fällige Provision – unangenehm hoch aus.

Tu Dich mit Gleichgesinnten zusammen, dann sparst Du Geld 220

Die Sache liegt doch auf der Hand: Je mehr Du einkaufst, desto mehr kannst Du den Preis nach unten drücken. Deshalb solltest Du Dich einmal in Deinem Geschäftsumfeld umschauen, ob es nicht ein paar Geschäftspartner gibt, die die gleichen Waren brauchen oder beim gleichen Lieferanten einkaufen. Wenn Ihr Euren Einkauf miteinander verbindet, habt Ihr eine sehr gute Verhandlungsposition. Das kann sich schon bei Kleinigkeiten wie Fax- und Briefpapier lohnen.

Du kannst natürlich auch Deinen gesamten Warenbestand mit anderen 221
gemeinsam einkaufen. Doch dann solltest Du eine Kooperation mit festen Regeln ins Leben rufen.

Die klassischen Verbindungen sind Einkaufsgenossenschaften. Du kannst einer bereits bestehenden beitreten oder aber eine eigene gründen. Infor- 222
mationen erhältst Du beim Zentralverband Gewerblicher Verbundgruppen e. V. (Vorgebirgsstr. 43, 53119 Bonn, Tel. 0228/98584-0) oder beim Bundesverband Materialwirtschaft, Einkauf und Logistik e. V. (Waidmannstr. 25, 60596 Frankfurt/Main, Tel. 069/963158-0). Einkaufsgenossenschaften sind aber nur interessant, wenn Du langfristig und dauerhaft mit anderen zusammen Deinen Einkauf koordinieren willst.

Wenn Du nur hin und wieder mit anderen einkaufen willst, also keine langfristigen rechtlichen und finanziellen Bindungen eingehen willst, dann kannst Du Dich von Einkauf zu Einkauf neu entscheiden. Bei der Industrie- u. Handelskammer, Deinem Fachverband oder der örtlichen Organisation der Gewerbetreibenden findest Du mit Sicherheit Interessenten für Dein Vorhaben.

223 **Auktionen bieten Schnäppchenjägern tolle Chancen**

Wenn Du nicht auf ein ganz bestimmtes Stück festgelegt bist, einen bestimmten Computertyp oder einen ganz bestimmten Schreibtisch, dann kannst Du bei einer Auktion mit ein bißchen Glück ein tolles Schnäppchen machen. Auktionshäuser gibt es in jeder größeren Stadt, auch die städtischen
224 Pfandhäuser und ebenso das Finanzamt veranstalten regelmäßig Versteigerungen.

Wenn Du Glück hast und sich zufällig niemand für das Stück, das Dein Interesse erregt hat, interessiert, kannst Du es zum Mindestpreis mitnehmen. Ein Geschäftsmann aus Saarbrücken hat beispielsweise einen zwei Jahre alten Lieferwagen für 12 000 Mark ersteigert – und damit im Vergleich zu einem gleichwertigen Wagen vom Händler satte 15 000 Mark gespart.
225 Auktionstermine werden vier bis sechs Wochen vorher in der Tageszeitung angekündigt. Du kannst dann sofort bei der betreffenden Stelle anrufen und
226 einen Katalog anfordern. So siehst Du auf einen Blick, ob die Versteigerung für Dich interessant ist. Große Auktionshäuser nehmen Dich auch gern in ihren Verteiler auf. Dann wirst Du automatisch informiert, wenn eine Versteigerung stattfindet.

Wenn Du im Katalog ein interessantes Objekt gefunden hast, etwa eine Maschine, dann ist es natürlich selbstverständlich, daß Du Dich vorher informierst, welchen Marktwert die Maschine hat und was sie Dich neu kosten würde.

227 **Achtung:** Ersteigerte Waren sind sogenannte Handkäufe. Außer bei groben Mängeln, die Du nicht sehen konntest, hast Du keine Chance zu reklamieren. Du erhältst lediglich die Garantie, daß die Ware frei von Rechten Dritter ist.

228 **Kaufe direkt ab Fabrik günstig ein**

Oftmals kannst Du Dir den Umweg über den Handel sparen. Du kannst nämlich auch Einzelstücke direkt ab Fabrik kaufen. Viele Hersteller wollen auf diese Weise die Ware der letzten Saison oder leicht fehlerhafte Modelle loswerden. Dafür sind sie bereit, die Sachen für einen Bruchteil des Ladenpreises zu veräußern. Manche Hersteller verkaufen bei einem solchen Werksverkauf auch ihre gesamte Produktpalette zum Schleuderpreis. Beim Fabrikkauf sind Ersparnisse bis zu 70 Prozent drin. Adressen findest Du in sogenannten Einkaufsführern.

So drückst Du beim Einkaufen die Preise

Du hast kein Geld zu verschenken. Gib Dich deshalb nie sofort mit dem Preis zufrieden, den der Händler oder Fabrikant Dir vorschlägt. Du solltest zumindest den Versuch machen, zu verhandeln. In der Regel ist immer noch ein Nachlaß drin. So kannst Du noch die eine oder andere Mark sparen.

Wie hoch sind die Rabatte in den einzelnen Branchen? 229

Beim Einkauf gilt die Faustregel: Je höher die Handelsspanne, desto mehr Rabatt ist drin.

Was ist die Handelsspanne? Sie bestimmt den Gewinn und ist die Differenz zwischen Einkaufs- und Verkaufspreis. Kauft ein Händler beispielsweise eine Kleinmaschine für 1000 Mark und verkauft sie für 1700 Mark, ergibt sich eine Handelsspanne von 41,2 Prozent (700 Mark Gewinn, bezogen auf den Gesamtpreis von 1700 Mark = 41,2 Prozent). Wenn der Einkaufspreis zur Rechengrundlage gemacht wird, spricht man vom Aufschlag des Händlers, hier 70 Prozent (700 Mark Gewinn, bezogen auf den Einkaufspreis von 1000 Mark).

230

Durchschnittlicher Handelsrabatt

Branche	West	Ost
Lebensmittel	19,3	17,3
Textil, insgesamt	37,9	35,1
Herrenoberbekleidung (Haka)	40,3	35,1
Damenoberbekeidung (DOB)	36,0	32,5
Wäsche, Miederwaren, Badeartikel	40,4	40,0
Schuhe	37,1	35,0
Möbel	30,4	30,9
Glas, Porzellan, Keramik	37,0	35,8
Eisenwaren und Hausrat, insgesamt	28,0	
Haus- und Küchengeräte	32,7	
Haushaltstechnik	30,1	25,3
Baubeschläge, Werkzeug	25,5	26,9
Beleuchtung, Elektro	34,5	
Radio- und Fernsehtechnik	31,3	26,3

Tapeten, Bodenbeläge, Farben	39,3	
Parfümerie-Einzelhandel	35,6	
Buchhandel (feste Endpreise)	40	40
Lederwaren	42,1	34,8
Fotoartikel	37,2	
Uhren, Juwelen, Schmuck	41,4	37,9
Zweiradhandel	29,1	26,2
Sportartikel	33,4	32,9
Computer, Büroartikel	36,6	30,0

(Quelle: Hauptverband des Deutschen Einzelhandels)

Vorsicht: Weitverbreitet bei vielen Lieferanten ist die perfide Methode, die
231 Preise versteckt zu steigern. Entweder verwendet der Hersteller einfach billigere Materialien, oder aber er beschneidet den Service zum gleichen Preis. Prüfe deshalb bei jeder Rechnung, ob sich nicht vielleicht irgendwo ein indirekter Preisaufschlag versteckt.

232 Die folgende Checkliste hilft Dir dabei:
- Verwendet der Lieferant billigere Vorprodukte?
- Berechnet er Serviceleistungen, die früher kostenlos waren?
- Ist die Liefermenge tatsächlich korrekt?
- Sind Skonti und Zahlungsfristen verändert?
- Hat sich die Mindestliefermenge erhöht?

Eine beliebte Finte, die Preise nach oben zu schrauben, ist auch der Vorwand der steigenden Lohnkosten. Doch laß Dir hier nichts vormachen. Für fast jede Branche gibt es Richtwerte, wie hoch der Lohnanteil bei der Produktpreiskalkulation ist. Am besten erkundigst Du Dich vorher – etwa beim jeweiligen Fachverband –, welche Löhne in der jeweiligen Branche üblich sind. Wenn Du so gewappnet in die Preisverhandlung gehst, hast Du die besten Karten.

233 Termintreue ist etwas Schönes. Aber mancher Lieferant tut gern zuviel des Guten und liefert die Ware früher als angefordert. Schön, denkst Du. Aber die Sache hat einen Haken: Der scheinbar so freundliche und zuverlässige Geschäftspartner will natürlich auch sein Geld früher haben. Wenn Du die Ware früher zahlst, als Du sie eigentlich brauchst, bindest Du also unnötig

Kapital. Achte deshalb genau darauf, ob Deine Lieferungen pünktlich eintreffen.

Eine alte Kaufmannsregel lautet: Wenn Dein Lieferant über einen Zeitraum von vier Wochen mehr als 20 Prozent zu früh geliefert hat, mußt Du eingreifen.

Die Kunst des Feilschens will gelernt sein. Viel zu viele Geschäftsleute 234
finden sich brav und still mit vorgegebenen Preisen ab. Und wenn sie dann doch den Versuch starten, noch ein bißchen am Preis zu rütteln, stellen sie sich ungeschickt an. Verhandlungsprofis lenken gern ab, kämpfen quasi auf Nebenkriegsschauplätzen und ehe Du Dich versiehst, verhandeln sie mit Dir über irgendeine Nebensächlichkeit, als ginge es um ihr Leben. Wenn es dann ans Eingemachte geht – sprich um den eigentlichen Verkaufspreis –, bist Du bereits fix und fertig mit den Nerven und als weniger gewiefter Verhandler streichst Du die Segel.

Laß Dir deshalb sagen: Bevor Du Dich mit Einzelheiten beschäftigst,
verhandele zunächst den Basispreis. Wenn Du hier Deine Vorstellung 235
durchgesetzt hast, kannst Du mit den Details loslegen – also über Mengenrabatte oder Lieferkonditionen verhandeln. Natürlich mußt Du auch hier hart bleiben, damit Dir niemand hintenrum einen zu hohen Preis unterjubelt. Doch wenn Du Deinen Hauptverhandlungspunkt durchgedrückt hast, ist der Rest meist ein Klacks.

236 Der beste Zeitpunkt, Extraleistungen herauszuschlagen, ist direkt vor Vertragsabschluß. Dein Geschäftspartner wird Dir dann eher entgegenkommen, weil er das Geschäft unter Dach und Fach bringen, und nicht riskieren will, daß Du im letzten Moment abspringst.

Großbetriebe sind deshalb unkreativer als Kleinbetriebe,
weil hier nicht versucht wird,
das nächste Problem durch Denken zu lösen,
sondern durch Einstellung eines neuen Mitarbeiters.
(Harald Jürgensen)

237 So klappt Deine Logistik

Eigentlich klingt es wie die selbstverständlichste Sache der Welt: Etwas dann zur Verfügung zu haben, wenn man es braucht. Leider ist das ganz und gar nicht selbstverständlich. Große Unternehmen stecken Millionen in eine computergesteuerte Logistikplanung. Damit gewährleisten sie, daß Material, Produktion und Versand als ganzheitliches System funktioniert. Einen Millionenaufwand kannst Du als Existenzgründer natürlich noch nicht treiben – aber ein wenig Überlegung und Vorausplanung bei Warenbeschaffung, Warenlagerung und Versand bewahrt Dich vor Produktions- und Lieferschwierigkeiten und verärgerten Kunden.

Lager: Nicht zuviel und nicht zuwenig

238 Lagerhaltung hat den großen Vorteil, daß Du die Wünsche Deiner Kunden sofort und auf der Stelle befriedigen kannst – schließlich mußt Du die gewünschte Ware nur aus dem Lager holen. Auf der anderen Seite kostet Dich Lagerhaltung natürlich auch Geld: Miete, Bewachung, Versicherung und natürlich diejenigen Lagerbestände, die Du nicht loswirst. Im schlimmsten Fall bindet Dein Lager so viel Kapital, daß Dir die finanzielle Luft für

Dein eigentliches Geschäft genommen wird. Deshalb einige Tips, wie Du Dein Lagermanagement optimierst.

Die Ist-Analyse 239

Viele kleine und mittelständische Unternehmer wissen gar nicht genau, welche und wie viele Waren sie gerade auf Lager haben. Drei einfache Fragen sind es, die Du Dir beantworten mußt, um zu wissen, ob Du Herr Deines Lagers bist: Was ist alles in meinem Lager drin? Was kostet mich das Lager pro Monat? Welchen Warenwert stellt mein Lager dar?

Jetzt mußt Du darangehen, Dein Lager auf Bestände durchzusieben, die mehr kosten, als ihre Lagerhaltung einbringt. Dazu mußt Du Dir die Mühe machen und alle Produkte, die Du auf Lager hältst, aufzulisten und zu ermitteln, wieviel Du von jeder Sorte pro Monat beziehungsweise pro Quartal benötigst. Danach teilst Du Deine Waren in drei Gruppen ein.

Die erste Gruppe sind die Waren, die Du in größeren Mengen zu fixen 240
Terminen beziehst, die zweite Gruppe sind kleinere Stückzahlen, die ebenfalls an festen Terminen angeliefert werden. Bei diesen beiden Gruppen lohnt es sich, mit dem Lieferanten einen »just-in-time«-Lieferzeitpunkt zu vereinbaren: Du bekommst genau dann neue Ware, wenn Dein Lager so gut wie leer ist. Und wenn Du es noch erreichst, daß der Lieferant öfter, dafür aber mit kleineren Mengen kommt, kannst Du Deine Lagerfläche sogar noch verkleinern.

Die dritte Warengruppe, die Dein Lager enthält, sind die Produkte, die Du in kleinen Mengen und zu unregelmäßigen Terminen nachbestellst. Bei ihnen solltest Du überlegen, ob Du wirklich alle Produkte ständig auf Lager halten mußt, oder ob Du Deinen Kunden bei solchen speziellen Wünschen nicht auch ein bis zwei Wochen Lieferzeit zumuten kannst.

Ganz brutal mußt Du mit solchen Beständen verfahren, die seit Monaten Deinen Lagerraum in Anspruch nehmen und sich überhaupt nicht verkaufen – die klassischen Lager- und Ladenhüter. Hier lohnt es sich mit Hinblick 241
auf die Lagerkosten auch mal, den Bestand unter Einkaufspreis zu verscheuern oder als kleine Erfolgsprämie an die Mitarbeiter zu verschenken. Kleiner positiver Nebeneffekt: Deine Mitarbeiter freuen sich und sind motiviert, und Du bist die alten Kamellen los.

Und was machst Du mit dem Lagerraum, den Du auf diese Art und Weise eingespart hast? Zwei Möglichkeiten gibt es: Du erweiterst Deine Verkaufsräume auf Kosten des Lagers. Das geht natürlich nur, wenn Lager und Ladenlokal aneinanderstoßen. Oder aber Du teilst den Raum ab und vermietest ihn als Lager an andere Geschäfte weiter.

242 **Auftragsabwicklung: Verliere keine Zeit**

Woran Dich Dein Kunde nicht zuletzt mißt, ist der Ablauf einer Bestellung. Wie lange dauert eine Bestellung? Wie pünktlich kommt die Ware bei ihm an? Wie verhältst Du Dich, wenn sich die Lieferung verzögert? Deswegen muß der Auftragsabwicklung ein Hauptaugenmerk des Unternehmers gehören.

Damit Du Deine Aufträge wirklich zur Zufriedenheit der Kunden abwickeln kannst, mußt Du sorgfältig planen. Stelle zuerst einen Jahresplan auf, in den Du die ungefähren Zeitpunkte für immer wiederkehrende Aufträge oder anstehende Großaufträge vermerkst. Für jeden dieser fixen Jahrestermine planst Du auch direkt die benötigten Teile, Mitarbeiter und Deinen Zeitaufwand ein.

Weitaus feiner gestaltet sich dann Deine Monatsplanung, die Du mindestens eine Woche vor Monatsbeginn fertig haben solltest. In den Monatsplan gehören die detaillierten Daten für die entgegengenommenen Aufträge und Verpflichtungen, dazu Rückstände des Vormonats, die Du aufholen mußt; außerdem mußt Du vormerken, wenn Dir in diesem Monat Kapazitäten – also Maschinen oder Mitarbeiter – ausfallen.

Die jeweiligen Wochenpläne erhalten alle Deine leitenden Mitarbeiter – und sie haben Dir sofort Bericht zu erstatten, falls es aus ihrer Sicht Fehlplanungen gegeben hat, so daß bestimmte Liefertermine nicht eingehalten werden können.

Ein Grund, warum es in vielen Firmen immer wieder zu Pannen bei der Auftragsbearbeitung kommt, ist schlechter Informationsfluß: Das Lager sagt nicht Bescheid, wenn dringend benötigte Einzelteile nicht eingetroffen sind; der Fuhrpark meldet nicht, daß in der kommenden Woche einer der beiden Lieferwagen in die Inspektion muß. Große Firmen reagieren auf solche Unzulänglichkeiten mit gravierenden Umorganisationen – etwa interne Bestellsysteme oder strategische Gruppenarbeit. Für Deinen Betrieb ist das Gott sei Dank noch eine Nummer zu groß – Du mußt Deine Mitarbeiter selber dazu anhalten, in Zusammenhängen zu denken. Sie sollen Pannen und Verzögerungen nicht vertuschen, sondern pragmatisch die Frage durchdenken: »Wen muß ich auf jeden Fall informieren, wenn ich nicht im Zeitplan bleiben kann?«

Tip

Wie dringst Du per Telefon an höchste Stellen durch?
Wenn Du etwa eine fehlerhafte Lieferung reklamieren mußt oder schon einmal versucht hast, in einem Großbetrieb (telefonisch) in die oberen Etagen vorzudringen, dann weißt Du, wie abwimmelnd Sekretärinnen sein können.
Was tust Du da? Erkundige Dich vor Deinem Anruf (Telefonzentrale, Nachschlagewerke) nach den Namen der höheren Gehaltsempfänger: zuständiger Ansprechpartner, sein Vorgesetzter und dessen Vorgesetzter. Versucht die säuselnde Stimme am Telefon, Dich abzuwimmeln, sage einfach: »Ich bin sicher, daß Herrn Ansprechpartners Vorgesetzter (Name) nicht mit dieser Bagatelle belästigt werden will, da er ja direkt gegenüber Herrn Oberboß (Name) verantwortlich ist …«
Du wirst sehen, das wirkt.

4. Controlling

Dreierlei Menschen haben kein Geld: die Verschwender,
die Armen und die Geizigen.
(Peter Altenberg)

243 Schau Dir selber auf die Finger

Genügend Kleingeld in der Kasse und ein erklecklicher Überschuß am Jahresende sind noch lange keine Garantie für ein gesundes Unternehmen. Du spielst mit vollem Einsatz, deshalb heißt es für Dich als Geschäftsmann: Halte das Risiko so klein wie möglich. Wer Warnzeichen im Betrieb nicht rechtzeitig erkennt, zahlt am Ende kräftig drauf.

244 Die Grundregeln der Kostenrechnung

Mit einer zuverlässigen Kostenrechnung behältst Du die Fäden in der Hand. Nur so kannst Du ständig jeden Bereich Deines Geschäfts kontrollieren und rechtzeitig gegensteuern. Die Kostenrechnung wurde ursprünglich der Preiskalkulation zugrunde gelegt und diente als Kontrollinstrument für die Wirtschaftlichkeit eines Betriebs.
Eine detaillierte Kostenrechnung kann jedoch noch viel mehr. Sie ist ein maßgebliches Kriterium für

- unternehmerische Grundsatzentscheidungen,
- Deine Preispolitik,
- Deine Vertriebspolitik, weil Du erkennen kannst, in welchen Bereichen Du am ertragreichsten arbeitest,
- die Ablaufplanung, da Du auf einen Blick siehst, wo die Kostenfresser sitzen.

Die einfache Kostenrechnung 245

Du mußt alle anfallenden Kosten fein säuberlich trennen, indem Du alle Einzelkosten auf verschiedene Kostenstellen verteilst.
Die Einzelkosten kannst Du direkt einzelnen Kostenstellen zuordnen. Die Gemeinkosten hingegen mußt Du je nach Verursachung umlegen. Achtung:
Bei der Aufstellung der Kostenarten mußt Du Deinen Unternehmerlohn, 246
Mieten, Zinsen und Abschreibungen als kalkulatorische Größe berücksichtigen. Mit anderen Worten: Auch wenn die Geschäftsräume Dein Eigentum sind, mußt Du Miete als kalkulatorische Größe mit einbeziehen, um ein realistisches Bild zu bekommen.
Die Kostenentwicklung kannst Du kontrollieren, indem Du die tatsächlich 247
entstandenen Kosten mit Deinen vorkalkulierten Plankosten vergleichst.
Es gibt mittlerweile spezielle EDV-Programme für die mittelständische Kostenrechnung. Auf Knopfdruck kannst Du so permanent Deine Kostenentwicklung kontrollieren.

»Ich bin so frei«, sagte der Markt und erhöhte die Preise.
(Werner Schneider)

Preiskalkulation 248

Viele Geschäftsleute kalkulieren immer noch über den Daumen. Sie schlagen einfach auf den Einkaufspreis der Ware einen bestimmten Prozentsatz auf und fertig. Bei Handwerkern kommt zu Materialkosten noch der Arbeitslohn und die Rechnung geht an den Kunden. Das Ergebnis: Viele Preise sind zu niedrig kalkuliert. Das gilt vor allem bei Sonderwünschen – einer speziellen Anfertigung, vorgezogener Lieferung oder Maßarbeiten.
Wer seine Preise über den Daumen kalkuliert, dem kann ein fettes Sümmchen durch die Lappen gehen.

Die einfache Preisformel lautet: 249

Preis = Selbstkosten + Gewinnzuschlag

250 **So setzen sich Deine Selbstkosten zusammen**

- Herstellungs-, Verwaltungs-, Vertriebskosten pro Stück;
- Einzelkosten für Löhne, Materialien, Produktionsanlagen, Werkstoffe;
- Sonderkosten aufgrund von Spezialwünschen;
- Gemeinkosten entsprechend ihrem Anteil am Produkt (unter Gemeinkosten versteht man alle Kosten, die nicht unmittelbar einem einzelnen Produkt zuzurechnen sind).

Die Selbstkosten sind Deine absolute Preisuntergrenze. Mit dieser Summe sind gerade mal die Kosten gedeckt.

251 **So ermittelst Du den Gewinnzuschlag**

Es gibt keine Faustregel für den Gewinnzuschlag. Du mußt mehrere Faktoren beachten. Zum einen mußt Du konkurrenzfähig bleiben. Wenn Du mit Deinem Zuschlag zu weit über den Preisen der anderen liegst, bleibt Dein Angebot ein Ladenhüter. Du brauchst auch ein bißchen Gespür dafür, wieviel die Kunden bereit sind, für ein bestimmtes Produkt zu zahlen.

Der Gewinnzuschlag muß außerdem etwas höher ausfallen, wenn Du durch Sonderleistungen oder Spezialanfertigungen Mehrkosten bei einem bestimmten Auftrag hast.

Hier einige Beispiele, die Mehrkosten schaffen, und die Du unbedingt in Deiner Kalkulation berücksichtigen solltest.

252 **Sechs typische Mehrkosten:**

- Neukalkulation von Spezialwünschen,
- Suche nach neuen Lieferanten,
- kurzfristige Vergrößerung der Lagerkapazität,
- zusätzlicher Personalbedarf,
- Transportkosten,
- Erfassung der Auftragskosten.

253 Deckungsbeiträge

Du hast alle Hände voll zu tun, Aufträge an Land zu ziehen. Gerade Jungunternehmer lehnen ungern neue Kunden ab. Der Blick auf steigende

Umsatzzahlen gibt ihnen Recht. Doch es lohnt sich, zweimal hinzuschauen. Hohe Umsätze sind nicht gleichzusetzten mit hohen Erträgen, sprich hohem Gewinn. Mancher Auftrag bringt Dir zwar ein gigantisches Umsatzplus, es kann aber sein, daß Du unterm Strich draufzahlst. Deshalb ist es wichtig, daß Du kontrollierst, in welchen Bereichen Deine Firma wirtschaftlich arbeitet und welche Aufträge sich wirklich gelohnt haben.

Beispiel: Ein gutes Jahr mit vollen Auftragsbüchern und dann das. Elektroinstallateur Ehrlich konnte es nicht fassen. Nach einem zufriedenstellenden ersten Geschäftsjahr schlug ihn die Bilanz des zweiten Jahres fast zu Boden. Trotz Auftragssteigerung und einem kräftigen Umsatzplus
steuert Ehrlich auf die Verlustzone zu. Ehrlich wußte sich keinen Rat und **254**
schaltete einen Unternehmensberater ein. Der verschrieb ihm eine einfache, aber wirkungsvolle Therapie: Die Deckungsbeitragsrechnung. Urplötzlich wurde Ehrlich klar, wo die Verlustbringer lagen. Bisher hatte er für seine Kalkulation die gesamten Kosten verwandt. Seit er seine Kostenrechnung exakt pro Baustelle und Auftrag aufschlüsselt, kann er genau sehen, an welchen Aufträgen er verdient und was schlicht und einfach unlukrativ für die Firma ist.

Und so wird es gemacht

1. Deckungsbeitrag ermitteln **255**

Du ordnest zunächst jedem Produkt, das Du herstellst, oder jeder Leistung,
die Du anbietest, alle variablen Kosten zu, die dabei entstehen. Variable **256**
Kosten sind zum Beispiel: Materialkosten für dieses eine Produkt oder diese eine Leistung, Fertigungslöhne usw. Die variablen Kosten ziehst Du vom Nettoerlös ab.

Beispiel:

Produkt	1	2	3	Summe
Nettoerlös:	300 000	800 000	600 000	1 700 000
variable Kosten:	130 000	550 000	310 000	990 000
Deckungsbeitrag:	170 000	250 000	290 000	710 000

257 **2. Allgemeine Ertragsstärke**

Jetzt mußt Du das Produkt beziehungsweise die Leistung mit dem größten Anteil am Gesamterfolg der Firma ermitteln. Das geht so: Du mußt errechnen, wieviel Prozent der jeweilige Deckungsbeitrag vom gesamten Deckungsbeitrag (710 000) ausmacht.

In unserem Beispiel sähe das so aus:

Produkt	1	2	3
Anteil am Gesamterlös in %	23,9	35,2	40,9

Daraus ergibt sich folgende Rangfolge:

Produkt 1 steht an dritter Stelle, Produkt 2 an zweiter und Produkt 3 an erster Stelle.

258 **3. Spezielle Ertragsstärke**

Jetzt mußt Du nur noch wissen, wie groß die Ertragsstärke der einzelnen Produkte ist. Dazu berechnest Du den Prozentanteil des Deckungsbeitrags am jeweiligen Erlös.

Weiter in unserem Beispiel:

Produkt	1	2	3
Anteil am Erlös in %	56,7	31,3	48,3

Daraus ergibt sich folgende Rangfolge:

Produkt 1 steht an erster Stelle, Produkt 2 an dritter und Produkt 3 an zweiter Stelle.

4. Ergebnis
Du mußt Dich auf die Produkte und Leistungen mit den besten Rangplätzen konzentrieren (in diesem Fall Produkt 3), weil Du hiermit die höchsten Gewinne machst.

Merke Dir: Erst wenn die Summe aller Deckungsbeiträge Deine Fix- 259
kosten – also Löhne und Gehälter, Mieten, Verwaltung, Strom und Wasser, Versicherungen, EDV, Zinsen, Abschreibungen – übersteigt, machst Du Gewinne.

Die wichtigsten Kennzahlen 260

Ein paar einfache Zahlen können Dir sagen, wie leistungsstark Dein Betrieb ist. Mit Hilfe von Formeln kannst Du die wichtigsten Kennzahlen ermitteln. Diese Schlüsselzahlen kannst Du ohne großen Aufwand zusammenstellen.

Die Eigenkapitalrentabilität 261
Du hast die Wahl: entweder Du steckst Dein Geld in Deinen Laden oder Du investierst es anderweitig. Die Eigenkapitalrentabilität sagt Dir, wie sich die Investition in Dein Unternehmen auszahlt. Je höher sie über dem Zinssatz liegt, den Du alternativ auf dem Kapitalmarkt bekommen hättest, um so besser. Die Differenz zwischen Zinssatz und Eigenkapitalrentabilität wird auch als Risikoprämie bezeichnet.

Die Formel lautet:

Eigenkapitalrentabilität = Gewinn × 100/Eigenkapital

Die Umsatzrentabilität 262
Diese Zahl sagt Dir, wieviel Prozent Deiner Einnahmen Du – nach Abzug aller Kosten – als Gewinn verbuchen kannst. Banken prüfen anhand dieser Formel häufig die Kreditwürdigkeit von Firmen. Die Umsatzrendite sagt viel über Dein Kostenmanagement aus. Je höher die Prozentzahl, desto besser hast Du Deine Kosten im Griff.

Die Formel:

Umsatzrentabilität = Gewinn × 100/Umsatz

Als Faustegel gilt: Liegst Du über 10 Prozent, läuft Dein Laden gut, bis 5 Prozent gibt es auch keine Probleme. Unter 5 Prozent hingegen machst Du etwas falsch, die Sache rentiert sich wirklich nicht.

263 Der Cash-Flow

Der Cash-Flow – zu deutsch Finanzmittelüberschuß – ist die wichtigste betriebliche Kennzahl. Er beinhaltet nicht nur den Gewinn, sondern auch andere freie Mittel für Investitionen oder Rücklagen. Je höher der Cash-Flow, über desto mehr liquide Mittel kann Dein Unternehmen verfügen. Du mußt die Zahl natürlich immer in Relation zu Deinem Geschäft sehen. Ein Cash-Flow von 10 000 ist für einen Kiosk eine Traumzahl. Ein Produktionsbetrieb dagegen hat damit schlechte Karten. Zumindest weißt Du jetzt, wovon Dein Bankberater spricht, wenn es um Cash-Flow geht.

Die Formel:

Cash-Flow = Gewinn + Abschreibungen

264 Return on Investment

Im Fachjargon auch kurz RoI genannt. Der RoI besagt, wieviel Gewinn das in die Firma investierte Kapital erwirtschaftet. Und zwar Eigen- und Fremdkapital. Die Zahl ist besonders wichtig, wenn Du Investoren suchst. Je höher der Rol, desto interessanter ist Deine Firma für Fremdinvestoren.

Die Formel:

RoI = Gewinn × 100 /Kapital

265 Der Lagerumschlag

Der Lagerumschlag besagt, wie lange Deine Ware im Lager bleibt, bis sie zum Kunden kommt. Hohe Umschlagzahlen bedeuten, daß Du eine geschickte Einkaufspolitik betreibst. Je höher der Lagerumschlag, desto geringer die Kapitalbindung, das Lagerrisiko und natürlich die Lagerkosten. Ein geringer Lagerumschlag signalisiert Handlungsbedarf: raus mit den Ladenhütern und Produktpalette umstellen.

Die Formel:

Lagerumschlag = Umsatz ./.Warenbestand

Die Arbeitsproduktivität 266

Mit dieser Kennzahl kannst Du errechnen, wieviel Umsatz Du pro Mitarbeiter machst. Die Arbeitsproduktivität pro Mitarbeiter sagt Dir, ob Deine Angestellten ausgelastet sind oder nicht.

Die Formel:

Arbeitsproduktivität = Umsatz ./.Anzahl der Beschäftigten

Die Maschinennutzung 267

Diese Formel sagt Dir, wie gut Deine Maschinen ausgelastet sind. Häufige Reparaturen und Ausfallzeiten drücken die Auslastungszahl. Dadurch steigen natürlich auch Deine Kosten. Einen 100prozentigen Auslastungsgrad kannst Du nicht erreichen, da jede Maschine mal gewartet oder repariert werden muß. Du solltest jedoch vor allem bei sehr teuren Maschinen den Auslastungsgrad im Auge behalten. Bei geringer Maschinennutzung solltest Du Dir eine Alternative überlegen – etwa Maschinenleasing.

Die Formel:

Maschinennutzung = Reale Laufzeit × 100 /Mögliche Laufzeit

268 Aus diesem Interview in der Zeitschrift *impulse*, das wir hier mit freundlicher Genehmigung abdrucken, kannst Du lernen:

»Jede zweite Mark wird verschwendet«

impulse: Wie erklären Sie das von Ihnen ausgemachte Desinteresse der Deutschen am eigenen Arbeitsplatz?

Tominaga: Die meisten haben doch gar keine Chance, eigene Ideen einzubringen. Außerdem bekommt ja jeder dasselbe Gehalt, egal ob er sich überdurchschnittlich engagiert oder gerade mal seine Pflicht tut.

impulse: Sind japanische Arbeiter denn motivierter, leisten sie deshalb mehr?

Tominaga: Eindeutig. Schon weil wir dieses scheinbar unausrottbare deutsche Dogma »Arbeiten ist Deine Pflicht. Denken verboten« nicht kennen. Dieses typisch deutsche Befehlsmanagement gibt es bei uns einfach nicht. Japanische Chefs sehen das Personal nicht nur als ausführendes Organ, und damit basta. Bei uns wird in den Unternehmen auch auf den Kopf der Leute, ihre Ideen, größter Wert gelegt.

impulse: Aber in Deutschland haben mittlerweile viele Firmen Quality Circles installiert …

Tominaga: In Deutschland organisiert der Vorgesetzte diese Arbeitsgemeinschaften und führt auch noch Regie. Da macht doch keiner der Leute richtig den Mund auf.

impulse: Stichwort Teamarbeit. Sind die Japaner in diesem Bereich etwa auch besser?

Tominaga: Eindeutig ja. Unter Team verstehen wir bei uns »sich gegenseitig helfen, sich ergänzen«, ähnlich wie bei einem Staffellauf. In Deutschland steht – genau wie beim Quality Circle – an der Spitze der Chef, der letztlich immer noch und immer wieder sagt, wo es langgeht. Regelrecht autoritär ist das.

impulse: Wie definieren Sie Kundenorientierung?

Tominaga: Daß der Kunde im Mittelpunkt aller Aktivitäten steht. Im wahrsten Sinne des Wortes. Wir erforschen seine Wünsche bis ins Detail und schneidern den innerbetrieblichen Ablauf dann auf diese Anforderungen zu. Lange Lieferzeiten, wie bei Ihnen, sind in der japanischen Automobilindustrie zum Beispiel völlig unbekannt.

impulse: Im Unterschied zu Deutschland, wo …
Tominaga: … der Produktionsablauf nur optimiert wird, um die Kosten zu senken. Kundenwünsche bleiben dabei völlig unberücksichtigt. Meistens jedenfalls.
impulse: Ist Kundenorientierung hierzulande nur ein reines Schlagwort?
Tominaga: Das ist leider so. Sehen Sie sich einmal die Überzahl der Verkäufer und Verkäuferinnen an: Als Ausländer registrieren Sie, und zwar flächendeckend, Gleichgültigkeit, Unlust, schlimmer noch: Erziehungsversuche am Kunden. Nach dem Motto »Also das oder das würde ich an Ihrer Stelle nicht tun …« Das ganze Geld für Werbung und Verkaufsförderung könnten sich viele Unternehmen getrost sparen, weil ihre mißlaunigen Mitarbeiter Umsatz verhindern.
impulse: Ein Personalproblem mithin?
Tominaga: Auf keinen Fall. Die Chefs sind die Ursache. Sie haben die Leute falsch trainiert oder überhaupt nicht und sind nicht einmal jetzt bereit, dringend erforderliche Änderungen einzuführen.

Auf die Konjunktur in Deiner Firma kommt es besonders an!

Und nicht auf die, von der gewöhnlich die Zeitungen schreiben.
So ist das nun mal – kleineren Unternehmen und Selbständigen wird nichts geschenkt. Du mußt selbst handeln. Hohe Steuerbelastungen, steigende Lohnnebenkosten, der Hang zu mehr Lohn und weniger Arbeit, das alles darf Dich nicht beirren. Subventionierung, direkten Zugang zum Kapitalmarkt, das erhalten meist nur die Großen. Die Kleinen müssen für den Erfolg tüchtig arbeiten und dabei immer ihren unternehmerischen Instinkt einsetzen. Das ist Grund genug für Dich, Dir einmal ernsthaft Gedanken über die Konjunktur Deines eigenen Betriebes zu machen. Im Gegensatz zur Konjunktur, die uns die Statistiker liefern, will die firmeneigene Konjunktur erarbeitet sein.
Konkret heißt das: **Marktanteile müssen gesichert und dazugewonnen werden, und das muß sich auch im Gewinn niederschlagen, der nach Steuer bleibt.**
Sobald die Jahresendzahlen vom Steuerberater kommen (vielleicht auch

schon von der eigenen Buchhaltung), geht's an die Bestandsaufnahme. Also: Haben Rationalisierungen gegriffen, oder gibt es noch einiges zu tun?
Dann lote den Markt aus. Wie wird er sich entwickeln, und was werden die Kunden verlangen? Wo liegen die Stärken meines Betriebs, und wie kann ich existierende Gewinnposten ausbauen? Wo neue einführen? Ganz wichtig: Welche Preise können verlangt werden, und welche Leistungen werden dafür erwartet? Wie biete ich Leistungen zu annehmbaren Kosten an?
Preiserhöhungen sind nicht immer tabu. Damit sicherst Du zukünftige Einnahmen, die zur Verwirklichung von Neuem gebraucht werden. Zentrales Thema beim eigenen Konjunkturprogramm ist der Teil, der sich mit Neuem befaßt. Gefragt sind keine Traumtänzereien, sondern möglichst exakte Werte, die das Machbare umreißen. Wie das für die eigene Firma ausschaut, kann nur einer beantworten, nämlich der, der sie kennt. Das bist Du!
Nur konkrete Pläne werden erfahrungsgemäß auch verwirklicht – daher: Welche Strategien müssen zum Beispiel im Vertrieb gefahren werden, wie führe ich sie konsequent ein und vor allem bis wann? Neue Produktionsverfahren werden für die Zukunft immer wichtiger. Rationalisierung, Computerisierung und Mechanisierung sichern Dir das Überleben in der Zukunft. Wer zu spät umsteigt, verpaßt den Anschluß.
Plane ein (kleines) Budget für das Ausprobieren von Neuem ein. Wenn Du Dich in der Krise auf Dein Kerngeschäft konzentriert hast, darfst Du bei wieder anziehender Konjunktur über den Tellerrand blicken und über sinnvolle Ergänzungen nachdenken. Nur wenn Du neue Wachstums- und Ertragschancen auslotest, bleibst Du auf Dauer oben. Dabei solltest Du immer die gleiche Vorsicht walten lassen wie bei der sprichwörtlichen Porzellankiste. Neue Betätigungsfelder bieten zwar Chancen auf Gewinn, aber zuallererst kosten sie Geld. Eine Möglichkeit ist, sich mit den Kunden über deren Vorstellungen und Pläne zu unterhalten. Denn:
Gute Kunden sind auch Geschäftsfreunde!
Und welche Ergänzungen im Angebot sinnvoll sind, können sie oft besser beurteilen, als Du das selbst vermagst. Bei guten Kunden besteht nicht die Gefahr der Betriebsblindheit, und sie kennen Deine Konkurrenz aus dem Effeff. Damit vergleichen Deine Kunden ja ständig die Leistungen Deiner

Firma. Warum also nicht einmal die guten Kunden im wahrsten Sinne des Wortes als »Geschäftsfreunde« ansprechen?
Ehrliche Antworten und kritische Beurteilung sind durchaus erwünscht: Was macht die Konkurrenz besser, wo hat man selbst einen Vorsprung? Wie sehen die Zahlen in der Branche aus, gibt es wacklige Kandidaten, die »branchenbekannt« sind? Oft erfährst Du dabei ganz beiläufig brisante Dinge. Bonität ist nun mal am Ende eines Abschwungs ein dringliches Gesprächsthema. Und die Marktinformationen direkt vom Abnehmer sind nicht die schlechtesten …
Auf der Gegenseite muß der Einkauf Tuchfühlung mit den Lieferanten halten. Wenn durch Umgestaltung von Liefermengen oder -zyklen gemeinsam Kosten gespart werden können, profitieren beide Seiten. Möglicherweise können auch freie Lagerkapazitäten sinnvoll ausgenutzt werden, um größere Mengen vorzuhalten. Fragen kostet auch hier nichts. Aus solchen Gesprächen ergeben sich regelmäßig Erkenntnisse für die zukünftige Produktions- und Absatzplanung. Die müssen dann nur noch von Dir umgesetzt werden.

Reich ist man erst dann, wenn man sich bei der
Bilanz um einige Millionen irren kann, ohne daß es auffällt.
(Paul Getty)

Controlling und Buchführung 269

Nutze auch Deine Buchführung und Bilanz – falls Du überhaupt buchführungspflichtig bist – für Zwecke des Controllings. Die durch die Buchführung ohnehin erfaßten und klassifizierten Informationen über Dein Unternehmen sollten schon aus Wirtschaftlichkeitsgründen (Einmalerfassung und Mehrfachauswertung) nach Möglichkeit als Datenbasis auch für intern orientierte Auswertungen für Dein Rechnungswesen verwendet werden. Doch zunächst einige grundlegende Hinweise zur Buchführung und Bilanz. (Ausführliches über Buchführung findest Du im Kapitel 7, Steuern.)

270 Die Bilanz

Bilanz – das kommt vom italienischen »Bilancia« = Waage. Der Name ist Programm: die hervorstechendste Eigenschaft einer Bilanz ist die, daß sie immer ausgeglichen ist. Soll heißen, das linke Bein (Aktivseite) und das rechte Bein (Passivseite) sind stets gleich groß, ergeben also die gleiche Summe.

Beispiel:

[Bilanz]

Aktivseite	DM	Passivseite	DM
Anlagevermögen		Eigenkapital	
Immobilien	120 000	Eigenkapital	100 000
Maschinen	30 000		
		Fremdkapital	
Umlaufvermögen		langfristige Schulden	120 000
Waren	60 000	kurzfristige Schulden	20 000
Forderungen	20 000		
Kontoguthaben	15 000		
Kasse	5 000		
Bilanzsumme	250 000	**Bilanzsumme**	250 000

271 Die Passivseite (rechts) zeigt an, wo Dein Betriebsvermögen herkommt. Es ist die Seite der Mittelherkunft. Die Firma hat 100 000 Eigenkapital, 120000 Mark langfristrige Kredite und 30 000 Mark kurzfristige Kredite – insgesamt also 250 000 Mark.

272 Die Aktivseite hingegen zeigt die Mittelverwendung an – also das, was der Firmeninhaber mit dem Geld macht. Die obige Firma hat Immobilien im Wert von 120 000 Mark, Maschinen für 30 000 Mark, Waren im Wert von 60 000 Mark, Forderungen gegenüber der Kundschaft im Wert von 20 000 Mark, Bankguthaben von 15 000 Mark und einen Barbestand in der Kasse von 5000 Mark – Summa summarum ebenfalls 250 000 Mark.

Von der Bilanz zur Kontenrechnung 273

Das weitere Prozedere der ordnungsgemäßen Buchführung sei hier nur noch in knappen Worten erklärt:

Für jede einzelne Bilanzposition wird ein eigenes Konto aufgemacht. Auf diesen Konten werden alle Geschäftsvorfälle gebucht – und zwar nach dem Prinzip der doppelten Buchführung. Das heißt: Für jeden Zuwachs auf einem Konto muß es eine entgegengesetzte Buchung auf einem anderen Konto geben. Beispiel: Du kaufst einen neuen Lieferwagen im Wert von 40 000 Mark und bezahlst per Scheck. Dein Konto »Fuhrpark« erhöht sich um 40 000 Mark auf der Sollseite, dagegen buchst Du auf der Habenseite des Kontos »Bankguthaben« 40 000 Mark.

Zur Buchführung gehört auch die Gewinn- und Verlustrechnung. In der 274
Gewinn- und Verlustrechnung wird der Jahreserfolg nicht nur summarisch ermittelt, sondern auch aus den einzelnen Erträgen und Aufwendungen gezeigt, wie der Gewinn entstanden ist. Beispiel: Du verkaufst ein in Deinem Betrieb hergestelltes Erzeugnis. Die Ausgangsrechnung weist einen Betrag von 10 000 Mark aus. Dein Konto »Forderungen« erhöht sich um 10 000 Mark auf der Sollseite, dagegen buchst Du auf der Habenseite des Kontos »Verkaufserlöse« 10 000 Mark.

Diese Erfolgsrechnung offenbart die einzelnen Erfolgselemente. Sie hat für 275
Dein Unternehmen einen größeren Erkenntniswert als die Bilanz, die neben dem vorhandenen Vermögen den Gewinn nur in einer Summe angibt, ohne zu zeigen, aus welchen Erfolgsposten er entstanden ist.

Die so erstellte Bilanz und Gewinn- und Verlustrechnung ist für Zwecke des Controllings aufzubereiten. Zu diesem Zweck sind u.a. folgende Änderungen der Bilanz und Gewinn- und Verlustrechnung erforderlich:

- Die herkömmliche Gewinn- und Verlustrechnung muß in eine Erfolgsrechnung abgeändert werden, die die Gewinn- und Verlustsituation einzelner Produkte oder Waren zeigt.
- Die Bewertungsvorschriften der Finanzbuchhaltung sind im Hinblick auf die Kapital- und Substanzerhaltungskonzeption der Unternehmensplanung umzuwandeln.

Man spricht hier von sogenannten Planbilanzen und Plan-Gewinn-und-Ver- 276
lust-Rechnungen.

Hier ein Beispiel, welche praktische Bedeutung eine solch aus der normalen
277 Bilanz entwickelte Planbilanz und Plan-Gewinn-und-Verlust-Rechnung für Dich haben kann:
Die handels- und steuerrechtlichen Rechnungslegungsvorschriften gehen von der Fiktion des konstanten Geldwertes aus. Für sie gilt der Grundsatz »Mark gleich Mark« (nominale Kapitalerhaltung). Verkaufst Du nun ein Produkt für 10 000 Mark mit einem Gewinn von 3000 Mark und steigen die Herstellungskosten um 1000 Mark, verliert Dein Unternehmen an Leistungsfähigkeit, weil auch der Teil des ursprünglichen Gewinns von 3000 Mark – nämlich 1000 Mark, den Du für die Finanzierung der erhöhten Herstellungskosten benötigst, besteuert bzw. sogar ausgeschüttet wird. Die normale Bilanz und Gewinn- und Verlustrechnung zeigt eine solche Verminderung der Leistungsfähigkeit nicht an, jedoch eine für Controlling-Zwecke abgeänderte Bilanz und Gewinn- und Verlustrechnung.

278 Exkurs: Abschreibungen

Als Unternehmer darfst Du abschreiben – das ist nicht dasselbe, wie bei Deinem Nachbarn in der Schule abzuschreiben. Abschreibung, das ist nichts anderes als die Wertminderung Deines Betriebsvermögens. Die mußt Du in der Bilanz ausweisen und kannst damit Deine Steuerschuld vermindern.
Wenn Du etwa einen neuen Firmenwagen kaufst, wirst Du am Jahresende in der Bilanz den Wert des Wagens – beispielsweise 30 000 Mark – voll angeben. Ein Jahr später, bei der nächsten Bilanzerstellung, ist der Wagen, der ja inzwischen fleißig für Deinen Betrieb gefahren ist, keine 30 000 Mark mehr wert, sondern nur noch 26 000 Mark – womit Du ihn auch in die Bilanz schreibst. Die 4000 Mark, die das Fahrzeug an Wert verloren hat, sind für Dich ein realer Verlust. Du kannst sie als Betriebsausgaben – oder Abschreibungen – von Deinem Gewinn abziehen und mußt dann natürlich weniger Steuern zahlen.

279 Das Finanzamt ist natürlich nicht gewillt, Dir jede Wertminderung ohne weiteres von der Steuerschuld abzuziehen. Deswegen gibt es gestrenge Regeln, wie welches Investitionsgut abzuschreiben ist und wie nicht:

- Güter, die nicht abnutzen, wie etwa Grundstücke, darfst Du nicht abschreiben.
- Güter, die erfahrungsgemäß nur ein Jahr halten, darfst Du im ersten Jahr zu 100 Prozent abschreiben.
- Güter, die weniger als 800 Mark gekostet haben, darfst Du ebenfalls im ersten Jahr voll als Ertragsminderung geltend machen.

Tip

Kostet ein Gerät, das Du kaufen möchtest, nur etwas mehr als 800 Mark, mußt du hart feilschen und den Preis unter die Abschreibungsgrenze drücken. Die angenehme Folge für Dich: Wie bereits oben erwähnt, kannst Du alle Investitionsgüter, die weniger als 800 Mark gekostet haben, direkt im ersten Jahr voll abschreiben – das drückt den steuerrelevanten Ertrag.

Falls der Händler sich gar nicht erweichen läßt, kannst Du mit einem Trick dennoch von der 800-Mark-Regel profitieren. Du kaufst ganz einfach noch ein anderes, billigeres Gerät im gleichen Laden. Dies aber nur unter der Bedingung, daß der Händler den Gesamtkaufpreis aufsplittet – und zwar auf zwei Rechnungen über weniger als 800 Mark. Beispiel: Du erwirbst einen Kopierer für 1000 Mark und einen Tischrechner für 250 Mark. Auf der Rechnung erscheint der Kopierer aber mit 800 Mark und der Tischrechner mit 450 Mark.

5. Finanzierung

Menschen, die übermäßig bescheiden sind, haben
auch keinen Mut, Geld zu verdienen.
(Alfred Kubel)

280 Schaff Dir den optimalen Kapital-Mix

Ohne Moos nix los – was nützt Dir die beste Geschäftsidee, wenn Dir schon nach sechs Monaten das Geld ausgeht? Um auf Dauer erfolgreich zu sein, mußt Du den optimalen Mix zwischen Eigenkapital, Fremdkapital von der Bank und Fördergeldern der öffentlichen Hand finden. Begriffe wie »Liquiditätsplanung« und »Vorfälligkeitsentschädigung« dürfen für Dich kein Fachchinesisch sein – sonst läufst Du Gefahr, von Deinen Finanzierungspartnern über den Tisch gezogen zu werden. Doch keine Angst: Mit dem nötigen Basiswissen und einem vernünftigen Umgang mit dem Pekuniären wirst Du bei der Finanzierung Deiner Existenzgründung schon keinen Schiffbruch erleiden.

Wieviel Geld Du für Deine Firma wirklich brauchst

Neun von zehn Firmengründern gehen mit einem schweren Handicap ins
281 Rennen: Sie unterschätzen einfach ihren Finanzbedarf. Ein Fehler, der im nachhinein oft nicht mehr auszubügeln ist. Das Ende vom Lied: Zahlungsunfähigkeit, zu deutsch: Pleite.

Also: Plane genau, wann Du wieviel Geld für wie lange brauchst. Stelle
282 einen genauen Liquiditätsplan für Dein Unternehmen auf. Unterscheide zwischen kurzfristigem und langfristigem Geldbedarf.

283 **Was ist eigentlich Liquidität?**

Ganz einfach: Es bedeutet nichts anderes, als jederzeit zahlungsfähig zu sein. Dabei ist es völlig egal, ob das Geld in Deiner Kasse Dir gehört oder von der Bank geliehen ist. Es kommt einzig darauf an, daß Du alle auf Dich zukommenden Rechnungen begleichen kannst.

Beispiel: Computerhändler Clebit macht übers Jahr einen guten Umsatz. Doch auf seinem Kontokorrentkonto geht es zu wie auf einer Achterbahn. Mal stehen dort 20 000 Mark für ein paar Wochen rum – ohne Zinsen zu bringen –, mal herrscht chronische Schwindsucht. Im August wird es dann plötzlich kritisch: Clebits Geschäft steckt im Sommerloch und Rechnungen müssen dringend bezahlt werden. Als dann noch eine Umsatzsteuermahnung des Finanzamts über 9000 Mark ins Haus flattert, kann Clebit nicht mehr zahlen. Die Hausbank kriegt Wind von seinem Liquiditätsengpaß und kündigt prompt den Betriebsmittelkredit. Der Computerhändler steht vor dem Aus – und das trotz voller Auftragsbücher.

Halte die Liquiditätsfristen im Auge! 284

Das hat vielen Jungunternehmern schon das Genick gebrochen. Sie haben langfristige Investitionen mit günstigen kurzfristigen Krediten finanziert. Die traurige Folge: Die Kredite müssen getilgt werden, bevor sich die Investition rechnet.

Tip

Behalte die goldene Finanzierungsregel im Hinterkopf: Anlagevermögen – also z.B. Gebäude oder Maschinen – sind entweder durch Eigenkapital oder langfristige Kredite zu finanzieren. 285

Die kurzfristigen Kredite dürfen andererseits niemals höher sein als das Umlaufvermögen, als Warenbestand oder Forderungen an Kunden. Logisch: Wenn Du der Bank mehr langfristiges Geld schuldest, als Du selber kurzfristig flüssigmachen kannst, ist das ein Grund für Deine baldige Zahlungsunfähigkeit.

Stelle einen Liquiditätsplan auf!

Dabei mußt Du generell zwischen kurzfristigem und langfristigem Geldbedarf unterscheiden. Dann kannst Du im zweiten Schritt planen, wo Du das Geld hernimmst.

286 **Beispiel:** So sieht ein einfacher Liquiditätsplan aus:

		DM	Deine Werte
287	**Langfristiger Kapitalbedarf**	DM	Deine Werte
	Betriebsausstattung	28 000	....
	Maschinen, Geräte	110 000	....
	Fahrzeuge	20 000	....
	Material- und Warenlager	17 000	....
	Grundstücke, Gebäude	0	....
	gesamt	**175 000**	....
288	**Kurz- und mittelfristiger Kapitalbedarf**		
	Personalkosten pro Jahr	75 000	....
	Miete pro Jahr	50 000	....
	Kreditzinsen pro Jahr	12 000	....
	Privatentnahmen pro Jahr	50 000	....
	gesamt pro Jahr	187 000	....
	pro Tag	520	....
	x durchschnittliche Dauer eines Kundenauftrags (z.B. Handwerk = 15 Tage)	**7 800**	....
	erwarteter Umsatz im ersten Jahr	300 000	....
	Barverkäufe	100 000	....
	Verkäufe mit Zahlungsziel	200 000	....
	Zahlungszielverkäufe = 200 000 DM, dividiert durch 365 Jahrestage = 548 DM, multipliziert mit dem angenommenen Zahlungsziel des Unternehmens (hier 14 Tage), ergibt die Kapitalbindung	**7 672**	....
	Addiert ergeben die drei Zwischensummen den echten Kapitalbedarf rund	**190 472**	....

Das ist der Kapitalbedarf der als Beispiel genommenen Firma für das erste Jahr. Trage Deine Kalkulationen in den Plan ein. Dann siehst Du, wieviel Geld Du für Deine eigene Firma brauchst.

Noch mal: Behalte die Fristen im Auge. Auf die Beispielrechnung bezogen heißt das: 175 000 Mark mußt Du durch Eigenkapital oder langfristige Kredite finanzieren. 15 472 Mark kannst Du Dir kurzfristig borgen.

Halte Dir ein As in der Hinterhand

Gemäß der Regel »Wenn etwas schiefgehen kann, tut es das auch«, mußt Du damit rechnen, daß unerwartete Rechnungen immer dann eintreffen, wenn Dein Konto ohnehin gerade rote Zahlen schreibt. Baue für solche kurzfristigen Ernstfälle ein Geldpolster ein. Das kann beispielsweise eine Sonderüberziehungslinie auf Deinem Konto sein, oder ein nicht ganz aus- **289**
geschöpfter Rahmen aus Deinem Betriebsmittelkredit. Auf jeden Fall ein Spielraum, der nur dafür da ist, wirklich kurzfristige Engpässe durchzustehen. Ist die Liquiditätskrise überwunden, Deine Kunden also planmäßig ihre Rechnungen zahlen, dann ist Dein erster Weg zur Bank, wo Du Dein Notpolster wieder anlegst.

Sei mit Deinen eigenen Entnahmen maßvoll **290**

Manche Jungunternehmer gönnen sich gleich im ersten Geschäftsjahr einen allzu kräftigen Schluck aus der Kassenpulle. Das strapaziert die Liquidität. Bedenke: Was nützt die repräsentative Mercedes-S-Klasse, wenn Du vier Wochen später keine flüssigen Mittel für anstehende Lieferantenrechnungen mehr hast?

> Wenn man das Geld richtig behandelt, ist es wie ein folgsamer Hund, der einem nachläuft.
> (Howard Hughes)

Eigenkapital – die gute Grundlage **291**

Eigenes Geld in der Firma – je mehr, desto besser für Dich. Eigenkapital kostet Dich keine Zinsen, Du mußt es nicht zurückzahlen und Du bist niemandem darüber Rechenschaft schuldig. Mindestens 15 Prozent, besser **292**
noch 20 Prozent Deines gesamten Finanzbedarfs sollten Eigenkapital sein. Aber keine Angst: Das soll nicht heißen, daß Du wirklich 50 000 Mark in

bar haben mußt, bevor es losgeht. Es gibt auch noch andere Möglichkeiten, die Eigenkapitaldecke Deiner Firma zu erweitern.

> **Beispiel:** Existenzgründer Lehmann will Leuchtenfabrikant werden. Das Konzept ist da, das Know-how auch, nur am nötigen Eigenkapital hapert es. Hilfe bringt eine private Beteiligungsgesellschaft, die das Grundkapital der neugegründeten Lehmann GmbH um 50 Prozent aufstockt. Obendrein steht die Gesellschaft dem Existenzgründer noch bei Managementfragen mit Rat und Tat zur Seite.

293 **Was ist eigentlich eine Beteiligung?**

Es gibt verschiedene Arten von Beteiligungsformen, die alle für Deine neue
294 Firma interessant sein können. Die gängigste Variante ist die stille Beteiligung. Still heißt in diesem Fall: Ein Kapitalgeber schießt Geld in Deine Firma, ohne daß die Beteiligung nach außen hin – also für Geschäftspartner – erkennbar wird.

Tip

> Eine gute Idee für Deine Eltern oder Großeltern: Wenn sie Dir den Start ins Unternehmerleben erleichtern wollen, müssen sie Dir gar kein Geld schenken – sage ihnen, sie sollen einfach mit einer Kapitaleinlage Teilhaber an Deinem Geschäft werden.

Beteiligt sich der Investor auch an möglichen Firmenverlusten und am Firmenwert, dann zählt seine Kapitaleinlage zum Eigenkapital Deiner Firma. Der Vorteil für Dich liegt auf der Hand: Du mußt in schlechten Jahren keine Zinsen auf die stille, Beteiligung zahlen. Außerdem erhöht das neue
295 Eigenkapital Dein Kreditlimit bei der Bank.

Ein bißchen mehr in Richtung Darlehen geht die stille Beteiligung, wenn Du mit Deinem Geldgeber eine feste Ausschüttung oder eine Verzinsung auf seine Einlage ausmachst.

Will Dein Teilhaber hingegen nach außen hin sichtbar an Deinem Geschäft mitmachen, ist das eine sogenannte Privatplazierung, eine atypische stille Beteiligung. Dein neuer Partner trägt einen Teil des Geschäftsrisikos und profitiert – im Anteil seiner Einlage – vom Wachstum der Firma.

Deine potentiellen Teilhaber

Es gibt drei Gruppen von Kapitalgebern, die in Deine Firma als stille oder offene Gesellschafter einsteigen können.

Öffentliche Beteiligungsgesellschaften

Jedes Bundesland hat seine eigene Beteiligungsgesellschaft. Sie fördert die Bildung von Eigenkapital. Als hoffnungsvoller Existenzgründer findest Du hier offene Türen. Voraussetzung: Du kannst ein schlüssiges und erfolgversprechendes Firmenkonzept präsentieren. In der Regel steigt die öffentliche Beteiligungsgesellschaft als stiller Gesellschafter bei Dir ein. Vorteil: Niemand redet Dir in Dein Geschäft rein, denn ein stiller Gesellschafter hat ja nix zu sagen.

Als Kapitalverzinsung verlangen die Beteiligungsgesellschaften eine Gewinnbeteiligung plus eine Festverzinsung, die in aller Regel deutlich unter
dem Zins für einen vergleichbaren Kredit liegt. Außerdem verzichten die **296**
öffentlichen Kapitalgeber auf banküblichen Sicherheiten. In der Regel mußt Du Dich verpflichten, die Beteiligungsgesellschaft in 10 bis 15 Jahren auszuzahlen.

Informationen über öffentliche Beteiligungen an Deiner Firma gibt es bei den Beteiligungsgesellschaften der Länder:

- *Baden-Württemberg, Telefon: 0711/1 64 56*
- *Bayern, Telefon: 089/2 86 684-0*
- *Berlin, Telefon: 030/31 10 04-0*
- *Brandenburg, Telefon: 0331/6 49 63-0*
- *Hamburg, Telefon 040/61 17 00 21*
- *Hessen, Telefon: 0611/7 74-0*
- *Mecklenburg-Vorpommern, Telefon: 0385/34 04-0*
- *Niedersachsen, Telefon: 0511/3 37 05-0*
- *Nordrhein-Westfalen, Telefon: 02131/1 07-0*

- *Rheinland-Pfalz, Telefon: 06131/9 85-0*
- *Saarland, Telefon: 0681/30 33-0*
- *Sachsen, Telefon: 0351/44 09-0*
- *Sachsen-Anhalt, Telefon: 0391/5 68 47-0*
- *Schleswig-Holstein, Telefon: 0431/9 00 03*
- *Thüringen, Telefon 0361/56 78-0*

297 Kapitalbeteiligungsgesellschaften (KBG)

Das sind normalerweise Tochterunternehmen von Banken, Sparkassen oder Versicherungen. Anders als die öffentlichen Geldgeber verfolgen die KBG mit ihren Beteiligungen keinen gemeinnützigen Zweck. Sie wollen einen ordentlichen Schnitt machen.

Solche Beteiligungen kosten Dich deswegen erst einmal deutlich mehr an Zinsen beziehungsweise an Gewinnausschüttung. Manche KBG allerdings verlangen gar keine Ausschüttung, sondern spekulieren darauf, ihren Geschäftsanteil nach einigen Jahren mit Gewinn weiterverkaufen zu können.

Weiterer Unterschied der privaten Geldgeber: Bei ihnen kannst Du Dir umsonst oder wenigstens für billiges Geld Rat und Tat in unternehmerischen Fragen holen. In der Bundesrepublik gibt es derzeit rund 60 gewerbliche Kapitalbeteiligungsgesellschaften.

Adressen kannst Du bekommen beim:

Bundesverband Deutscher Kapitalbeteiligungsgesellschaften e.V (Karolinenplatz 10–11, 14052 Berlin, Tel. 030/3029181)

298 Private Partner

Auch wenn es erst mal anrüchig aussieht: Eine Annonce in einer überregionalen Tageszeitung hat bei manchem Existenzgründer auf Kapitalsuche schon wahre Wunder gewirkt. Einen Versuch sollte Dir diese Methode allemal wert sein.

Beispiel: Möbel-Designer Munter will sich mit einem eigenen Betrieb selbständig machen und braucht noch 200 000 Mark Eigenkapital. Zwar steht er schon in Verhandlung mit der landeseigenen Mittelständischen Beteiligungsgesellschaft, doch nach dem Motto »Sicher ist sicher« schaltet er zwei Probeanzeigen in der FAZ und der Süddeutschen Zeitung. Und tatsächlich melden sich zwei Interessenten: Eine private Kapitalbeteiligungsgesellschaft und ein privater Investor bekunden Interesse, bei Munter als Gesellschafter einzusteigen.

Beim richtigen Text beißen die Geldgeber an

Auf jeden Fall mußt Du folgende Punkte in Deiner Annonce erwähnen: 299

- Zweck des Kapitalbedarfs – zum Beispiel »zur Wachstumsfinanzierung« oder »zur professionellen Geschäftserweiterung«.
- Mindestbeteiligung – ganz klar. Doch bedenke: Je niedriger der Betrag, um so mehr potentielle Geldgeber werden sich finden – aber um so höher wird Dein Verwaltungsaufwand und die Zahl der Partner, mit denen Du Dich beschäftigen mußt.
- Art der Beteiligung – willst Du im eigenen Haus das Sagen behalten, wirst Du in der Annonce eine »stille Beteiligung« erwähnen. Willst Du einen Geschäftspartner, der außer Geld auch noch Know-how einbringen soll, mußt Du einen »aktiven Gesellschafter« suchen.
- Verzinsung – je höher, desto besser. Zinsen, die unter dem Niveau von festverzinslichen Wertpapieren liegen, also 6 bis 9 Prozent, locken keinen Hund vor die Tür. Vorsicht aber auch bei utopischen Zinsversprechungen: Ab 20 Prozent wird manch seriöser Kapitalgeber mißtrauisch.
- Laufzeit – unbedingt in die Anzeige schreiben, für wie lange Du das Geld in der Firma halten möchtest.
- Zusatzanreiz – eine Gewinnbeteiligung, auf die Kapitalverzinsung draufgesattelt, ist ein ansprechendes Bonbon, das vielleicht den einen oder anderen Anleger animiert, Deine Telefonnummer zu wählen.

Das wollen Deine potentiellen Partner von Dir wissen:

Niemand gibt sein Geld leichtfertig aus – wer bei Dir als Partner oder stiller Gesellschafter einsteigen will, wird Dich vorher eines hochnotpeinlichen Verhörs unterziehen. Sei auf folgende Fragen vorbereitet:

- Was ist – in kurzen Worten – Deine Geschäftsidee?
- Wie soll der Gesellschaftsvertrag aussehen?
- Gibt es schon Bilanzen der vergangenen Jahre?
- Wie sieht die Erfolgsrechnung des laufenden Jahres aus?

- Wie sieht die Planung für die kommenden drei Jahre aus?
- Wie hoch ist die Kreditlinie der Firma bei der Hausbank?
- Wer sind die wichtigsten Lieferanten und Abnehmer?
- Hast Du eigene Patente oder Gebrauchsmuster angemeldet?

Die Hundehütte ist für den Hund,
der Aufsichtsrat ist für die Katz'.
(Hermann Abs)

300 Fremdkapital – Bewegungsfreiraum für Deine Firma

Kredit bekommt immer nur der, der ihn eigentlich gar nicht braucht – an dieser bitteren Wahrheit ist schon was dran: Problemlos an einen Bankkredit kommt man nur, wenn man genug Sicherheiten bieten kann. Genug Sicherheiten hat meist nur, wer eh schon reich genug ist. Aber keine Angst: Auch als Existenzgründer mit wenig oder gar keinen Sicherheiten kannst Du Deiner Hausbank schon die eine oder andere Mark aus den Rippen leiern. Hauptsache, Du kennst das kleine Einmaleins des Kreditgeschäfts.

Allgemeine Tips zur Kreditbeschaffung für Dich

Von der richtigen Kreditbeschaffung hängt häufig der Erfolg des Selbständigmachens ab. Nur allzugern wird von Dir, weil es am einfachsten ist, lediglich die altbewährte Hausbank als der richtige Ansprechpartner für die Kreditbeschaffung angesehen. Daß dieser Weg lediglich eine Alternative und häufig nicht einmal die beste darstellt, wird Dir leider erst dann klar, wenn es zu spät ist.
Wähle also die richtige Bank aus . Es gibt zum Beispiel:

- Geschäftsbanken
- Privatbanken
- Hypothekenbanken

- Verbraucher-(Kredit-)Banken
- Banken für bestimmte Berufsgruppen (Apotheker- und Ärztebank, Beamtenbank, usw.)
- Regionalbanken

Beginne damit, bei dem von Dir gewählten Kreditinstitut nach den Konditionen zu fragen, um eine weitere Vorauswahl zu treffen und Dir das günstigste Angebot auszusuchen.
Für die Kontaktaufnahme ist wichtig, daß Du innerhalb der Bank, Filiale oder Zweigstelle den richtigen Ansprechpartner findest.
Wisse: Der Zweigstellen- oder Filialleiter, häufig auch Direktor genannt, ist der nach außen hin für die Filiale insgesamt zuständige Ansprechpartner. Hierbei handelt es sich in aller Regel um eine Person, die aus dem Kreditgeschäft kommt. Das wäre der beste Mann für Dich.
Der Stellvertreter des Filial- oder Zweigstellenleiters ist zwar organisatorisch der »2. Mann«, hier handelt es sich jedoch in aller Regel um eine Person, die sich im Wertpapiergeschäft auskennt. Eine solche Person ist mit dem Kreditgeschäft meistens weniger vertraut.
Dem zuständigen Mann legst Du dann eine Kurzkonzeption Deines Projekts vor, die nach Möglichkeit nicht mehr als zwei Seiten umfassen sollte. Denn Banker haben grundsätzlich wenig Zeit und wollen bei neuen Projekten zunächst nur einen Überblick darüber gewinnen, ob es sich überhaupt grundsätzlich lohnt, sich mit Dir zu befassen, und ob sich daran für die Bank auch etwas verdienen läßt.
In Ergänzung dazu ist es sinnvoll, daß Du bei größeren Projekten Deinen bisherigen Werdegang und Deine bisherigen beruflichen Erfolge schilderst – am besten durch einen kurzen Lebenslauf.
Wichtig ist von Deiner Seite aus,

- daß ein klares Konzept vorliegt,
- daß dieses Konzept von Dir binnen kurzer Zeit vorgetragen wird,
- daß nach dem Kurzvortrag die entsprechenden Unterlagen überreicht werden,
- daß konkrete Vorstellungen über die Höhe der Investition, deren Dauer nebst Einzelheiten von Dir vorgetragen werden,

- daß mögliche Formen der Sicherheiten nach der Reihenfolge der höchsten Sicherheitsstufe vorgestellt werden,
- daß eine Liquiditätrechnung überreicht wird,
- daß Du Deine Vermögensverhältnisse offenlegst,
- daß ein klarer zeitlicher Rahmen für die Projektrealisierung gegeben wird.

Merke Dir: Das Interesse der Bank ist in allererster Linie darauf gerichtet, höchstmögliche Sicherheiten zu bekommen. Laß Dich da aber nicht über den Tisch ziehen.

Oft geht der Wunsch nach solchen Sicherheiten bei den Banken deutlich über das Ziel hinaus. Da werden vermögenslose Bürgen verpflichtet, die nie wieder eine Chance hätten, aus dieser Bürgschaft herauszukommen, da werden Existenzgründungskredite für junge Unternehmer mit Grundschulden abgesichert, die häufig das Doppelte gar das Dreifache des verauslagten Kredits nebst Zinsen und Kosten betragen.
Du mußt darauf achten,

- faire Konditionen im Hinblick auf Zins, Laufzeit, Kosten zu erlangen,
- die Höhe der Besicherung niedrig zu halten,
- Kündigungsmöglichkeiten genau festzulegen,
- die Kosten bzw. Möglichkeiten der vorzeitigen Tilgung, Ablösung und Umschuldung abzuklären und
- Flexibilität bei veränderten wirtschaftlichen Verhältnissen in die Vereinbarungen einzubauen.

Der richtige Kredit für den richtigen Zweck

Geld ist nicht gleich Geld – das gilt besonders für geliehenes Geld. Als
301 angehender Unternehmer mußt Du den Teil Deines Kapitalbedarfs, den Du nicht als Eigenkapital aufbringst, über Kredite finanzieren.

Beispiel: Der angehende Spediteur Schmalspur hat für seinen Betrieb in spe einen Finanzbedarf von 600 000 Mark für das erste Jahr ausgerechnet. 200 000 Mark kann er selber, zusammen mit einem Partner aufbringen. Die restlichen 400 000 Mark sollen fremdfinanziert werden, 320 000

Mark langfristig, 80 000 Mark kurzfristig. Nach erfolgreicher Kreditverhandlung erklärt sich Schmalspurs Hausbank bereit, den langfristigen Investitionsbedarf über ein langfristiges Betriebsdarlehen, die kurzfristigen 80 000 Mark über eine Kreditlinie auf dem Kontokorrentkonto der Firma bereitzustellen.

Kredite zur Finanzierung von Investitionsgütern 302

Langfristige Investitionen in Maschinen, Fahrzeuge, Ausrüstung – im Buchhalterjargon Anlagevermögen genannt – finanzierst Du über einen langfristigen Betriebsmittelkredit. Deine Kalkulationsrechnung, die auch die Bank sehen will, muß glasklar ergeben: Die kreditfinanzierte Investition wirft nach Abzug aller Kosten sowie Deinem Gewinn noch genug ab, um den Kredit zu tilgen. Faustregel für die Laufzeit eines Betriebsmitteldarlehens: Niemals länger als die steuerliche Abschreibungsdauer der Wirtschaftsgüter. Bei längerfristigen Betriebsdarlehen sind die Banken inzwischen vorsichtig geworden – die Pleitewelle der vergangenen Jahre hat die Geldhäuser jede Menge Geld an Kreditausfällen gekostet. Eine Bankenumfrage hat ergeben, welche Branchen bei den Kreditsachbearbeitern auf der schwarzen Liste stehen. Im Bereich Produktion und Handel sind dies unter anderem Textil, Bekleidung, Nahrungsmittel und Möbel; im Dienstleistungssektor kommen besonders Gastronomie- und Speditionsbetriebe nur noch unter erschwerten Bedingungen an Betriebsdarlehen.

Kredite zum Erwerb von Grundstücken und Gebäuden 303

»Ist Mietezahlen etwa fortschrittlich?« – Die Werbebotschaft einer Bausparkasse gilt nicht nur für Privatleute. Auch Du als Existenzgründer solltest ruhig einmal durchrechnen, ob es nicht günstiger kommt, die Geschäftsräume zu kaufen, statt Monat für Monat 20 Mark und mehr pro Quadratmeter an den Vermieter abzudrücken.
Bei der Kalkulation des Kreditbedarfs für die Immobilie darfst Du allerdings nicht vom reinen Kaufpreis ausgehen – das wäre fatal.

304 Die Gesamtkosten für ein Hypothekendarlehen setzen sich zusammen aus:

Kaufpreis der Immobilie
\+ Umbaukosten
\+ Maklerprovision (bis zu 7 Prozent vom Kaufpreis)
\+ Notar- und Gerichtskosten (etwa 1,5 Prozent vom Kaufpreis)
\+ Grunderwerbsteuer (3,5 Prozent vom Kaufpreis)
\+ Wertgutachten für die Bank (meist 0,2 bis 0,5 Prozent vom Kaufpreis)
\+ Umzugskosten
= Dein Kreditbedarf

Trick

305 Fall nicht auf Kredithaie herein:
Wieder und wieder durchsucht Annette Rieding den Briefumschlag. Ein Kreditvertrag über 40 000 Mark sollte darin sein. Doch in dem grauen Kuvert findet sie nur Formulare und unverbindliche Anträge – und dafür hat die promovierte Chemikerin 236 Mark Nachnahmegebühr bezahlt. Der Mann am Telefon hat sie hereingelegt. Die Annonce, die »Geld per Post« versprach die Formulare, die sie ausfüllen mußte – alles Schwindel. Auf einen Kredithai mit irrsinnigen Zinsen wäre Annette Rieding sicherlich nicht hereingefallen. Aber heute läuft die Masche anders: Wer in Geldnot ist, wird geschröpft, ohne daß er auch nur eine müde Mark Kredit sieht. »Kapitalvermittlung« heißt das Geschäft, bei dem unseriöse Makler immer trickreicher abkassieren. Mal nehmen sie ein paar hundert Mark Vermittlungsgebühren, mal langen sie mit sechsstelligen Honoraren für sogenannte Wirtschaftsgutachten richtig hin. Nur der versprochene Kredit kommt nie zustande. (Aus DIE ZEIT)

306 **Immobiliendarlehen** gehören zu den Langläufern im Kreditgeschäft. Meist geht erst nach 30 Jahren die letzte Mark Zinsen und Tilgung an die Bank. Die genaue Ausgestaltung des Immobilienkredits hängt zumeist davon ab,

welche Sicherheiten Du anbietest, wie hoch das Zinsniveau ist und welche Steuervorteile Du ausnutzen kannst.

Beim **Bankdarlehen** zahlst Du von Anfang an Zinsen und Tilgung an die 307
Bank zurück. Zu Anfang beanspruchen die Zinszahlungen den Löwenanteil der Rate – die Tilgung macht bei den ersten Raten nur 1 Prozent der Kreditsumme pro Jahr aus. Mit der Zeit sinkt aber der geschuldete Betrag und damit die fälligen Zinsen. Bei regelmäßigen Kreditraten steigt damit der Tilgungsanteil.

Bauspardarlehen sind staatlich gefördert und damit die günstigste Art, sich 308
Baugeld zu leihen. Der Pferdefuß: Um ans günstige Geld ranzukommen, muß Du einen zuteilungsreifen Bausparvertrag haben. Die Zuteilung ist von Deinen Sparleistungen und denen aller Bausparer der Bausparkasse abhängig. Die Wartezeit kann also Schwankungen unterworfen sein. Außerdem ist für die Zuteilung Voraussetzung, daß 40 Prozent der Bausparsumme angespart sind.

Tip

Vorsicht vor allzu hohen Bauspardarlehen. Zwar sind die Darlehenszinsen relativ günstig, doch muß das Bauspardarlehen selbst innerhalb von 8 Jahren getilgt werden. Das bürdet Dir gerade in den ersten Jahren, wenn Du eh jeden Pfennig brauchst, enorm hohe Raten auf.
Im übrigen bedenke bei Inanspruchnahme von Baudarlehen: Die günstigen Bausparzinsen erkaufst Du durch Zinsverzicht in der Ansparphase.

**Kombination von Darlehen mit einer parallel abgeschlossenen Lebens- 309
versicherung.** Das ist die dritte Variante zur Baufinanzierung. Der Trick: Du zahlst während der Kreditlaufzeit keine Tilgung, sondern nur die Zinsen; dafür fütterst Du gleichzeitig einen Lebensversicherungsvertrag.

Mit der Auszahlung aus der Lebensversicherung zahlst Du dann auf einen Schlag die ganzen Bankschulden zurück. Gut für Dich, weil Erträge aus Lebensversicherungen mit einer Laufzeit von mehr als 12 Jahren und einem Todesfallschutz von mindestens 60 Prozent steuerfrei sind.

Tip

Eine Lebensversicherung ist kein Sparvertrag – Du kannst nie ganz sicher sein, wieviel am Ende rauskommt. Doch bis jetzt haben noch alle großen Gesellschaften Gewinnbeteiligungen ausgespuckt.
Wenn die Lebensversicherungen zukünftig besteuert werden sollten, schließt Du vielleicht besser eine solche im Ausland ab. Doch muß ich Dich darauf hinweisen, daß Du nach den Steuergesetzen trotzdem verpflichtet bist, sie im Besteuerungsfalle in Deiner Steuererklärung anzugeben – auch wenn Du die Renten oder Auszahlungen auf ein Konto im Ausland überweisen läßt.

310 Kredite zur Finanzierung des Umlaufvermögens

Dein kurzfristiger Finanzbedarf – etwa für Warenkäufe oder Dienstleistungen und auch für Löhne und Gehälter – wird von der Bank mit ebenfalls kurzfristigen Krediten finanziert.

311 Am gängigsten ist eine **Kontokorrentlinie** auf Deinem Firmenkonto. Im Prinzip ist das nichts anderes als ein Dispokredit. Die Bank erlaubt Dir, Dein Geschäftskonto bis zu einer bestimmten Summe zu überziehen. Dafür zahlst Du dann einen vereinbarten Zinssatz.

312 **Fixiere es in Deinem Gedächtnis:** Kontoüberziehungen sind nur und wirklich nur für Deinen kurzfristigen Geldbedarf gedacht. Kein vernünftiger Firmeninhaber wird einen neuen Lieferwagen oder den Umbau des Warenlagers über einen Kontokorrentkredit finanzieren – dazu ist diese Kreditart auf lange Sicht einfach zu teuer. Faustregel: Kannst Du das geliehene Geld nicht spätestens in sechs Monaten zurückzahlen, rede mit Deinem Firmenkundenberater bei der Bank über einen Betriebsmittelkredit.

313 Etwas aus der Mode gekommen ist der gute alte **Diskontkredit**. Seine Funktionsweise: Du nimmst von Deinem Kunden, der Dir Geld schuldet, einen Wechsel an. Ein Wechsel, das ist ein Zahlungsversprechen über die

geschuldete Summe. Weil Du aber nicht warten willst, bis der Wechsel fällig ist und Dein Kunde endlich zahlt – im Normalfall laufen Wechsel bis zu drei Monaten –, nimmst Du bei der Bank einen Diskontkredit in Anspruch. Die Bank bekommt den Wechsel und Du die Wechselsumme abzüglich des Zinses, den die Bank für das Vorschießen verlangt – der sogenannte Diskont. Am Ende der Laufzeit legt die Bank den Wechsel bei Deinem Kunden zur Zahlung vor und erhält den vollen Betrag. Voilà.

Der Akzeptkredit: Schnäppchen für gute Bankkunden 314

Falls Du bei Deiner Hausbank als guter Kunde giltst, kannst Du bei kurzfristigem Liquiditätsbedarf eine Spielart des Diskontgeschäfts betreiben: den Akzeptkredit. Die Grundidee ist ganz einfach. Du stellst selber einen Wechsel über die benötigte Summe aus. Deine Hausbank kauft diesen Wechsel wie bei einem normalen Diskontgeschäft an – Du bekommst also die Summe minus Diskontsatz und einer sogenannten Akzeptprovision.
Am Ende der Wechsellaufzeit – höchstens drei Monate – zahlst Du der Bank den vollen Wechselbetrag zurück. Dein Vorteil: Der Diskont, der Zins also, den die Bank für das Wechselgeschäft verlangt, liegt deutlich unter dem Zins für einen kurzfristigen Betriebsmittelkredit.

Beispiel: Du brauchst 200 000 Mark für 60 Tage.

Akzeptkredit:	
Zinsen (Diskont) 6,5 Prozent p.a.	2167 Mark
Akzeptprovision 0,5 Prozent p.a.	167 Mark
Kosten insgesamt	2334 Mark
Betriebsmittelkredit	
Zinsen 9,5 Prozent p.a.	3167 Mark

Du siehst: Mit dem Akzeptkredit fährst Du um einiges günstiger. Der Haken an der Sache ist, daß die Bank Akzeptgeschäfte nur mit solchen Kunden betreibt, die eine 1A-Bonität haben. Aber Fragen kostet ja bekanntlich nichts. Und ganz nebenbei erfährst Du, wie Dich die Bankangestellten hinter ihrem stets freundlichen Lächeln wirklich einschätzen.

315 Die Kreditkosten

Umsonst ist der Tod. Je nach Art, Laufzeit, Besicherung, Rückzahlung und Höhe des Kredits langen die Banken unterschiedlich zu. Betrachten wir uns die wichtigsten Begriffe aus dem variantenreichen Vokabular der Kreditsachbearbeiter.

316 **Variable Verzinsung** – auch »b.a.w.-(bis auf weiteres) Satz« genannt: das bedeutet, daß die Bank den Nominalzinssatz für Deinen Kredit jederzeit der Marktlage anpassen kann. Für Dich ist das nur in einem einzigen Fall interessant: und zwar, wenn der Marktzins derartig hoch steht, daß er nach menschlichem Ermessen eigentlich nur noch sinken kann. Dann wird Dein Kredit plötzlich billiger. Im Normalfall aber: Finger weg von variablen Kreditzinsen! Das ist was für Zocker und nicht für Unternehmer, die auf die Mark genau ihre Kosten planen müssen. Ein steigender Zins kann nämlich Deinen Finanzbedarf völlig durcheinander bringen – im schlimmsten Fall kommst Du in echte Liquiditätsprobleme.

317 **Festzins:** Das Gegenteil der »b.a.w.«-Zinsen. Für die gesamte Kreditlaufzeit – oder zumindest für die nächsten fünf bis zehn Jahre – vereinbarst Du mit der Bank einen festen Zinssatz. Das gibt Planungssicherheit und sichert Dir einen ruhigen Schlaf.

318 **Disagio/Damnum:** Das ist der Abschlag des Auszahlungsbetrags für Deinen Kredit. Beispiel: Ein Disagio von 2,5 Prozent auf einen Kredit über 200 000 Mark bedeutet, daß effektiv nur 195 000 Mark auf Dein Konto fließen, Du aber 200 000 Mark zurückzahlen mußt. Im Gegenzug senkt die Bank, die das Disagio kassiert, dafür den Kreditzins. Nominalzins und Disagio zusammen ergeben den Effektivzins.

319 **Überziehungsprovision:** Die wird fällig, wenn Du Dein Kreditlimit auf dem Firmenkontokorrentkonto überschreitest. Solch eine ungenehmigte Überziehung gehört zu den kostspieligeren Vergnügungen: Manche Banken langen bei der Überziehungsprovision gleich mit 5 Prozent zu. Soll heißen:

Für jede Mark über dem Limit zahlst Du anstatt vereinbarter 9,5 Prozent Zinsen plötzlich satte 14,5 Prozent.

Bereitstellungsprovision: Das sind die Kosten für einen Kredit, den Du erst 320
später in Anspruch nehmen willst. Hört sich nach Wegelagerei an, ist aber allgemein üblich. Angenommen, Du vereinbarst im Januar mit Deiner Bank ein Darlehen von 100 000 Mark, das Du aber erst im Juli in Anspruch nehmen willst. Grund: Du rechnest mit steigenden Zinssätzen. Für die Bereitstellung des Darlehens bis zur Auszahlung berechnet die Bank Bereitstellungsprovision.

Kreditprovision: Hier handelt es sich um eine Art Bearbeitungsgebühr für 321
den Kredit. Sie ergibt – genau wie das Disagio – zusammen mit dem Nominalzins den Effektivzins.

Vorfälligkeitsentschädigung: Eine solche kann die Bank von Dir verlan- 322
gen, wenn Du einen Kredit vor der vereinbarten Vertragslaufzeit auf einen Schlag zurückzahlst. Begründung der Bank: Sie hat sich das Geld ja auch leihen müssen – und zwar für die gesamte Laufzeit. Der Vorfälligkeitsentschädigung kannst Du mit Sicherheit nur entgehen, wenn Du bei Kreditabschluß auf freie Tilgung pochst. Aber Vorsicht: Manche Bank läßt sich darauf erst gar nicht ein oder treibt den Zinssatz von Anfang an in die Höhe.

Effektivzinssatz: Das ist die für Dich entscheidende Größe bei jedem 323
Kreditvergleich. Effektivzins, das ist der tatsächliche Zins, den Du pro Jahr – im Bankjargon »per anno« – für das geliehene Geld zahlen mußt, inklusive aller Kosten, Spesen, Provisionen, die Dir die Bank jetzt und in Zukunft noch abzuknöpfen gedenkt.

Die Sicherheiten 324

Kredit bekommen, ohne genügend Sicherheiten dafür zu bieten, das geht leider erst ab Milliardenbeträgen – siehe Jürgen Schneider. Du als Normalkunde mußt für jede Mark, die die Bank Dir pumpt, ein Pfand anbieten – dafür gibt's einige gängige Möglichkeiten.

Grundschulden/Hypotheken: Das sind Sicherheiten erster Klasse, die hat 325
die Bank am liebsten. Die Abwicklung: Die Bank darf sich im Grundbuch als Hypothekengläubiger eintragen lassen. Und wenn Du Deinen Kreditver-

pflichtungen nicht mehr nachkommen kannst, nimmt die Bank Deine Immobilie als Pfand, das sie verwerten kann. Hypotheken werden in der Regel für langfristige Kredite – also Baugeld oder Investitionsdarlehen – verlangt. Um ganz sicherzugehen, beleihen die Banken nie den vollen Wert der Immobilie, sondern nur meist zwischen 60 und 80 Prozent davon. Denn beim Verkauf des Hauses könnte ja wegen versteckter Schäden weniger herausspringen. Beispiel: Dein Häuschen mit Garten hat einen Wert von 500 000 Mark – die Bank beleiht es mit 60 Prozent und gibt Dir einen langfristigen Kredit über 300 000 Mark.

326 **Lebensversicherungen:** Auch immer gern als Sicherheit genommen. Das Prinzip ist einfach: Du trittst der Bank die Ansprüche aus Deiner Kapitallebensversicherung ab. Wieviel die gerade wert ist, wie hoch die Sicherheit also ist, kannst Du erfahren, indem Du die Versicherung bittest, Dir den sogenannten Rückkaufwert mitzuteilen. Das ist die Summe Deiner Einzahlungen abzüglich der Verwaltungskosten der Versicherung.

327 **Bausparverträge:** Die kannst Du ebenfalls als Sicherheit an Deine Bank abtreten. Auch hier kannst Du von Deiner Bausparkasse die momentan angesparte Summe plus Zinsen erfahren. Das ist dann der Betrag, den die Bank Dir als Kredit geben kann.

328 **Festgelder, Sparbücher, Sparbriefe:** Sie sind ja so gut wie bares Geld – deswegen beleiht die Bank solche Anlagen in voller Höhe. Das heißt: Für 20 000 Mark Festgeld bekommst Du 20 000 Mark Kredit. Stellt sich natürlich die Frage, warum Du nicht einfach das Festgeld auflöst, statt ein viel teureres Darlehen aufzunehmen.

329 **Festverzinsliche Wertpapiere:** Das sind beispielsweise Bundesanleihen, Anleihen von großen Unternehmen oder Obligationen von Post und Bahn. In der Regel beleiht die Bank solche Sicherheiten mit 75 Prozent des Kurswerts. Hier gilt allerdings: Erkundige Dich vorher beim Kreditsachbearbeiter. Anleihen von dubiosen Emittenten oder auch ausländische Anleihen werden nicht so hoch beliehen.

330 **Aktien:** Nie bei den Anleihen hängt die Beleihungsgrenze davon ab, wie die Bank die Aktie beurteilt. Ein guter deutscher Standardwert – zum Beispiel eine Schering-Aktie – wird normalerweise mit 50 Prozent des aktuellen Börsenkurses beliehen. Weniger bekannte oder ausländische Aktien werden als Kreditsicherheit niedriger bewertet.

Optionsscheine kannst Du als Sicherheit vergessen – die schwanken zu 331
stark im Kurs, als daß eine Bank Dir darauf Kredit geben würde.

Negativerklärung: Die Negativerklärung setzt sozusagen auf die sonstigen Sicherheiten noch eine schuldrechtliche Verpflichtung drauf. Daß Du Dich nämlich insbesondere bei langfristigen Krediten gegenüber der Bank verpflichtest, alle oder bestimmte Vermögenswerte in Zukunft nicht zu veräußern, nicht zu belasten bzw. anderen Gläubigern keine entsprechenden Sicherheiten zu stellen, ohne das Einverständnis der Erstbank vorab zu erhalten.

Wisse dazu: Eine beliebte Möglichkeit der Banken ist es, bei Schuldnern, von denen sie sich trennen möchte, zu untersuchen, ob eine Negativerklärung eventuell verletzt wurde. Ist dies der Fall, so neigen Banken häufig dazu, einen Vertrauensmißbrauch nach der Präambel der AGBs anzunehmen und damit das Kreditengagement entweder fristlos (meist unwirksam) oder aber fristgerecht zu kündigen. Bei solchen Vorgehensweisen kommst Du als Schuldner schnell in Schwierigkeiten, beispielsweise wird die Kredigkündigung und Fälligstellung der Schufa, Creditreform und Bürgel mitgeteilt. Deswegen: Sei vorsichtig bei Negativerklärungen!

Bei der Bewertung von Sicherheiten machen die Kreditinstitute Sicherheitsvorschläge:

- bei Grundschulden:	20% des Verkehrswertes
- bei notierten Wertpapieren:	20% bei Renten
	40% bei Aktien
- bei nichtnotierten Wertpapieren:	25% vom Steuerkurswert
- Beteiligungen:	25% vom Vermögenswert
- Sparguthaben/Termineinlagen:	Kein Abschlag
- Bausparguthaben:	Ansparwert ohne Abschlag
- Lebensversicherungen	Rückkaufswert ohne Abschlag
- Edelmetalle:	25% vom Metallwert

Wichtig: Die Bank trägt praktisch in keinem einzigen Fall irgendwelche Kosten für die Bestellung von Sicherheiten.

Tip

Nichts gegen Aktien als Geldanlage: Nur: Als Kreditsicherheit haben sie schon manchem das Genick gebrochen.

Beispiel: Existenzgründer Ehrlich nimmt im August 1987 einen Kredit über 100 000 Mark bei seiner Bank auf. Als Sicherheit verpfändet er sein Aktiendepot, das einen Kurswert von 200 000 Mark hat. Beim Börsencrash im Oktober 1987 bekommt Ehrlich doppelt Probleme: Seine Aktien fallen ins Bodenlose – sein Depot ist plötzlich nur noch 120 000 Mark wert. Die Bank verlangt nun von Ehrlich, er müsse neue Sicherheiten für den Kredit beibringen. Als er das nicht kann, wird ihm kurzerhand der Kredit gekündigt.

Fazit: Wenn Du nur Aktien als Kreditsicherheiten stellen kannst, baust Du Deine Unternehmerexistenz auf wackligem Grund. Lieber also das Depot umschichten und einen Teil in konservative Anleihen anlegen. Das ist sicherer.

332 Wenn's der Hausbank zu heiß wird, hilft die Bürgschaftsbank

Da mag Deine Geschäftsidee noch so gut sein, Deine Gewinnprognosen glänzend und Dein Auftreten beim Kreditsachbearbeiter von aristokratischer Würde – kannst Du nicht genug Sicherheiten anbieten, rückt die Bank einfach keinen Kredit mehr raus. Jetzt nicht den Mut verlieren, sondern einen guten Bürgen finden.

Beispiel: Bäckermeister Brosam will mit eigener Backstube und Verkaufsladen nebst Stehcafé die heimatliche Fußgängerzone beleben und sich ein gewinnversprechendes Gewerbe aufbauen. Nur: 30 000 Mark Eigenkapital und sonst gar nix reichen der Sparkasse als Sicherheit für den gewünschten Betriebsmittelkredit von 240 000 Mark vorn und hinten nicht – obwohl der Kreditsachbearbeiter Brosams Idee durchaus für vielversprechend hält. Lösung: Die Sparkasse schaltet die Bürgschaftsbank ein, die nach gründlicher Prüfung von Brosams Geschäftsvorhaben eine Bürgschaft über 190 000 Mark übernimmt. Die Sparkasse ist zufrieden und zahlt den Kredit aus.

Bürgschaftsbanken verleihen zwar selber keine müde Mark, aber sie springen ein, wenn Deiner Hausbank das Kreditrisiko zu hoch wird. Ähnlich den öffentlichen Beteiligungsgesellschaften sind auch die Bürgschaftsbanken – Gesellschafter sind IHKs, Verbände und öffentliche Banken – daran interessiert, daß Handel und Wandel florieren.

Sie übernehmen sogenannte Ausfallbürgschaften. Das heißt, sie garantieren 333
Deiner Hausbank, für Deinen Kredit geradezustehen, falls Du nicht mehr zahlen kannst. Existenzgründer werden von den Bürgschaftsbanken besonders gerne gefördert. 1994 haben die Spezialinstitute Gründungskredite von insgesamt 1,2 Milliarden Mark abgesichert. Auch Deine Chancen für eine Bürgschaft stehen gar nicht schlecht: Die Bürgschaftsbanken geben erfahrungsgemäß bei neun von zehn Kreditanträgen ihren Segen.

Die fünf Schritte zum verbürgten Kredit 334

1. Deine Hausbank lehnt Deinen Kreditantrag zwar nicht grundsätzlich ab, will das Risiko aufgrund fehlender Sicherheit aber nicht allein tragen.
2. Entweder Deine Hausbank oder – falls die nicht auf die Idee kommt – Du selber wendest Dich an die zuständige Bürgschaftsbank und bittest um Vorabinformationen.
3. Zusammen mit Deiner Hausbank beantragst Du bei der Bürgschaftsbank eine Bürgschaft für Deinen Kredit. Für Dich heißt es jetzt: Karten auf den Tisch. Die Bürgschaftsbank prüft Deine Geschäftsidee, Deine Finanzsituation und nicht zuletzt, ob Du selber einen vertrauenswürdigen Eindruck machst. Aus Erfahrung kann ich Dir nur raten – selbst wenn es Dir zu dumm erscheint: Zieh Deinen besten Anzug und ein weißes Hemd mit Schlips an.
4. Zusammen mit der zuständigen IHK, Handwerkskammer oder dem ansässigen Fachverband prüft die Bürgschaftsbank jetzt die Erfolgsaussichten Deiner Investition.

5. Nach positivem Entscheid übergibt die Bürgschaftsbank die Bürgschaftsurkunde Deiner Hausbank. Das Geld kann fließen.

Die Kosten für eine solche Bürgschaft betragen: Einmalig zahlst Du Bearbeitungsgebühren von 0,75 bis 1 Prozent der Kreditsumme. Hinzu kommt eine jährliche Provision von ebenfalls 0,75 bis 1 Prozent des zu tilgenden Betrags. Bei der Frage der Laufzeit sind die Bürgschaftsbanken durchaus flexibel: Auch langfristige Investitionen von mehr als 20 Jahren kannst Du über eine Bürgschaftsbank absichern.

335 ***Die Bürgschaftsbanken (die offiziellen Bezeichnungen variieren von Bundesland zu Bundesland):***

- *Baden-Württemberg, Tel. 0711/1 64 56*
- *Bayern, Handwerk: Tel. 089/54 58 57-0*
  Handel: Tel. 089/55 11 81 37
  Hotels und Gaststätten: 089/21 24-0
- *Berlin, Tel. 030/31 10 04-0*
- *Brandenburg, Tel. 0331/6 49 63-0*
- *Bremen, Tel. 0421/32 12 09*
- *Hamburg, Tel. 040/61 17 00-0*
- *Hessen, Telefon: 0611/15 07-0*
- *Mecklenburg-Vorpommern, Tel. 0385/34 04-0*
- *Niedersachsen, Tel. 0511/3 37 05-0*
- *Nordrhein-Westfalen, Tel. 02131/1 07-0*
- *Rheinland-Pfalz, Handwerk: Tel. 06131/8 40 11 31*
  Handel: Tel. 06131/98 50-0
- *Saarland, Tel. 0681/30 33-0*
- *Sachsen, Tel. 0351/44 09-0*
- *Sachsen-Anhalt, Tel. 0391/5 68 47-0*
- *Schleswig-Holstein, Tel. 0431/59 38-0*
- *Thüringen, Tel. 0361/21 35-0*

Kredit ist einerseits der Ruf, den man hat,
und andererseits das Geld, das man nicht hat.
(Michael Schiff)

Drei Wege, auch ohne Kredit an Geld zu kommen

Irgendwann ist auch das letzte Mittel ausgeschöpft, das letzte Mauseloch ausgenützt und der letzte Trumpf ausgespielt – ab dann erntest Du bei der Bank nur noch ein mildes Lächeln, wenn es um eine Erhöhung Deines Kreditspielraums geht. Doch es gibt auch Finanzierungsmöglichkeiten – wenn auch nur kurz- bis mittelfristig –, die Du nutzen kannst, ohne wie weiland Kaiser Heinrich nach Canossa im Büßergewand zu Deiner Bank pilgern zu müssen.

Factoring – Sofortkasse bei Außenständen 336

Die Zahl der abgeschlossenen Aufträge sagt leider noch gar nichts darüber aus, wie es Deiner Firma wirklich geht. Denn: Nur ein zahlender Kunde ist ein guter Kunde. Und wenn neben den zweifelhaften Rechnungen noch Aufträge kommen, bei denen Du Deinem Kunden ein weiteres Zahlungsziel eingeräumt hast, ist plötzlich Ebbe in der Kasse.

Beispiel: Schneidermeister Scherflein kann sich zwar über mehrere Großaufträge für sein neues Geschäft freuen, leider kann er frühestens in sechs Monaten mit den ersten Zahlungseingängen rechnen – bis dahin droht jedoch schon die Pleite. Scherfleins Lösung: Er verkauft seine Forderungen an ein Factoring-Institut und bekommt den Großteil seines Geldes sofort gutgeschrieben. Die Liquidität ist gerettet.

Beim Factoring verkaufst Du also Deine sämtlichen Kundenforderungen an ein spezielles Factoring-Institut. Die Factoring-Bank schreibt Dir dann 80 337
bis 90 Prozent des Rechnungsbetrags sofort gut – den Rest gibt's, wenn Dein

Kunde seine Rechnung bezahlt hat. Dafür kassiert die Factoring-Bank
338 Vorschußzinsen plus Gebühren. Die Zinsen sind in etwa dieselben, die Du für einen Kontokorrentkredit bei Deiner Bank zahlst. Die Gebühren – zwischen 0,5 und 2 Prozent des gesamten Factoring-Umsatzes – richten sich danach, ob Du für die Factoring-Bank ein guter Kunde bist. Faustregel: Je höher der durchschnittliche Rechnungsbetrag, je geringer die Zahl Deiner Kunden und je kürzer das Zahlungsziel, desto geringer die Factoring-Gebühr.

339 Deine Vorteile: Jedes Geschäft wird für Dich zum Bargeschäft. Dadurch hast Du immer genug Bargeld in der Kasse und kannst Deinerseits beim Lieferanten Barzahlungsrabatte rausschinden. Außerdem sparst Du Dir und Deiner Firma jeglichen Aufwand in Sachen Debitorenbuchhaltung und das ganze Mahnwesen. Nicht zuletzt wird Deine Hausbank die prompten und regelmäßigen Zahlungseingänge auf Deinem Geschäftskonto honorieren und Dir als offensichtlich solventem Kunden den Kreditrahmen erhöhen.
Bedenke: Factoring gehört nicht unbedingt zu den billigen Arten, sich Geld zu beschaffen. Außerdem wird keine Factoring-Firma eine Partnerschaft mit Dir eingehen, wenn Du nur Einzelrechnungen – also pro Kunde nur eine Rechnung – präsentieren kannst und wenn Du mit Deinen Kunden Zahlungsziele von mehr als 180 Tagen vereinbart hast.

340 Stundung – billiges Geld von Deinen Lieferanten

Wer Dir etwas verkaufen möchte, wird in der Regel ein offenes Ohr für Deine Sonderwünsche haben. Allgemein üblich ist, daß Du, ohne zu fragen, Deine Rechnung erst am 30. Tag nach Lieferung zahlst – und zwar ohne zusätzliche Zinsen oder Gebühren. Über alles, was an Zahlungsaufschub darüber hinausgeht, mußt Du mit Deinem Lieferanten verhandeln.
Der Lieferantenkredit hat für Dich zwei Vorteile: Deine Hausbank, bei der im Zweifel Dein Kreditspielraum bereits ausgeschöpft ist, wird nicht eingeschaltet. Außerdem wird Dein Lieferant, der sich besser im Markt auskennt als Dein Kreditsachbearbeiter, eher einem Kredit zustimmen, weil er Dir und Deinem Geschäft vertraut.

Der kaufmännische Wechsel 341

Auch der wohlwollendste Lieferant wird Dir jedoch nicht nur wegen Deiner hübschen blauen Augen einen Kredit einräumen. Sicherheiten müssen sein. Hier bietet sich der kaufmännische Wechsel an. Die strengen Vorschriften des Wechselverkehrs garantieren dafür, daß Dein Lieferant oder seine Hausbank, bei der er den Wechsel zum Diskont einreichen wird, im Zweifelsfall schnell und unerbittlich das Geld bei Dir eintreiben können. Außerdem bleibt die Ware, die per Lieferantenkredit bezahlt worden ist, so lange im Besitz des Verkäufers, bis die Rechnung beglichen ist. Das ist ein sogenannter Eigentumsvorbehalt.

Tip

> Ein Wechselkredit ist in der Regel günstiger als eine Kontoüberziehung – der günstigste Diskontsatz, zu dem die Hausbank den Wechsel von Deinem Lieferanten ankauft, macht's möglich. 342

Bartering – heißer Deal nur für Profis 343

Das ist wie vor 400 Jahren: Jemand will seinen Ochsen gegen eine Sense tauschen und sucht jemanden, der das mitmacht. Ware nicht gegen Geld, sondern gegen andere Ware – auf den ersten Blick erscheint das zugegebenermaßen reichlich umständlich. Aber bedenke: Wenn Du einen Kunden belieferst, dessen Zahlungsmoral in keinem guten Ruf steht – und das müssen nicht nur Geschäftspartner in Weißrußland oder Pakistan sein –, ist es durchaus vernünftig, statt Barzahlung mit zweifelhaftem Zahlungsziel einen Austausch von Waren zu vereinbaren. Im Geschäftsjargon werden solche Geschäfte Barter genannt.

Beispiel: Reifenhändler Ruppig knüpft auf einer Rußlandreise Kontakt zu einer Kupferhütte in Petersburg. Eine Lieferung von 2000 Lkw-Reifen wollen die russischen Kunden allerdings nicht in Cash, sondern mit Kupferrohren bezahlen. Ruppig vereinbart ein sogenanntes Advanced-Purchase-Geschäft: Die Russen liefern Kupferrohre an eine von Ruppig benannte Handelsfirma nach Deutschland. Vom Erlös erhält Ruppig den Rechnungsbetrag für seine Reifen ausbezahlt – die Ware geht Richtung Petersburg auf den Weg.

Generell gilt für Dich: Wenn nicht ein exorbitanter Gewinn für Dich rausspringt, laß die Finger von solchen Geschäften. Wenn Du dennoch mit Deinem Kunden einen Tauschhandel vereinbarst, solltest Du auf jeden Fall einen erfahrenen Bartering-Partner zwischenschalten. So verhinderst Du, daß Du vom fernen Tauschpartner völlig über den Tisch gezogen wirst.

344 ***Informationen übers Bartern bekommst Du bei folgenden Organisationen:***

- *Bundesverband des Deutschen Exporthandels e.V. (Gotenstr. 21, 20097 Hamburg, Tel: 040/23 60 16 25)*
- *Bundesverband des Deutschen Groß- und Außenhandels (Bonner Talweg 57, 53113 Bonn, Tel. 0228/2 60 04-0)*
- *Deutsche Clearing- und Countertrade GmbH (Mülheimer Str. 39, 47058 Duisburg, Tel. 0203/3 05 35-50)*
- *Verband Deutscher Maschinen- und Anlagenbau e.V. (Lyoner Str. 18, 60528 Frankfurt/Main, Tel. 069/66 03-0)*
- *Außerdem bei Deiner zuständigen Industrie- u. Handelskammer*

345 Wann Leasing lohnt

Investieren ohne Kapitaleinsatz – das ist normalerweise nicht drin. Aber: Leasing macht's möglich. Laut einer ifo-Analyse finanzieren deutsche Unternehmer bereits 10 Prozent ihrer Investitionen über diese Schiene.

Besonders beliebt bei den Leasing-Fans: Finanzierung von Firmenfuhrpark, Büroausstattung und Computerausrüstung. Auch beim Leasing gelten die alten Weisheiten »Gewußt wie« und »Drum prüfe, wer sich ewig bindet«.

Beispiel: Grafiker Gründlich will sich einen neuen Computerarbeitsplatz mit allem Drum und Dran zulegen – geschätzte Kosten: 40 000 Mark. Gründlichs Bank gibt ihm zu verstehen: Das Darlehen könnte er schon bekommen, nur wäre dann seine Kreditlinie vollkommen ausgeschöpft und ein Liquiditätspolster in Form einer Kontokorrentlinie von 20 000 Mark sei ebenfalls nicht mehr drin. Gründlich entschließt sich, das Gerät über eine unabhängige Leasing-Firma zu leasen. Der Vertrag kommt zustande, Gründlich kann sich für die kommenden fünf Jahre auf feste Leasing-Raten einstellen. Außerdem hält er sich im Vertrag die Möglichkeit offen, die Computeranlage vor Vertragsende eventuell durch eine modernere zu ersetzen.

Die Leasing-Unternehmen 346

Die Auswahl aus den vielen unterschiedlichen Arten von Leasing-Gesellschaften und Leasing-Verträgen gleicht dem Stochern im Schnee nach einer verlorenen Uhr. Bei der Frage, mit wem Du Dich für ein Leasing-Geschäft zusammentust, mußt Du zuerst einmal drei Arten von Leasing-Unternehmen unterscheiden.

Unabhängige Gesellschaften 347

Sie gehören weder zu einer Bank noch zu einem Fabrikanten. Den Leasing-Vertrag kannst Du also als Kunde über ein Gerät Deiner Wahl abschließen. Das Unternehmen kauft dann das gewünschte Gerät und vermietet es zu den im Vertrag ausgehandelten Konditionen an Dich weiter. Doch Vorsicht: Auch scheinbar unabhängige Leasing-Gesellschaften können unter der Hand mit einem Gerätehersteller Umsatzprovisionen ausgehandelt haben und wollen Dir deswegen einen ganz bestimmten Vertrag aufdrücken.

348 **Hersteller-Leasing-Unternehmen**

Sie gehören, wie der Name schon sagt, zu einer bestimmten Firma – jeder Autohersteller etwa hat seine eigene Leasing-Gesellschaft. Den Gesellschaften geht es nicht in erster Linie darum, dicke Gewinne zu machen, sondern den Absatz der hauseigenen Produkte zu fördern. Mögliches Problem dabei für Dich: Einmal an einen Hersteller gebunden, wirst Du Probleme haben, Deine Investition mit einem Produkt eines anderen Fabrikanten zu erweitern oder zu modernisieren.

349 **Bankeigene Leasing-Firmen**

Bei ihnen kannst Du als Kunde einen sogenannten Rahmen-Leasing-Vertrag aufnehmen. Der bezieht sich nicht nur auf ein einzelnes Produkt, sondern etwa auf eine ganze Büroausstattung oder den gesamten Fuhrpark und alle Maschinen. Der »Zwei Fliegen mit einer Klappe«-Effekt: Durch den Großauftrag bekommst Du alles aus einer Hand und wirst gleichzeitig bei Deiner Bank ein gern gesehener Geschäftskunde.

Bedenke: Obwohl Leasing optisch gesehen erst mal teurer ist als die alternative Finanzierung über einen Bankkredit, hat der Dreh mit dem Mieten einiges für sich. Spätestens bei der Steuererklärung nämlich entwickelt Leasing einen ungeahnten Charme: den von erheblichem Steuergewinn. Viele Leasing-Gesellschaften bieten deswegen auch speziell zum Steuersparen maßgeschneiderte Verträge an. Das Rezept: Hohe Leasing-Raten, die als Betriebskosten den steuerpflichtigen Firmenertrag drücken. Das folgende Beispiel zeigt Dir, daß nicht nur Freiberufler hier sparen können, sondern auch die Gewerbesteuer zahlenden Unternehmer. Weil die Leasing-Schuld nicht wie ein Bankdarlehen die zu versteuernden Dauerschulden erhöht.

(Wodurch Dir mal wieder der ganze Wahnsinn und die Ungerechtigkeit von Steuergesetzen ins Gedächtnis gerufen wird, wonach einer noch mehr Steuern zahlen soll, nur weil er so schlecht dran ist, daß er Schulden machen mußte …)

Leasing-Vergleichsrechnung: Die Steuer macht's 350

	Bankkredit	Leasing
Maschinenpreis	500 000 DM	500 000 DM
Nominalzins	8,50 %	8,50 %
Effektivzins	8,87 %	8,87 %
Laufzeit	5 Jahre	5 Jahre
Monatsrate	10 258 DM	8 852 DM
Raten insgesamt	615 496 DM	531 134 DM
Restwert	0 DM	100 000 DM
Gesamtkosten	615 496 DM	631 134 DM
Gesamtkosten nach Steuern	**293 467 DM**	289 270 DM

Du siehst an diesem Rechenbeispiel: Leasing ist zwar nicht umwerfend günstiger als ein Bankkredit, jedoch schonst Du Deine Kreditlinie und damit Dein Liquiditätspolster.

Leasing – neun Tips und Warnungen 351

1. Vergleiche die Angebote

Klingt banal, aber wenn Du es nicht machst, zahlst Du ordentlich drauf. Bei vergleichbaren Laesing-Gütern kannst Du bei unterschiedlichen Leasing-Gesellschaften Unterschiede beim Effektivzins von sage und schreibe 3 Prozentpunkten ausmachen.

2. Rechne einfach

Die einfachste Rechnung, ob sich Leasing für Dich lohnt, ist folgende ganz einfache Subtraktion: Ziehe von Deinem durch den Leasing-Vertrag erzielbaren Steuervorteil den Mehrpreis ab, den die Leasing-Gesellschaft Dir als Mehrpreis gegenüber einem Bankkredit reindrückt. Bleibt was über, lohnt sich das Leasing-Geschäft.

3. Frage nach dem richtigen Zins

Nominalzinsen nützen Dir zum Vergleichen gar nichts. Erst wenn die Leasing-Gesellschaft den Effektivzins – also den Preis für das Leasing-Geschäft inklusive aller Provisionen und Spesen – rausrückt, kannst Du Vergleiche anstellen. Wer sich bei der Frage nach dem Effektivzins ziert, hat was zu verbergen. Finger weg!

4. Sichere Dich langfristig ab

Je länger der Leasing-Vertrag läuft, desto konkreter die Gefahr, daß im Konkursfall der Leasing-Firma Dein gemietetes Objekt der Konkursmasse zufällt und Dir im schlimmsten Fall einfach vom Hof gefahren wird. Deshalb: Im Leasing-Vertrag mußt Du unbedingt Dein Investitionsgut von der Konkursmasse trennen lassen.

5. Hohe Lebensdauer – niedrige Raten

Je länger ein geleastes Gut – etwa ein Auto oder eine Maschine – nach Ende der Leasing-Dauer noch seinen Dienst tut, desto höher sollte normalerweise die Anzahlung und desto niedriger bei einem guten Leasing-Vertrag die einzelnen Raten sein.

6. Kurze Lebensdauer – hohe Raten

Güter, die bereits nach einigen Jahren ihren Wert vollständig verloren haben – etwa Computer – sollten nach folgendem Muster geleast werden: Möglichst keine Anfangszahlung, festgelegte Laufzeit und die Leasing-Gesellschaft sollte sich vertraglich bereit erklären, die Entsorgung zu übernehmen.

7. Wann zahlst Du am besten Deine Raten?

Du kannst den Effektivzins Deines Leasing-Vertrags noch einmal minimieren, wenn Du Deine Raten jeweils zum Monats- oder Quartalsende überweist.

8. Versuche, Extras rauszuschlagen

Gute Kunden und Verhandlungskünstler können bei der Leasing-Gesellschaft noch das eine oder andere Bonbon herausschlagen. So ist es etwa durchaus Vereinbarungssache, ob Du das geleaste Objekt am Ende der vertraglichen Nutzungsdauer gegen einen geringen Restwert ganz übernehmen kannst.

9. Halte den Vertrag durch

Wenn Du während der Laufzeit Deinen Leasing-Vertrag ablösen möchtest, schlagen viele Leasing-Gesellschaften gnadenlos zu: Neben dem Restwert, der Summe der abgezinsten Raten, verlangen die Unternehmen nicht selten noch ihren entgangenen Zinsgewinn von Dir.

Tip

> Wenn Du bei vielen verschiedenen Leasing-Gesellschaften viele unterschiedliche Leasing-Verträge zu unterschiedlichen Konditionen abschließt, verlierst Du irgendwann den Überblick. Und schlimmer noch: Für jeden einzelnen Leasing-Vertrag fallen Kosten und Gebühren an – das kann sich böse summieren.

Die mögliche Lösung ist ein sogenannter **Dispo-Leasing-Vertrag**, der von 352
einigen Gesellschaften angeboten wird. Der Trick: Du schließt einen einzigen Rahmenvertrag über eine bestimmte Summe – mindestens 50 000 Mark – mit der Gesellschaft ab. In den kommenden zwölf Monaten kannst Du dann leasen, was das Zeug hält – egal ob Auto, Computer oder Farbkopierer. Ähnlich wie bei einem Dispo-Kredit kannst Du in der vereinbarten Zeit die Leasing-Summe nach und nach ausschöpfen. Dein Vorteil: Du zahlst nur einmal Leasing-Gebühren auf die ganze Summe – und die sind 2 bis 5 Prozent günstiger als bei vergleichbaren Einzelverträgen.

Einziger Haken: Wenn Du innerhalb von 12 Monaten Deine Leasing-Summe nicht ausschöpfst, mußt Du nachzahlen. Damit will die Leasing-Gesellschaft verhindern, daß Du den günstigen Rahmenvertrag abschließt und in Wirklichkeit nur ein oder zwei kleine Objekte leasen möchtest.

Fazit: Wenn Du Deinen gesamten Bedarf an Leasing-Gütern für das kommende Jahr planen kannst, ist Dispo-Leasing eine günstige Alternative.

Das einzige, was man ohne Geld
machen kann, sind Schulden.
(Heinz Schenk)

353 Wie Du Deine Außenstände eintreibst

354 Forderungsausfälle – das ist eigentlich eine viel zu nette Umschreibung für das, was Dich in den Konkurs treiben kann. Zu deutsch: Dein Kunde rückt für eine Dienstleistung, die Du erbracht hast oder eine Ware, die Du geliefert hast, keine müde Mark raus. Um insgesamt 18 Milliarden Mark an Rechnungsbeträgen mußten 1996 deutsche Unternehmen bangen. Besonders gefährdet vom Gespenst der Forderungsausfälle bist Du als Existenzgründer – schließlich kannst Du Dir gerade in den ersten Jahren Deine Kundschaft noch nicht aussuchen und kannst ordentliche Zahler nicht von den schwarzen Schafen unterscheiden.
Eine Möglichkeit für Dich ist, die Sache statt eines teuren Anwalts selbst in die Hand zu nehmen.
Erste Regel für Dein Forderungsmanagement: Schieße nicht mit Kanonen auf Spatzen! Wenn Du bei jeder verspäteten Rechnung die Gerichte in Bewegung setzt, hast Du bald mehr mit Deinen schwebenden Verfahren zu tun, als mit Deinem eigentlichen Geschäftsbetrieb.

355 **Die häufigsten Ursachen für Pleiten**
Merke: Unternehmer scheitern meistens an finanziellen Problemen.

Forderungsausfälle	78,4%
Schlechte Zahlungsmoral der Kunden	
Zu wenig Eigenkapital	58,8%
Kreditprobleme	55,2%
Hohe Lohnnebenkosten	48,5%
Hohe Lohnkosten	44,1%
Kreditlinie gekürzt/gestrichen	43,8%
Hohe Finanzierungskosten	41,4%
Zu hohe Investitionen	35,5%
Schlechte Konjunktur	30,3%

(Quelle: Verband der Vereine Creditreform e.V.)

Trick

Gegen säumige Schuldner kannst Du nicht hart genug vorgehen!
Ist Dein Schuldner ein im Handelsregister eingetragener Kaufmann oder eine GmbH, dann treibst Du am schnellsten Deine Forderungen ein, wenn Du, statt den Gerichtsweg zu beschreiten, nach Erlaß des Mahnbescheids ihn sofort mit einem Konkursantrag bedrohst.

Bei einer GmbH ist übrigens der Konkursantrag vom Geschäftsführer bereits selber zu stellen, wenn zwar keine Überschuldung vorliegt, jedoch (auch kurzfristig) Zahlungsunfähigkeit wegen mangelnder Liquidität gegeben ist. Wird ein solcher Antrag nicht gestellt, kann man dem Geschäftsführer bereits ein Konkursvergehen anhängen. Weil die Staatsanwaltschaft bei allen Konkursen ein Wörtchen mitredet, fürchtet jeder Geschäftsführer dergleichen wie der Teufel das Weihwasser.

Trick zum Vorbeugen des möglichen Konkurses eines Schuldners: Baue in Verträge nach Möglichkeit hohe Konventionalstrafen ein, falls nicht rechtzeitig gezahlt wird. Bei Sanierungsverhandlungen fällt so für Dich am meisten ab. Versuche auch, mit in den Gläubiger-Ausschuß zu kommen. Das bringt Dir einen Informationsvorsprung.

GUTER RAT für Dich persönlich: Gründe keine GmbH. Da meinst Du, bei einem Konkurs Deinerseits käme keiner an Dein Privatvermögen heran – aber das meinst Du auch nur …

356 Schreibe ordentliche Rechnungen aus

Das gehört auf jeden Fall auf eine kaufmännische Rechnung, die einem eventuellen Prozeß standhalten soll:

- Dein Briefkopf mit Adresse und Ansprechpartner,
- Kundennummer, Auftragsnummer, Rechnungsnummer,
- Bestelldatum, Produktangaben,
- Einzelpreis, Nettogesamtpreis, Mehrwertsteuer, Bruttogesamtpreis,
- letzter Zahltag,
- Deine Bankverbindung.

357 **Wichtig:** Um Deinen Schuldner in Zahlungsverzug zu setzen, reicht die Formulierung »Zahlung spätestens vier Wochen nach Erhalt der Rechnung« nicht aus. Du kannst ja nicht belegen, wann Dein Kunde die Rechnung wirklich erhalten hat. Notwendig ist also die Formulierung »Letzter Zahlungstermin: 31. März 1996«.

Tip

Schuldner läßt Dich hängen
Spar Dir schriftliche Mahnungen! Die werden auch meist einfach auf die Seite gelegt.
Besser: Rufe den für die Zahlung Verantwortlichen an, wenn das Zahlungsziel überschritten ist. Frag ihn, ob Du heute oder morgen den Scheck abholen lassen könntest. Oder wann er ihn absenden würde.

Locke mit Skonto 358

Viele Kunden werden schon von sich aus zu pünktlichen Zahlern, wenn Du ihnen dafür ein Bonbon versprichst – also einen Preisnachlaß. So eine Skontostaffel kann beispielsweise lauten: Bei Zahlung innerhalb von 10 Tagen 3 Prozent, innerhalb von 20 Tagen 2 Prozent und innerhalb von 30 Tagen 1 Prozent Nachlaß.

Wichtig: Die verschiedenen Rechnungsbeträge abzüglich Skonto schreibst Du am besten zur Sicherheit noch mal in die Rechnung – nicht, daß einer Deiner Kunden der Prozentrechnung nicht mächtig ist und Dir zuviel abzieht.

Trick

Biete Deinen Kunden 54 ProzentZinsen!

Das ist ein wirkungsvoller Gag bei all Deinen ausgehenden Rechnungen.

Statt der üblichen 3 Prozent Skonto bietest Du zwar das gleiche, aber aufregender an: einen effektiven Jahreszins von 54 Prozent bei Zahlung in 10 Tagen bzw. 30 Tagen netto.

Kommt kein Scheck, weder nach 10 noch nach 30 Tagen, sparst Du Dir am besten die schriftliche Mahnung. Ruf den entsprechenden Mann im Schuldnerbetrieb an, der den Scheck auch unterschreibt. Und dann mach folgenden Vorschlag: »Sie können trotz der Verspätung die Ermäßigung abziehen, wenn ich Ihren Scheck nach heute oder morgen gegen … Uhr bei Ihnen abholen (bzw. abholen lassen) kann.« Mit dieser Masche geht Dir so leicht kein Geld durch die Lappen!

Überweisung de luxe 359

Ein fix und fertig ausgefülltes Überweisungsformular, in das der Kunde nur noch seine Kontonummer und seine Unterschrift einfügen muß, kann für latent säumige Zahler ebenfalls ein Anreiz sein, schneller als gewöhnlich mit dem schuldigen Betrag rauszurücken.

360 Versuch's mit Zahlungseinzug

Falls Du Stammkunden hast, die regelmäßig Rechnungen bei Dir zu zahlen
361 haben, empfiehlt es sich, mit ihnen Lastschrifteinzug zu vereinbaren. Dann kannst Du Lastschriften über die fälligen Beträge wie Schecks auf Dein Konto einreichen und Dir sofort gutschreiben lassen. Dein Kunde bekommt den Betrag dann zwei, drei Tage später von seinem Konto abgebucht.
Wichtig: So richtig sicher kannst Du Dir erst sechs Wochen nach dem Lastschrifteinzug sein. Bis dahin kann Dein Kunde nämlich jederzeit der Abbuchung widersprechen und sich das Geld – plus Bankgebühren – von Deinem Konto zurückholen.

Tip

Ein teures Auto, ein guter Anzug und eine Rolex am Arm – das alles sagt leider noch nichts über die Bonität Deines Kunden aus. Bevor Du also einem Zahlungsziel zustimmst, mußt Du Deinem Kunden auf den Zahl
362 fühlen. Das geht unter anderem mit einer Bankauskunft.
Jetzt glaubst Du, das geht gar nicht, weil in Deutschland das eherne Bankgeheimnis den Instituten verbietet, Zahlen, Daten und Fakten über ihre Kunden auszuplaudern. Richtig und falsch! Das Bankgeheimnis bezieht sich in dieser strengen Ausprägung nur auf Privatkunden. Wenn Dein neuer Kunde Dir hingegen seine Kontoverbindung als Referenzadresse nennt – wenn er das nicht von sich aus tut, kannst Du natürlich auch freundlich, aber nachdrücklich darum bitten –, darfst Du bei seiner Hausbank eine Auskunft über ihn einholen.
Natürlich wird die Bank Deines Kunden keine genauen Angaben wie Kontostände, Firmenumsätze, einzelne Zahlungsvorgänge oder die Höhe der in Anspruch genommenen Kredite verraten. Auf allgemeine Fragen

bekommst Du aber schon eine Antwort: »Ist Herr Müller gut für einen Lieferantenkredit über 80 000 Mark?«; »Hat Herr Müller auf seinem Firmenkonto regelmäßige Eingänge?« Diese und ähnliche Auskünfte geben Dir zwar kein genaues Bild von Deinem Kunden, aber immerhin würde die Bank Dich warnen, wenn er ihrer Meinung nach kurz vor dem Offenbarungseid steht.

Pünktlich mahnen

Das A und O beim Eintreiben von Außenständen ist, daß Du Deinen Kunden ordnungsgemäß gemahnt hast. Für eine gewöhnliche Mahnung reicht ein
Brief, für die letzte Mahnung sollte es schon ein Einschreibbrief sein. In ihr 363
setzt Du Deinem Kunden eine letzte Frist, bis zu der er die Zahlung zu leisten hat.

Wenn Du trotz drei bis vier Mahnungen plus Zahlungsaufforderung immer noch nicht zu Deinem Geld gekommen bist, gehst Du in die nächste Runde.

Tip

Zahlungsunwillige, für welche Du Leistungen erbracht oder durch eine Prüfung Lohnsteuer nachzuzahlen hast, die es aber nicht für nötig halten, auch nach der dritten Mahnung endlich zu bezahlen, behandelst Du so: Beauftrage einen Anwalt, deren kommende Lohnsteuererstattungs-Ansprüche beim Finanzamt vorsorglich zu pfänden. Liegt die Pfändung vor, muß das Finanzamt sie auch vollstrecken.

364 Der Mahnbescheid – kleiner Schrieb, große Wirkung

Mahnbescheide – früher hatten sie den noch kräftigeren Namen »Zahlungsbefehl« – haben drei bestechende Vorteile: Sie sind einfach, kostengünstig und ausgesprochen effektvoll. Der Mahnbescheid ist im Prinzip nichts anderes als die gerichtlich durchgesetzte, allerletzte Zahlungsaufforderung – ohne Mitwirkung eines teuren Anwalts.

Bevor Du loslegst, muß Du Dir allerdings ganz sicher sein, daß Deine Forderung gegen Deinen Kunden absolut hieb- und stichfest ist. Ansonsten kann es Dir durchaus passieren, daß das Gericht zu Deinen Ungunsten entscheidet und ziemliche Gerichtskosten auf Dich zukommen. Das gleiche gilt ebenfalls, wenn Du Dir zwar hundertprozentig sicher bist, daß Deine Forderung berechtigt ist, Du es aber im Ernstfall nicht beweisen kannst. Behauptet Dein Kunde etwa, niemals eine Vereinbarung mit Dir getroffen zu haben, mußt Du erst mal das Gegenteil beweisen.

365 Für fällige und beweisbare Forderungen kannst Du den Mahnbescheid einsetzen. Ein Mahnbescheid ist ein amtliches Formular. Du bekommst es in Schreibwarenhandlungen. Und weil der Mahnbescheid so ein hochwichtiges Formular ist, mußt Du gewisse Formvorschriften beachten.

Das muß unbedingt in den Mahnbescheid

- Dein er der Firma) und Deine Anschrift.
- Vollständiger Name und Anschrift Deines Schuldners (bei einer GmbH auch Name des Geschäftsführers). Das ist wirklich wichtig. Denn: Wenn das Gericht keine vollständige Anschrift des säumigen Zahlers hat – nur das Postfach etwa reicht nicht aus –, kann auch kein Gerichtsvollzieher den Mahnbescheid persönlich zustellen.
- Die Höhe Deiner Geldforderung plus aller Nebenkosten.
- Die Grundlage, aus der Du Deinen Anspruch geltend machst. Sie kann zum Beispiel heißen: »Warenlieferung gemäß Rechnung Nr. 6734 vom 17.3.96.«
- Deine Nebenkosten: Das können sowohl die Mahnkosten als auch Verzugszinsen auf Deine Forderung sein.
- Das Amtsgericht, bei dem Du den Mahnbescheid beantragst. Das ist in jedem Fall das Amtsgericht, das für Deinen Wohn- oder Geschäftssitz

zuständig ist. Aufgepaßt: In manchen Bundesländern ist das Mahnverfahren automatisiert – manche Gerichte sind zentral zuständig. Also: Vorher fragen, wohin mit dem Antrag.

- Das Gericht, bei dem Du den säumigen Zahler verklagen möchtest, falls er trotz Mahnbescheids immer noch nicht zahlen will. Grundsätzlich ist das Gericht am Wohnort des Schuldners zuständig – bei Streitfällen unter 10 000 Mark das Amtsgericht, darüber das Landgericht. Geht es um Mietstreitigkeiten, ist immer das Amtsgericht gefordert.
- Die Angabe, daß Deine Geldforderung nicht von einer Gegenleistung Deinerseits – etwa einer noch nicht erbrachten Dienstleistung – abhängig ist.
- Schlußendlich Deine Unterschrift.

Hast Du den Mahnbescheid ausgefüllt, gibst Du ihn bei Deinem Amtsgericht ab. Oder Du schickst ihn zusammen mit einem Scheck über die Kosten (die stehen im Mahnbescheid) per Post ans Gericht. Das Gericht prüft nicht, ob Dein Anspruch berechtigt oder unberechtigt ist – es stellt den Bescheid lediglich Deinem Schuldner zu – per offizieller Postzustellungsurkunde –, das macht Eindruck. Im Mahnbescheid bekommt Dein Schuldner unmißverständlich mitgeteilt: Zahle Deine Schulden innerhalb von zwei Wochen oder erhebe Einspruch gegen den Bescheid – sonst kommt der Gerichtsvollzieher mit dem Kuckuck.

Nach dieser ultimativen Drohung hat der säumige Zahler drei Alternativen: Er zahlt an Dich und die Sache ist erledigt. Oder er legt beim Gericht Widerspruch ein und muß nun damit rechnen, daß Ihr Euch demnächst vor dem Kadi wiederseht. Rührt er sich gar nicht und läßt die 14 Tage ohne Reaktion verstreichen, hast Du freie Hand: Du kannst bei Deinem Amtsgericht einen Vollstreckungsbescheid beantragen und ihm den Gerichts- 366
vollzieher auf den Hals schicken.

Treibe Dein Geld aktiv ein

Trotz vollstreckbaren Titels mußt Du noch den ein oder anderen Kniff anwenden, um dem Gerichtsvollzieher ein wenig Dampf unter dem Hintern zu machen. Hat Dein Schuldner also auf den Mahnbescheid hin auch nicht bezahlt, dann mache den Vollstreckungsauftrag zum Absenden fertig.

Tip

367 In dem Vollstreckungsauftrag gibst Du auf einem Beiblatt dem Gerichtsvollzieher direkt den Auftrag, bei erfolgloser Pfändung in den Geschäftsräumen des Schuldners sich auch in dessen Privatwohnung umzuschauen. Das kann der Schuldner zwar verweigern, doch wenn Du den begründeten Verdacht hast, daß er pfändbare Vermögensgegenstände auf die Seite schafft, muß der Gerichtsvollzieher dem nachgehen. Der kann dann, auch ohne richterlichen Durchsuchungsbeschluß (trotz Weigerung des Schuldners) dessen Wohnung auf den Kopf stellen. (Täten's diese meist bequemen Beamten doch nur!) Trotzdem: Vielleicht hast Du Glück. Deshalb fordere den Gerichtsvollzieher ausdrücklich auf, sich auch noch an anderen Orten nach pfändbaren Vermögensgegenständen des Schuldners umzusehen. Das kann beispielsweise der Arbeitgeber oder die Hausbank des Schuldners sein.

Und weil Du mit Deinem vollstreckbaren Titel nicht nur Vermögensgegenstände, sondern auch Forderungen des Schuldners gegen Dritte – etwa einen Kredit, den er einem Geschäftspartner gewährt hat – einkassieren darfst, solltest Du den Gerichtsvollzieher ebenfalls ausdrücklich darauf hinweisen, nach solchen Forderungen Ausschau zu halten.

368 Inkassounternehmen – die professionellen Geldeintreiber

Beispiel: Schreinermeister Strebsam baut für einen Kunden das gesamte Dachgeschoß seines Einfamilienhauses aus. Gesamtwert des Auftrags inklusive Material: 48 000 Mark. Als nach zwei Monaten immer noch kein Geld eintrifft, entschließt sich Strebsam, der mißtrauisch geworden ist, ein Inkassounternehmen zu beauftragen. Die Profis treiben Strebsams Geld zügig und korrekt ein – keine zwei Wochen später ist Strebsam wieder liquide.

Inkassounternehmen rücken Deinen zahlungsfaulen Kunden auf den Pelz – mit Routine und Hartnäckigkeit. Sie verschicken Mahnungen, führen Vergleichsgespräche, vereinbaren und überwachen Ratenzahlungen und klagen schlußendlich die fälligen Forderungen ein. Wenn gar nichts mehr hilft, schicken sie den Gerichtsvollzieher.

Dein Vorteil: Forderungen, die Du von den Profis eintreiben läßt, kosten 369
Dich keine Zeit, Mühe und Nerven mehr. Doch mußt Du bei der Auswahl des richtigen Unternehmens mit Bedacht vorgehen, denn sonst handelst Du Dir mehr Ärger ein, als es die Sache vielleicht wert ist. Wie in jeder Branche gibt es nämlich auch bei den Schuldeneintreibern schwarze Schafe. Zwar werden Deinem Kunden in unseren Breitengraden nicht Arme und Beine gebrochen – auch wenn Du ihm dies insgeheim vielleicht wünschst –, doch gibt es auch andere Methoden.

Unstatthaft ist beispielsweise die Masche einiger Inkassobetriebe, ihre Opfer von einem sogenannten »schwarzen Mann« verfolgen zu lassen. Dieser auffällig mit schwarzem Mantel, Regenschirm und Melone ausstaffierte Herr beschattet säumige Zahler schweigsam auf Schritt und Tritt – quasi als wandelndes Zeichen ihrer Insolvenz.

So findest Du den richtigen Inkasso-Dienstleister

- Dein Inkassobüro sollte auf jeden Fall Mitglied im Bundesverband deutscher Inkassounternehmen (BDIU) sein. Alle Mitglieder des Verbands haben sich nämlich verpflichtet, bestimmte allgemein anerkannte Richtlinien bei der Arbeit einzuhalten. Adressen von geeigneten Büros gibt es beim BDIU (Brennerstr. 76, 20099 Hamburg,Tel. 040/280826-0) und bei Deiner IHK oder Handwerkskammer.
- Prüfe das Unternehmen, das Du im Auge hast. Das geht am besten, indem Du Dir ein oder zwei Referenzkunden nennen läßt und Dich mit einem kurzen Anruf über deren Erfahrungen mit dem Inkassobüro informierst.
- Sichere Dir bei Deinem Inkassobeauftragten ein Mitspracherecht, wenn es darum geht, mit welcher Taktik Dein Kunde zum Zahlen gebracht

werden soll. So kannst Du verhindern, daß ein guter Kunde, der vielleicht nur vorübergehend in Zahlungsschwierigkeiten geraten ist, durch ruppige Inkassomethoden ein für alle Mal vergrault wird.

- Vereinbare Deinen Kostenanteil am Inkasso im voraus und zwar auf Heller und Pfennig. Laß Dich nicht mit dem Verweis auf die Inkasso-Gebührenordnung abspeisen. Die richtet sich zwar nach der Gebührenordnung für Rechtsanwälte, ist aber im Einzelfall frei vereinbar. Feilschen lohnt sich!

Das kosten die Inkassoprofis

370 Die Kosten fürs Inkasso mußt zum Teil Du zahlen, zum Teil Dein zahlungsscheuer Kunde. Im Erfolgsfall – also wenn tatsächlich Geld fließt – mußt Du an das Inkassounternehmen eine Erfolgsprovision zahlen. Die richtet sich nach der Höhe des einzutreibenden Betrags. Des weiteren können eventuell anfallende Gerichtskosten auf Dich zukommen – und zwar dann, wenn das Inkassounternehmen vor den Kadi gezogen ist und sich herausstellt, daß Deine Forderung unberechtigt ist.
Wie bei allen Dienstleistungen gilt auch beim Inkasso: Vergleichen lohnt. Bis zu 400 Prozent Preisunterschied zwischen den verschiedenen Inkassobüros sind wohl Argument genug, oder?

Tip

> Sind Forderungen gegen Deine Kunden strittig, dann zieh nicht wegen jeder Kleinigkeit vor Gericht. Glaub mir: Du zahlst am Ende nur drauf. Immer wieder bewahrheitet sich: »Ein karger Vergleich ist besser als ein fetter Prozeß.«

»Vorbilder sind ein kurzer Weg,
der schnell zum Ziele führt.«
(Bernhard M. Baruch)

Wie Du öffentliche Töpfe anzapfst 371

Vater Staat mag Menschen, die sich was trauen – und nicht nur der. Auch die Bundesländer und die EU meinen es gut mit Existenzgründern. Eigenkapitalhilfen, Bürgschaften, verbilligte Kredite, Darlehen ohne Sicherheiten – die Fördertöpfe, die Du für Deine Unternehmung in Anspruch nehmen kannst, sind wohlgefüllt. Doch bei mehr als 800 unterschiedlichen Förderprogrammen verliert man schnell den Überblick. Die Gefahr ist groß, daß Du die passende Förderung nicht, falsch oder zu spät beantragst. Nur mit der richtigen Beratung und gutem Timing holst Du Dir den optimalen Förderungsmix.

Beispiel: Programmierer Penibel hat das Angestelltenleben satt und plant den eigenen Software-Entwicklungsbetrieb speziell für Speditionsunternehmen. Außer der erfolgversprechenden Idee und seinem Know-how hat Penibel allerdings nur 30 000 Mark an Eigenkapital. Beim Sondierungsgespräch mit der Hausbank wird jedoch schnell klar: Penibel kann aus öffentlichen Töpfen noch einen ganzen Batzen Fördermittel bekommen: 150 000 Mark an Eigenkapitalhilfe von der Deutschen Ausgleichsbank, hinzu noch ein ERP-Existenzgründerdarlehen über 80 000 Mark – beides zu Konditionen weit unterhalb der marktüblichen Zinsen. Penibel ist entzückt – er kann den Betrieb gründen.

Wer fördert Dich?

Öffentliche Fördermaßnahmen in der Bundesrepublik sind Sache von Bund, Ländern sowie der EU. Gefördert werden im wesentlichen kleine und mittelständische Betriebe. Für Existenzgründer wie Dich gibt es eine ganze
Reihe eigener Programme. Darüber hinaus kann aber auch ein spezielles 372
Technologieprogramm – etwa Immissionsschutz oder Personennahverkehr – für Deinen Betrieb von Interesse sein.

Die Fördergelder von Bund und Ländern werden meist nicht von den Behörden selbst ausgeschüttet, sondern von sogenannten Spezialkreditinstituten. Auf Bundesebene sind das die Kreditanstalt für Wiederaufbau (KfW) in Frankfurt und die Deutsche Ausgleichsbank (DtA-Bank) in Frankfurt.
In der Regel mußt Du Deine Anträge aber nicht direkt bei den Förderstellen abgeben, sondern Du stellst sie über Deine Hausbank.

Kleines Fördereinmaleins

Erste goldene Regel, um im Dschungel der Fördergelder nicht verlorenzugehen: Besorge Dir professionelle Hilfe bei der Auswahl der Förderprogramme und bei der Antragstellung. Erste Anlaufstelle für Dich ist Deine Hausbank.
Die meisten Banken haben sich schon seit langem darauf spezialisiert,
373 Existenzgründer auch in Sachen öffentlicher Förderung zu beraten.
Dafür haben die Kreditinstitute gleich zwei gute Gründe: Zum einen stellen die Förderinstitutionen bei manchen Programmen lediglich Kreditbürgschaften – das eigentliche Darlehen nimmst Du dann trotzdem bei der Bank auf. Die freut sich: Sie hat den Zinsgewinn und kein Risiko. Zum anderen beraten die Banken hoffnungsvolle Existenzgründer wie Dich gern, weil Du ja später einmal ein solventer Großkunde werden kannst, mit dem man noch das ein oder andere Bankgeschäft abschließen könnte.
Kurzum: Die Banken haben erkannt, daß sich eine kompetente Förderungsberatung auszahlt. Nur zwei Beispiele von vielen: Die Dresdner Bank gibt eine ständig aktualisierte Loseblattsammlung heraus mit dem Titel: »Die wichtigsten überregionalen Fördermaßnahmen für die gewerbliche Wirtschaft in Deutschland.« Mehr Aufwand treibt der Branchenprimus Deutsche Bank: In der Datenbank DB-Select sind knapp 900 Fördermaßnahmen von Bund, Ländern und EU mit allen wichtigen Informationen betreffs Konditionen, Antragsvoraussetzungen, Ansprechpartnern usw. Mit dieser Datenbank – andere Banken haben ähnliche Software im Angebot – kannst Du Deine ganz persönliche Kombination von Förderprogrammen ermitteln.

Die meisten öffentlichen Fördergelder mußt Du beantragen, bevor Du Dein Investitionsvorhaben beginnst. 374

Beispiel: Friseurmeister Flink hat endlich den passenden Salon in bester Fußgängerzonenlage gefunden und den Mietvertrag direkt unterschrieben. Auch die Bestellung für die komplette Ladeneinrichtung läuft bereits. Erst im dritten Schritt erkundigt sich Flink bei seiner Hausbank nach öffentlichen Fördergeldern für Existenzgründer und muß erfahren, daß er durch Mietvertrag und Bestellung der Geräte bereits wesentliche finanzielle Bindungen eingegangen ist. Damit ist der Anspruch auf die besten Programme aus dem Förderpaket für Existenzgründer leider verwirkt.

Also ganz, ganz wichtig: Der Gang zur Bank und das Gespräch mit dem Kreditberater über die richtigen Förderprogramme gehört zu Deinen ersten Schritten bei der Existenzgründung.

»Wer schreibt, der bleibt.« 375
Schreibe also Deinen Finanzplan nieder:
Prüfe genau Deine finanziellen Möglichkeiten, bevor Du den ersten Schritt in die Selbständigkeit wagst. Trage deshalb die einzelnen Beträge in die dafür vorgesehene Spalte ein. Sind Dir keine genauen Zahlen bekannt, solltest Du Dich bei der Berufskammer nach Erfahrungswerten erkundigen.

Dein Kapitalbedarf	in Mark
Grundstück	
Gebäude	
Umbaumaßnahmen	
Maschinen, Geräte	
Geschäfts- bzw. Ladeneinrichtung	
Fahrzeuge	
Reserve für Folge-Investitionen und Unvorhergesehenes	
Roh-, Hilfs- und Betriebsstoffe	
unfertige Erzeugnisse bzw. Leistungen	
fertige Erzeugnisse und Waren	
Forderungen/Außenstände	
Reserve für besondere Belastungen in der Anlaufphase	
Summe	
Gründungskosten	
Beratungen	
Anmeldungen/Genehmigungen	
Eintrag ins Handelsregister	
Notar	
Summe	
Kapitaldienst (Tilgung)	
Zins- und Tilgungskosten	
Privatentnahmen	
Kapitalbedarf	

Dein Gewinnplan	in Mark
Erwarteter Umsatz	
./. Wareneinsatz	
= **Rohgewinn I**	
./. Personalkosten	
- Löhne und Gehälter	
- Weihnachtsgeld	

- Urlaubsgeld	
- vermögenswirksame Leistungen	
= Rohgewinn II	
./. Sachgemeinkosten	
- Miete, Pacht, Heizung	
- Gas, Wasser, Strom	
- Steuern, Versicherungen, Beiträge	
- Fahrzeugkosten	
- Werbungs-, Reisekosten, Präsentation	
- Instandhaltung, Maschinen, Geräte	
- Bürobedarf, Telefon	
- Steuerberater, Buchführung	
- Zinsausgaben	
- Abschreibungen	
Jahresüberschuß	

Frage Dich: Reicht das für meine privaten Ausgaben?
Und für Investitionen?

Steuern auf das Einkommen	
Krankenversicherung	
Rentenversicherung	
Lebensversicherung	
private Miete	
Lebensunterhalt	
sonstige private Ausgaben	
Gesamt	

Förderprogramme speziell für Existenzgründer 376

DtA-Existenzgründungsprogramm 377

- Kredit mit 10 Jahren Laufzeit, davon 2 Jahre tilgungsfrei
- Höchstbetrag 4 Millionen Mark

- 75 Prozent Finanzierungsanteil
- Informationen bei: Deutsche Ausgleichsbank, Telefon: 0228/831-2562

378 **ERP-Existenzgründungsdarlehen**

Konditionen für Westdeutschland

- Kredit mit 10 Jahren Laufzeit (bei Bauvorhaben 15 Jahre)
- maximal 3 tilgungsfreie Jahre
- Höchstbetrag 1 Million Mark
- 50 Prozent Finanzierungsanteil

Konditionen für Ostdeutschland

- Kredit mit 15 Jahren Laufzeit (bei Bauvorhaben 20 Jahre)
- maximal 5 tilgungsfreie Jahre
- Höchstbetrag 2 Millionen Mark
- Informationen bei: Deutsche Ausgleichbank, Telefon: 0228/831-2562

379 **Eigenkapitalhilfe**

- Laufzeit 20 Jahre, davon 10 Jahre tilgungsfrei
- Höchstbetrag 700 000 Mark
- Informationen bei: Deutsche Ausgleichbank, Telefon: 0228/831-2562

380 **KfW-Mittelstandsprogramm**

- Laufzeit maximal 10 Jahre, davon maximal 2 Jahre tilgungsfrei
- Höchstbetrag 10 Millionen Mark
- Finanzierungsanteil maximal 75 Prozent
- Informationen bei: Kreditanstalt für Wiederaufbau, Telefon: 030/20264-192

381 **Existenzgründungsberatung**

- Zuschuß von maximal 60 Prozent einer Existenzgründungsberatung
- Höchstbetrag 3000 Mark
- Informationen bei: Bundesministerium für Wirtschaft, Telefon: 0228/615-4436

Pflege den richtigen Umgang mit der Bank 382

Banken, so eine weitverbreitete Ansicht, sind Institute, die bei schönem Wetter Regenschirme ausleihen und sie, sobald die ersten Tropfen fallen, wieder einsammeln. Manch ein Existenzgründer würde heute noch seinen Betrieb führen, wenn seine Hausbank ihm nicht übereilt den Geldhahn zugedreht hätte. Wenn's an Geld in der Kasse mangelt, dann kann ein gelungenes Verhandlungsgespräch Gold wert sein – und nicht nur dann. Kontogebühren, Kreditkonditionen, Serviceleistungen – das alles kannst Du optimieren, wenn Du mit Deiner Bank richtig redest.

Beispiel: Mechaniker Munter versteht die Welt nicht mehr. Obwohl er sich mit seiner Reparaturwerkstatt für amerikanische Importautos schon seit zwei Jahren auf solidem Wachstumskurs befindet, verweigert ihm seine Hausbank urplötzlich einen Überbrückungskredit für einen kurzfristigen Liquiditätsengpaß. Und das, obwohl seine Firma erst kürzlich einen Wartungsvertrag über einen ganzen Firmenfuhrpark erhalten hat. Nach ergebnislosen Verhandlungen sieht Munter keine andere Alternative, als seine langjährige Bankverbindung zu wechseln.

Kreditverhandlung: Hart und kompetent 383

Das Angebot unterschiedlichster Bankkredite kann auf Dich als Firmenkunde erdrückend wirken. Doch das hat auch seine Vorteile: Je nach Zinssituation – und auf jede Hochzinsphase folgt garantiert wieder eine Zeit niedriger Zinsen – kannst Du bei der Kreditverhandlung auf ein optimales Angebot pochen.

Tip

Vereinbare bei hohen Zinsen niedrige Laufzeiten und niedrige Kreditsummen – umgekehrt bei niedrigen Zinsen ein möglichst hohes Darlehen, das möglichst lange festgeschrieben ist. Lerne, Deine Finanzierungswünsche an den Kapitalmarkt anzupassen – dann gehst Du aus dem Gespräch mit Deinem Firmenkundenberater als Sieger hervor und nicht die Bank.

Erfahrung ist der Name,
den der Mensch seinen Irrtümern gibt.
(Oscar Wilde)

384 Sieben Tips für den besseren Darlehensabschluß

1. Schaffe Vertrauen

Bau-Bankrotteur Dr. Schneider hatte es raus: Bis kurz vor dem finanziellen Desaster seines Unternehmens galt er bei seinen Banken als Musterkunde, der immer korrekt und pünktlich zahlte und auf Wunsch gern und bereitwillig Sicherheiten gab. Du siehst, auch mit schlechten Karten kannst Du bei Deiner Bank ein gern gesehener Kunde werden. Und dazu mußt Du nicht einmal falsche Angaben machen wie Knastbruder Schneider.

Tip

Informiere die Bank von Dir aus ab und zu über aktuelle Entwicklungen Deines Unternehmens. Wenige zutrauliche Zeilen reichen – »man kennt sich schließlich«. Halte alle Zahlungstermine pünktlich ein, wenn die Bank mit im Spiel ist.

2. Sei gut vorbereitet

Nichts ist unangenehmer, als wenn Du beim Kreditgespräch wichtige Unterlagen, die Deine Bank auf jeden Fall sehen will, nicht präsentieren kannst. Also: Überlege, was für die Präsentation Deines Investitionsvorhabens wichtig sein könnte. Prospekte der neuen Maschine; Produktionsprogramm; Kosten-Nutzen-Rechnung; Marktanalyse; Absatzprognose usw. – all dies in sauberen Kopien am besten in einer Dokumentenmappe für den Kreditsachbearbeiter zusammengefaßt und die Schlacht ist bereits halb gewonnen.

3. Bei Gefahr: Lege gleich die Karten auf den Tisch

Trotz sorgfältigster Liquiditätsplanung kann es auch dem besten Unternehmer passieren, daß die Kasse plötzlich leer ist und größere Rechnungen anstehen. Wenn Du jetzt sofort Deine Bank in Kenntnis setzt, daß unter Umständen ein Engpaß ansteht, ziehst Du das Kreditinstitut frühzeitig ins Vertrauen – das trägt Früchte bei der dann nötigen Verhandlung über einen Überbrückungskredit.

4. Warte nicht, bis es zu spät ist

Das Gegenteil von Tip Nummer 3 versuchen viele Unternehmer: Sie stecken **385**
bei Zahlungsschwierigkeiten den Kopf so lange in den Sand, bis die Bank merkt, daß die kurzfristige Liquidität der Firma anscheinend arg strapaziert ist. Wer beispielsweise unangemeldet sein Kontokorrentkonto überzieht, riskiert, daß die Bank verständlicherweise sauer reagiert und alle Privat- und Geschäftskonten gnadenlos kündigt.

5. Triff die richtige Wahl

Bei ganz kurzen Kreditlaufzeiten – als Faustregel gelten sechs Monate – **386**
kann es sich durchaus rechnen, bei der Verhandlung einen vermeintlich teureren Kontokorrentkredit anzustreben als einen Betriebsmittelkredit. Denn: Zwar hat der Betriebsmittelkredit einen niedrigeren Zinssatz, dafür rechnet die Bank meist eine Bearbeitungsgebühr obendrauf – das kann bei kurzer Laufzeit zu einem höheren Effektivzins als auf dem Kontokorrentkonto führen.

6. Paß bei den Zinsen gut auf

Ist das Zinsniveau hoch, mußt Du bei der Kreditverhandlung auf einen
387 Abschluß mit variablem Zins hinarbeiten. Folge: Der Zins für Deinen Kredit sinkt, wenn der Kapitalmarktzins runter geht. Dann natürlich muß Dein Bestreben sein, den niedrigen Zins festzuschreiben.

388 7. Halt Dich zurück beim Sicherheitengeben

Ganz klar: Am liebsten will Deine Hausbank für einen 20 000 Mark Kredit eine Grundschuld, Dein Wertpapierdepot und obendrein noch den Fahrzeugbrief Deines Privatwagens im Wert von insgesamt 100 000 Mark als Sicherheit. Dein Interesse bei der Kreditverhandlung muß aber genau im Gegenteil liegen – geize mit Deinen Sicherheiten, wo Du nur kannst. Denn: Auch wenn Dein Kreditsachbearbeiter es noch sosehr bestreitet, welche Sicherheiten für welchen Kredit gestellt werden müssen, das ist Verhandlungssache. Dein hehres Verhandlungsziel – auch wenn Du es nicht vollständig erreichen wirst – muß lauten: Sowenig Sicherheiten wie möglich; die besten Sicherheiten, etwa Hypotheken, gibst Du deshalb zuletzt aus der Hand; erstklassige Sicherheiten rückst Du nur gegen bessere Kreditkonditionen heraus.

Tip

Wie kommst Du bei Zahlungsverzug am besten bei der Bank weg?
Wichtig ist, daß Du die Bank niemals vor vollendete Tatsachen stellst, sondern sie stets als aktiven Partner einbindest.
Es ist sinnvoll, die Bank unaufgefordert und in bestimmten Abständen regelmäßig zu informieren, beispielsweise unter Übersendung einer Einnahmen-Ausgaben-Aufstellung, einer Zwischenbilanz bzw. eines Zwischenberichts.
Diese Unterrichtungen sollen den wirtschaftlichen Erfolg des Projektes dokumentieren, und zwar nach Möglichkeit durch das Zahlenwerk eines unabhängigen Wirtschaftsprüfers.

Wenn Du Dein Projekt laufend überwachst, wirst Du stets frühzeitig erkennen können, ob es Probleme im Hinblick auf die wirtschaftliche Durchführung geben kann. In solchen Fällen mußt Du aktiv versuchen, diese Probleme zu beseitigen. Und bereits dann die Bank davon informieren, daß möglicherweise eine Rate, die zur Zahlung ansteht, nicht pünktlich, nicht in voller Höhe oder erst zu einem späteren Zeitpunkt gezahlt werden könnte. Dazu dient am besten eine persönliche Kontaktaufnahme.

Bei einem solchen persönlichen Gespräch sollte sinnvollerweise Dein Steuerberater dabei sein, der unter Darlegung der Gründe vorträgt, warum und wann der Zahlungsverzug drohen könnte.

Ein beliebtes Mittel, um Zahlungsverzug zu überbrücken oder um vorübergehende Liquiditätsschwierigkeiten zu beseitigen, sind die sogenannten Zwischenfinanzierungen – meist kurzlaufende, recht teure Kredite, die dann später von langfristig laufenden Krediten abgelöst werden und die die vorübergehende Liquiditätskrise beseitigen sollen.

In der letzten Stufe einer Krise kommt es zur Sicherheitenverwertung durch die Bank. Danach bleiben Dir nur noch Ansprüche auf Schadenersatz übrig.

Bei der Sicherheitenverwertung richtet sich das Vorgehen der Bank nach den allgemeinen Regeln, die im Rahmen der AGBs festgeschrieben sind. Darin heißt es (Nr. 20 der AGBs):

»Kommt ein Kunde seinen Verbindlichkeiten bei der Fälligkeit nicht nach, so ist die Bank befugt, die Sicherheiten ohne gerichtliches Verfahren unter tunlichster Rücksichtnahme auf den Kunden zu beliebiger Zeit an einem ihr geeignet erscheinenden Ort auf einmal oder nach und nach zu verwerten. Unter mehreren Sicherheiten hat die Bank die Wahl. Sie darf zunächst aus dem sonstigen Vermögen des Kunden Befriedigung suchen. Über den Erlös wird die Bank dem Kunden eine Gutschrift erteilen, die als Rechnung für die Lieferung des Sicherungsgutes gilt und den Voraussetzungen des Umsatzsteuerrechtes entspricht.«

Einer Androhung der Verwertung, der Einhaltung einer Frist und der Ausbedingung sofortiger Barzahlung des Kaufpreises bedarf es nicht. Eine Abweichung von der regelmäßigen Art des Pfandverkaufs kann nicht verlangt werden. Die Bank wird nach Möglichkeit Art, Ort und Zeit der Verwertung mitteilen, sofern nicht die Benachrichtigung untunlich ist.

Weiter heißt es in den Allgemeinen Geschäftsbedingungen, daß Pfänder, die einen Börsen- oder Marktpreis haben, von der Bank durch öffentliche Versteigerung verwertet werden. Auch darf die Bank ihre als Pfand haftenden Forderungen, Grund- und Rentenschulden schon vor Fälligkeit ihrer Forderung kündigen und einziehen, wenn dies zur Erhaltung der Sicherheit erforderlich ist.

Das ist schlimm für Dich: Die Bank muß die Sicherheitenverwertung noch nicht einmal ankündigen. Sie kann sie nach Belieben durchführen.

In jedem Fall ist die Störung des »besonderen Vertrauensverhältnisses« nach der Vorbemerkung der Allgemeinen Geschäftsbedingungen stets ein entsprechender Kündigungsgrund, der sogar zur fristlosen Kündigung berechtigt.

Guter Rat:

- Provoziere keine Kündigung seitens der Bank.
- Halte Dir nach Möglichkeit noch akzeptable Sicherheiten (zum Beispiel eine noch nicht abgetretene Lebensversicherung) in petto.
- Bleibe mit der Bank auch in der Krise im Dialog.

Trick

Gläubiger und Schuldnertrick

Mit raffinierten Methoden arbeiten Gläubiger und Finanzamt, wenn sie feststellen wollen, ob ein Schuldner ein noch unbekanntes Konto bei der Bank oder Sparkasse unterhält. Sie gehen einfach in das Bankinstitut und geben vor, eine Einzahlung für den besagten Herrn machen zu wollen. Man habe nur die Kontonummer vergessen. Ein Anruf in der Hauptstelle macht mitunter den Unkundigen wissend. Das bislang noch unbekannte Konto kann gepfändet werden. Kluge Schuldner wissen dies und errichten ihre versteckten Konten bei kleinen Raiffeisenbanken auf dem Lande und nicht bei Großbanken mit Zentralkartei. Die rechtlich selbständigen Raiffeisenbanken melden ihre Kontoinhaber nicht an ihre Zentralbanken, und ein Gläubiger muß dann schon lange suchen, bevor er an das richtige Institut gerät.

Umschulden: Raus aus den teuren Krediten 389

Nichts ist ärgerlicher, als vor ein paar Jahren einen teuren Festzinskredit mit langer Laufzeit abgeschlossen zu haben und nun zähneknirschend mitansehen zu müssen, wie der Kapitalmarktzins immer weiter gen Talsohle strebt. Das kann Dir als Häuslebauer ebenso passieren wie als Unternehmer, der einen langfristigen Betriebsmittelkredit mit ewig gleichhohen Zinsen am Bein hat.

Ganz klar: Ab einer gewissen Differenz zwischen dem Marktzins und Deinem fixen Kreditzins ist für Dich die Schmerzgrenze erreicht – Du mußt raus aus dem teuren Kredit und auf einen neuen, preisgünstigeren umschulden. Doch das ist einfacher gesagt als getan, denn: Deine Bank ist alles andere als glücklich, wenn Du trotz fester Laufzeitvereinbarung plötzlich den Kredit kündigen willst. Schließlich, so die Argumentation der Kreditgeber, habe man sich das Geld ja ebenfalls für die vereinbarte Laufzeit besorgen müssen – zu ebenfalls teuren Zinsen.

Aus diesem Grund verlangt die Bank eine Entschädigung für den entgangenen Zinsgewinn. Das klingt nach Abzockerei, ist aber leider Gottes völlig legal. Für Dich heißt das: Erst, wenn sich ein neuer, kostengünstiger Kredit trotz Entschädigungszahlung für die Ablösung des teuren Darlehens lohnt, solltest Du umschulden.

Faustregel: Je länger die Restlaufzeit Deines Kreditvertrags, um so geringer 390
die Chance, daß Du bei einer Umschuldung ein Geschäft machst, denn die Entschädigungszahlung an die Bank wächst mit der Anzahl der Restlaufjahre.

Wie Du mit der Bank beim Thema Umschuldung erfolgreich verhandelst

Wenn Du Deiner Bank anbietest, einen neuen langfristigen Kreditvertrag – 391
zum niedrigeren Zins natürlich – wieder bei ihr abzuschließen, kann die verlockende Aussicht des Anschlußgeschäfts dazu führen, daß die Bank in Sachen Entschädigungszahlung mit sich reden läßt.

Trotzdem mußt Du auf jeden Fall die Ochsentour bei mindestens fünf Konkurrenzinstituten machen und nach Konditionen für einen langfristigen Neukredit fragen. Hierbei ist es besonders wichtig: Laß Dir die Konditi-

onsangebote schriftlich geben – nichts ist schlimmer, als wenn die A-Bank von ihrem Kreditangebot plötzlich nichts mehr wissen will, obwohl Du Deinen Kredit bei der B-Bank aufgrund des besseren Angebots bereits gekündigt hast.
Wenn Du mit Deiner Hausbank über eine interne Umschuldung verhandelst, kannst Du als kleines Druckmittel ruhig mal darauf hinweisen: Wenn Du den Kredit vorzeitig ablöst, mußt Du zwar Entschädigung an die Bank zahlen, hast aber umgekehrt Anspruch darauf, das eventuell gezahlte Disagio anteilig zurückerstattet zu bekommen.

Tip

Hast Du Gründe, Dich über die persönliche Behandlung bei Deiner Hausbank zu beschweren, so wisse: Es nützt herzlich wenig, Dein Leid dem Mond zu klagen. Es gilt die Faustregel: Schriftlich und möglichst weit oben beschweren.
392 **Richte Deinen Beschwerdebrief also generell an den Vorstand der Bank.** Schildere sachlich, daß und warum Du als Kunde der Bank unzufrieden bist. Solch eine Beschwerde nimmt – meist mit »Bitte um Stellungnahme« und dem Namenskürzel des Vorstands – den direkten Weg zum Filialleiter und von dort zu Deinem Firmenkundenbetreuer. Dort hinterläßt Dein Brief meist einen wirksamen Eindruck, und Du wirst beim nächsten Besuch sicherlich ein wenig freundlicher behandelt.

393 **Kontokorrentkonto: Zahle keinen Pfennig zuviel**

Eigentlich ist es ganz und gar unglaublich: Viele Unternehmer feilschen bis zur letzten Mark mit ihren Lieferanten, wenn es um Rabatt und Skonto geht – die vierteljährliche Kontoabrechnung, in der sich die Bank stellenweise horrende Gebühren per Lastschrift direkt vom Kundenkonto einverleibt, wird hingenommen wie eine gottgegebene Plage. Damit fängst Du erst gar
394 nicht an: Auch die Höhe der Kontogebühren ist absolute Verhandlungs-

sache. Ob Du nun eine gewisse Anzahl von Freibuchungen pro Quartal rausschindest oder ein paar Prozent Habenverzinsung – wichtig ist: Deine Bank spürt, daß Du durchaus nicht gewillt bist, jede Willkür in Sachen Gebühren hinzunehmen.

Schau, was die anderen Banken bieten 395

Zugegeben: Ein Kostenvergleich zwischen den Kontokorrentgebühren zweier Banken ist mühsam und aufwendig. Aber es lohnt. Also: Überprüfe, welche Buchungen und welche Geschäftsvorfälle auf Deinem Konto besonders häufig vorkommen. Dann suchst Du gezielt nach einer Bank, die auf diesen Gebieten besonders günstig ist.
Nun hast Du die Wahl. Alternative A: Du wechselst wirklich Deine Bankverbindung und nimmst eine Menge Verwaltungsaufwand dafür in Kauf. Besser ist Alternative B: Du reibst Deiner Hausbank die günstigeren Konditionen der Konkurrenz unter die Nase und versuchst, für Dein Konto den einen oder anderen Vorteil rauszuhandeln.

Richte ab sofort ein reines Betriebskontokorrentkonto bei der Bank ein.
Auch wenn Du das Zwei-Konten-Modell nicht aufnimmst: Alles, was Deinen neuen (oder alten) Betrieb betrifft, sollte nur über ein Konto laufen.
Wie ist das, wenn bei einem gemeinsamen Privat- und Betriebskonto alles zusammenfließt und auch noch die Ehefrau darin mitmischt? Da wird z.B. mal schnell das Geld für die Klassenfahrt des Sohnes überwiesen oder Bargeld abgehoben. Der Kollege reicht die Kontoauszüge unvollständig ein, kennzeichnet Scheckzahlungen nicht und beantwortet mehrere Fragen zur Buchhaltung mit mehrmonatiger Verzögerung. Oft ist nicht mehr festzustellen, wofür eine Barabhebung verwandt worden ist. Dr. Teuer weiß genau, daß er seinen 3 Helferinnen zum Geburtstag immer was geschenkt hat, aber wo die dazugehörige Quittung ist, bleibt im dunkeln.

Das führt nicht nur zu teuren Rückfragen, die Geschenke können zudem nicht mal als Betriebskosten abgesetzt werden.
Du erkennst: Nur Nachteile!

396 Wehre Dich gegen ein unfreiwilliges Zwei-Konten-Modell. Für Steuerfüchse ist es ein sattsam bekannter Trick: Zwei Kontokorrentkonten für eine Firma – auf dem einen gehen die Zahlungseingänge ein, das andere ist mit einem Kontokorrentkredit belastet und steht laufend im Debit. Der Kniff: Die Sollzinsen wirken sich steuermindernd auf den Unternehmensertrag aus.
Nun sind manche Banken allerdings der Meinung, sie könnten Dir solch eine Lösung zwangsweise aufdrücken: Ein Konto für die Zahlungseingänge, eins bleibt als Kreditkonto im Soll stehen – angeblich aus »buchungstechnischen Gründen«. Hier mußt Du bei der Verhandlung mit Deinem Firmenkundenberater entweder durchsetzen, daß Zahlungseingänge und Kontokorrentkredit über ein und dasselbe Konto verrechnet werden – oder aber, daß Du auf dein Guthabenkonto wenigstens einen erhöhten Habenzinssatz erhältst.

397 **Kontoabrechnung und Wertstellung – modernes Raubrittertum**
Kontokorrentkonten werden in der Regel vierteljährlich abgerechnet – das heißt, Gebühren und Sollzinsen werden abgezogen. Banken hingegen, die Dir eine monatliche Abrechnungsweise vorschlagen, wollen Dich schlicht und einfach über den Tisch ziehen. Denn: Jede neue Belastung verzinst sich ja von Stund' an mit – übers Jahr gesehen kommt dadurch ein für die Bank ansehnlicher Nebengewinn durch den Zinseszinseffekt zustande.
Ebenfalls beliebt bei manchen Kreditinstituten ist die Praxis, Zinsgewinne durch das Hinauszögern von Gutschriften zu erwirtschaften – sogenannte Valutenschieberei. Die Praxis ist ganz einfach: Belastungen – etwa Lastschriften, Barauszahlungen usw. – werden von Deinem Konto sofort abge-

zogen, während Einzahlungen, Überweisungseingänge oder Scheckeinreichungen erst mit mehrtägiger Verspätung gutgeschrieben werden. Nach neuester Rechtsprechung ist dieses Verfahren allerdings unzulässig.
Leider ist die Beweisführung für Dich in diesem Fall äußerst schwierig – die Bank kann sich immer mit Verzögerungen im Buchungssystem rausreden. Aber: Wenn eine inländische Überweisung von Deinem Kunden zu Dir länger als fünf Tage unterwegs ist, ist irgendwas faul.

Tip

Bei Konten im Ausland ist immer eine dort heimische Bank vorzuziehen, und nicht die Filiale einer deutschen Bank. Die bisherigen Vorgänge und Erfahrungen mit einer deutschen Steuerfahndung beweisen dies eindrucksvoll!

Kontrolle ist besser

Nur ein extrem Vertrauensseeliger oder extrem fahrlässiger Bankkunde **398**
prüft seine Kontoauszüge nicht nach. Da Du weder zur einen noch zur anderen Gruppe gehörst, heißt es für Dich: Mindestens einmal pro Woche solltest Du die Auszüge durchschauen und alle Belastungen auf ihre Richtigkeit überprüfen. Das soll nun nicht heißen, daß Deine Bank Dir absichtlich Phantasiebeträge von Deinem Konto klaut – aber wo gearbeitet wird, werden Fehler gemacht, und selbst der allmächtige Buchungscomputer kann mal einen schlechten Tag erwischen und eine Lastschrift in die falschen Bahnen lenken.
Wenn so etwas passiert ist – keine Panik. Generell hast Du sechs Wochen Zeit, um gegen Buchungen auf Deinem Konto Widerspruch einzulegen. Die Bank ist dann verpflichtet, den angerichteten Schaden wiedergutzumachen – also: den Betrag gutzuschreiben und alle eventuell entstandenen Zinsverluste auszugleichen.

Viele Banken sind heute immer noch nicht so weit wie die Postbank, die neben jeden gebuchten Betrag exakt hinzufügt, um was es sich dabei handelt. Oft begnügen sie sich mit dem Wort »lt. Auftrag«, »Umbuchung« oder ähnlichem. Da ist es – auch für Deine eigene Buchführung – schon gut, wenn Du gleich bei Erhalt des Auszugs neben jeden Posten schreibst, um was es sich bei der Zahlung jeweils handelt.
Wenn's Dir zu lästig wird und Du die Bank nicht dazu kriegst, wechsle zur Postbank. Die ist zudem noch konkurrenzlos günstig bei den Gebühren.

Wie machst Du Deinen Überweisungen Dampf

Trotz aller Mühe kann es doch schon mal passieren, daß Du schlicht und einfach vergißt, eine bestimmte Rechnung zu bezahlen. Das kann fatale Folgen haben: entgangener Skonto, Verzugszinsen – wenn es dick kommt, Schadensersatzforderungen Deines Lieferanten. Richtig kritisch kann es auch bei einem Grundstücksgeschäft werden. Wenn da Dein Geld nicht bis zum Tag × auf dem Notarkonto gelandet ist, kann der ganze Deal in letzter Sekunde noch platzen. Es heißt also für Dich: Das Geld in affenartiger Geschwindigkeit von A nach B überweisen.

Werktags zwischen 9 und 16 Uhr ist das kein so großes Problem: Du kannst
399 bei Deiner Bank einfach eine telegrafische Überweisung auf den Weg geben. Die kostet rund 30 Mark – dafür ist das Geld, wenn es bis 13 Uhr auf den Weg gebracht ist, mit Sicherheit am selben Tag noch auf dem Empfängerkonto. Zusätzlich mußt Du Deine Bank anweisen, den Zahlungseingang bei der Empfängerbank anzukündigen – zu »avisieren«. Die ruft dann beim Empfänger des Gelds an und unterrichtet ihn über die Gutschrift.

Wenn der Empfänger Deiner verschwitzten Rechnung im Ausland sitzt, ist das prinzipiell auch kein Problem. Eine telegrafische Überweisung ins Ausland kommt am gleichen Tag bei der Empfängerbank an, falls Du sie bis 12 Uhr auf den Weg gibst. Parallel dazu solltest Du auf jeden Fall noch den

Zahlungsempfänger per Fax informieren – wer weiß, ob's die ausländische Bank tut.

Schwieriger wird's mit dem eiligen Geld, wenn es außerhalb der Banköffnungszeiten den Besitzer wechseln soll. Einzige Lösung in diesem Fall: Du
mußt den Betrag über die Deutsche Verkehrs-Bank überweisen – die sitzt in 400
allen großen deutschen Bahnhöfen und hat auch am Wochenende meist bis spät abends auf. Dort zahlst Du das Geld bar ein und ein paar Minuten später kann Dein Geschäftspartner das Geld – ebenfalls bar – an einer anderen Verkehrs-Bank-Filiale abholen. Dieses Spiel funktioniert weltweit, da die Verkehrs-Bank über ein Netz von Partnerinstituten rund um den Globus verfügt. Einziger Nachteil: Das eilige Geld per Bahnhofsbank ist nicht billig: rund 5 Prozent Provision.

Umleitungsverbot. Ärgerlich, aber schon vorgekommen: Die Bank 401
schreibt eine Überweisung, die für einen Kunden eintrifft, nicht auf dem Konto gut, das auf dem Überweisungsträger angegeben ist. Statt dessen wird das Geld auf ein anderes Konto des Kunden, das vielleicht gerade im Minus steht, geleitet. Die Banken berufen sich bei diesem selbständigen Jongliergeschäft auf die sogenannte Fakultativklausel, die auf Überweisungsträgern eingedruckt ist. Neben dem Feld für die Kontonummer des Empfängers steht oft der Passus »oder auf ein anderes Konto des Empfängers«. Durch diesen Zusatz fühlen sich viele Banken berechtigt, die Geldeingänge nach ihrem Gutdünken auf ein anderes Konto des Empfängers zu buchen.

Zu Unrecht, wie eine Entscheidung des Bundesgerichtshofs eindeutig festlegte. Die Banken sind bei der Ausführung eines Überweisungsauftrags verpflichtet, auf das angegebene Konto zu überweisen.

Wie Du Deine Kreditwürdigkeit besser kennenlernst.

Vor jedem Auftrag mußt Du Dich fragen: Kann mein Besteller auch bezahlen? Dabei mußt Du sogar die Frage nach der pünktlichen Zahlung stellen. Gegen Forderungsausfälle gibt es leider kein Allheilmittel und auch kein Traumrezept. Und als Geschäftsmann kann man nicht grundsätzlich Vorkasse verlangen, wenn man sich seine besten Kunden nicht vergraulen will. Von den Creditreform-Vereinen, die pro Jahr über 6 Millionen Handelsauskünfte erteilen, liegt jetzt eine interne Checkliste vor. Anhand dieses Fragenkatalogs kannst Du Deine Geschäftspartner besser beurteilen, Dir aber auch selbst ein Bild machen, was die Auskunfteien möglicherweise über Dich verbreiten.

Mach dieses ernste Spiel mit. Beantworte die Fragen ehrlich. Je mehr Punkte Du Deinem eigenen oder einem fremden Unternehmen gibst, desto schriller rasselt für Banken und Lieferanten die Alarmglocke. So entdeckst Du eigene Schwachstellen.

Hier nun die Kriterien mit der jeweiligen Punktzahl:

1. Ist die Fluktuation im Management hoch?
   ja: 2 – sehr hoch: 4
2. Sind Mitarbeiter des Unternehmens im letzten Halbjahr vorzeitig in den Ruhestand versetzt bzw. ist ein Einstellungsstop vorgenommen worden?
   ja: 2 – in größerem Ausmaß: 4
3. Wurde im letzten Halbjahr Kurzarbeit durchgeführt?
   ja: 2 – in größerem Ausmaß: 4
4. Ist die Stornierung bereits erteilter Investitionsaufträge bzw. die Streichung geplanter Investitionsvorhaben bekannt geworden?
   ja: 2 – in größerem Umfang: 4
5. Kann die Produktqualität der erstellten (gehandelten) Erzeugnisse als unterdurchschnittlich bezeichnet werden?
   ja: 2 – sehr schlecht: 4

6. Stellt das Unternehmen wenige (gleichartige) Produkte her?
   ja: 2 – nur ein Produkt: 4
7. Verfügt das Unternehmen zur Zeit über Leerkapazitäten (Angebote zur Vermietung von Lagerhallen oder zur Übernahme von Fremdarbeiten) bzw. wird die Kapazität bereits durch Fremdarbeiten ausgelastet?
   ja: 2 – schon seit längerer Zeit: 4
8. Wurden im letzten halben Jahr Betriebsteile stillgelegt?
   ja: 2 – mehr als 20% der ursprünglichen Kapazität: 4
9. Ist der Betrieb auf der Abnehmerseite an wenige Kunden gebunden?
   ja: 2 – an sehr wenige Abnehmer: 4
10. Haben sich die Sonderangebote des Unternehmens in letzter Zeit gehäuft?
   ja: 2 – in sehr hohem Maße: 4
11. Gewährt das Unternehmen in letzter Zeit – im Gegensatz zu sonstigen Gepflogenheiten – hohe Preisnachlässe?
   ja: 2 – übertriebene Nachlässe: 4
12. Beauftragt das Unternehmen Sie in letzter Zeit häufig mit sehr dringlichen Bestellungen bzw. werden sehr kleine Lieferungen bestellt?
   ja: 2 – sehr häufig: 4
13. Weisen unregelmäßige Bestellungen (saisonale Schwankungen müssen hierbei berücksichtigt werden) in letzter Zeit darauf hin, daß das Unternehmen von verschiedenen Lieferanten bezieht?
   ja: 2 – in hohem Maße: 4
14. Reklamiert der Betrieb in den letzten Monaten anomal häufig Ihre Lieferungen?
   ja: 2 – extrem häufig: 4
15. Wurde die Belieferung des Unternehmens durch gute Mitanbieter gestoppt?
   ja: 2 – von einem großen Teil der Mitanbieter: 4
16. Ist der Zeitpunkt der Bilanzaufstellung unter Berücksichtigung der Branchengepflogenheiten als pünktlich zu bezeichnen?
   ja: 2 – extremer Zeitraum zwischen Bilanzstichtag und Bilanzerstellung: 4

17 Ist das Unternehmen zur Offenlegung seiner Verhältnisse bereit?
Nein: 2

18. Hat sich die Bankverbindung des Betriebs kürzlich geändert, ohne daß der Firmensitz verlegt wurde?
ja: 2

19. Ist der Firmensitz in letzter Zeit geändert bzw. ist eine Umgründung vorgenommen worden?
ja: 2

20. Ist das Unternehmen finanziell abhängig?
ja: 2 – völlig: 4

21. Wurde Ihnen im letzten halben Jahr seitens des Unternehmens ein Angebot zur Umwandlung von Warenverbindlichkeiten in Darlehen oder Gesellschaftsanteile gemacht?
ja: 2 – mehrmals: 4

22 Wird die Skontierungsmöglichkeit in letzter Zeit nicht mehr ausgenutzt, obwohl das früher der Fall war?
ja: 2

23. Hat das Unternehmen in letzter Zeit eine Änderung seiner Zahlungsart vorgenommen, z.B. von Barzahlung oder Überweisung auf Scheck- oder Wechselhergabe?
ja: 4

24. Werden in letzter Zeit die dem Unternehmen eingeräumten Zahlungsziele überschritten?
ja: 4 – entweder anzahl-, zeit- oder mengenmäßig in großem Umfang: 8

25. Muß in der letzten Zeit (auch von anderen) verstärkt gemahnt werden?
ja: 4 – häufig: 8

26. Waren in letzter Zeit Anzeichen für einen wesentlich höheren Kreditbedarf des Unternehmens festzustellen?
ja: 6

27. Wurden in letzter Zeit fällige Verbindlichkeiten prolongiert bzw. Wechsel nach Zielablauf gegeben?
ja: 6 – für alle Verbindlichkeiten oder erst nach Aufforderung: 10

28. Wurden in letzter Zeit Scheckrückgaben bekannt?
ja: 8 – häufig: 12

29. Sind Wechselproteste vorgekommen?
    ja: 10 – häufig: 15
30. Sind in letzter Zeit darüber hinaus irgendwelche Zahlungsklagen gegen das Unternehmen erfolgt?
    ja: 15 – mehrere: 20

So gehst Du beim Arbeitsamt bei der Existenzgründung vor 402

Schule, Ausbildung oder Studium und dann ab in die Selbständigkeit – so sieht der Lebenslauf vieler Existenzgründer aus. Andere Jungunternehmer hingegen haben den Schritt zum eigenen Betrieb ganz und gar nicht freiwillig gemacht. Sie standen vorher jahrelang in Lohn und Brot und verloren dann plötzlich ihren Job – Selbständigkeit aus der Not heraus. Hier hilft neben den üblichen Förderinstitutionen auch das Arbeitsamt beim Aufbau der eigenen Existenz.

Beispiel: Sekretärin Siegrid Süßlich bekommt nach 24jähriger Tätigkeit von ihrem Betrieb die Kündigung – konjunkturbedingt, wie es heißt. Siegrid Süßlich ist sich im klaren, daß sie im Alter von 52 Jahren keine guten Chancen auf eine neue Stellung hat. Sie faßt den Entschluß, ein eigenes Schreibbüro zu eröffnen und für mehrere Auftraggeber als externes Sekretariat zu arbeiten. Durch einen Bekannten erfährt sie, daß sie in der ersten Zeit finanziell durchaus nicht auf sich allein gestellt ist, sondern Anspruch auf Unterstützung von ihrem örtlichen Arbeitsamt hat.

Überbrückungsgeld – Anschubhilfe fürs Unternehmerleben 403

Job verloren und nun ab ins Unternehmerdasein – das liebt Vater Staat. Logisch: Wer sich selbständig macht, für den muß die Bundesanstalt für Arbeit nicht jahrelang Arbeitslosengeld und Arbeitslosenhilfe zahlen. Deswegen gibt's für Existenzgründer sogenanntes Überbrückungsgeld – sozusagen als Anschubfinanzierung.

Was bekommst Du?

404 26 Wochen lang zahlt das Arbeitsamt Arbeitslosengeld oder Arbeitslosen-
405 hilfe – je nachdem, worauf Du noch Anspruch hast. Darüber hinaus bekommst Du noch ein Drittel Deiner Kosten für Rentenversicherung und Krankenversicherung als Zuschuß. Fürs erste halbe Jahr als Selbständiger ist das eine willkommene Hilfe.

406 **Wie sind die Voraussetzungen?**

Zwei – ausgesprochen niedrige – Hürden mußt Du nehmen, um an die Starthilfe vom Arbeitsamt zu kommen: Zum einen verlangt der Gesetzgeber, daß Du vor dem Start ins Unternehmerleben mindestens vier Wochen lang Arbeitslosengeld bezogen hast. Das läßt sich mit vorausschauender Planung leicht bewerkstelligen. Zum anderen will Dein Arbeitsamt ein Gutachten einer »sachkundigen Stelle zur Tragfähigkeit Deiner Existenzgründung« sehen. Im Zweifelsfall kannst Du bei Deiner IHK eine solches Gutachten bekommen.

407 Bei »Nebeneinkommen« fließt Arbeitslosengeld

Als Existenzgründer wirst Du kaum ab dem ersten Monat ein ausreichendes Einkommen erzielen. Da kann es sinnvoll sein, Deine neue Tätigkeit vorerst als Nebenerwerb laufen zu lassen und beim Arbeitsamt weiterhin als arbeitslos geführt zu werden.

Hört sich komisch an, macht aber durchaus Sinn. Denn: Du erhältst Dein volles Arbeitslosengeld – von dem Du zwar Deine Einkünfte abziehen mußt – über den ganz normalen Bewilligungszeitraum hinweg. Und wenn es mit der Existenzgründung nicht klappt, kannst Du bis zu zwei Jahren nach dem Start in die Selbständigkeit wieder Dein ganz normales Arbeitslosengeld beziehen.

408 Zwei Voraussetzungen mußt Du erfüllen, um beim Arbeitsamt als »selbständiger Arbeitsloser« zu gelten:

1. 18-Stunden-Regel

Deine »Nebentätigkeit« darf nicht mehr als 18 Stunden pro Woche in Anspruch nehmen. Das hört sich – gerade in der Gründungsphase Deines

Betriebes – unrealistisch wenig an. Doch bedenke: Zu Anfang werden Dir die Kunden nicht gerade die Tür einrennen – also weniger Arbeitsaufwand als erwartet. Und wenn Du dann noch alle Zeiten für Konzeption, Planung, Pausen und Privatvergnügen abziehst, kommst Du mit ein bißchen gutem Willen ganz sicher unter die magische 18-Stunden-Grenze.

2. Immer auf Abruf bereit sein

In den Augen des Arbeitsamtes bist Du arbeitslos – und wie alle Arbeitslosen mußt Du dem Arbeitsmarkt zu Verfügung stehen, sprich ständig erreichbar sein.

Tip

> Das bist Du, wenn Du unter Deiner Adresse täglich Post vom Arbeitsamt empfangen kannst. Du mußt also nicht ständig zu Hause rumsitzen.

So überzeugst Du das Arbeitsamt

Deine Argumentation gegenüber der Behörde muß stichhaltig sein, damit Du auch den unwilligsten Beamten dazu bekommst, das Modell »selbständige Arbeitslosigkeit« mitzumachen.

1. Dein Hauptargument muß sein: Du weißt noch nicht hundertprozentig, ob sich Deine Existenzgründung auch wirklich als Haupteinnahmequelle rechnet. Aus diesem Grund möchtest Du Dein Geschäft erst einmal als Nebenverdienst laufen lassen.
2. Du mußt dem Arbeitsamt monatlich eine Abrechnung über Deine Nebeneinkünfte einreichen. Diese Abrechnung richtet sich nicht nach den wirklichen Einnahmen, sondern nach den gearbeiteten Stunden, multipliziert mit einem branchenüblichen Stundensatz. Von diesen monatlichen Nebeneinkünften kannst Du die Investitionen für Deine Nebentätigkeit abziehen. Als da wären: Büromiete, Fahrzeugkosten, Kosten für Büroausstattung, Telefon- und Faxkosten, Werbekosten. Die Differenz ergibt

Deinen monatlichen Netto-Nebenverdienst. Damit nicht genug, denn vom Netto-Nebeneinkommen darfst Du noch einen Freibetrag von rund 130 Mark im Monat abziehen.

4. Das Arbeitsamt zieht nun 50 Prozent Deines errechneten Einkommens vom Arbeitslosengeld, das Dir ohne Nebentätigkeit zustünde, wieder ab.

Merke: Das Arbeitsamt reagiert ausgesprochen dünnhäutig, wenn Du mehr kassierst, als Dir zusteht. Bei sogenannten einfachen Überzahlungen – Du hast etwa durch Deine Nebentätigkeit mehr verdient, als Dir zusteht – kommst Du noch relativ billig mit rund 100 Mark Bußgeld davon.
Richtig ungemütlich werden die Damen und Herren vom Arbeitsamt dagegen, wenn Du eine selbständige Tätigkeit beginnst, dies aber nicht sofort dem Finanzamt meldest. Dann mußt Du nicht nur das zu Unrecht kassierte Arbeitslosengeld zurückzahlen, sondern auch noch ein Bußgeld von bis zu einem Fünftel des überbezahlten Betrags löhnen.

6. Recht

Verträge werden von Juristen für Juristen gemacht, damit die
Leute sogleich merken, daß sie ohne Juristen nicht auskommen.
(Markus M. Rommer)

Die optimalen Verträge

Ein guter Rechtsrat sei so viel wert wie ein guter Aktientip, heißt es. Zu Recht: Als Selbständiger mußt Du ständig vertragliche Bindungen eingehen – sei es bei der Gründung Deiner Firma, sei es bei der Einstellung Deiner Mitarbeiter. Ein falsches Wort, eine vergessene Klausel, und schon hast Du die allergrößten Probleme. Wenn Du Dir bei Vertragsgestaltungen nicht selber ein Bein stellen willst, solltest Du das juristische Einmaleins für Existenzgründer beherrschen.

Kein Geschäft ohne Vertrag

Als Unternehmer kommst Du an Verträgen nicht vorbei. Vom Arbeitsvertrag mit Deinen Angestellten über den Darlehensvertrag mit der Bank bis zum Werkvertrag mit Handwerkern sind sie ein wesentlicher Bestandteil des Geschäftsalltags. Verträge bieten Dir Sicherheit, sie bergen aber auch Risiken. Deine Unterschrift bindet Dich, deshalb darfst Du beim Abschluß keinesfalls nachlässig sein.

Beispiel: Wilhelm Wuttke will eine Herrenboutique eröffnen. Nach langem Suchen hat er endlich das ideale Ladenlokal in einem Geschäftshaus gefunden. Zentrale Lage, große Schaufenster und mit 50 Quadratmeter hat der Laden genau die richtige Größe. Das eine oder andere muß noch renoviert werden, die Wände müssen gestrichen werden, in den Toilettenräumen fehlen noch ein paar Kacheln. »Lassen Sie uns bei einem Bier die Sache dingfest machen«, meint der Vermieter Herbert Herrlich.

Er erzählt, es gäbe ja viele Interessenten, aber Wilhelm sei ihm so sympathisch, daß er den Zuschlag erhalte. Wilhelm ist begeistert, daß er endlich das Richtige gefunden hat, und unterschreibt. Der Mietvertrag läuft über fünf Jahre. Über die notwendigen Renovierungsarbeiten wollen die beiden sich später – von Mann zu Mann – einigen.
Am nächsten Tag stellt Wilhelm sich seinen neuen Nachbarn vor. Was er da zu hören bekommt, gefällt ihm gar nicht. Die Räume seien feucht, Wasserschäden würden seit Monaten nicht behoben. Ein Großteil der Mieter des Geschäftshauses verkehre mit Vermieter Herrlich nur noch per Anwalt.
Wilhelm wird die Sache zu heiß. Und tatsächlich, Herrlich will plötzlich von den vor dem Einzug von Wilhelm auf seine Kosten zu erledigenden Renovierungsarbeiten nichts mehr wissen. Das stände schließlich nicht im Vertrag. Wuttke habe die Räume im jetzigen Zustand angemietet. Basta.
Pech für Wilhelm Wuttke. Bei diesem Mietvertrag gilt nur, was tatsächlich auf dem Papier steht.

410 Prinzipiell gilt in Deutschland Vertragsfreiheit. Das heißt: Du kannst Verträge abschließen mit wem Du willst und wie Du willst. Voraussetzung: Dein
411 Partner ist geschäftsfähig. Personen unter 7 Jahren sind geschäftsunfähig. Ihre Willenserklärungen sind nichtig. Personen zwischen 7 und 18 Jahren sind beschränkt geschäftsfähig. Um ein rechtskräftiges Geschäft abzuschließen, brauchen sie die ausdrückliche Genehmigung des Erziehungsberechtigten. Erst mit Vollendung des 18. Lebensjahres tritt die unbeschränkte
412 Geschäftsfähigkeit ein.

Beispiel: Der 12jährige Felix wünscht sich ein neues Fahrrad. Beim Fahrradhändler Felge bestellt er sich ein nagelneues Mountainbike mit vielen Extras. Felge ordert und montiert das neue Rad. Als der Vater des kleinen Felix die Rechnung über 2500 Mark bekommt, weigert er sich zu zahlen. Er bringt das fertig montierte Fahrrad zurück und erklärt, er habe nie die Erlaubnis zum Kauf gegeben und genehmige den Kauf auch nachträglich nicht. Felix ist noch nicht volljährig. Folglich ist der Vertrag ungültig. Felge muß das teure Mountainbike wieder mitnehmen.

Bedenke: Verträge verpflichten. Wenn Du Dir nicht sicher bist, halte Dir immer ein Türchen offen. Zum Beispiel durch eine Ausschlußklausel. Bei 413 einem Kauf- oder Liefervertrag etwa kannst Du folgende Formulierungen wählen: »Preise freibleibend« oder »Lieferung solange der Vorrat reicht«.

Man muß im Leben für seine Erfahrung bezahlen.
Wenn man Glück hat, bekommt man Rabatt.
(Oskar Kokoschka)

Was Du als Unternehmer unbedingt wissen mußt

Wenn Du ein Brötchen über die Ladentheke reichst, hast Du nicht einfach ein Brötchen verkauft – Du hast praktisch ein Rechtsgeschäft abgeschlossen. Für alle Belange des Geschäftsalltags gibt es strenge gesetzliche Bestimmungen – vom Angebot über Reklamationen bis zum Verzug. Das meiste läuft auf Kulanzbasis. Trotzdem solltest Du die gesetzlichen Bestimmungen kennen.

Garantien, Reklamationen, Ratenkäufe

Garantien – was Du versprichst, mußt Du halten 414

»Garantiert ein Jahr haltbar«, »Bei Nichtgefallen Geld zurück«: Wenn Du so etwas Deinen Kunden versprichst, mußt Du es auch halten. Dein Kunde kann nicht nur verlangen, daß die Ware 100prozentig in Ordnung ist. Bei Mängeln – wenn also Fehler auftauchen – kann er im Zweifelsfall sogar Schadensersatz fordern.

Beispiel: Wilhelm Wuttke verkauft in seiner Herrenboutique »Schön und Chic« einen roten Pullover an Martin Eitel. Er sichert dem Kunden zu, daß der Pullover farbecht ist und beim Waschen ganz bestimmt nicht abfärbt. Eitel wäscht den Pullover und färbt eine ganze Waschmaschinenladung rosa. Eitel kann nicht nur das Geld für den Pullover zurückverlangen. Er kann darüber hinaus auch Schadensersatz für die beschädigten Kleidungsstücke verlangen.

Aber: Du mußt nur für Garantien einstehen, die Du selbst gegeben hast. Für Garantien, die der Hersteller der Waren gibt, mußt Du dagegen nicht geradestehen.
Wenn der Pullover von Martin Eitel ein Schild des Herstellers enthält, das die Farbechtheit garantiert, bist Du trotzdem nicht ganz aus dem Schneider. Als Verkäufer kannst Du Deine Gewährleistungspflicht nie ganz ausschließen. Du kannst lediglich den Kunden bitten, sich mit seinem Problem zunächst an den Hersteller zu wenden.

415 **Auszeichnungsfehler – nur der wahre Wert gilt**
Das kann jedem passieren: Ein Artikel ist falsch ausgezeichnet. Der Kunde beharrt stur und steif darauf, nur den Preis zu zahlen, der auf dem Schild steht. Das kann Dir egal sein, denn der Preis auf dem Schild ist völlig unverbindlich. Du kannst ihn jederzeit korrigieren. Erst wenn die Ware tatsächlich – zum niedrigen Preis – über den Ladentisch gegangen ist, kannst Du nicht mehr zurück. Das bereits abgewickelte Geschäft kannst Du in so einem Fall nur noch rückgängig machen, wenn der Auszeichnungsfehler offensichtlich ist. Zum Beispiel, wenn ein Komma verrutscht ist und der Pelzmantel für 225,00 Mark verkauft wurde anstatt für 2250 Mark.

416 **Reklamationen – Kulanz zahlt sich aus**
Wenn Du ein fehlerhaftes Produkt verkaufst, kann Dein Kunde innerhalb von sechs Monaten seine sogenannten **Gewährleistungsrechte** geltend machen. Das heißt: Er kann den Kaufpreis zurückverlangen (die sogenannte »Wandlung«), eine Preisreduzierung durchdrücken (»Minderung«) oder einen fehlerfreien Ersatz fordern, sofern es sich nicht um ein Einzelstück handelt. Die 6-Monats-Frist kannst Du übrigens nicht verkürzen!
Aber: Der Schaden muß bereits bei Lieferung der Ware vorgelegen haben. Und das muß Dein Kunde Dir auch glaubhaft nachweisen können. Im Zweifelsfall solltest Du Dich aber kulant zeigen, sonst bist Du Deinen Kundenstamm schnell los.

Ratenkäufe – Regeln beachten 417

Wenn Du Geschäfte machen willst, mußt Du Deinen Kunden hin und wieder ein bißchen entgegenkommen. Deshalb bieten die meisten Händler bei größeren Summen auch Ratenzahlung an.

Achtung: Wenn Du Deinen Kunden Ratenzahlungen einräumst, mußt Du das Verbraucherkreditgesetz im Auge behalten. Im Einzelfall mußt Du nämlich die Ratenzahlung schriftlich vereinbaren. Auch für Haustürgeschäfte gelten Sonderregelungen. Hier hat der Kunde auf jeden Fall eine Woche Widerrufsrecht.

Übersteigt der Barzahlungspreis 400 Mark oder zahlt der Kunde mehr als drei Monate in mindestens drei Etappen (also beispielsweise eine Anzahlung plus zwei Raten), mußt Du einen **Ratenzahlungsvertrag** vereinbaren. 418

Das muß im Ratenzahlungsvertrag stehen:

- die Höhe der einzelnen Rate,
- der Barzahlungspreis,
- die vereinbarten Abzahlungstermine.

Die Vordrucke dafür gibt's bei der Industrie- und Handelskammer oder im Handel. Du kannst sie aber auch von einem Kollegen kopieren. Im Buchhandel gibt es auch Bücher mit Vertragsmustern.

So machst Du Dir Deine eigenen Allgemeinen Geschäftsbedingungen 419

Das berühmte Kleingedruckte im Kaufvertrag kann für Deine Geschäfte wesentlich sein. Mit den Allgemeinen Geschäftsbedingungen, kurz AGB genannt, kannst Du exakt auf Deine Bedürfnisse zugeschnittene Regelungen treffen. Was Du in den AGB festschreibst, mußt Du nicht noch einmal gesondert mit Deinen Kunden verhandeln. Es gibt keine vorgeschriebene Form für AGB. In der Regel stehen sie auf der Rückseite von Lieferscheinen oder Kaufverträgen. Du kannst sie Deinem Kunden aber auch gesondert in die Hand drücken.

Die AGB geben Dir zwar die Möglichkeit, Deine Geschäftsbeziehungen

420 prinzipiell auf Deine Bedürfnisse zuzuschneiden. Doch Deine **Gestaltungsfreiheit** hat ihre Grenzen: Du darfst natürlich nicht gegen geltendes Recht verstoßen oder Deinen Kunden via AGB unlautere Vertragsklauseln unterjubeln. Damit kommst Du – zu Recht – nicht durch. Sinn und Zweck der AGB ist es, bestimmte Regeln für den generellen Geschäftsverkehr festzulegen. Du mußt sie dann nicht extra mit jedem Kunden neu verhandeln. Zwei Punkte sind also wesentlich: Du mußt auf die AGB hinweisen. Und Du darfst die Rechte Deines Vertragspartners nicht allzusehr einschränken.

Beispiel: Heizungsbauer Helmut Hitzig ist es einfach leid. Bei jeder Rechnung die gleiche Diskussion, die gleiche langwierige Verhandlung. Für sehr weite Anfahrtswege hat Hitzig nämlich Fahrtkosten berechnet. Doch diese Kunden haben das nicht ohne Widerstand hingenommen. Hitzig fühlte sich natürlich im Recht, doch der Blick ins Gesetzbuch hat nicht weitergeholfen. Über Fahrtkosten steht im Bürgerlichen Gesetzbuch nämlich nichts drin. Hitzig suchte schließlich bei seiner zuständigen Handwerkskammer Rat. Und bekam auch prompt Hilfe. Die Lösung war denkbar einfach: Wenn die Abrechnung von Fahrtkosten in den Allgemeinen Geschäftsbedingungen vorgesehen ist, muß der Kunde zahlen. Hitzigs Auftragsbestätigungen tragen jetzt den entsprechenden Zusatz: »Es gelten die rückseitig aufgeführten Allgemeinen Geschäftsbedingungen.« Dort ist auch eine Klausel zur Abrechnung von Fahrtkosten aufgeführt. Hitzig kann seine Kunden jetzt getrost darauf hinweisen.

AGB im Eigenentwurf

Der Entwurf von AGB im Eigenbau ist äußerst kompliziert und sollte deshalb nur von einem kompetenten Juristen vorgenommen werden. Natürlich hast Du den Vorteil, daß die AGB dann auf Dein Unternehmen maßgeschneidert sind. Doch Du solltest Deinen Entwurf auf jeden Fall von einer Industrie- u. Handelskammer gegenlesen lassen, falls er sich wesentlich von anderen unterscheidet.

Besser: Fast alle Branchen- und Berufsverbände haben für ihre Mitglieder AGB entworfen. Der Vorteil: Diese Konfektionsware ist meistens hieb- und stichfest. Wenn es doch einmal Ärger geben sollte und ein Kunde klagt gegen die AGB, hilft auf jeden Fall der jeweilige Verband.

Tip

> Wenn Du beratend – etwa als PR-Spezialist – tätig bist oder mit Deiner Leistung aus dem üblichen Rahmen fällst, solltest Du Dir auf jeden Fall notwendige Klauseln von einem Profi maßschneidern lassen.

Die wichtigsten Regeln aus dem Handelsrecht 421

Kaufleute haben ihre eigenen Sitten und Gebräuche. Handelsbräuche – 422
über Jahrhunderte entstanden und überliefert – haben sich auch im Gesetz niedergeschlagen. Während das Bürgerliche Gesetzbuch Geschäfte von Privatleuten regelt, gelten die Bestimmungen des Handelsrechts ausschließlich unter Geschäftsleuten. Das Regelwerk (Handelsgesetzbuch = HGB) ist sehr kompliziert und selbst für Juristen teilweise schwer verständlich. Trotzdem hat Unkenntnis in diesem Bereich schwerwiegende Konsequenzen.

> **Beispiel:** Guido Krapfen ist Besitzer einer Großbäckerei. Er beliefert zahlreiche Lebensmittelmärkte mit Rosinenbrötchen. Die Sultaninen bezieht er von einem Großhändler aus Hamburg. Eine frisch eingetroffene Lieferung nimmt er auf Lager. Als er – zwei Wochen später – die Rosinen für eine neue Backmischung verwendet, passiert es. Nachdem bereits mehrere Partien Brötchen gebacken und verpackt sind, bemerkt Krapfen, daß ein Großteil der gelieferten Rosinen ungenießbar ist. Umgehend ruft er seinen Geschäftspartner in Hamburg an. Krapfen verlangt eine neue, tadellose Lieferung und Schadensersatz für seine Aufwendungen. Doch sein Hamburger Lieferant winkt ab und verweist auf das HGB: Die Ware sei bereits vor zwei Wochen geliefert worden und Krapfen habe die Rosinen gesehen, geprüft und angenommen. Spätere Reklamationen seien nicht möglich.
>
> Krapfen ist stinksauer, muß aber nachgeben, da unter Kaufleuten besondere Regeln gelten: Die Ware muß bei Lieferung umgehend geprüft

werden. Eventuelle Mängel müssen sofort angezeigt werden. Ist die Ware erst einmal angenommen, gilt sie als geprüft und akzeptiert.

423 Worin sich Kaufleute von Privatleuten unterscheiden

424 Mündliche Verträge

Der berühmte Handschlag ist unter Kaufleuten verbindlich. Prinzipiell gelten mündliche Absprachen – auch in Fällen, in denen für Privatpersonen die Schriftform zwingend ist, wie zum Beispiel bei Bürgschaften.

425 Auftragsannahme

Privatkunden können ein Angebot einfach ignorieren. Anders ist das unter Kaufleuten. Ein Auftrag gilt hier als angenommen, wenn Du nicht ausdrücklich ablehnst.

426 Reklamationen

Kaufleute müssen eingehende Waren sofort prüfen. Spätere Reklamationen sind ausgeschlossen. Ausnahme: Der Mangel konnte selbst bei genauer Prüfung nicht erkannt werden.

427 Fixgeschäft

Bestellst Du als Kaufmann Ware zu einem festen Termin und Dein Geschäftspartner liefert nicht, so mußt Du die Ware nicht mehr annehmen. Der andere muß natürlich auch nicht mehr liefern. Außer Du weist ihn ausdrücklich darauf hin, daß Du die Ware noch möchtest.

428 Fälligkeiten

Kaufleute können Verzugszinsen verlangen (mindestens 4 Prozent), sobald eine Forderung fällig wird. Bei Privatleuten werden Verzugszinsen in der Regel erst nach der ersten Mahnung verlangt.

Verjährung 429
Unter Kaufleuten verjähren Ansprüche erst nach vier Jahren. Wenn Privatleute Geschäfte machen, sind es nur zwei Jahre.

Kaufmann ist nicht gleich Kaufmann

Ob und welche Regeln des Handelsrechts für Dich gelten, hängt davon ab, was für ein Kaufmann Du bist. Das HGB kennt nämlich mehrere Arten von Kaufleuten.
Hier die wichtigsten Unterscheidungen:

Vollkaufmann 430
Als Vollkaufmann gilt, wer einen kaufmännisch eingerichteten Betrieb hat – er muß beispielsweise Bilanzen erstellen – und im Handelsregister eingetragen ist. Für den Vollkaufmann gelten alle Vorschriften des HGB.

Mußkaufmann 431
Als Mußkaufmann gilt jeder Gewerbetreibende – unabhängig von der Eintragung im Handelsregister –, der ein sogenanntes Grundhandelsgeschäft betreibt.
Als Grundhandelsgeschäfte gelten die Anschaffung und der Verkauf von Waren, Bearbeitung und Verarbeitung fremder Waren, Bank- und Versicherungsgeschäfte, Speditions- und Maklergeschäfte. Handwerker sind keine Mußkaufmänner!

Sollkaufmann 432
Als Sollkaufleute gelten alle, die zwar kein Handelsgewerbe betreiben, aber aufgrund der Betriebsgröße »einen in kaufmännischer Weise« geführten Betrieb haben. Im Gegensatz zum Mußkaufmann erlangt der Sollkaufmann erst durch die Eintragung ins Handelsregister Kaufmannseigenschaften.

433 **Kannkaufmann**

Als Kannkaufmann gilt, wer erst durch die Eintragung ins Handelsregister zum Vollkaufmann wird – im Gegensatz zum Muß- und Sollkaufmann sich aber nicht eintragen lassen muß.

434 **Minderkaufmann**

Als Minderkaufmänner gelten alle Kleingewerbetreibende, deren Gewerbebetriebe keinen »in kaufmännischer Weise eingerichteten Geschäftsbetrieb« erfordert. Bestimmte Vorschriften des HGB greifen bei Minderkaufmännern nicht. Es besteht beispielsweise keine Buchführungspflicht. Außerdem können Minderkaufmänner sich nicht ins Handelsregister eintragen lassen.

435 **Scheinkaufmann**

Als Scheinkaufmann gilt, wer im Rechtsverkehr als Vollkaufmann auftritt, aber keiner ist.

Die meisten Regeln des Handelsgesetzbuchs gelten für alle Kaufleute – für Vollkaufmänner (Muß-, Kann-, Sollkaufmänner) – wie für Minderkaufmänner. Bis auf wenige Ausnahmen:

1. Alle Vollkaufleute müssen ins Handelsregister eingetragen sein.
2. Vollkaufleute sind zur sorgfältigen und nachvollziehbaren Buchführung verpflichtet.
3. Der Vollkaufmann muß nach jedem Geschäftsjahr einen Jahresabschluß erstellen. Er besteht aus der Bilanz und einer Gewinn- und Verlustrechnung.
4. Bei Vertragsstrafen gibt es für Vollkaufleute kein Limit. Im Gegensatz dazu kann bei Privatleuten der Grundsatz der Verhältnismäßigkeit geltend gemacht werden.
5. Vollkaufleute bürgen per Handschlag. Es ist keine schriftliche Bürgschaftserklärung erforderlich.

Stille Teilhaber sind Leute, die ruhig bleiben,
wenn die Firma Konkurs macht.
(Markus M. Rommer)

Die beste Rechtsform für Deinen Betrieb 436

Die Rechtsform ist das Kleid Deines Unternehmens. Wähle sie deshalb sorgfältig. Denn von ihr hängt nicht nur das äußere Erscheinungsbild ab. Sie bestimmt, wieviel Geld Du ans Finanzamt berappen mußt, und ganz wichtig – wie weit Du haftest.
In Deutschland gibt es etwa zehn verschiedene Rechtsformen, zwischen denen Du wählen kannst. Von der unkomplizierten Einzelfirma bis zur GmbH & Co KG.

Die richtige Wahl
Welche Rechtsform Du für Deine Firma wählst, das hängt im wesentlichen von folgenden Punkten ab:

- Willst Du Dein Geschäft allein oder mit anderen zusammen betreiben?
- Sind Deine Partner bloße Geldgeber oder aktive Mitunternehmer?

Ganz wichtig sind auch die Haftungsfragen:

- Hast Du Dich etwa gegenüber Banken und Lieferanten persönlich verbürgt?
- Wie hoch ist in Deinem Metier das Haftungsrisiko?

Die wichtigsten Rechtsformen und alles, was Du darüber wissen mußt

Die Firma, das bin ich
Die einfachste Art ein Unternehmen zu gründen: Einfach ein Geschäft eröffnen und schon bist Du **Einzelunternehmer.** 437
Als Einzelunternehmer bist Du Dein eigener Herr. Niemand kann Dir etwas vorschreiben und Du kannst Deinen Laden führen, wie es Dir gefällt. Du

mußt keine Formalitäten einhalten (erst ab einer bestimmten Größe – sprich Umsatz und Mitarbeiterzahl – mußt Du Dich ins Handelsregister eintragen lassen) und Du brauchst auch kein Stammkapital. **Aber Achtung: Wenn etwas schiefgeht, haftest Du mit Deinem gesamten Privatvermögen.**

> **Guter Rat:** Kleinunternehmer und Freiberufler sind mit dieser Einfachvariante für den Anfang gut bedient. Die Vorteile anderer Rechtsformen lassen sich oft erst bei höheren Gewinnen voll ausschöpfen.

Die einfache Partnerschaft – drum prüfe, wer sich ewig bindet

Sobald Du Dich mit einem oder mehreren Partnern zusammentust, seid Ihr
438 automatisch eine **Gesellschaft bürgerlichen Rechts** – auch kurz GbR oder BGB-Gesellschaft genannt.

Alle Partner sind hierbei gleichberechtigt – das heißt: Beschlüsse müssen einstimmig gefaßt werden und die Gesellschaft kann auch nur gemeinsam nach außen vertreten werden. In einem speziellen Gesellschaftervertrag kannst Du natürlich auch Sonderregeln vereinbaren. Die BGB-Gesellschaft hat einen großen Vorteil: Du brauchst keinen Pfennig Stammkapital. Sie ist also ideal für alle Freiberufler, die sich zusammentun.

Aber Achtung: Die BGB-Gesellschaft hat einen Haken. Alle Partner haften mit ihrem gesamten Privatvermögen. Baut Dein Partner Mist, dann bist Du im Zweifelsfall dran und mußt zahlen. Und zwar für die gesamte Schuld. Du kannst Dich also nicht auf Deinen 50- oder 30prozentigen Anteil an der Firma zurückziehen.

Also immer daran denken: Trau, schau wem.

439 Ein Beispiel für Deinen BGB-Gesellschaftsvertrag (BGB-Gesellschaft für ein minderkaufmännisches Geschäft)

> Frau Gretel Schlau, wohnhaft in … und Herr Max Reich, wohnhaft in … schließen sich zu einer Gesellschaft des bürgerlichen Rechts zusammen, um gemeinsam ein Modegeschäft unter der Bezeichnung »Neuer Chic« zu führen.

§ 1 Ort der Geschäftstätigkeit
Das Geschäft soll in ... betrieben werden, wo sich auch die Ladenräume befinden, die den Sitz der Gesellschaft bilden.

§ 2 Kapitalausstattung
Das aufzubringende Startkapital für die Gesellschaft beträgt ... DM, in Worten ... Deutsche Mark.
Darauf leisten Frau Gretel Schlau eine Einlage in Höhe von ... DM; Herr Max Reich eine Einlage in Hohe von ... DM. Diese Beträge können auch ratenweise erbracht werden, sofern dadurch die Zahlungsfähigkeit der Gesellschaft nicht gefährdet wird.
Achtung: Soll ein Grundstück eingebracht werden, ist eine notarielle Beurkundung notwendig.

§ 3 Vertretung der Gesellschaft und deren Einschränkungen
Jeder Gesellschafter vertritt die Gesellschaft allein. Einzelne Geschäfte mit einem Volumen von mehr als 5000 DM können nur gemeinsam abgeschlossen werden. Diese Einschränkung ist den Geschäftspartnern vor Geschäftsabschlüssen mitzuteilen.

§ 4 Konkurrenzklausel
Jeder Gesellschafter verpflichtet sich, seine gesamte Arbeitskraft der Gesellschaft zu widmen. Über eventuelle Nebentätigkeiten ist der andere Gesellschafter unverzüglich zu unterrichten.

§ 5 Wirtschaftsjahr
Das Wirtschaftsjahr stimmt mit dem Kalenderjahr überein. Dabei kann das erste Wirtschaftsjahr ein Rumpfwirtschaftsjahr von weniger als zwölf Monaten sein.

§ 6 Jahresabschluß und Gewinnverteilung
Der Jahresabschluß ist nach handelsrechtlichen und steuerrechtlichen Grundsätzen zu erstellen. Der sich dabei ergebende Gewinn oder Verlust ist nach Köpfen zu verteilen. Bei der Entnahme von Gewinnen sind die Belange der Gesellschaft zu berücksichtigen. Das schließt ein, daß Ge-

winnteile auch darlehensweise der Gesellschaft zur Verfügung zu stellen sind. Die Bedingungen sind in einem besonderen Vertrag zu regeln.

§ 7 Auflösung der Gesellschaft

Die Gesellschaft wird in der Weise aufgelöst, daß entweder beide Gesellschafter die Liquidation vornehmen oder ein Gesellschafter im Einvernehmen mit dem verbleibenden Gesellschafter seinen Anteil an einen Dritten verkauft.

Es ist auch einem Gesellschafter gestattet, den Anteil des ausscheidenden Gesellschafters zu übernehmen und das Unternehmen als Einzelfirma fortzusetzen. Letzteres gilt besonders dann, wenn über das Vermögen eines Gesellschafters das gerichtliche Vergleichs- oder Konkursverfahren eröffnet wird.

§ 8 Zwangsauflösung der Gesellschaft

Bei der Zwangsauflösung der Gesellschaft hat der ausscheidende Gesellschafter lediglich Anspruch auf sein Kapitalkonto am Tag des Ausscheidens. Auf die Feststellung und Ausschüttung der stillen Reserven besteht kein Anspruch.

§ 9 Salvatorische Klausel

Sollte eine Bestimmung dieses Vertrags mit gesetzlichen Vorschriften nicht übereinstimmen, so ist diese Bestimmung so auszulegen, daß der vereinbarte Zweck weitestgehend erreicht wird.

. . . ., den . . . .

Unterschrift Unterschrift

GmbH – die Gesellschaft mit Netz und doppeltem Boden

440 Hier ist der Name Programm. **Die Gesellschaft mit beschränkter Haftung** ist die risikoärmste Gesellschaftsform. Und so sieht sie aus:

Du schließt Dich mit einem oder mehreren Gesellschaftern zusammen. Dann müßt Ihr einen Geschäftsführer bestimmen, der das Sagen hat. So will es das

Gesetz. Für eine GmbH müßt Ihr aber Startkapital mitbringen. Mindestens 50 000 Mark braucht Ihr für die Einlage. Ihr müßt den Betrag aber nicht bar auf den Tisch legen. Als Einlage gelten auch Sachwerte – also der Firmenwagen, Maschinen oder die Büroeinrichtung. Der Riesenvorteil der GmbH: Alle Gesellschafter haften nur in Höhe der Einlage. Dein Privatvermögen bleibt also auf jeden Fall unberührt, wenn mal etwas schiefgeht. Außerdem gibt es viele interessante Steuertricks. Du kannst auch eine Ein-Mann-GmbH gründen. Du bist Chef im eigenen Haus und quasi bei Dir selbst als Geschäftsführer angestellt.

Nachteil: Das Gründungsprozedere ist ziemlich aufwendig. Und auch die **441**
Haftungsbeschränkung hat ihre Tücken. Denn die Geldgeber kennen die Haftungsbeschränkung natürlich auch. Bei der Kreditvergabe verlangen sie deshalb in der Regel auch private Sicherheiten, sobald das Volumen über 50000 Mark hinausgeht.

GmbH-Vertragsmuster **442**

Frau Gretel Schlau, wohnhaft in ...
und Herr Max Reich, wohnhaft in ...
erklären vor dem unterzeichnenden Notar ... Urkundenrolle Nr. ...
die Gründung einer Gesellschaft mit beschränkter Haftung.

§ 1 Sitz der Gesellschaft

Die Gesellschaft hat ihren Sitz in ...
Die Gesellschaft betreibt den Handel mit Bekleidungen aller Art. Die Gesellschaft kann Zweigniederlassungen errichten, sich an anderen Firmen oder Gesellschaften beteiligen oder deren Geschäftsführung übernehmen.

§ 2 Name der Firma

Der Name der Firma lautet: »Neuer Chic – Reich und Schlau« Bekleidungsgesellschaft mit beschränkter Haftung.

§ 3 Gezeichnetes Kapital

Das gezeichnete Kapital der Gesellschaft wird auf 200 000 DM festge-

setzt. Darauf übernehmen Frau Gretel Schlau 100 000 DM und Herr Max Reich 100 000 DM.
Die Gesellschafter versichern zugleich, daß ein Viertel des gezeichneten Kapitals zur unbeschränkten Haftung der Gesellschaft bereitsteht.

§ 4 Wirtschaftsjahr
Das Wirtschaftsjahr beginnt am 1. Februar und endet am 31. Januar.

§ 5 Geschäftsführung und Vertretung
Zu den ersten Geschäftsführern der Gesellschaft werden Frau Gretel Schlau und Herr Max Reich bestellt. Sie vertreten die Gesellschaft gemeinsam.
Sollen weitere Geschäftsführer bestellt werden, so vertreten jeweils zwei von ihnen die Gesellschaft gemeinsam.
Die arbeitsrechtlichen Bestimmungen sind in einem gesonderten Vertrag zu vereinbaren.

§ 6 Gesellschafterversammlung
Über wichtige Entscheidungen ist eine Gesellschafterversammlung abzuhalten und das Ergebnis zu protokollieren. Wichtige Entscheidungen sind:
1) ....
2) ....
Die Einberufung erfolgt mit der Bekanntgabe der zu beschließenden Punkte in einer Tagesordnung. Dies muß zwei Wochen vor der Abhaltung der Versammlung mittels eingeschriebenem Brief geschehen.

§ 7 Beschlußfassung
Abgestimmt wird mit einfacher Mehrheit. Dabei gewähren je 100 DM gezeichneten Kapitals eine Stimme. Bei Stimmengleichheit gilt der Antrag als abgelehnt.

§ 8 Feststellung das Jahresabschlusses,
Entlastung der Geschäftsführer
Die Gesellschafterversammlung hat auch über die Feststellung des Jahresabschlusses, die Gewinnverwendung und die Entlastung der Ge-

schäftsführer zu beschließen. Dazu haben die Geschäftsführer einen nach handelsrechtlichen Grundsätzen zu erstellenden Jahresabschluß vorzulegen.

§ 9 Übertragung von Gesellschaftsanteilen
Die Gesellschaftsanteile können nur mit Zustimmung der anderen Gesellschafter zum Ende eines Wirtschaftsjahres übertragen werden. Diese Übertragung muß der Gesellschaft mit eingeschriebenem Brief mindestens sechs Monate zuvor angezeigt werden.

§ 10 Einziehung von Gesellschaftsanteilen
Die Gesellschafter können auch die Einziehung von Gesellschaftsanteilen beschließen. Dies gilt besonders dann, wenn über das Vermögen eines Gesellschafters das gerichtliche Vergleichs- oder das Konkursverfahren eröffnet wurde. In diesem Fall hat der betroffene Gesellschafter kein Stimmrecht mehr, um sich gegen die Einziehung zu wehren.

§ 11 Liquidation der Gesellschaft
Wird die Gesellschaft durch Liquidation beendet, so ist aus den Reihen der Gesellschafter ein Liquidator zu bestellen. Dieser hat das Geschäftsvermögen zu veräußern, die Gläubiger zu befriedigen und den verbleibenden Überschuß entsprechend der Höhe der zuletzt von den Gesellschaftern gehaltenen Beteiligung zu verteilen.

§ 12 Salvatorische Klausel
Sollte eine Bestimmung dieses Vertrags mit gesetzlichen Vorschriften nicht übereinstimmen, so ist diese Bestimmung so auszulegen, daß der vereinbarte Zweck weitestgehend erreicht wird.

So geht es weiter:

Nachdem Du mit Deinen Geschäftspartnern einen Gesellschaftsvertrag oder **443**
eine Satzung – das ist das gleiche – aufgestellt hast, muß das Papier von allen Gründungsmitgliedern unterschrieben und von einem Notar beurkundet werden. Erst dann gilt der Vertrag als geschlossen. Jetzt mußt Du die
Gesellschaft beim Handelsregister anmelden. Das befindet sich übrigens **444**

beim jeweiligen Amtsgericht. Die GmbH entsteht mit der Eintragung ins Handelregister!
Neben dem Vertrag muß sichergestellt sein, daß von den Gesellschaftern mindestens einer Stammanteile einbezahlt hat.

Zur Verständigung zweier Geschäftspartner genügt es,
daß sie das Allerschlimmste voneinander annehmen.
(Adolf Nowaczynski)

OHG – die klassische Kaufmannsehe

445 Die große Schwester der BGB-Gesellschaft ist die **offene Handelsgesellschaft (OHG)**. Sie ist die große alte Dame unter den Rechtsformen. Bei Einsteigern ist sie allerdings die Ausnahme. Der Grund: Gesellschaftszweck ist der Betrieb eines vollkaufmännischen Handelsgewerbes mehrerer Personen unter gemeinschaftlicher Firma. Das setzt eine gewisse Größenordnung voraus. Die OHG genießt aber ein sehr hohes Ansehen bei Kreditinstituten und Banken, da Mitglieder mit ihrem gesamten Vermögen haften.

Beispiel: Die beiden Brüder Paul und Uwe Käfer gründen eine Personengesellschaft, deren Zweck der Handel mit Audi- und VW-Jahreswagen ist. Sie rechnen mit einem Gesamtumsatz von jährlich 3 Millionen Mark. Die Gesellschaft betreibt aufgrund ihrer Größe ein vollkaufmännisches Handelsgewerbe. Gesellschaftsform ist somit die der OHG, da sie in das Handelsregister eingetragen werden muß.

KG – ein ungleiches Paar

446 Ein Mittelding zwischen OHG und GmbH ist die **Kommanditgesellschaft (KG)**. Wenn Du fremdes Kapital in Deine Firma einbringen willst – oder kannst –, bietet sich die KG an.

Die KG besteht aus zwei unterschiedlich haftenden Gesellschaftergruppen: den Komplementären und den Kommanditisten. In der KG führst Du als
447 Komplementär allein die Geschäfte. Du hast das alleinige Entscheidungs-
448 recht, haftest aber auch mit Deinem Privatvermögen. Die Kommanditisten schießen Dir Kapital zu, halten sich aber im großen und ganzen aus der Geschäftsführung raus. Dafür haften sie auch nur in Höhe ihrer Einlage.

Die KG ist besonders gut geeignet, wenn sich beispielsweise Angehörige an Deiner Firma beteiligen wollen.

Die GmbH & Co KG 449

Hinter dem Wortungetüm verbirgt sich eine einfache KG. Mit einer Besonderheit: Der Komplementär – also derjenige, der leitet und haftet – ist eine GmbH. Dadurch kannst Du die Haftung quasi durch die Hintertür beschränken.

Die Gesellschafter der GmbH sind meistens die Kommanditisten der KG. Ansonsten bist Du mit der Gestaltung Deiner Firma völlig frei. Die Höhe der Fremdeinlagen, die Entscheidungsbefugnisse und natürlich auch die Beteiligung am Gewinn kannst Du frei gestalten.

Die GmbH & Co KG ist ideal für Dich, wenn Du eine KG führen möchtest, aber nicht das hohe Haftungsrisiko eingehen willst.

Freiberufler 450

Wenn Du als Freiberufler arbeitest, mußt Du in punkto Rechtsform ein paar Sonderregeln beachten. Insbesondere, wenn Du mit anderen Freiberuflern als gleichberechtigte Partner zusammenarbeiten willst. Der Gesetzgeber hat in § 18 Einkommensteuergesetz genau festgelegt, wer überhaupt zur Gruppe der Freiberufler gehört.

Das sind beispielsweise:

- Ärzte
- Wirtschaftsprüfer
- Ingenieure
- Sachverständige
- Dolmetscher
- Anwälte
- Steuerberater
- Unternehmensberater
- Journalisten
- Fotografen
- Grafiker
- Künstler

Folgende Zusammenschlüsse sind üblich 451

1. Die Sozietät 452

Die klassische Kooperationsform für Dich als Freiberufler ist die Sozietät. Sie ist nichts anderes als eine BGB-Gesellschaft. Du arbeitest mit Deinen Partnern auf gemeinsame Rechnung und später teilt Ihr den Gewinn.

453 2. Die Bürogemeinschaft
Noch einfacher ist die Bürogemeinschaft organisiert. Du mietest mit Gleichgesinnten ein gemeinsames Büro, Ihr teilt Euch die Anschaffung von Computer, Fax und Kopierer und das Personal. Ansonsten arbeitest Du aber unabhängig. Auch die Bürogemeinschaft ist rechtlich eine BGB-Gesellschaft.

454 3. Die Partnerschaftsgesellschaft
Seit 1. Juli 1995 gibt es diese spezielle Rechtsform für Freiberufler. Sie ähnelt der OHG. Zugelassen sind aber nur Freiberufler (keine Gewerbetreibenden). Als Partner haftest Du mit Deinem Privatvermögen. Die Gesellschaft wird beim Amtsgericht in ein sogenanntes Partnerschaftsregister eingetragen. Damit stellt sie eine eigene Rechtsperson dar und kann zum Beispiel Immobilien erwerben.

Beispiel: Architekt Bernd Baumeister hat fünf Jahre in einem großen Architekturbüro gearbeitet. Jetzt will er sich endlich selbständig machen. Doch aus seiner Berufspraxis weiß er: An die großen Aufträge kommt ein Einzelkämpfer selten. Also beschließt er, sich mit einem Bauplaner und einem befreundeten Statiker zusammenzuschließen. Als Partnerschaftsgesellschaft können die drei unter einem Namen firmieren und ihre Dienste als Paket anbieten.

455 So gründest Du eine Partnerschaftsgesellschaft (PG)

Um eine PG zu gründen, genügt ein einfacher Vertrag. Er muß nicht – wie etwa ein GmbH-Vertrag – notariell beurkundet werden.

Folgende Punkte müssen allerdings enthalten sein:

- Name,
- Sitz.
- Tätigkeitsgebiet der Partnerschaft,
- Name, Wohnsitz und Beruf der jeweiligen Partner.

Bei der PG haftet jeder Partner mit seinem Privatvermögen. Du kannst das Haftungsrisiko jedoch umgehen. Und zwar, indem Du die Allgemeinen Geschäftsbedingungen in den Vertrag mit aufnimmst und dort festlegst, daß nur der Partner haftet, der die Entscheidung darüber traf, die zum Verlust führte, und das Geschäft verantwortete.

Vorteile der PG: 456

- Für eine Partnerschaftsgesellschaft benötigst Du im Unterschied zur GmbH kein Mindestkapital.
- Das Gründungsprozedere ist weniger aufwendig als bei der GmbH. Ein einfacher Vertrag – ohne notarielle Beurkundung – genügt.
- Der Aufwand für die Buchhaltung ist relativ gering. Du unterliegst mit Deiner Partnerschaftsgesellschaft nämlich nicht der Buchführungs- und Bilanzierungspflicht.
- Du mußt weder Köperschafts- noch Gewerbesteuer zahlen.

Nachteil der PG: 457

Wenn die Partnerschaft pleite geht, haften Du und Deine Partner mit Eurem jeweiligen Privatvermögen. Es ist nicht möglich, das Risiko generell zu beschränken.

Beachte:

Die Partnerschaftsgesellschaft kann sich mit eigenem Namen präsentieren. Der Name muß den Nachnamen mindestens eines Partners, alle vertretenen Berufe und den Zusatz »Partnerschaft« oder »und Partner« enthalten.

Beispiel:

Schlau, Reich Partnerschaft, Rechtsanwälte und Steuerberater
Klug und Partner, Rechtsanwälte und Steuerberater

458 Vertragsmuster Partnerschaftsgesellschaft

§ 1 Name
Der Name der Partnerschaft lautet:
Schlau, Reich Partnerschaft, Rechtsanwälte und Steuerberater

§ 2 Sitz der Gesellschaft
Die Gesellschaft hat ihren Sitz in ...

§ 3 Rechtsform
Die Gesellschaft ist eine Partnerschaft im Sinne des Partnerschaftsgesellschaftsgesetzes.

§ 4 Gegenstand und Zweck der Partnerschaft
Gegenstand und Zweck der Partnerschaft ist die gemeinschaftliche Berufsausübung der Partner als Rechtsanwälte und Steuerberater.

§ 5 Einlagen und Partnerschaftsvermögen
Jeder Partner ist zur Hälfte am Partnerschaftsvermögen beteiligt.

§ 6 Wirtschaftsjahr
Das Wirtschaftsjahr beginnt am 20. Februar und endet am 19. Februar.

§ 7 Dauer und Kündigung
Die Partnerschaft wird auf unbestimmte Zeit eingegangen. Sie beginnt mit Eintragung in das Partnerschaftsregister. Jeder Partner kann die Partnerschaft mit einer Frist von sechs Monaten kündigen.

§ 8 Kunden
Alle Partner bringen ihre bisherigen Kunden in die Partnerschaft ein.

§ 9 Geschäftsführung und Vertretung
Zur Geschäftsführung ist jeder Partner berechtigt.
Die Betreuung der Kunden erfolgt selbständig und eigenverantwortlich

durch den jeweiligen Partner, sofern die Partner nichts anderes beschließen.

§ 10 Haftung

Die Partnerschaft beschränkt die persönliche Haftung der einzelnen Partner für Ansprüche aus Schäden wegen fehlerhafter Berufsausübung unter Verwendung von Allgemeinen Geschäftsbedingungen auf denjenigen Partner, der die berufliche Leistung zu erbringen oder zu leiten hat.
Im Innenverhältnis gilt für Haftungsfälle das Verursacherprinzip.

§ 11 Gewinn- und Verlustverteilung

Alle Einnahmen der Partner aus der gemeinsamen Tätigkeit sind Einnahmen der Partnerschaft; ebenso sind alle Ausgaben als Betriebsausgaben der Partnerschaft zu behandeln.
An Überschüssen und Verlusten sind die Partner jeweils zur Hälfte beteiligt.

§ 12 Entnahmen

Jeder Partner ist berechtigt, zu Lasten seines Gewinnanteils im laufenden Wirtschaftsjahr insgesamt einen Betrag von ... des im abgelaufenen Wirtschaftsjahr auf ihn entfallenden Gewinns zu entnehmen.

§ 13 Salvatorische Klausel

Sollte eine Bestimmung dieses Vertrags mit gesetzlichen Vorschriften nicht übereinstimmen, so ist diese Bestimmung so auszulegen, daß der vereinbarte Zweck weitestgehend erreicht wird.

So schneiderst Du Arbeitsverträge nach Maß 459

Der Arbeitsvertrag per Handschlag war bis vor ein paar Jahren völlig normal. Seit Anfang 1995 ist das anders. Seitdem – so will es der Gesetzgeber – können alle Arbeitnehmer einen schriftlichen Arbeitsvertrag verlangen.

Ausgenommen sind lediglich kurzfristig Beschäftigte mit nicht mehr als zwei Monaten oder insgesamt 50 Arbeitstagen pro Jahr. Das gleiche gilt für alle, die auf weniger als 400 Arbeitsstunden kommen oder privat im Haushalt beschäftigt sind. (Beim Ehepartner solltest Du wegen der Steuer allerdings nie auf einen Vertrag verzichten!)
Der Arbeitsvertrag schützt aber nicht nur Deine Angestellten. Auch Du kannst die Chance nutzen, Dir Deine eigenen Rechte schwarz auf weiß zu sichern.

460 Hier eine Aufstellung mit allem, was drinstehen muß:

- **Namen und Anschriften** der Vertragspartner: Also Deine Firma und der Name Deines Angestellten.
- **Beginn und Ende** des Arbeitsverhältnisses. Das Ende betrifft nur befristete Arbeitsverhältnisse.

> **Guter Rat:** Nenne stets das exakte Datum des letzten Arbeitstags. Etwa: Das Vertragsverhältnis endet am 31.12.1998. Nicht: Der Vertrag endet nach 18 Monaten.
> Die Handhabung des Vertrags wird durch exakte Datumsangaben wesentlich vereinfacht.

- **Arbeitsort**

Der Gesetzgeber verlangt eine genaue Ortsangabe, wo Du Deinen Mitarbeiter einsetzen willst. Außendiensttätigkeiten müssen übrigens extra genannt werden.

- **Arbeitsbeschreibung**

Der Vertrag muß eine Berufsbezeichnung (»Grafiker, Verkäufer«) oder eine Tätigkeitsbeschreibung (»Lagerarbeiten«) enthalten. Achtung: Wenn Du Deine Angestellten bei Bedarf auch für andere Arbeiten einsetzen willst, muß das ausdrücklich im Vertrag stehen (»… kann bei Bedarf auch für andere Tätigkeiten wie Sortierarbeiten eingesetzt werden«).

- **Bezahlung**

Wenn Du exakt nach Tarif bezahlst, genügt ein einfacher Hinweis auf »die einschlägigen Tarifvereinbarungen«. Ansonsten gilt: Alle Bezüge einschließlich Zulagen, Prämien und sonstigen Lohn- und Gehaltszulagen müssen exakt benannt und aufgeschlüsselt sein. Gleiches gilt für eine Gewinnbeteiligung.

- **Arbeitszeit**

Es genügt ein einfacher Hinweis auf den Tarifvertrag.

- **Urlaub**

Der gesetzliche Mindesturlaub beträgt vier Wochen. Wenn Du nicht mehr gewähren willst, mußt Du nur auf das Bundesurlaubsgesetz, ansonsten auf die Betriebs- bzw. Tarifvereinbarung hinweisen oder aber den frei ausgehandelten Urlaub benennen.

- **Kündigungsfristen**

Hier gilt das gleiche wie beim Urlaub. Entweder Du beziehst Dich auf bestehende Tarifverträge oder nennst Eure individuell ausgehandelte Frist. Üblich sechs Wochen zum Quartalsende.

- **Tarifverträge**

Du mußt nicht alle Tarifbestimmungen einzeln aufführen. Auch hier reicht ein Hinweis auf die zur Zeit gültigen Vereinbarungen. Außer natürlich, Du willst mit Deinem Angestellten ausdrücklich etwas anderes vereinbaren.

Darauf mußt Du achten, wenn Du Gratifikationen zahlst 461

Gratifikationen sind eine Anerkennung an Deine Mitarbeiter für besondere Leistungen. Du zahlst sie freiwillig zum regulären Lohn. Doch nicht immer läuft alles supergut. Vielleicht hast Du auch mal einen Grund, die Sonderzulage zu streichen. Vielleicht ist das Geschäft mal nicht so gut und es bleibt kein Überschuß, Dein Angestellter kündigt vorzeitig, oder Du hast keinen Grund, Dich großzügig zu zeigen.

> **Guter Rat:** Folgende **Klausel im Vertrag** sichert Dir das Recht, auch mal den Rotstift anzulegen.
> »Gratifikationen zu bestimmten Anlässen (Weihnachten, Urlaub) sind einmalige, jederzeit widerrufliche Leistungen. Ein Anspruch des Arbeitnehmers besteht auch nach wiederholter Gewährung nicht.«

- Du kannst als Arbeitgeber die Zahlung einer Gratifikation davon abhängig machen, daß Dein Angestellter auch im nächsten Jahr eine gewisse

Zeit im Betrieb arbeitet. Dann mußt Du aber einen ausdrücklichen Rückzahlungsvorbehalt in den Vertrag schreiben.
Aber bedenke: Du kannst eine Rückzahlung nur verlangen, wenn die Gratifikation höher als 200 Mark war.
Kündigt Dein Angestellter vor Ablauf des Jahres, so verfällt sein Anspruch auf eine Gratifikation. Du mußt nicht einmal anteilig zahlen.

Beispiel: Du hast mit Peter Schlau eine Weihnachtsgratifikation von einem Monatsgehalt vertraglich vereinbart. Den Betrag zahlst Du jeweils mit dem Novembergehalt aus. Schlau kündigt zum 30. November. In diesem Fall muß Schlau Dir die Summe zurückzahlen. Außer Du hast vertraglich etwas anderes vereinbart.

462 So sollten Deine Arbeitsvertragsmuster für eine Normalbeschäftigung aussehen

Zwischen der Firma

....

nachfolgend »Firma« genannt,

und ....

nachfolgend »Arbeitnehmer« genannt,

wird folgender Anstellungsvertrag geschlossen:

1. Der Arbeitnehmer wird als … eingestellt. Die Firma darf dem Arbeitnehmer auch eine andere zumutbare Tätigkeit zuweisen, die der Qualifikation und den Fähigkeiten des Arbeitnehmers entspricht. Das Arbeitsverhältnis beginnt am … und läuft auf unbestimmte Zeit.

2. Für das Arbeitsverhältnis wird die Geltung der jeweils gültigen Tarifverträge vereinbart, soweit keine sonstigen abweichenden Vereinbarungen getroffen sind.

3. Die ersten drei Monate des Arbeitsverhältnisses gelten als Probezeit. Während der Probezeit kann der Vertrag mit einer Frist von einem Monat gekündigt werden.

4. Der Arbeitnehmer erhält eine monatliche Vergütung von DM ...
Die regelmäßige Arbeitszeit richtet sich nach den tariflichen Vereinbarungen.

5. Überstunden: Der Arbeitnehmer ist verpflichtet, auf Anordnung bei betrieblichem Bedarf Überstunden zu leisten. Wenn die Überstunden nicht als Freizeit ausgeglichen werden, sind sie gemäß dem durchschnittlichen Stundenlohn zuzüglich eines Zuschlages von ... abzugelten.

6. Urlaub: Der Arbeitnehmer erhält jährlich ... Arbeitstage Urlaub.

7. Zusatzleistungen: Der Arbeitnehmer erhält eine Weihnachtsgratifikation in Höhe von DM ... Die Weihnachtsgratifikation ist eine freiwillige Leistung. Sie kann jederzeit für die Zukunft widerrufen werden.

8. Kündigung: Das Arbeitsverhältnis kann mit einer Frist von 6 Wochen zum Quartalsende gekündigt werden. Die Kündigung hat schriftlich zu erfolgen.

Ort, Datum

....

Unterschrift der Firma Unterschrift des Arbeitnehmers

Arbeitsvertragsmuster für geringfügig Beschäftigte **463**

Arbeitsvertrag

Zwischen der Firma ...
(im folgenden »Firma«)
und Frau/Herrn ...
(im folgenden »Arbeitnehmer«)
wird folgendes vereinbart:

§ 1 Beginn des Arbeitsverhältnisses/Tätigkeit

Frau/Herr ... wird mit Wirkung ab dem ...
als ... eingestellt.

§ 2 Arbeitszeit

Die regelmäßige Arbeitszeit betragt 14,5 Wochenstunden an … Tagen zu je … Stunden, und zwar jeweils am … und am …

§ 3 Vergütung

Der Arbeitnehmer erhält eine monatliche Vergütung von 610/520 DM (1997 West/Ost). Die Vergütung ist jeweils am Monatsende fällig und wird auf ein der Firma anzugebendes Konto angewiesen.

§ 4 Urlaub

Der Arbeitnehmer hat Anspruch auf … Werktage Urlaub. Die Dauer des Urlaubs ist mit der Firma abzustimmen.

§ 5 Arbeitsverhinderung

Im Falle einer krankheitsbedingten oder aus sonstigen Gründen veranlaßten Arbeitsverhinderung hat der Arbeitnehmer die Firma unverzüglich zu informieren. Bei Arbeitsunfähigkeit infolge Erkrankung ist der Firma innerhalb von drei Tagen ab Beginn der Arbeitsunfähigkeit eine ärztliche Bescheinigung über die Dauer der voraussichtlichen Arbeitsunfähigkeit vorzulegen.

§ 6 Verschwiegenheitspflicht

Der Arbeitnehmer wird über alle betrieblichen Angelegenheiten, die ihm im Rahmen oder aus Anlaß seiner Tätigkeit in der Firma bekanntgeworden sind, auch nach seinem Ausscheiden Stillschweigen bewahren.

§ 7 Weitere Beschäftigungen

Der Arbeitnehmer versichert, keiner weiteren Beschäftigung nachzugehen. Er verpflichtet sich, jede weitere Aufnahme einer Beschäftigung der Firma unverzüglich mitzuteilen. Bei Verletzung der Anzeigepflicht erklärt sich der Arbeitnehmer bereit, etwaige vom Sozialversicherungsträger nachgeforderte Beträge der Firma zu erstatten.

§ 8 Ausschlußklausel/Zeugnis

Ansprüche aus dem Arbeitsverhältnis muß der Arbeitnehmer spätestens innerhalb eines Monats nach Beendigung schriftlich geltend machen. Andernfalls sind sie verwirkt.

Nach Beendigung der Beschäftigung erhält der Arbeitnehmer ein Zeugnis, aus dem sich Art und Dauer der Beschäftigung sowie (falls gewünscht) eine Beurteilung von Führung und Leistung des Arbeitnehmers ergeben.

§ 9 Nebenabreden

Nebenabreden und Änderungen des Vertrags bedürfen zu ihrer Rechtswirksamkeit der Schriftform.

Dieses Formerfordernis kann weder mündlich noch stillschweigend aufgehoben oder außer Kraft gesetzt werden.

Eine etwaige Unwirksamkeit einzelner Vertragsbestimmungen berührt die Wirksamkeit der übrigen Bestimmungen nicht.

................., den ....

....

(für die Firma) (Arbeitnehmer)

Merke dazu:

Zu § 1: Auch bei geringfügig Beschäftigten empfiehlt sich eine genaue 464
Beschreibung der auszuübenden Tätigkeit, gegebenenfalls in einer gesonderten Stellenbeschreibung. Letztere ist insbesondere bei umfangreicheren Aufgabengebieten sinnvoll.

Zu §§ 2 und 3: Geringfügige Beschäftigungen sind unter bestimmten Voraussetzungen in steuerlicher sowie sozialversicherungsrechtlicher Hinsicht anders zu beurteilen als Beschäftigungsverhältnisse mit üblicher Wochenarbeitszeit.

Die Vergütung für eine geringfügige Beschäftigung unterliegt grundsätzlich dem Lohnsteuerabzug nach den allgemeinen Vorschriften. Auf die Vorlage der Lohnsteuerkarte kann allerdings verzichtet werden, soweit die Lohngrenze für die Beitragsfreiheit in der Sozialversicherung nicht überschritten wird und die Wochenarbeitszeit (sieben aufeinanderfolgende Kalendertage) nicht mehr als 20 Stunden beträgt. In diesem Falle kann die Lohnsteuer unter

Verzicht auf eine Steuerkarte pauschal mit 20 % zu Lasten des Arbeitgebers erhoben werden. Die für die Lohnsteuerpauschalierung maßgebende Grenze beträgt 610/520 DM (Werte für 1997 West/Ost). In der Sozialversicherung ist eine Beschäftigung nach § 8 Abs. 1 SGB IV als geringfügig und damit versicherungsfrei anzusehen, wenn die Beschäftigung regelmäßig weniger als 15 Stunden (in der Arbeitslosenversicherung 18 Stunden) in der Woche ausgeübt wird und das Arbeitsentgelt monatlich 610 DM, bei höherem Entgelt 1/6 des Gesamteinkommens nicht übersteigt, oder die Beschäftigung innerhalb eines Jahres seit ihrem Beginn auf längstens zwei Monate oder 50 Arbeitstage begrenzt ist, es sei denn, daß sie berufsmäßig ausgeübt wird und das dabei erzielte Entgelt nicht geringfügig im o.a. Sinne ist (kurzzeitig Beschäftigte).

Zu § 4: Auch geringfügig und kurzzeitig Beschäftigte haben Anspruch auf Urlaub. Eine Ausnahme besteht nach § 5 Abs. 1 Bundesurlaubsgesetz lediglich für Beschäftigungen, die kürzer als einen Monat andauern.
Ohne vertragliche Regelung beträgt der gesetzliche Mindesturlaub jährlich 24 Werktage, dazu zählen auch die Samstage (§ 3 Abs. 1 Bundesurlaubsgesetz).

Zu § 5: Die hier normierten Regelungen ergeben sich im wesentlichen bereits aus der arbeitsvertraglichen Treuepflicht. Jeder Arbeitnehmer hat sich wegen einer krankheitsbedingten oder aus anderen Gründen veranlaßten Arbeitsverhinderung unverzüglich beim Arbeitgeber zu entschuldigen und den Grund des Fernbleibens mitzuteilen. Bei krankheitsbedingter Arbeitsunfähigkeit hat er sich gesundheitsförderlich zu verhalten und insbesondere alles zu unterlassen, was die Wiederherstellung der Arbeitsfähigkeit verzögern könnte.

Zu § 6: Die Verschwiegenheitspflicht stellt eine der wichtigsten Auswirkungen der arbeitsvertraglichen Treuepflicht dar. Dies gilt auf jeden Fall während des Bestehens des Arbeitsverhältnisses.

Zu § 7: **Verschweigen weiterer geringfügiger Beschäftigungen**
Verschweigt der Arbeitnehmer trotz ausdrücklicher Nachfrage des Arbeit-

gebers vor Abschluß des Teilzeitbeschäftigungsverhältnisses das Bestehen weiterer geringfügiger Beschäftigungen, kann der Arbeitgeber die in diesem Falle für das Arbeitsverhältnis dann von ihm nachzuentrichtenden Arbeitgeberanteile nicht als Schadenersatz vom Arbeitnehmer verlangen.

(Arbeitsgericht Bonn, Urteil vom 08.01.1993 – 4 Ca 2365/92)

Ratsam ist, auch vom geringfügig Beschäftigten die Sozialversicherungsnummer zu erfragen und diese an die Krankenkasse weiterzuleiten.

Jeder Chef muß mit Angestellten rechnen,
auf die er nicht zählen kann.
(Hanns-Hermann Kersten)

Arbeitskräfte nach Maß 465

Als Jungunternehmer ist es für Dich besonders wichtig, die laufenden Fixkosten erst mal gering zu halten. Vor allem, wenn Deine Auftragslage stark schwankt, können Personalkosten kräftig zu Buche schlagen. Am besten arbeitest Du deshalb am Anfang mit einer kleinen Stammannschaft und einer zeitflexiblen Truppe. So kannst Du die Lohnkosten niedrig halten. Es gibt verschiedene Möglichkeiten, in Stoßzeiten zusätzlich mit Teilzeitkräften, Aushilfen und Zeitverträgen zu arbeiten. Darauf mußt Du besonders achten, wenn Du die Lohnnebenkosten gering halten willst.

Stelle nur die besten Kräfte ein

Faule Klopse ermittelst Du durch folgende Fragen:

- Welche Aspekte Ihrer letzten Stellung gefielen Ihnen am besten? (Woran denkt der Bewerber? Mehr an sein Wohl oder an das der Firma?)

- Warum sind Sie nicht mehr in Ihrer letzten Stellung? (Müssen Kollegen, Vorgesetzte oder »widrige Umstände« herhalten?)
- Wenn Sie Ihrem letzten Vorgesetzten einen einzigen Vorschlag machen sollten, was würden Sie ihm raten? (Ich-weiß-nicht-Antworter kannst Du gleich vergessen.)
- Was haben Sie in Ihrer letzten Stellung erreicht, auf das Sie besonders stolz sind?
- Für welchen Ausrutscher in Ihrer letzten Firma schämen Sie sich am meisten?
- Beschreiben Sie mir den besten Vorgesetzten, den Sie je hatten, und den schlechtesten.
- Berichten Sie mir kurz über alle Höhen und Tiefen Ihres Gesundheitszustands der letzten Jahre. (Das vermeidet die Antwort »Bestens«.)
- Was ist Ihre größte Stärke im Berufsleben? (Die Antwort muß auf die Anforderung im neuen Job passen.)
- Welche Dinge würden Sie an einem Arbeitsplatz am meisten stören?

466 Teilzeitkräfte

Das ist die ideale Lösung, wenn der Arbeitsplatz von vornherein keine volle Kraft trägt. Du kannst einen Standardvertrag abschließen mit einer entsprechenden Klausel, wieviel Stunden Deine Teilzeitkraft arbeiten soll. Grundsätzlich sind Teilzeitkräfte steuer- und sozialversicherungspflichtig.
Folgende **Steuerregeln** gelten:
Du mußt nur 20 Prozent Pauschalsteuer abführen, wenn Dein Angestellter nicht mehr als 86 Stunden im Monat arbeitet und weniger als 610/520 Mark (1997 West/Ost) verdient.

467 Aushilfen

Wenn Not am Mann ist, kannst Du Aushilfen einstellen. Die arbeiten dann nur für eine befristete Zeit – für ein bestimmtes Projekt oder einen besonderen Auftrag. Und es genügt ein mündlicher Arbeitsvertrag.

Steuerregel:
Du mußt einen Pauschalbetrag von 25 Prozent abführen. Aber: Die Aushilfe darf im Monat nicht mehr als 18 Tage hintereinander arbeiten. Der Höchstverdienst pro Tag darf im Schnitt 120 Mark nicht überschreiten.

Guter Rat: Wenn Du Deine Teilzeitkräfte offiziell anstellst, kannst Du eine Lohnsteuerkarte verlangen. Bei Aushilfen und Teilzeitkräften mit geringem Einkommen ist die Steuerkarte im Vergleich zum Pauschalbetrag in der Regel günstiger, denn dann fällt für diese Beschäftigten oft überhaupt keine Lohnsteuer an.

Wie sieht es mit der Sozialversicherung aus? 468

Du mußt die Renten-, Arbeitslosen-, Kranken- und Pflegeversicherung zahlen, wenn Dein Mitarbeiter mehr als 610 Mark im Monat verdient und mehr als 18 Stunden in der Woche arbeitet. Die Beiträge machen in der Regel knapp 40 Prozent des Bruttoarbeitslohns aus. Dein Angestellter und Du zahlen dann jeweils die Hälfte.

Achtung: Wenn Du Deinem Mitarbeiter weniger als 610 Mark zahlst, mußt Du die Sozialabgaben allein tragen.

Für alle, die weniger als 610/520 Mark (1997 West/Ost) verdienen und dabei weniger als 15 Stunden pro Woche arbeiten, mußt Du nichts berappen.
Das gleiche gilt übrigens auch für Saisonkräfte. Wenn Du jemanden ein- 469
stellst, der innerhalb von 12 Monaten für höchstens zwei Monate in Deiner Firma arbeitet (oder 50 Arbeitstage), spielt auch der Verdienst keine Rolle. Sozialabgaben werden dann nicht fällig.

Trick

Krankheit ist nicht schön – für alle Beteiligten. Deine Mitarbeiter leiden körperlich, Du leidest finanziell. Abgesehen von der ausgefallenen Arbeitszeit mußt Du natürlich noch brav den Lohn weiterzahlen – bis zu sechs Wochen lang. Das kann gewaltig ins Geld gehen, besonders, wenn Du noch eine kostenintensive Aushilfe einstellen mußt.

470 Für kleine Betriebe hat das Lohnfortzahlungsgesetz allerdings eine Härteklausel parat. Unter bestimmten Voraussetzungen erhältst Du einen Großteil der gezahlten Lohnkosten zurück.
Wichtig ist: Als kleine Betriebe gelten Unternehmen, die nicht mehr als 20 Angestellte, Teilzeitkräfte und geringfügig Beschäftigte haben. Zuständig für das Ausgleichsverfahren sind die Orts- und Innungskrankenkassen. Meist werden die Kassen von sich aus tätig und schreiben Dich an, ob Du am Umlageverfahren teilnehmen möchtest. Dann zahlst Du einen bestimmten, je nach Krankenkasse unterschiedlichen Prozentsatz (zwischen 2 und 4 Prozent) von dem Arbeitslohn, den Du auszahlst, in den Topf ein.
Wird nun ein Arbeitnehmer krank und Du mußt den Lohn weiterzahlen, so erhältst Du gegen Vorlage der Arbeitsunfähigkeitsbescheinigung und des Zahlungsnachweises etwa 80 Prozent der Lohnsumme und Deinen Arbeitgeberanteil zurück.

Apropos Krankengeld: Es klingt zwar wie ein schlechter Witz, kann aber leider bittere Realität für Dich werden: Ein Mitarbeiter, der wegen eines Hüftbruchs bereits sechs Wochen krank war und von Dir weiter bezahlt wurde, schickt Dir am Ende der sechsten Woche ein neues Attest vom Arzt. Krankheitsursache diesmal: Kreislaufbeschwerden wegen der langen Ruhezeit.
Knallhart hat das Bundesarbeitsgericht gegen die Arbeitgeber entschieden: Bei zwei unterschiedlichen Krankheitsursachen sind auch zweimal sechs Wochen Lohnfortzahlung fällig. Hoffentlich bist Du über den Ausgleichstopf der Krankenkassen für Lohnfortzahlung abgesichert (siehe oben).

Tip

Wie man in den Wald ruft …

- Benutze stets das Wörtchen »wir«, wenn Du mit Deinen Mitarbeitern sprichst.
- Denke daran, daß Du für alle Mitarbeiter stets ansprechbar und erreichbar bist.

- Teile Deinen Angestellten betriebliche Änderungen direkt und nicht durch Rundschreiben mit.
- Frage Deine Mitarbeiter bei beabsichtigten Änderungen stets nach deren Meinung.

Behördengänge – ein Wegweiser 471

Jetzt ist es soweit: Dein Konzept steht, die Finanzierung ist gesichert, Du hast Dich für eine bestimmte Rechtsform entschieden, das Kind hat bereits einen Namen, die Räume sind angemietet, die Ware bestellt, die Werbung läuft ebenfalls. Eigentlich müßtest Du nur noch die Ladentür aufsperren oder den Betrieb eröffnen. Vorher mußt Du aber noch zu einigen Behörden marschieren. Keine Sorge, das Anmeldungsprozedere ist unkompliziert.

Das brauchst Du an Papierkram

Gewerbeschein 472

Der Gewerbeschein öffnet Dir die Tür zur Welt der Selbständigen. Ohne einen Gewerbeschein darf in der Bundesrepublik niemand ein Geschäft betreiben. Je nach Organisation der zuständigen Behörde mußt Du zum Gewerbeamt oder der Gewerbemeldestelle des Ordnungsamts gehen.
Du mußt auf jeden Fall persönlich erscheinen. Gegen eine geringe Gebühr kriegst Du dort Deinen Gewerbeschein. Deine Daten werden von dort aus automatisch an das Finanzamt, die Industrie- u. Handelskammer bzw. die Handwerkskammer und das Gewerbeaufsichtsamt weitergeleitet. Diese Wege werden Dir also schon abgenommen. Das war's schon. Jetzt kannst Du loslegen.

Betriebsstätten-Nummer 473

Diese Kennziffer brauchst Du für die monatlichen Abrechnungen der Sozialbeiträge. Sie wird vom Arbeitsamt vergeben. Einfach mit dem Gewerbeschein hingehen genügt.

474 **Berufsgenossenschaft**

Wenn Du ein Unternehmen gründest, mußt Du das auch der zuständigen Berufsgenossenschaft melden (bis spätestens eine Woche nach Eröffnung). Die Adresse der Berufsgenossenschaft, die für Dich zuständig ist, erhältst Du beim:

Hauptverband der gewerblichen Berufsgenossenschaften (Alte Heerstr. 111, 53754 St. Augustin, Tel.: 02241/231-01).

Vorsicht: Zwar bekommt Deine zuständige Berufsgenossenschaft meist
475 eine Kopie Deiner Gewerbeanmeldung – damit ist Deine Anmeldepflicht aber noch nicht erledigt. Wenn Du hier schlampst, ist unter Umständen eine teure Überraschung fällig: Fehlende Anmeldung und dadurch auch fehlende Beiträge ahndet die Berufsgenossenschaft mit einer Beitragsnachforderung – das ist klar, denn schließlich sind Deine Mitarbeiter ja auch seit Beginn Deines Geschäftsbetriebs unfallversichert –, und obendrein blüht Dir im schlimmsten Fall noch ein Bußgeld, das sich gewaschen hat.

Apropos Berufsgenossenschaft: Generell sind Deine Arbeitnehmer zwar unfallversichert. Das gilt aber nicht, wenn sie während der Arbeitszeit zum Arzt laufen. Haben sie auf dem Hin- oder Rückweg einen Unfall, zahlt die Berufsgenossenschaft keinen Pfennig. Das gilt nicht, wenn Du ihn als sein Arbeitgeber ausdrücklich beurlaubt hast. Dann mußt Du nicht dafür aufkommen.

476 Sozialversicherungsausweis

Seit dem 31.12.1995 erhalten alle Beschäftigten einen Sozialversicherungsausweis von der Rentenversicherung. Angestellte und Arbeiter auf dem Bau, in der Gebäudereinigung sowie im Messebau – Gewerbe, bei dem Schwarzarbeit an der Tagesordnung ist – müssen bei der Arbeit den Ausweis bei sich führen. Werden sie ohne Ausweis erwischt, wartet auch auf den Arbeitgeber eine saftige Geldbuße. Für Dich als Arbeitgeber bedeutet das Ausweissystem aber noch mehr: Du mußt Dir von jedem neuen Mitarbeiter den Ausweis vorlegen lassen. Das ist enorm wichtig, denn falls Dein Mitarbeiter

neben seinem Job bei Dir noch Arbeitslosengeld, Krankengeld oder Sozialhilfe kassiert, dann mußt unter Umständen auch Du zahlen. Andersherum hast Du auch das Recht, von Deinem Mitarbeiter den Ausweis zu verlangen, wenn Du ihm bei Krankheit sein Gehalt weiterzahlst.
Bei geringfügig Beschäftigten mußt Du den Ausweis sogar bei Dir deponieren – das verhindert, daß Du in Haftung genommen wirst, wenn der Mitarbeiter mehrere sozialversicherungsfreie Tätigkeiten ausübt.

Krankenkasse 477

Wenn Du festangestellte Mitarbeiter hast, mußt Du sie bis spätestens zwei Wochen nach Arbeitsbeginn bei ihrer Krankenkasse anmelden. Du mußt einfach das entsprechende Formular aus dem Sozialversicherungsnachweisheft dorthinschicken. Die Daten werden automatisch an das Arbeitsamt – für die Arbeitslosenversicherung – und die Rentenversicherung weitergegeben.

Handelsregister 478

Falls Du Dich für eine anmeldepflichtige Rechtsform entschieden hast – GmbH, KG oder OHG –, mußt Du Deine Firma ins Handelsregister eintragen lassen. Das kannst Du beim zuständigen Amtsgericht machen. In der Regel erledigt aber der Notar, der den Vertrag beglaubigt hat, die Anmeldung.

Sonderregeln für Freiberufler 479

Als Freiberufler brauchst Du keinen Gewerbeschein. Du mußt lediglich bei Deinem Finanzamt eine Steuernummer beantragen. Dazu genügt ein formloser Brief.
Für bestimmte Freiberufler – Architekten, Anwälte, Ärzte, Notare und Steuerberater – gibt es Standesorganisationen: die jeweiligen Kammern, die strenge Regeln haben. Wer sich in diesen Berufsfeldern selbständig macht,

muß Mitglied werden und bestimmte Voraussetzungen erfüllen. Nimm deshalb rechtzeitig Kontakt zu der jeweiligen Vereinigung auf. Dort wirst Du auch fachkundig beraten.

480 Sonderregeln für spezielle Berufsgruppen

In bestimmten Fällen brauchst Du Sondergenehmigungen. Etwa, wenn Du ein Lebensmittelgeschäft, einen Supermarkt oder eine Apotheke eröffnen willst. Meistens mußt Du dann eine amtsärztliche Bescheinigung vorlegen. Nähere Auskünfte erhältst Du beim Gewerbeamt.

481 Gleiches gilt für **Gastwirte**. Wenn Du in die Gastronomie gehen willst, mußt Du zusätzlich drei Bestätigungen bringen. Und zwar: Einen Schrieb vom Gewerbeaufsichtsamt, der besagt, daß die Räumlichkeiten für ein Lokal geeignet sind. Weiterhin brauchst Du ein polizeiliches Führungszeugnis. Außerdem mußt Du nachweisen, daß Du an einem Seminar über Hygiene und den Umgang mit Lebensmitteln bei der Industrie- u. Handelskammer teilgenommen hast.

482 Sonderregeln für Handwerker

Einen Handwerksbetrieb darfst Du nur eröffnen, wenn Du als Meister in der Handwerksrolle eingetragen bist. Du kannst diese Bestimmung umgehen, wenn Du:

- einen Meister einstellst oder
- ein Diplom einer Hoch- oder Fachhochschule in der entsprechenden Fachrichtung plus drei Jahre Berufspraxis nachweisen kannst.

Tip

Wehr Dich gegen die Abmahnvereine

Als jungem Unternehmer passiert Dir das schnell: Du hast eine etwas zu forsche Werbungsanzeige aufgegeben und schon kreuzen Vereinshaie auf, um von Dir Schweigegelder wegen »Verstoßes gegen lauteren Wettbewerb« zu kassieren. Und für die Kosten des Abmahnbriefes verlangen sie Rechtsanwaltskosten, daß Dir nur so die Ohren schlackern. Wehr Dich dagegen!

Heute hast Du mehr Chancen, bei Gericht gut wegzukommen. Hier hast Du ein Urteil, das Dir weiterhilft: Das Oberlandesgericht Karlsruhe (AZ: 6 U 35/85) erklärte: Wenn ein auf dem betreffenden Wirtschaftssektor relativ kleiner Gewerbetreibender in 180 Fällen gegen unlautere Werbung vorgehe, durch die er nicht oder jedenfalls nicht spürbar berührt sei, liege die Annahme nahe, er benutze seine gegebene Mitbewerbereigenschaft nur formal zur Verfolgung wettbewerbswidriger und gesetzeswidriger Zwecke. Wenn hinzukommt, daß sein Anwalt regionale Zeitungen nach Gesetzesverstößen durchforstet, liegt es auf der Hand, daß es beiden nicht um die Wahrung des Wettbewerbs, sondern um das Kassieren von Vertragsstrafen bzw. Gebühren geht.

Trick

Zeit ist Geld

Solange Du noch keinen automatischen Freistempler für das Erledigen Deines Postausgangs besitzt, ist das Bekleben der jetzt vielfältig anfallenden Briefe sehr lästig und zeitraubend.

Und oft genug kleben dann die Briefmarken auch noch aneinder.

Die wenigsten wissen, daß es letztere auch gerollt in kleinen, praktischen Pappschachteln zu kaufen gibt – abgepackt zu 200 oder 500 Stück.

Die zieht man bequem heraus und schon sind die Briefe schnellstens frankiert und das mühselige Abtrennen der Umrandungen und Marken entfällt.

7. Steuern

Von der Kirchensteuer, die ich zahle,
könnte ich mir einen eigenen Pastor halten.
(Loriot)

Keine Mark zuviel ans Finanzamt

Als Existenzgründer hast Du alle Hände voll zu tun. Du mußt ständig für Deine Kunden dasein, den Laden in Schuß halten und gerade am Anfang mit spitzem Bleistift rechnen. Und dann hält auch noch der Staat die Hand auf. Politiker aller Couleur werden zwar nicht müde, zu betonen, wie wichtig Unternehmer für die Wirtschaft sind. Trotzdem ist in keinem Land die Unternehmensbesteuerung so hoch wie in der Bundesrepublik. Das gilt dann für Dich, wenn Du einen größeren Betrieb errichten, Lagerhallen oder Betriebsgebäude errichten willst. Bei Einsteigern wenigstens kennt das Finanzamt in den ersten Jahren des Selbständigseins Gnade. Allerdings, wenn Du zu Anfang die falsche Steuerstrategie einschlägst, kann Dich das viel von Deinem sauer verdienten Geld kosten.

Das Wichtigste in Kürze

Kein Mensch verlangt von Dir, daß Du mit Wortungetümen wie »Scheidungsfolgekosten«, »Pauschalisierungsgrenzen« oder »Reihengeschäfte« auf vertrautem Fuße stehen sollst. Um die entscheidenden Sachverhalte und Wirkungsmechanismen des deutschen Steuerdschungels zu begreifen, solltest Du Dir aber auf jeden Fall einen Ruck geben, um über das Wichtigste bei der Steuer zu informiert sein.

Die wichtigsten Steuern auf einen Blick

484 **Mehrwertsteuer**

Die Steuer, die uns alle am meisten trifft, ist die Umsatzsteuer, im Volksmund auch Mehrwertsteuer genannt. Du zahlst sie mit jedem Brötchen, jeder Zeitung, mit allem, was Du kaufst. Mit dieser Steuer holt sich der Staat einen fetten Anteil vom Wert aller Waren und Dienstleistungen.

Du als Unternehmer mußt diese Steuer auf jede Rechnung draufschlagen, die Deine Kunden zahlen. Diese Mehreinnahme – je nach Gegenstand und Produkt beträgt die Steuer entweder 7 oder 15 Prozent – schuldest Du dem Finanzamt. Die Mehrwertsteuer, die Du an Lieferanten gezahlt hast, kannst Du – als sogenannte Vorsteuer – von Deiner eingenommenen Umsatzsteuer abziehen.

Die Mehrwertsteuer wird bestimmt wieder erhöht:

Trick

485 **Werde einfach Kleinunternehmer!**

Als kluger Steuerzahler wirst Du weiterdenken. Besonders beim Stichwort Umsatzsteuer. Warum? Weil Du mit Paragraph 19 des Umsatzsteuergesetzes (UStG) die Chance hast, von der Erhöhung sogar zu profitieren. Die Devise lautet nur: »Unternehmer werden.« Und sei es im Nebenerwerb. Ich hoffe, du bist dazu bereits auf dem besten Weg! Das Stichwort heißt: »Besteuerung der Kleinunternehmer.«

Als Kleinunternehmer gilt jeder, der im vorangegangenen Jahr als Unternehmer nicht mehr als 25 000 Mark Umsatz einschließlich Umsatzsteuer verbuchte und im laufenden Jahr voraussichtlich nicht mehr als 100 000 Mark Umsatz erreichen wird.

Das Bonbon: Diese sogenannten Kleinunternehmer dürfen die gesamte Umsatzsteuer, die sie von ihren Abnehmern bekommen, für sich behalten. Und müssen davon keine müde Mark ans Finanzamt überweisen, wie das die anderen »größeren Unternehmer« tun müssen.

Damit das funktioniert, kommt es auf zwei Punkte an:
Du mußt als Unternehmer wirklich diese Umsatzsteuer einnehmen.
Und: Damit die Umsatzsteuer in Deiner Klasse bleibt, muß der Umsatz sich in den genannten Grenzen halten. Bei der Obergrenze für Kleinunternehmer (100 000 Mark) kommt es auf das Wort »voraussichtlich« im Paragraphen 19 UStG an. Darunter versteht das Finanzamt die Situation zu Beginn des Jahres. Wenn später die Geschäfte besser laufen, als vorherzusehen war, darf der Umsatz nach den Richtlinien der Finanzverwaltung auch etwas über 100 000 Mark liegen, ohne daß Du deshalb die Umsatzsteuer doch wieder abführen müßtest. Aber sei vorsichtig: Eben um den Begriff »etwas über der Grenze« könnte es Disput mit den Finanzbeamten geben.
Noch größere Vorsicht ist im ersten Jahr geboten. Weil es da noch keinen Vorjahresumsatz gibt, setzt das Finanzamt die niedrigere Grenze von 25 000 Mark an.
Von alldem kann aber nur profitieren, wer als Unternehmer diese Umsatzsteuer wirklich kassiert. Das bedeutet: Wenn Du als Arbeitnehmer davon was haben willst, so mußt Du erst einmal eine Marktnische finden, in der Du Dich als Kleinunternehmer einrichten kannst. Daran ist schon mancher gescheitert. Weshalb Du in diesem Fall auf meine »1000 ganz legalen Steuertricks« zurückgreifen solltest. Unter den Stichworten »Hobby als selbständiger Beruf« und »Liebhabereibetrieb« findest Du alles Wichtige darüber. Voraussetzung: Als Unternehmer mußt Du planmäßig handeln, intensiv tätig werden, Dich am Markt beteiligen, wie ein Händler auftreten und möglichst auch ein Büro oder Geschäftslokal unterhalten. Unternehmer sollten zudem mehr als einmal einen Umsatz im Jahr vorweisen können.
Diese Kriterien müssen nicht immer zur selben Zeit vorliegen, damit aus Dir als Nebenerwerbstätigem ein Unternehmer wird. Laut Bundesfinanzhof ist vielmehr das Gesamtbild der Verhältnisse entscheidend.
So hatte dieses höchste Gericht kürzlich darüber zu entscheiden, ob der Verkauf von Jahreswagen durch den Arbeitnehmer eines Automobilwerks eine Unternehmertätigkeit darstelle. Den mit Werksrabatt gekauften Wagen hatte ein Monteur an seinen Steuerberater weiterverkauft – zuzüglich Mehrwertsteuer. In den Genuß der Privilegien für Kleinunter-

nehmer kam der Mann trotzdem nicht. Begründung der Richter: Wer nur einmal alle 18 Monate an den Markt gehe, werde damit nicht intensiv genug tätig, um als Unternehmer im Sinne des Umsatzsteuergesetzes zu gelten.
Du wirst Dich also für Deine evtl. beabsichtigte Nebenerwerbstätigkeit entsprechend einstellen können.
Da gibt's übrigens eine gute Hilfe fürs Selbständigmachen. Wer sich für den Gründerwettbewerb »StartUp« interessiert, der kann sich schon registrieren lassen. Er wird dann rechtzeitig über Termine und die genauen Teilnahmebedingungen informiert.
Postadresse: »StartUp«, 20444 Hamburg. Internetadresse: http://www.stern.de/startup

486 **Einkommensteuer**

Als Unternehmer mußt Du Einkommensteuer zahlen. Die Grundlage dafür ist Dein Gewinn. Davon kannst Du als Sonderausgabe noch ein paar Aufwendungen abziehen, wie beispielsweise die Kosten für Deine Vorsorge, Verluste aus früheren Jahren, Spenden und außergewöhnliche Belastungen. Du mußt Vorauszahlungen dafür vierteljährlich zum 10.3, 10.6, 10.9. und 10.12 leisten.

487 **Gewerbesteuer**

Den dritten großen Posten macht die Gewerbesteuer aus. Die mußt Du zahlen, wenn Du mehr als 48 000 Mark im Jahr an gewerblichem Ertrag erzielst. Diese Steuer zahlst Du direkt an die Kommune. Die sogenannten
488 Hebesätze sind je nach Stadt oder Gemeinde unterschiedlich hoch. Als Freiberufler mußt Du keine Gewerbesteuer zahlen. GmbHs hingegen müssen bereits ab der ersten verdienten Mark zahlen.

Fünf Tips für den Anfang

489 Bevor Du eine schlüssige Steuerstrategie entwerfen kannst, erst einmal ein paar wichtige Tips vorneweg.

1. Kurz nachdem Du Dein Gewerbe bei der Kommune angemeldet hast, bekommst Du vom Finanzamt einen Betriebsfragebogen. Die Finanzbehörde will zunächst einmal wissen, ob sie Steuervorauszahlungen von Dir erwarten kann. In den ersten drei bis vier Jahren kannst Du das Finanzamt problemlos vertrösten. Du mußt einfach nur die Frage nach dem erwarteten Gewinn möglichst zurückhaltend beantworten. Da Du als Gründer mit Sicherheit mit Anlaufverlusten rechnen kannst, kannst Du als Gewinn einfach Null angeben. 490
2. Als Kleinunternehmer oder Freiberufler kannst Du zu Beginn den bürokratischen Aufwand noch sehr gering halten. Wenn Du
   - nicht mehr als 36 000 Mark Gewinn im Jahr machst,
   - der Umsatz im Jahr 500 000 Mark nicht übersteigt
   - und Dein Betriebsvermögen nicht mehr als 125 000 Mark ausmacht,

   mußt Du keine aufwendige Bilanz erstellen. Es genügt eine einfache Einnahme-Überschußrechnung. Du mußt nur Deine Einnahmen und 491
   Ausgaben nach Gruppen – Personal, Waren, Bürokosten, Fahrkosten usw. – aufteilen. Die Differenz fällt dann als Gewinn oder Verlust heraus.
3. Wenn Du zuviel Vorsteuer geleistet hast (Vorsteuer ist die Umsatzsteuer, 492
   die Du an Lieferanten zahlst), kannst Du die relativ problemlos vom Finanzamt zurückholen. Bereits Deine Umsatzsteuer-Voranmeldung gilt 493
   automatisch als Antrag auf Rückerstattung. Die Finanzämter zahlen diese Summe meist sehr zügig zurück. Einen Teil der fälligen Umsatzsteuer kannst Du auch zur Zahlung aufschieben lassen. Das geht, wenn Du weniger als 250 000 Mark umsetzt. Dann mußt Du nämlich erst die Umsatzsteuer abführen, wenn Dein Kunde bezahlt hat und das Geld in Deiner Kasse gelandet ist.
4. Wenn es sehr knapp in Deiner Kasse aussieht, beantrage sofort beim Finanzamt Stundung Deiner Steuerschuld. Du brauchst Dein Geld nötiger 494
   für Lieferantenrechnungen und um Deinen Laden in Schwung zu halten als dieser verschwendungssüchtige Staat. Übrigens: Du hast einen Rechtsanspruch auf Stundung, laß Dich auf keinen Fall abwimmeln.
5. Ein Fahrtenbuch ist bares Geld wert. Das bißchen Aufwand lohnt sich 495
   gerade für Dich als Einsteiger. Denn um so geringer die Zahl der Privatkilometer ist, die Du zurücklegst, desto weniger Steuern darf Dir das

Finanzamt für die Privatnutzung Deines Wagens in Rechnung stellen. Es ist wichtig, daß Du den privaten Nutzungsanteil so gering wie möglich hältst. Das Finanzamt schlägt den Privatanteil nicht nur dem Gewinn auf, was Deine Einkommensteuer beeinflußt. So ganz nebenbei mußt Du für diesen »Eigenverbrauch« auch noch Umsatzsteuer zahlen. Ohne Fahrtenbuch setzt das Finanzamt Deine Privatnutzung einfach mit 12 Prozent des Neupreises Deines Autos fest. Für Dich als Existenzgründer ist das viel zuviel. Denn Du bist ja besonders viel unterwegs.

Kosten für einen Unfall mit dem Privatwagen lassen sich steuerlich meist nicht absetzen (außer das Ereignis findet auf der Fahrt zum Betrieb statt). **Tip:** Wenn das Malheur dem Chef oder seinen mitarbeitenden Angehörigen auf einer Dienstfahrt passiert, dann übernimmt das Unternehmen den Schaden und setzt ihn als Betriebsausgabe ab (Taxi-, Abschlepp- und Telefonkosten nicht vergessen).

496 Steuervergünstigungen

Neben der Verpflichtung zum Steuerzahlen hast Du auch das Recht, Steuervergünstigungen in Anspruch zu nehmen. Die Steuervergünstigungen werden nicht aus Gnade und Barmherzigkeit gewährt, sondern stehen Dir gesetzmäßig zu. Steuervergünstigungen holst Du dadurch heraus, daß Du sie geltend machst.

Folgende Steuervergünstigungen kannst Du geltend machen, wenn Du selbständig bist:

- Abzug aller betrieblichen Ausgaben;
- Verschiebung der Einnahmen in das Folgejahr (bei Überschußrechnung z.B. einfach die Rechnung später ausstellen);
- vertragliche Abmachungen, z.B. Arbeitsverträge mit Angehörigen;
- Rechtsformänderungen des Unternehmens, Auswerten der wichtigsten diesbezüglichen Gesetzeslücken.

Die Jahres-(Abschnitts-)Besteuerung und die Einkommensteuerprogression 497

Der Staat gesteht es inzwischen selbst: Die Einkommenbesteuerung wirkt leistungshemmend, denn höhere Leistung und höheres Einkommen machen sich nicht mehr bezahlt. Die Folgen: Lustlosigkeit bei den Unternehmern, Abwandern der Spitzenverdiener wie Michael Stich oder Michael Schumacher in die Steueroase Monaco.

Wisse: Deine Einkommensteuer wird nach dem Einkommen veranlagt, das Du in einem Kalenderjahr bezogen hast. Wenn Dein Einkommen starken Schwankungen unterliegt, wie das bei Selbständigen häufig der Fall ist, schlägt in einem Jahr mit hohen Einkünften die Steuerprogression erbarmungslos zu. Du kannst der Steuerprogression zwar die Schärfe nehmen; ganz ausweichen kannst Du ihr nicht. Steuerprogression meint: Es gibt keinen gleichbleibenden prozentualen Steuersatz wie bei der Mehrwertsteuer, sondern die abzuführenden Prozente wachsen mit der Höhe Deines Jahreseinkommens.

Deshalb mußt Du Schwankungen in der Höhe Deiner Einkünfte, die ganz natürlich und nicht auszuschließen sind, durch kluges Verhalten ausgleichen: So kannst Du beispielsweise zur Verminderung von Einkünften Einnahmen in das nächste Jahr verlagern oder Ausgaben, die erst im nächsten Jahr anstehen, durch Vorauszahlung im gegenwärtigen Jahr zum Abzug bringen.

Mehr Tricks dazu und zu vielem anderen findest Du in den »1000 ganz legalen Steuertricks« des Verfassers.

Gleiche Deine Jahreseinkommen aneinander an

Schwankt das Einkommen von Jahr zu Jahr erheblich, dann solltest Du bestrebt sein, Dein Einkommen auf lange Sicht anzugleichen und dieser Einkommensegalisierung alle steuerlichen Erwägungen unterzuordnen. 498

Beispiel: Die Bochumer Autohändler Ferdi Flitzer und Rudi Rostig veranstalten alle zwei Jahre einen großen Automarkt, der weit über die Grenzen des Ruhrgebietes bekannt ist. Hier verkaufen sie einen Großteil ihrer Wagen und nehmen auch entsprechend den größten Teil ihres Gewinns ein.

Jahr	Einkommen		Steuer	
	Flitzer	Rostig	Flitzer	Rostig
1	45 000 DM	3 000 DM	9 546 DM	...
2	44 000 DM	3 000 DM	9 238 DM	...
3	46 000 DM	135 000 DM	9 841 DM	48 708 DM
4	47 000 DM	5 000 DM	10 156 DM	...
5	45 000 DM	81 000 DM	9 546 DM	22 397 DM
Summe	227 000 DM	227 000 DM	48 327 DM	71 105 DM

Das Beispiel zeigt Dir ganz deutlich, wie dramatisch sich Einkommensschwankungen auf Deine Steuerlast auswirken.

Beide Autohändler verdienen den größten Teil ihres Einkommens bei den großen Automärkten. Doch Flitzer zahlt in einem Zeitraum von fünf Jahren fast 23 000 Mark weniger Steuern als sein Kollege Rostig. Was macht Flitzer also anders als Rostig, damit sein Einkommen gleichmäßig über die Jahre verteilt ist?

Der Trick ist ganz einfach. Flitzer hat sich eine einfache Einnahmen-Ausgaben-Rechnung zugelegt, während Rostig eine ordentliche Buchführung hat. Der Unterschied: Bei der Einnahmen-Ausgaben-Rechnung wird nicht der Gewinn eines Jahres, sondern die zugeflossenen Einnahmen abzüglich der entstandenen Ausgaben versteuert.

Wie bekommt Flitzer die hohen Gewinnspitzen weg? fragst Du Dich jetzt. Das ist eine ganz einfache und legale Sache. Er dirigiert nämlich die Zahlungen so, daß sie sich gleichmäßig über die Jahre hin verteilen. Flitzer vereinbart geschickterweise mit seinen Kunden andere Zahlungsmethoden als Rostig. So läßt er sich beispielsweise eine Vorauszahlung geben oder schreibt die Rechnungen erst zu einem späteren, für ihn günstigeren Zeitpunkt.

Wenn Rostig nicht dem Beispiel seines pfiffigen Kollegen Flitzer folgen will, bleibt nur noch eine Möglichkeit: Er darf sein Hauptgeschäft nicht nur auf den großen Automärkten machen, sondern muß auch zwischendurch ein paar Mark einnehmen.

Unternehmensformen und steuerliche Belastung 499

Die steuerliche Belastung hängt stark von der Rechtsform ab, die Du für Deinen Betrieb gewählt hast. Nachfolgend ein kurzer Belastungsvergleich.

Die **OHG** und die **KG** selbst unterliegen weder der Einkommensteuer noch 500
der Körperschaftsteuer. Den Gesellschaftern wird der Jahresgewinn anteilig als gewerbliche Einkünfte zugerechnet, für die sie Einkommensteuer zu zahlen haben, wobei es ohne Bedeutung ist, ob Gewinne ausgeschüttet oder im Unternehmen belassen werden. Auch die Höhe der Entnahmen ist ohne Bedeutung.

Die **GmbH** unterliegt mit ihrem Einkommen der Körperschaftsteuer. Der 501
Körperschaftsteuersatz beträgt 45 Prozent Er ermäßigt sich auf 30 Prozent für ausgeschüttete Gewinne. Für die Ausschüttungsbeträge (= Kapitaleinkünfte) zahlen die Gesellschafter Einkommensteuer, auf die aber die Körperschaftsteuer der Gesellschaft angerechnet wird. Die angerechnete Körperschaftsteuer beträgt immer 3/7 der Barausschüttung. Von dieser hat die Gesellschaft 25 Prozent Kapitalertragsteuer einzubehalten und abzuführen. Der Rest der Ausschüttung steht den Gesellschaftern unmittelbar zur Verfügung, weshalb man diesen Restbetrag als Nettoausschüttung bezeichnet. Die Barausschüttung plus angerechnete Körperschaftsteuer ist die sog. Bruttoausschüttung. Auch die Kapitalertragsteuer wird auf die Einkommensteuer der Gesellschafter angerechnet, vergleichbar mit einbehaltener Lohnsteuer oder einer Einkommensteuervorauszahlung. Die Gesellschafter der GmbH können gleichzeitig Arbeitnehmer der Gesellschaft sein. Insoweit werden sie steuerlich wie fremde Arbeitnehmer behandelt. Die Gehälter der Gesellschafter sind Betriebsausgaben der Gesellschaft und vermindern den körperschaftsteuerpflichtigen Gewinn. Außerdem können die Gesellschafter mit steuerlicher Wirkung an die GmbH Grundstücke vermieten. Die Mieten sind ebenfalls Betriebsausgaben. Der Abzug der Gehälter und der Mieten führt zu einer Entlastung bei der Gewerbesteuer, weshalb die GmbH meistens weniger mit Gewerbesteuer belastet ist als die OHG und die KG, bei denen Gehalts- und Mietverträge zwischen Gesellschaft und Gesellschaftern steuerlich nicht berücksichtigt werden (§ 15 EStG).

Wähle die steuerlich günstigste Unternehmensform

502 Hier ein Beispiel anhand dessen Du die unterschiedliche Steuerbelastung bei den verschiedenen Unternehmenstypen erkennen kannst.

Die Eckdaten

An den Gesellschaften OHG, KG, GmbH 1 (ohne Ausschüttung) GmbH 2 (mit voller Gewinnausschüttung) sind die Gesellschafter A, B und C mit je einem Drittel gewinn- und kapitalmäßig beteiligt. A und B erhalten als tätige Gesellschafter vorab je 50 000 Mark Tätigkeitsvergütung, C hat der Gesellschaft ein ihm gehörendes Grundstück gegen eine Jahresmiete von 15 000 Mark zur Verfügung gestellt. C hat noch Kapitaleinkünfte aus privatem Kapitalvermögen von 35 000 Mark. Die Tätigkeitsvergütungen und die Mietzahlung an C haben den Gewinn von jährlich 300 000 Mark (vor Abzug der Gewerbesteuer, Hebesatz 350 Prozent) bereits gemindert.
Bei der Berechnung der Einkommensteuer wurden keine Steuervergünstigungen für Kinder berücksichtigt, aber Sonderausgaben in Höhe der Höchstbeträge. Es wurde die Splittingtabelle zugrunde gelegt.

Die Belastung in Prozent des tatsächlich erwirtschafteten Gewinns von 415 000 Mark

	Einzel-unternehmer	OHG	KG	GmbH 1	GmbH 2
Gewerbesteuer	11,5	11,5	11,5	11,0	11,0
Einkommensteuer	17,7	17,7	17,7	2,0	./. 0,5
Körperschaftsteuer	-	-	-	29,0	18,5
Summe	29,2	29,2	29,2	42,0	29,0

503 Bei einem **Einzelunternehmen** ergibt sich in etwa dieselbe Belastung in Prozent wie bei den Personengesellschaften OHG und KG, wenn der Gewinn des Einzelunternehmens nur 1/3 des Jahresgewinns der Gesellschaften zuzüglich Vorabvergütungen betragen hat (Gewinn 300 000 Mark + Vorabvergütung 115 000 Mark = 415 000 Mark, davon 1/3 = 139 000 Mark).

Bei diesem Belastungsvergleich liegen Einzelunternehmen und Personengesellschaften mit der GmbH fast gleich.
Das Ergebnis läßt sich zugunsten der GmbH 2 korrigieren, indem die Tätigkeitsvergütung und die Miete angehoben werden. Dadurch ließe sich die Gewerbesteuerbelastung und damit auch die Gesamtsteuerbelastung bei der GmbH wesentlich drücken.
Daß die Ausschüttungen zu sehr an der Kapitaldecke der GmbH zehren und zu Finanzproblemen führen, kann man verhindern, indem man sich des »Schütt aus, hol zurück«-Verfahrens bedient. Dahinter verbirgt sich nichts anderes, als daß man die ausgeschütteten Gewinne der GmbH gleich wieder als Gesellschafterdarlehen zur Verfügung stellt. Beachte aber, daß man nicht beliebig an der Vergütungsschraube drehen kann. Die Schmerzgrenze des für Dich zuständigen Fiskalritters ist die Höhe der Vergütung, die ein Fremder für die gleichen Leistungen bekäme. Gehst Du mit Deinem Gehalt höher, bindet er Dir eine unter Umständen sehr teure verdeckte Gewinnausschüttung ans Bein.

Vor Steuern fliehen fast ebenso viele
Menschen ins Ausland wie vor Diktatoren.
(James Newman)

Die Gewerbesteuer 504

Die Gewerbesteuer ist eine Gemeindesteuer und wird auch von den Gemeinden erhoben. Weil die Gewerbesteuer nach dem gewerblichen Gewinn und nach dem Gewerbekapital berechnet wird, stellt das Finanzamt im Auftrag der Gemeinde anhand des von Dir erklärten Gewinns den sogenannten
Gewerbesteuermeßbetrag fest. Auf der Grundlage dieses Meßbetrags be- 505
rechnet die Gemeinde nach ihrem Hebesatz (das ist ein prozentualer Auf- 506
schlag) die Gewerbesteuer.

Guter Rat: Es ist ein Riesenunterschied für die Berechnung der Gewerbesteuer, ob Du einen Betrieb oder deren zehn besitzt. Hast Du als Gewerbetreibender mehrere Betriebe, so ist jeder für sich zur Gewerbesteuer heranzuziehen. Auch wenn die Betriebe in der gleichen Gemeinde liegen sollten. Nimm an, Kfz-Elektriker Emsig will seinen Betrieb – der mit einem Gewerbeertrag von rund 35 000 Mark deutlich unter der Gewerbesteuerfreigrenze liegt – vergrößern und noch eine Lackiererei angliedern. Um mit der vergrößerten Firma – und dem zu erwartenden steigenden Gewinn – trotzdem keine Gewerbesteuer zahlen zu müssen, macht er die Lackiererei zu einer eigenständigen Firma. Inhaber wird Emsigs Sohn. Beide Betriebe bleiben jetzt weiterhin unter dem Freibetrag von 48 000 Mark für die Gewerbeertragsteuer – Emsig muß keine Mark an die Gemeinde zahlen.

In der Tat: Bis zu einem Gewerbeertrag von 48 000 Mark pro Betrieb fällt keine Gewerbesteuer an. Also ist es doch besser, wenn Du diesen Freibetrag zweimal in Anspruch nehmen kannst, als wenn er Dir nur einmal zugesprochen wird. Kannst Du Deinen Betrieb trennen, so daß beide Einzelfirmen nicht wesensverwandt sind, z.B. in eine Schreinerei und ein Bestattungsinstitut, dann kannst Du kräftig sparen:
Angenommen, Dein Gewinn beträgt 90 000 Mark für den Gesamtbetrieb, das Gewerbekapital von 200 000 Mark, dann zahlst Du eine Gewerbesteuer von etwa 5900 Mark. Teilst Du das Unternehmen, und jeder Betriebsteil erwirtschaftet 45 000 DM, ergibt sich Null Mark Gewerbesteuer. Von dem Geld kannst Du jedes Jahr einen netten Urlaub machen.

Schulden sind Betriebskapital

507 Als Existenzgründer hast Du wahrscheinlich Schulden gemacht. Doch Achtung: Dauerschulden und die Zinsen, die Du abzahlst, werden – auch wann es paradox klingt – bei der Gewerbesteuer dem Betriebskapital zugerechnet. Je mehr Schulden Du hast, desto mehr Gewerbesteuer mußt Du zahlen. Mit ein bißchen Phantasie kannst Du diesem Mißstand entgehen.

Guter Rat: Vermeide ein Dauerminus. Du zahlst Deine Verpflichtungen beim Wareneinkauf nicht mehr durch zwangsläufiges Überziehen Deines Kontos mittels Scheck, sondern – wenn irgend möglich – mit einem Wechsel. Folge: Dein Konto gerät nicht ins Minus und Du läufst nicht in Gefahr, für Dauerschulden (alle Kredite, die länger als ein Jahr laufen) Gewerbekapitalsteuer berappen zu müssen.

Achte außerdem darauf, daß Dein Kontokorrentkredit an mindestens 8 Tagen im Wirtschaftsjahr ausgeglichen ist. Warum das? Nun, wenn Du Dauerschulden hast, dann lösen sie Hinzurechnungen aus. Schulden sind dann Dauerschulden, wenn sie nicht binnen 12 Monaten getilgt werden.
Deshalb rechnen Wechselschulden nur selten zu ihnen.

Zwei-Konten-Modell 508

Wer sagt eigentlich, daß Du nur *ein* Kontokorrentkonto führen mußt? Um endlich von der unseligen Hinzurechnung von Dauerschuldzinsen und Dauerschulden herunterzukommen, solltest Du Dir schleunigst bei einer anderen Bank noch ein zweites Kontokorrentkonto zulegen. Der Rest ist kinderleicht. Du mußt nur noch dafür sorgen, daß jedes Deiner Konten über das Jahr gesehen an mindestens 8 Tagen im Plus gestanden hat, und schon sind die Zurechnungen hinfällig.
Du wirst also einfach eine Zeit lang alle Einnahmen auf das Konto 1 leiten und von Konto 2 die Ausgaben bezahlen. Nachdem Du so Konto 1 für 8 Tage ins Plus gehievt hast, drehst Du den Spieß um und machst das gleiche Spielchen mit Konto 2 noch einmal. Warst Du auch hier 8 Tage aus den Miesen, bist Du mit der Dich viel Steuergeld kostenden Versteuerung von Dauerschulden und Dauerschuldzinsen aus dem Schneider.

Guter Rat: Drückt Dich als gut verdienender Selbständiger die Gewerbesteuer zu stark, dann erwirb – wenn es geht – Maschinen oder Kraftfahrzeuge mittels Leasing! Die Leasingraten sind nämlich sofort voll als Betriebsausgaben absetzbar! Statt einer Finanzierung durch einen Bankkredit verschaffst Du Dir so erhebliche steuerliche Vorteile.

Am Regenbogen muß man nicht
Wäsche aufhängen wollen.
(Ambrose Bierce)

509 Deine Buchhaltung: Überschußrechnung oder Bilanz?

510 Nur als Vollkaufmann mußt Du eine Bilanz vorlegen, deren Erstellung für Dich vielleicht zu schwierig und vom Steuerberater gefertigt zu teuer ist.

511 Als Gewerbetreibender ereilt Dich trotzdem die Buchführungspflicht, und zwar nach dem Steuerrecht, wenn

- Dein Jahresumsatz mehr als 500 000 Mark,
- Dein Betriebsvermögen mehr als 125 000 Mark oder
- Dein Jahresgewinn mehr als 48 000 Mark betragen hat.

512 Mache zunächst einmal eine normale Überschußrechnung. Wie das genau geht, siehst Du im Folgenden. Das Finanzamt muß Dich nämlich ausdrücklich zur Bilanzierung aufgefordert haben, wenn es das will.
Freiberufler brauchen nicht zu bilanzieren, wenn sie nicht wollen. Bei ihnen genügt ein einfaches Aufzeichnen der Einnahmen und Ausgaben. Eben eine einfache Überschußrechnung.

513 **Warum Du als Freiberufler nicht bilanzieren solltest**
»So dumm wird wohl keiner sein, zu bilanzieren, wenn er nicht unbedingt muß!« Warum das?

1. Das Erstellen einer Bilanz ist sehr aufwendig.
2. Mit der Überschußrechnung kannst Du die Höhe des Gewinns fast beliebig beeinflussen: Indem Du Einnahmen in das nächste Jahr verlagerst – eben später die Rechnungen schreiben oder Schecks später abrufen – und Ausgaben in das gegenwärtige Jahr vorziehst, z.B. durch Vorauszahlungen. Ziel muß dabei immer sein, große Schwankungen beim Gewinn zu vermeiden.

Du solltest auch keine Verluste ausweisen. Zwar kannst Du Verluste, die nicht mit anderen positiven Einkünften ausgeglichen worden sind, in einem anderen Jahr abziehen. Da der Verlustvortrag bzw. der Verlustrücktrag aber bereits bei der Berechnung des Einkommens nach den Sonderausgaben und außergewöhnlichen Belastungen abgezogen wird, geht Dir in dem Abzugsjahr der Grundfreibetrag von 12 095 Mark bzw. als Verheirateter von 24 190 Mark und, soweit Du Kinder hast, auch der Kinderfreibetrag von 6264 Mark (104 Mark je Kind und eventuell sogar der Haushaltsfreibetrag von 5616 Mark) verloren.

Was heißt das genau?

Angenommen, Dein Geschäftsjahr ist schlecht gelaufen und Du hast Verlust gemacht. Den kannst Du selbstverständlich mit positiven Einkünften dieses Jahrs aufrechnen, sofern Du welche hast. Das Finanzamt nennt so etwas Verlustausgleich, also den Ausgleich von positiven und negativen Einkünf- 514
ten desselben Jahrs.

Sind keine positiven Einkünfte vorhanden oder ist der Verlust höher als die positiven Einkünfte, ergibt sich insgesamt gesehen ein Verlust, den Du jetzt mit den positiven Einkünften der beiden Vorjahre aufrechnen kannst. Das Finanzamt nennt so etwas Verlustrücktrag, also den Rücktrag nicht ausge- 515
glichener Verluste des Vorjahrs.

Aber paß auf: Ist der Verlust sehr hoch, und bleiben deshalb noch Verluste übrig, die nicht mit Vorjahrseinkünften ausglichen werden konnten, dann kann der Rest mit Einkünften künftiger Jahre aufgerechnet werden (Ver- 516
lustvortrag). Das hört sich alles recht fair an. Und trotzdem liegen hier viele Fallstricke.

Denn: Verlustvortrag und Verlustrücktrag werden vom Finanzamt immer so hoch vorgenommen, daß überhaupt keine Einkünfte mehr übrigbleiben. Im Grunde genommen bedeutet das für Dich, daß das Finanzamt viel mehr an Verlusten abzieht, als Du eigentlich benötigst, um auf eine Steuer von Null zu kommen. Der auf diese Weise zuviel verbrauchte Verlust geht völlig ins Leere und steht Dir in späteren Jahren nicht mehr als Abzugsbetrag zur Verfügung.

Eine wirksame Gegenstrategie

Es ist mehr als ärgerlich, wenn Dein Verlust zwangsweise zunächst in den beiden Jahren vor der Verlustentstehung abgezogen wurde. Vor allem, wenn Du dort ein sehr niedriges Einkommen hattest oder Deine Steuer z.B. durch

Steuerermäßigungen wie das Baukindergeld schon auf Null heruntergedrückt war.

Will Dich das Finanzamt auf diese Weise veranschlagen, stellst Du folgenden Antrag:
Der Verlust soll nicht in die alten Jahre zurückgetragen werden, sondern im Steuerbescheid notiert und erst in den kommenden Jahren – in denen Du (hoffentlich) dicke Gewinne machst – abgezogen werden.

Dieses Wahlrecht steht Dir für alle Verluste zu. Von diesem Rat solltest Du unbedingt auch dann Gebrauch machen, wenn Du Dich als bisheriger Angestellter mit mittlerem Gehalt selbständig gemacht hast und nach Anlaufverlusten im ersten Jahr Deiner Selbständigkeit klotzige Gewinne machst. Wegen der Steuerprogression sparst Du statt z.B. 25 Prozent in den Angestelltenjahren durch die Verschiebung des Verlustausgleichs in die Jahre der Selbständigkeit z.B. 40 bis 50 Prozent an Steuern.
Wenn Du in den beiden letzten Jahren vor denn Verlustjahr ein hohes zu versteuerndes Einkommen gehabt hast, empfiehlt es sich, einen Verlustrücktrag vorzunehmen.

Guter Rat: Der Fiskus zieht Verluste ab, bis sich für das Rücktragsjahr ein Einkommen von Null Mark ergibt, und das, obwohl in den Jahren 1993 bis 1995 Erwerbsbezüge in folgender Höhe steuerfrei waren:
1993: 10 529/21 059 Mark
1994: 11 069/22 139 Mark
1995: 11 555/23 111 Mark (ledig/verheiratet)
Damit das Finanzamt also nicht mehr Verluste in den alten Jahren abzieht, als Du brauchst, um auf Null zu kommen, läßt Du Dir ausrechnen, wie hoch der Rücktrag sein muß, damit sich keine Steuer mehr für Dich ergibt. Auf ebendiesen Betrag begrenzt Du dann Deinen Verlustrücktrag. Damit schlägst Du zwei Fliegen mit einer Klappe: Du erhältst erstens eine

Steuererstattung und damit Liquidität, die Du gerade im Anfangsstadium Deiner Selbständigkeit dringend benötigst, und zweitens verschenkst Du von Deinem Verlustvortrag keinen Pfennig, den Du in den kommenden Jahren steuermindernd geltend machen kannst.

Guter Rat für Freiberufler: Als Freiberufler solltest Du bilanzieren, 517
wenn sich mit der Überschußrechnung ein Verlust, mit der Bilanzierung 518
aber ein – wenn auch bescheidener – Gewinn ergibt, der den Grundfreibetrag und ggfs. Kinderfreibeträge und Haushaltsfreibetrag abdeckt.
Diese Lage tritt oft im ersten und zweiten Jahr der Selbständigkeit ein, weil die Betriebsausgaben von Anfang an entstehen und auch bezahlt werden müssen, die Betriebseinnahmen aber erst mit zeitlicher Verzögerung hereinkommen. Das führt mit der Überschußrechnung rechnerisch zu Verlusten.
Bei Bilanzierung wird aber durch Ansatz der Honorarforderungen meist schon im ersten Jahr ein Gewinn verzeichnet. Später, wenn alles in geregelten Bahnen läuft, gehst Du dann selbstverständlich wieder zur Überschußrechnung über.

Beispiel: PR-Berater Rudolf Redsam war lange Jahre erfolgreich in einer großen Agentur beschäftigt. Jetzt hat er sich selbständig gemacht. Er ist nicht nur ein Werbeprofi, auch die Grundzüge des Handelsrechts sind ihm ein Begriff. Daher weiß er auch, daß er als Freiberufler keine Bilanz aufstellen muß. Redsam macht es trotzdem. Warum? Das zeigt Dir die folgende Rechnung, in der aufgeführt ist, wie sich im ersten Jahr eine Überschußrechnung im Unterschied zur Bilanzierung auswirkt.

	Einahme-Überschußrechnung	
	Jahr 0 mit Rücktrag	Jahr 1 mit Rücktrag
Praxisergebnis	0	– 36 000
Arbeits-Einkünfte	50 000	0
Summe Einkünfte	50 000	– 36 000
Sonderausgaben	– 14 000	– 14 000
Zwischensumme	+ 36 000	– 50 000

Verlustrücktrag	– 36 000	–
Einkommen	0	– 50 000
Grundfreibetrag	– 11 232	– 11 232
best. Einkommen	– 11 232	– 61 232
Einkommensteuer	0	0

	Bilanzierung	
	Jahr 0 ohne Rücktrag	Jahr 1 ohne Rücktrag
Agenturergebnis	0	+ 24 000
Arbeits-Einkünfte	+ 50 000	0
Summe Einkünfte	50 000	+ 24 000
Sonderausgaben	– 14 000	– 14 000
Zwischensumme	+ 36 000	+ 10 000
Verlustrücktrag	0	0
Einkommen	+ 36 000	+ 10 000
Grundfreibetrag	– 11 232	– 11 232
best. Einkommen	+ 24 768	– 1 232
Einkommensteuer	4 994	0

Was Dir diese Rechnung sagt:

- In der Einnahme-Überschußrechnung macht die Agentur von Redsam im 1. Jahr Verluste, durch die die Grundfreibeträge für die Jahre 0 und 1 von jeweils 11 232 Mark aufgezehrt werden. Damit gehen ihm insgesamt Freibeträge von 22 464 Mark verloren.
- Durch die Bilanzierung im ersten Jahr sind bei Redsam zukünftige Einnahmen (Forderungen abzgl. Verbindlichkeiten) in Höhe von 50 000 Mark vorgezogen worden. Wenn unterstellt wird, daß in Zukunft einmal in der Progressionsspitze der Gewinn mit 50 Prozent versteuert wird, ergibt sich dadurch eine Steuerersparnis von rund 25 000 Mark. Dieser Ersparnis steht zunächst ein Steuermehraufwand für die Jahre 0 und 1 von 4994 Mark gegenüber. Die endgültige Ersparnis beträgt somit rund 20 000 Mark.

Die Einnahme-Überschußrechnung 519

Viele Kleinunternehmer haben Manschetten vor der Buchführung und glauben, nicht allein damit fertigzuwerden.
Davor brauchst Du wirklich keine Bange zu haben. Schließlich bist Du schon mit ganz anderen Sachen fertiggeworden, oder?

Das Zu- und Abflußprinzip 520

Bei der Überschußrechnung sind die Betriebseinnahmen in dem Kalenderjahr anzusetzen, in dem sie zugeflossen, und die Betriebsausgaben in dem Kalenderjahr abzusetzen, in dem sie geleistet worden sind; das gilt auch für Vorschüsse, Teil- und Abschlagszahlungen. Diese Regelung gilt prinzipiell und wird deshalb als »Zu- und Abflußprinzip« bezeichnet.

Abschreibungen 521

Anlagegüter mit einer Nutzungsdauer von mehr als einem Jahr, wie zum Beispiel Fahrzeuge, Einrichtungsgegenstände und Maschinen, kannst Du nicht sofort voll mit ihrem Anschaffungspreis absetzen. Vielmehr mußt Du die Anschaffungskosten auf die Nutzungsdauer verteilen. Betriebsausgabe ist hier die Absetzung für Abnutzung, auch Abschreibung genannt. Die Nutzungsdauer für die Anlagegüter wird von Dir geschätzt. Dabei ist die Art des Anlageguts und die Nutzung zu berücksichtigen.
Eine Ausnahme von der Absetzung für Abnutzung bilden Anlagegüter mit Anschaffungskosten – ohne Umsatzsteuer – bis 800 Mark. Diese sogenannte geringwertigen Wirtschaftsgüter kannst Du im Jahr der Anschaffung in voller Höhe als Betriebsausgaben absetzen.

Steuerpflichtiger Gewinn ist der Überschuß der Betriebseinnahmen über die 522
Betriebsausgaben. Den Gewinn berechnest Du durch einen Jahresabschluß. Sind die Ausgaben höher als die Einnahmen, entsteht beim Abschluß ein Verlust. Den Gewinn oder den Verlust erklärst Du dem Finanzamt in der Anlage GSE zur Einkommensteuererklärung und fügst eine Abschlußrechnung bei.
Die Aufzeichnungen und die Abschlußrechnung mußt Du 10 Jahre und die Belege 6 Jahre aufbewahren.

523 Wie Deine Abschlußrechnung in etwa aussehen könnte, zeigt folgendes Beispiel:

EDV-Berater Redlich **Abschlußrechnung**	
Betriebseinnahmen	
Einnahmen aus Dienstleistungen	33 005 DM
Einnahmen aus Hilfsgeschäften:	
Pkw-Verkauf	12 500 DM
EDV-Hardware	1 750 DM
vereinnahmte Umsatzsteuer 15 %	7 088 DM
vom Finanzamt erstattete Vorsteuer	1 704 DM
Summe der Betriebseinnahmen	56 074 DM
Betriebsausgaben	
gezahlte Umsatzsteuer (Vorsteuer)	8 914 DM
Verpflegungsmehraufwand bei Geschäftsreisen	868 DM
Bewirtungen und Geschenke	163 DM
Kfz-Kosten	
Betriebskosten und Reparaturen	4 529 DM
Abschreibung lt. Anlageverzeichnis	16 700 DM
Summe der Kfz-Kosten	21 229 DM
./. Privatanteil 30 %	6 368 DM
verbleiben	14 861 DM
Porto	322 DM
Telefon	1 784 DM
./. Privatanteil	500 DM
verbleiben	1 284 DM
Fachliteratur, Fachzeitschriften	934 DM
Bürobedarf	813 DM
Berufsgenossenschaft	119 DM
Büroraumkosten für häusliches Arbeitszimmer	
Gesamtkosten der Wohnung (Miete, Strom, andere Nebenkosten)	14 329 DM
Davon 21 % Büroanteil	3 009 DM
Büroeinrichtung geringwertige Anlagegüter	2 966 DM

Büroeinrichtung Abschreibung lt. Anlageverzeichnis	5 800 DM
Summe der Betriebsausgaben	40 053 DM
Gewinn (56 074 DM ./. 40 053 DM) =	**15 994 DM**

So mußt Du die Abschlußrechnung lesen

Auf der Seite der Betriebseinnahmen 524

Die Betriebseinnahmen teilst Du auf in Einnahmen aus den regulären Geschäften und aus den Hilfsgeschäften (z.B. einen Autoverkauf) – jeweils ohne Umsatzsteuer. Die vereinnahmte Umsatzsteuer, die Du Deinen Kunden in Rechnung gestellt hast, gibst Du getrennt an. Nur so kann der Finanzbeamte (und Du!) die für ihn obligatorische Gewinnverprobung und die Umsatzsteuerverprobung durchführen. Du fragst Dich sicher, wieso Du dem Finanzamt Dein Betriebsergebnis so mundgerecht servieren sollst. Nun, Du tust es auch für Dich.

Tip

Auch Du solltest spätestens am Jahresende nachprüfen können, wie Du gewirtschaftet hast (und ob mögliche Schwarz- und Ohne-Rechnung-Geschäfte dem Finanzamt auffallen könnten oder nicht). Deshalb ist auch für Dich eine Verprobung des erzielten Gewinns mehr als wichtig. Um was es sich dabei im einzelnen handelt (z.B. ob Du mit Deiner Warenkalkulation richtiglagst), und wie Du bei Einwendungen des Dir den Gewinn erhöhen wollenden Finanzamts am erfolgversprechendsten Kontra geben kannst, das vermittelt Dir mein Buch »Wenn der Betriebsprüfer kommt«. 525

526 **Auf der Seite der Betriebsausgaben**

Die von Dir an Lieferanten und Dienstleister gezahlte Vorsteuer weist Du gesondert aus. Auch bei den gemischten Kosten wie Kfz-, Telefon- und Raumkosten kommst Du dem bearbeitenden Beamten entgegen, indem Du den von Dir angesetzten Privatanteil dafür am Ende des Jahres ausweist. Für die laufenden Aufzeichnungen besorgst Du Dir aus einem Laden für
527 Bürobedarf eine Spaltenkladde, auch Journal oder Geschäftsbuch genannt. Im Geschäftsbuch kannst Du alle Einnahmen und Ausgaben aufzeichnen. Hierzu sind bereits spezielle Spalten eingerichtet, die Du nur noch ausfüllen mußt. Es gibt auch einfach zu handhabende EDV-Programme speziell für die Buchführung. Dann mußt Du die Zahlen nur noch in den Computer tippen.

Die Spalten Deiner Buchführungskladde tragen (von links nach rechts) folgende Bezeichnungen:

1.Beleg Nr.	8. Vorsteuer
2.Tag	9. Betrag Ausgabe
3.Vorgang	10. Privat
4.Einnahme/Betrag	11. Kfz-Kosten
5.Nettoeinnahme	12. Telefon
6.MWSt	13. Porto
7.Brutto	14. Büro, usw.

Lerne, die besten Abschreibungsarten für Dich zu finden

Die Abschreibung kannst Du zunächst nur vornehmen, wenn Dir das Wirtschaftsgut zivilrechtlich auch gehört. Oder es Dir wegen besonderer Umstände zumindest steuerlich als wirtschaftliches Eigentum zugerechnet wird. Gehört ein Gegenstand oder ein Gebäude, das Du für Deinen Betrieb oder Deinen Beruf nutzt, ganz oder zum Teil Deiner Ehefrau, hast Du zwei Möglichkeiten:

1. Einfach ist die Sache für Dich, wenn Deine Gattin zwar Miteigentümerin ist, jedoch keine nennenswerten Einkünfte hat. Wenn Du deshalb sowieso die gesamten Kosten, z.B. die Baukosten für Euer Haus getragen hast, in

dem sich auch Dein Laden oder Deine Praxis befindet, kannst Du die Abschreibung in voller Höhe als Betriebsausgabe absetzen. Den Anteil, der rechnerisch auf Deine Frau entfällt, setzt Du in Deiner Steuererklärung dabei unter der schönen Bezeichnung **Drittaufwand** ab. 528

2. Hat Deine bessere Hälfte dagegen ihren Anteil am Kaufpreis oder den Herstellungskosten selbst bezahlt, hilft ein einfacher Mietvertrag, mit dem Du von Deiner Frau ihren Kaufpreisanteil an den von Dir betrieblich genutzten Räumen bezahlst. Sie hat dadurch Einkünfte aus Vermietung und Verpachtung, kann andererseits aber auch die Abschreibung geltend machen. Da Du die gezahlte Miete als Betriebsausgabe einfügen kannst, bleibt es per saldo dabei, daß Ihr in Eurer gemeinsamen Steuererklärung die Abschreibung in voller Höhe absetzen könnt.

Was bedeutet der Teilwert? 529

Du kannst nicht nur neu gekaufte Gegenstände abschreiben. Auch für Sachen, die Dir schon jahrelang gehören und die Du neuerdings für Dein Unternehmen einsetzt, kannst Du Abschreibung geltend machen. Man spricht hier von einer Einlage eines privaten Gegenstands in den Betrieb. Anzusetzen ist eine solche Einlage mit dem sog. Teilwert. Das ist der aktuelle Wert im Zeitpunkt der erstmaligen betrieblichen Verwendung. Die Abschreibung ergibt sich aus diesem (im Zweifel zu schätzenden) Teilwert und der angenommenen Restnutzungsdauer des Gegenstands.

So nimmst Du die lineare Abschreibung vor 530

Die Abschreibung beginnt immer mit der Anschaffung, d.h. wenn das Wirtschaftsgut geliefert worden ist. Für bewegliche Gegenstände bei Anschaffung bzw. Herstellung im Laufe des Kalenderjahrs kannst Du vom Anschaffungsbetrag für jeden angefangenen Monat 1/12 der vollen Jahresabschreibung ansetzen. Die volle Jahresabschreibung errechnet sich aus der Formel: Anschaffungsbetrag/Jahre der Nutzungsdauer. Beispiel: Eine Drehmaschine, Anschaffungswert 120 000 Mark, Abschreibungsdauer 8 Jahre, jährliche Abschreibung 12,5 Prozent, also 15 000 Mark.

Sonderregel für bewegliche Güter

531 Eine Vereinfachungsregelung gilt für bewegliche Wirtschaftsgüter wie Maschinen, Inventar, Kraftfahrzeuge usw.
Danach kannst Du im ersten Jahr der Anschaffung bzw. Herstellung
- bis zum 1.7. die volle,
- nach dem 30.6. die halbe

Jahresabschreibung absetzen.

Beispiel: Du kaufst am 15.4. für 60 000 Mark einen neuen Wagen, dessen Nutzungsdauer 5 Jahre beträgt. Die volle Jahresabschreibung beträgt also 12 000 Mark
Du kannst nun wählen, ob Du 9/12 von 12 000 Mark = 9000 Mark oder lt. Vereinfachungsregel 100 Prozent von 12 000 Mark = 12 000 Mark absetzt.

532 Die Abschreibung wird entsprechend der Nutzungsdauer des Gegenstands in gleichbleibenden Jahresbeträgen berücksichtigt. Die Nutzungsdauer ist natürlich nicht gleich der tatsächlichen Lebensdauer des Gegenstands. Du legst vielmehr die Zeit zugrunde, die Du die Sache vermutlich nutzen wirst. Die Dauer mußt Du im Einzelfall schätzen.

Tip

Hohe Abschreibungen gleich hoher Gewinn – so lautet die allgemein vertretene Ansicht. Da Du aber stets für Dich persönlich überprüfst, was da so hingeredet wird, schaltest Du richtig, wenn Du Dir sagst: Ich werde den Teufel tun und eine hohe Abschreibung in den ersten Unternehmensjahren anstreben. Denn ich habe meist noch so wenig Umsatz, daß ich kaum Gewinne machen werde und damit auch keine Steuern zu zahlen habe. Wenn also Ausgaben den Gewinn mindern, ohne steuerliche Vorteile zu erbringen, verzichte ich lieber jetzt darauf und verschiebe sie in die späteren, hoffentlich gewinnträchtigeren Jahre.

Sonderfall Schichtarbeit 533

Wenn bei Dir aber rund um die Uhr in Schichtbetrieb gearbeitet wird, ergibt sich zwangsläufig ein höherer Verschleiß. Du wirst als umsichtiger Kaufmann deshalb natürlich einen kräftigen Zuschlag bei den Abschreibungssätzen machen. Das Finanzamt erkennt solche Zuschläge an, wenn sie im Zweischichtenbetrieb nicht über 20 Prozent und im Dreischichtenbetrieb nicht über 33,33 Prozent liegen.

Degressive Abschreibung 534

Außer bei Gebäuden kannst Du auch bei betrieblich genutzten beweglichen Wirtschaftsgütern die Abschreibung degressiv vornehmen, d.h . mit einem festen v.H.-Satz vom jeweiligen Restbuchwert. Der v.H.-Satz darf höchstens das Dreifache des linearen AfA (Absetzung für Abschreibung)-Satzes betragen. Dein Vorteil liegt vor allem in den ersten Jahren der Nutzungsdauer. Hier sind die Abschreibungen gegenüber der linearen Abschreibung wesentlich höher, während sie zum Ende der Nutzungsdauer niedriger sind. Dieser Effekt ergibt sich dadurch, daß Du das Anlagegut mit einem jährlich gleichbleibenden Prozentsatz abschreiben darfst.

Beispiel: Du erwirbst eine Fräsmaschine für 40 000 DM. Bei degressiver Abschreibung über 10 Jahre ergibt sich bei einem maximalen Abschreibungssatz von 30 Prozent p.a. folgende Staffel:

1. Jahr:	12 000,-- DM	(30 Prozent von 40 000,-- DM)
2. Jahr:	8400,-- DM	(30 Prozent von 28 000,-- DM)
3. Jahr:	5880,-- DM	(30 Prozent von 19 600,-- DM)
4. Jahr:	4116,-- DM	(30 Prozent von 13 720,-- DM)
5. Jahr:	2881,20 DM	(30 Prozent von 9604,-- DM)
6. Jahr:	2016,84 DM	(30 Prozent von 6722,80 DM)
7. Jahr:	1411,79 DM	(30 Prozent von 4705,96 DM)

...

Die degressive Abschreibung lohnt sich allerdings nur bei einer Nutzungsdauer über vier Jahre. Mit ihrer Hilfe kannst Du z.B. eine Maschine mit einer 10jährigen Nutzungsdauer bereits in den ersten beiden Jahren zu über 50 Prozent abschreiben.

Merke aber: Der Höchstsatz der degressiven Abschreibung darf nur dreimal so hoch sein wie der lineare Abschreibungssatz und in der Spitze nicht mehr als 30 Prozent betragen.

535 **Die Vorteile beim Variieren mit den Abschreibungen**

536 Die degressive Abschreibung ist nur in den ersten Jahren günstiger. Ich rate Dir daher, nach ein paar Jahren zur linearen Abschreibung zu wechseln, wenn sich herausstellt, daß Du damit besserfährst. Gegen einen Wechsel der
537a Abschreibungsmethode von der degressiven zur linearen Abschreibung können die Fiskalvertreter nichts einwenden. Denn ein solcher ist nach § 7 Abs. 3 S. 1 EStG jederzeit möglich. Allerdings ist ein Wechsel von der linearen Abschreibung zur degressiven nicht zulässig. Wenn du den Wechsel vollzogen hast, wird der verbliebene Restbuchwert gleichmäßig auf die restliche Nutzungsdauer verteilt.

Beispiel: Du erwirbst eine Fräsmaschine für 40 000 Mark. Bei degressiver Abschreibung über 5 Jahre und anschließender linearer Abschreibung über weitere 5 Jahre ergibt sich folgende Staffel:

1. Jahr:	12 000,-- DM	(30 Prozent von 40 000,-- DM)
2. Jahr:	8400,-- DM	(30 Prozent von 28 000,-- DM)
3. Jahr:	5880,-- DM	(30 Prozent von 19 600,-- DM
4. Jahr:	4116,-- DM	(30 Prozent von 13 720,-- DM)
5. Jahr:	2881,20 DM	(30 Prozent von 9604,-- DM)
6.–10. Jahr:	1344,56 DM	(1/5 von 6722,80 DM)

537b **Steuerliche Ansparabschreibungen für kleine und mittlere Betriebe**

Mit Hilfe der sogenannten Ansparabschreibungen (§7 g Abs. 3 EStG) kannst Du Abschreibungen schon in Jahren absetzen, in denen Du den betroffenen Gegenstand noch gar nicht gekauft hast. Das funktioniert, indem Du in Deiner Bilanz in Höhe der im ersten Jahr der Anschaffung höchstmöglichen Abschreibung eine gewinnmindernde Rücklage ausweist.

Diese Ansparabschreibungen sind nur für die geplante Anschaffung von Wirtschaftsgüter möglich, für die auch grundsätzlich die Sonderabschreibung für kleine und mittlere Betriebe in Betracht kommt. Sie müssen also

- neu sein,
- beweglich und
- zum Anlagevermögen Deines Betriebes gehören.

Als kleiner oder mittlerer Betrieb geht Dein Unternehmen durch, wenn das Betriebsvermögen am Ende des Jahres vor der Inanspruchnahme der Ansparabschreibung nicht mehr als 400 000 DM beträgt.

Wichtiger Hinweis
Damit Du von der Ansparabschreibung profitierst, muß das später erworbene Wirtschaftsgut nicht auf Dauer im Betriebsvermögen bleiben. Ebensowenig ist es erforderlich, daß Du es fast ausschließlich betrieblich nutzt. Ansparabschreibungen kannst Du deshalb z. B. auch für den geplanten Kauf eines neuen Betriebs-PKW absetzen.

Beispiel: Angenommen, Du willst voraussichtlich 1999 einen neuen Firmen-Pkw kaufen. Das Auto wird schon wie das Vorgängermodell zu etwa 30% privat genutzt.
Für den voraussichtlichen Pkw-Kauf im Jahr 1999 ist bereits 1997 eine Ansparabschreibung möglich.
Du kannst Deinen Gewinn durch die Ansparabschreibung maximal um 50 % der voraussichtlichen Anschaffungskosten/Herstellungskosten kürzen.

Trick

Abschreibung auf Zuruf
Bestimmte Nachweise mußt Du dem Finanzamt für den Abzug der Ansparabschreibung nicht liefern. Vor allem brauchst Du auch keinen detaillierten Investitionsplan. Es reicht völlig aus, wenn Du Angaben zu:

- Art
- Zeitpunkt

- Höhe
- Ort

der Investition machst.

Du bekommst die Ansparabschreibung also praktisch auch dann, wenn Du später die Investition gar nicht durchführst. Es reicht also völlig, wenn Du Deine Investitionsabsicht auf einem – möglichst geduldigen Stück – Papier für das Finanzamt niederlegst.
Allerdings mußt Du in diesem Fall die Ansparrücklage spätestens nach 2 Jahren gewinnerhöhend auflösen. Zusätzlich haben die Fiskalritter eine Verzinsung in Form eines Gewinnzuschlags für den Fall vorgesehen, daß eine Investition nicht oder nicht in geplanter Höhe tatsächlich erfolgt. Der Gewinnzuschlag beträgt pro vollem Jahr, in dem die Rücklage bestanden hat, 6 %.

Beispiel: Du führst seit Jahren einen Gewerbebetrieb. Zum 31.12.1997 bildest Du eine Rücklage von 50 000 DM mit dem Hinweis, daß Du Dir im Jahr 1999 für 100 000 DM einen neuen Pkw kaufen willst. 1999 platzt der Kauf des neuen Autos.

Der Gewinnzuschlag im Jahr 1999 beträgt
50 000 DM x 6 % x 2 Jahre (1998, 1999) = 6000 DM

Trotz des Gewinnzuschlags machst Du mit der Ansparabschreibung ein gutes Geschäft. Angenommen, Dein Spitzensteuersatz beträgt 1997 50 %. Dann ergibt sich für Dich folgende Rechnung:

Gewinnminderung 1997 50 000 DM		
Steuerersparnis darauf 1997 50 %		25 000 DM
Gewinn aus einer zinsgünstigen Anlage Deiner Ersparnis für 2 Jahre (Zinsen jeweils 5 %)		2 500 DM
		27 500 DM
Gewinnerhöhung 1999 durch die Rücklagenauflösung	50 000 DM	
Gewinnzuschlag	6 000 DM	
Gewinnerhöhung	56 000 DM	

Steuererhöhung 1999 (Spitzensteuersatz lt. Reformplänen 39%)	21 840 DM
Dein Gewinn, ohne einen Pfennig zu investieren	5 560 DM

Sag selbst, ist das nicht ein Bombengeschäft?

Tip

Der Höchstbetrag für Deine Ansparabschreibung beträgt im Normalfall 300 000 DM. Du kannst also für bis zu 600 000 DM geplante Investitionen die Abschreibung um bis zu zwei Jahre vorziehen.

Trick

Riesengeschäft für Existenzgründer

Viel besser fährst Du ab 1997, wenn Du Dich einen Existenzgründer nennen kannst. Als solcher kannst Du nämlich die gewinnmindernde Rücklage 5 Jahre mit Dir herumschleppen und die Zinsvorteile aus Deiner vorgezogenen Abschreibung kassieren. Außerdem verdoppelt sich der Höchstbetrag für Deine Ansparabschreibung auf 600 000 DM.

Der Clou ist aber, daß Du Dir keinen Gewinnzuschlag ans Bein binden mußt, wenn Du trotz Ansparabschreibung nicht investierst.

Als Existenzgründer gehst Du beim Finanzamt übrigens durch, wenn Du innerhalb der letzten fünf Jahre vor der Eröffnung Deines Betriebes keinerlei Gewinneinkünfte hattest und auch nicht an einer Personengesellschaft oder Kapitalgesellschaft beteiligt warst. Hast Du Deinen Betrieb z.B. 1993 eröffnet, kannst Du letztmalig 1997 eine Existenzgründer-Ansparabschreibung absetzen. Was Du im Extremfall daran verdienen kannst, siehst Du am folgenden

Beispiel: Angenommen, Dein Laden läuft schon nach kurzer Zeit mit dicken Gewinnen, von denen Dir der Fiskus am liebsten 53 % abknöpfen möchte. Du legst dem Finanzamt eine wunderschöne Liste mit Maschinen, Fahrzeugen etc. vor, die Du über kurz oder lang neu anschaffen willst. Dabei warst Du nicht kleinlich, das Beste war gerade gut genug. Insgesamt kommst Du auf ein Investitionsvolumen von 1 200 000 DM.

Am 31.12.1997 gebildete Ansparrücklage 50 % v. 1.2 Mio = 600 000 DM

Steuerersparnis darauf bei 50 % Steuersatz		300 000 DM
Gewinn aus einer zinsgünstigen Anlage Deiner Steuerersparnis für 5 Jahre (Zinsen jeweils 5 %)		75 000 DM
		375 000 DM
Gewinnerhöhung 2003 durch die Rücklagenauflösung	600 000 DM	
Gewinnzuschlag	0 DM	
Gewinnerhöhung	600 000 DM	
Steuererhöhung 2003 (Spitzensteuersatz lt. Reformplänen 39 %)		234 000 DM
Dein Gewinn, ohne einen Pfennig zu investieren		141 000 DM

Natürlich kannst Du einen derart großen Reibach nur machen, wenn Du Krösus bist und über ein entsprechend hohes Einkommen verfügst. Aber auch als nicht ganz so reichlich gesegneter Selbständiger kannst Du mit etwas kleineren Beträgen immer noch völlig risikolos einen schönen Fitsch von einigen tausend Mark machen.

Erst beim Abfassen der Einkommensteuererklärung
kommt man dahinter, wieviel Geld man sparen würde,
wenn man gar keines hätte.
(Fernandel)

Profitiere von Verträgen mit Deinem Ehepartner 538

Viele Handwerksbetriebe und Existenzgründer kommen ohne die Mitarbeit des Ehepartners kaum zurecht. Ob für die Buchführung oder den Verkauf – ein Arbeitsvertrag mit ihm lohnt sich. Er bringt dem Betrieb steuerliche Vorteile und sichert Deinen Ehepartner bei Alters- und Krankenversicherung kostengünstig ab.

Ehegattenarbeitsverträge 539

Was muß drinstehen
Solche Verträge werden steuerlich anerkannt, denn sie sind grundsätzlich nicht anders zu beurteilen als Vertragsverhältnisse zwischen Fremden.
Die Folge: Zahlungen, die auf solchen Vertragsverhältnissen beruhen, sind Betriebsausgaben, weil sie betrieblich veranlaßt sind.
Aber: Wegen der engen persönlichen Beziehungen, in denen nahe Angehörige zueinander stehen, nimmt das Finanzamt diese Vertragsverhältnisse besonders scharf unter die Lupe. So müssen die Vereinbarungen klar und eindeutig und zudem schriftlich abgeschlossen und auch tatsächlich vollzogen sein

Beispiel: Rosel Riemenschneider ist mit ihrem Chef verheiratet. Wie viele Ehefrauen packt sie im Stukkateurbetrieb ihres Mannes mit an. »Ohne sie läuft hier eigentlich nichts«, das sieht auch Rupert Riemenschneider so. Der Meister zahlt seiner Frau 30 000 Mark Gehalt im Jahr. Das kann er, wie die Gehälter der anderen Angestellten auch, natürlich vom Betriebsgewinn abziehen. Bei einem Jahresgewinn von 110 000 Mark macht das allein an Gewerbesteuerersparnis für Riemenschneider

fast 4000 Mark im Jahr aus. Gleichzeitig haben beide schon für die Zukunft vorgesorgt. Der Betrieb zahlt einen Teil der gesetzlichen Renten- und Krankenversicherung und sichert damit zumindest die Altersgrundversorgung von Rosel Riemenschneider.
Außerdem beträgt die Einkommensteuerersparnis auch noch mal rund 6000 Mark (angenommen 30 Prozent Steuersatz auf den Arbeitnehmer-Pauschbetrag von 2000 Mark, der den Bruttolohn mindert).

540 **Der geringverdienende Ehepartner**

Sollten allerdings keine Lohnnebenkosten durch Beiträge an die Sozialversicherung anfallen, weil Dein Betrieb es sich zu Anfang noch nicht leisten kann, schließt Du mit Deinem Ehepartner einen Arbeitsvertrag als Geringverdiener ab.
Um die Sozialversicherung zu umgehen, darf die monatliche Entlohnung aber 610/520 Mark (West/Ost; Stand 1997) nicht übersteigen.
Zugleich besteht dann die Möglichkeit, den Arbeitslohn ohne Vorlage der Lohnsteuerkarte pauschal mit 22,9 Prozent (Lohnsteuer, Kirchensteuer und Solidaritätszuschlag) zu versteuern. Damit ist die Versteuerung abgegolten, d.h., den Pauschallohn brauchst Du nicht mehr in der gemeinsamen Einkommensteuererklärung anzugeben.

Und so wird gerechnet:

Gehalt als Pauschalkraft monatlich	500,00 DM
+ Pauschalsteuer 22,9 %	114,50 DM
Summe	614,50 DM
x 12 Monate	7 374,00 DM
Steuerersparnis	
bei 47 % Steuersatz in der Spitze	3 466,00 DM
./. Aufwand an Pauschalsteuer	
114,50 DM x 12 Monate =	1 374,00 DM
Steuerersparnis	2 092,00 DM

Das prüft das Finanzamt

- Liegt eine Lohnsteuerkarte vor (pauschale Versteuerung ausgenommen) und ist Lohnsteuer und Sozialversicherung in richtiger Höhe einbehalten und abgeführt worden?
- Konnte der Ehepartner wirklich über das Gehalt verfügen (§ 19 EStR)?
- Wurde die Auszahlung des Gehalts in bar – gegen Quittung – vorgenommen oder durch Überweisung auf ein Konto, das auf den Namen des Ehepartners lautet?

Tip

> Das Arbeitsverhältnis wird anerkannt, wenn das Gehalt der Ehefrau zur Tilgung eines Bankdarlehens des Ehemanns verwendet wird oder sie ihr Gehalt als Darlehen dem Betrieb zur Verfügung stellt. Dazu verlangt der Fiskus aber, daß ein ordentlicher Darlehensvertrag abgeschlossen wird.

Merke: Das Gehalt für die Mitarbeit Deines Ehepartners muß angemessen
sein. Gib nie zu, daß er an unternehmerischen Entscheidungen beteiligt ist.
Das Finanzamt sieht darin eine »mitunternehmerische« Tätigkeit und be- 541
steuert das Gehalt als vorweggenommenen Gewinn. Dadurch gehen Freibeträge und die Vorteile bei der Gewerbesteuer verloren. Deshalb gib im Anstellungsvertrag das Aufgabengebiet des Ehepartners genau an. (Willst Du Dich schützen, mit solchen und vielen anderen Spitzfindigkeiten von den Fiskalrittern später einmal hereingelegt zu werden, dann lies mal kurz mein Buch über Betriebsprüfung.)

Wenn das Gehalt nach Tarif gezahlt wird, erkennt man es stets als angemessen an. (Sonderzahlungen hingegen nur, wenn auch die übrigen Beschäftigten sie erhalten haben.)

Noch einmal in Kürze

1. Verdienst

Lohn und Gehalt für den Ehepartner müssen nach den üblichen Sätzen bemessen sein. Es darf also nicht höher sein als bei einem anderen Angestellten, der eine vergleichbare Arbeit verrichtet.

2. Zahlungen

Regelmäßigkeit ist oberstes Gebot. Auch wenn Du Dir das Geld wieder über eine Hintertür hineinholen solltest, mußt Du im gleichen Turnus zahlen wie bei Deinen anderen Angestellten.

3. Gehaltskonto

542 Dein Ehepartner braucht auf jeden Fall ein eigenes Gehaltskonto. Du darfst auf keinen Fall verfügungsberechtigt sein.

4. Gleichbehandlung

Teure Extras für den Ehepartner des Chefs – etwa bei der Altersversorgung – erkennt das Finanzamt nicht an. Also weg damit.

543 Muster eines Ehegattenarbeitsvertrags

Arbeitsvertrag

Zwischen der Firma: *Name, komplette Anschrift*,
nachfolgend Firma genannt,
und: *Name, komplette Anschrift*, nachfolgend Mitarbeiter/in genannt,wird folgender Arbeitsvertrag geschlossen:

§ 1 Beginn des Arbeitsverhältnisses

Der Arbeitsvertrag hat ab *Datum* Gültigkeit.

§ 2 Ende des Arbeitsverhältnisses

Das Arbeitsverhältnis kann beiderseits jeweils zum Schluß eines Kalendervierteljahres/Kalendermonats unter Einhaltung einer Kündigungsfrist von *Anzahl* Monaten/Wochen gekündigt werden.

§ 3 Gegenstand der Arbeitsleistung

Der/die Mitarbeiter/in übernimmt folgende Arbeiten:

Stellenbeschreibung

Falls erforderlich, können dem/der Mitarbeiter/in auch andere als die vereinbarten Arbeiten übertragen werden.

§ 4 Arbeitszeit

Die regelmäßige Arbeitszeit beträgt wöchentlich *Anzahl* Stunden. Er/sie leistet die Arbeiten zu folgenden Zeiten:

Montags	von Uhrzeit	bis *Uhrzeit* Uhr
Dienstags	von *Uhrzeit*	bis *Uhrzeit* Uhr
Mittwochs	von *Uhrzeit*	bis *Uhrzeit* Uhr
Donnerstags	von *Uhrzeit*	bis *Uhrzeit* Uhr
Freitags	von *Uhrzeit*	bis *Uhrzeit* Uhr.

§ 5 Arbeitsvergütung

Der/die Mitarbeiter/in erhält eine monatliche Vergütung von *Betrag* DM.

§ 6 Besondere Entgelte

Außer dem in § 4 festgelegten Gehalt werden folgende zusätzliche Vergütungen gezahlt:

a) Eine umsatz-/gewinnabhängige Tantieme, die sich folgendermaßen errechnet: *Berechnung*.

b) Der/die Mitarbeiter/in erhält ohne Rechtsanspruch hierauf eine frei widerrufliche Weihnachtsgratifikation in Höhe von *Anteil in Prozent* eines Monatsgehalts von *Betrag* DM.

c) Der/die Mitarbeiter/in erhält alle sozialen Leistungen, die die Firma nach gesetzlichen Bestimmungen oder freiwillig ihren anderen Angestellten gewährt. Dies gilt besonders auch für Geburts- und Notstandsbeihilfen, für Leistungen aus der betrieblichen Unterstützungskasse, und für die bei der Lebensversicherungsgesellschaft zugunsten der Betriebsangehörigen abgeschlossenen Zukunftssicherungsverträge.

§ 7 Urlaub
Der/die Mitarbeiter/in hat Anspruch auf einen bezahlten Urlaub von *Anzahl* Arbeitstagen.

§ 8 Gehaltsbezüge
Das Arbeitsentgelt unterliegt – nicht – der Lohnsteuer und der Sozialversicherungspflicht.

§ 9 Ersatzvorschriften.
Auf diesen Vertrag finden die Vorschriften des BGB, des Handels- und Sozialrechts ergänzend Anwendung.

544 Du kannst einen Teil des Gehalts Deines Ehepartners auch für eine Direktversicherung anlegen. Der gängige, weil steuerlich günstigste Jahresbeitrag beträgt zur Zeit 3408 Mark. Wird ein Teil des Gehalts Deines Ehepartners in dieser Höhe als Direktversicherung angelegt, dann beträgt die Steuerbelastung aus Lohnsteuer, Kirchensteuer und Solidaritätszuschlag dafür nur 22,9 Prozent = 780,43 Mark. Aber: Der Beitrag zur Direktversicherung darf im Vergleich zum gesamten Arbeitslohn nicht zu hoch sein (nicht mehr als 30 Prozent des Arbeitslohns), und es müssen auch die anderen Arbeitnehmer entsprechend direktversichert sein.

545 Spezielle Spartricks, wenn Du eine GmbH gegründet hast

Du bist Geschäftsführer Deiner eigenen GmbH. Damit also Dein eigener Angestellter. Behandle Dich selbst – zumindest steuerrechtlich – wie jeden anderen Angestellten. Dann kannst Du nämlich bestimmte Ausgaben als Betriebsausgaben geltend machen, die Deine Gewerbesteuer senken.

Sparen ist auch Chefsache

- Wie jeder andere Arbeitnehmer auch, kannst Du dir als Chef einer GmbH natürlich alle Auslagen für den Betrieb erstatten lassen. Und zwar von Deiner eigenen Firma.
  Notiere also, was Du auslegst, wenn Du geschäftlich unterwegs bist, Kunden bewirtest oder von zu Hause aus für die Firma telefonierst.
- Jeder Arbeitnehmer kann zu bestimmten Anlässen **steuerfreie Leistungen** von seinem Betrieb einstreichen. Etwa 700 Mark Heiratsbeihilfe, 600 Mark zum 10jährigen Jubiläum, Speisen und Getränke auf dem Betriebsfest für bis zu 200 Mark pro Person, Geburtstagsgeschenke für höchstens 60 Mark. Das kannst Du auch für Dich als GmbH-Geschäftsführer geltend machen. 546
- Kopple Dein Gehalt als GmbH- Geschäftsführer an den **Unternehmenserfolg**. Bei guten Umsätzen kann das einige Mark ausmachen. Und das beste: Das Finanzamt muß die Regelung akzeptieren. Gleiches gilt für **Sonderzahlungen** wie Weihnachts- und Urlaubsgeld. Auch hier brauchst Du bei Deinem eigenen Gehalt nicht so sparsam zu sein. 547 548
- Jeder Angestellte kassiert fette **Zuschläge** für ungewöhnliche Arbeitszeiten – etwa bei Nachtschichten oder an Feiertagen. Das kannst Du als GmbH-Geschäftsführer auch geltend machen. Folgende Regeln gelten: Nacht- und Sonntagsarbeit 25 bis 50 Prozent steuerfreie Zuschläge. Feiertagsarbeit bringt sogar bis zu 150 Prozent Aufschlag steuerfrei (falls die Vergünstigungen die nächste Steuerreform überdauern). 549
- Versichere Dich über die Firma. Auch für Dich als Chef kann die Firma eine **Lebensversicherung** abschließen. Alle Beiträge, die die Firma für Dich abführt, müssen bis zu 3408 Mark im Jahr lediglich mit 22,9 Prozent versteuert werden. 550
- Ein besonderer Leckerbissen ist die **Betriebsrente**. Rückstellungen dafür sind nämlich Betriebsausgaben, für die das Finanzamt niemanden zur Kasse bitten kann. 551
- Außerdem darfst Du Dir einen **Firmenwagen** gönnen. Auch wenn der Laden gerade nicht so gut läuft. 252

Arbeitsvertrag für GmbH-Geschäftsführer 553

Damit das Finanzamt auch tatsächlich all die Betriebsausgaben akzeptiert, die Du als GmbH-Geschäftsführer verursachst, brauchst Du einen wasserdichten Arbeitsvertrag. Fünf Punkte müssen auf jeden Fall in Deinem GmbH-Geschäftsführervertrag stehen.

1. Alle Abmachungen sind schriftlich zu benennen

In Deinen Arbeitsvertrag gehört eine genaue Aufstellung aller Bezüge. Ganz wichtig: Du mußt die oben genannten Extras exakt benennen. Sonst macht Dir das Finanzamt später Ärger.

2. Deine Bezüge müssen regelmäßig gezahlt werden

Du bist zwar Chef, offiziell aber Angestellter Deiner GmbH. Deshalb mußt Du ein paar Formalien einhalten. Zum Beispiel regelmäßige Gehaltszahlungen. Auch wenn Dein Laden gerade ganz schlecht dasteht. Wenn Du auf Dein Gehalt verzichtest, zieht das Finanzamt den Sack zu.

Guter Rat: Zahle Dir Dein Gehalt aus und lasse es dann später wieder als Darlehen in die Firma fließen.

3. Wahre die Verhältnismäßigkeit

Wie Du oben gesehen hast, kannst Du Dir die Nutzung eines Firmenwagens im Arbeitsvertrag zusichern. Aber hier lohnt vornehme Zurückhaltung. Gerade bei einer kleinen Ein-Mann-GmbH mit niedrigen Umsätzen wird das Finanzamt keinen Luxuswagen akzeptieren. Gleiches gilt für Dein Gehalt. Es sollte schon der wirtschaftlichen Lage Deiner Firma angemessen sein. Sonst ist der Ärger vorprogrammiert.

4. Sei vorsichtig bei Betriebsrenten

Die Betriebsrente macht zwar eine hübschen Batzen an Betriebsausgaben aus. Doch das Finanzamt geht davon aus, daß Du Dir diese Rente auch verdienen mußt. Am Anfang deshalb vielleicht etwas bescheidener auftreten.

5. Begrenze die Tantiemen

Wenn Du Dir eine erfolgsabhängige Tantieme gönnst, darf die höchstens 50 Prozent der Gesamtbezüge ausmachen (ohne den Anteil am Firmengewinn). Als Grund für zusätzliche Prämien erkennt das Finanzamt an: extremen Arbeitsaufwand, besondere Akquisitionserfolge, Erfindungen.

Welches Chefgehalt muß das Finanzamt anerkennen?

Je mehr Geld Du Dir als GmbH-Geschäftsführer als Gehalt und Tantieme 554
überweisen läßt, desto niedriger fällt der offizielle gewerbesteuerpflichtige
Firmengewinn aus. Und desto eher wittern Betriebsprüfer eine unzulässige 555
Gewinnabschöpfung und fordern Gewerbesteuer nach. Gegen kleinliche 556
Prüfer wehren sich Firmenchefs am besten mit den Gehaltsvergleichen renommierter Vergütungsberater. Wieviel GmbH-Geschäftsführer verschiedener Branchen und Betriebsgrößen an Festgehalt und Tantiemen im Durchschnitt verdienen, zeigt die folgende Tabelle.

Branche	**Jahresgehalt bei einem Umsatz**			
	bis 2,5 Mio. DM	bis 5 Mio. DM	bis 7,5 Mio. DM	bis 10 Mio. DM
Einzelhandel				
Auto	116 500	131 900	129 300	141 200
Bau-/Heimwerkermarkt	119 000	126 300	153 800	-*
Bürobedarf	112 000	113 200	165 600	134 900
Computer	73 100	165 700	146 000	-*
Foto	140 200	148 100	125 000	-*
Lebensmittel	138 800	96 000	85 300	131 800
Möbel	95 000	143 500	143 700	210 200
Radio/Fernsehen	91 300	86 400	-*	-*
Sportartikel	73 700	102 100	149 800	203 000
Textil	99 400	158 500	161 800	190 800
Uhren, Schmuck	113 700	256 600	-*	-*

Branche	Jahresgehalt bei einem Umsatz			
	bis 5 Mio DM	bis 10 Mio. DM	bis 20 Mio. DM	bis 80 Mio. DM
Industrie				
Brauerei	202 000	235 000	245 000	444 000
Eisen, Blech, Metallwaren	209 000	244 000	305 000	365 000
Eisen, Stahl	-*	173 000	225 000	280 000
Elektro	236 000	268 000	292 000	409 000
Feinmechanik, Optik	219 000	241 000	334 000	362 000
Glas	190 000	198 000	276 000	301 000
Gummi, Asbest	184 000	222 000	292 000	320 000
Keramik, Porzellan	181 000	211 000	280 000	314 000
Maschinenbau	221 000	257 000	339 000	375 000
Mineralöl	-*	-*	352 000	465 000
Nahrung, Genuß	191 000	234 000	279 000	336 000
NE-Metalle	-*	216 000	274 000	320 000
Pharma	272 000	280 000	363 000	397 000
Steine, Erden	181 000	203 000	237 000	310 000
Textil, Bekleidung	181 000	223 000	249 000	442 000
Versorgung	144 000	162 000	207 000	253 000
Zellstoff, Papier, Holz	204 000	221 000	239 000	308 000
Zement	-*	195 000	245 000	297 000
Dienstleistungen				
Architekturbüro	140 000	164 000	196 000	224 000
Ingenieurbüro	184 000	211 000	222 000	277 000
Steuerberatung	239 000	362 000	423 000	456 000
Touristik	128 000	221 000	237 000	277 000
Unternehmensberatung	225 000	382 000	383 000	397 000
Verlag	129 000	196 000	244 000	290 000
Werbung	104 000	227 000	273 000	276 000
Wohnungswirtschaft	158 000	197 000	208 000	282 000
Zeitarbeit	166 000	199 000	261 000	265 000

(Quelle BBE Köln)

* Diese Gehaltsangaben waren in der Studie nicht genügend repräsentativ zu ermitteln.

Merke: Zusätzlich zu Gehalt und Tantiemen erhalten 62 Prozent aller Geschäftsführer später eine Betriebsrente. Zudem fahren sie praktisch alle (94 Prozent) einen Firmenwagen.

So viel dürfen Angehörige verdienen

Löhne und Gehälter für mitarbeitende Angehörige sind Betriebsausgaben 557
und drücken die Gewerbesteuer. Obendrein werden später bei der Einkommensteuerberechnung Werbungskostenpauschalen angerechnet. Aber: Die Steuerprüfer mutmaßen durchweg verdeckte Unterhaltszahlungen und streichen Gehälter zusammen oder torpedieren gar die gesamte Steuersparkonstruktion. Inklusive Altersversorgung, die der Betrieb etwa in Form der steuerlich günstigen Direktversicherung gewährt (20 Prozent Pauschalsteuer, höchstens 3408 Mark Jahresprämie). Gegen die Attacken des Finanzamts wehrst Du Dich am besten mit Gehaltsvergleichen spezialisierter Unternehmensberater. Wieviel Ehegatten und (volljährige) Unternehmerkinder im Durchschnitt verdienen dürfen, zeigt Dir die Tabelle. Wer seine Angehörigen höher bezahlt, muß belegen, daß die Gesamtvergütung angemessen ist. Das maximale Gehalt richtet sich danach, was die Firma anderen Mitarbeitern in vergleichbaren Positionen zahlt. Generell gilt: Besondere Berufserfahrung, Arbeitseinsatz und Vertrauensstellung des Angehörigen rechtfertigen einen Gehaltsbonus.

Durch die Aufwertung der Tätigkeit und Beförderung in eine gehobene Position können zum Beispiel dem Ehepartner auch alle Extras zugesagt werden, die bei leitenden Angestellten üblich sind – etwa Firmenwagen oder Tantiemen. Auch macht sich dann die Vereinbarung einer Altersversorgung langfristig bezahlt. Schöne Sache!

Der Betriebsprüfer darf den Abzug des Ehegattengehalts freilich nicht mehr – wie es bislang oft geschah – mit dem Argument verweigern, es fließe nicht auf ein separates Konto. Sofern der angestellte Ehegatte über das Konto auch allein verfügen kann, darf das Geld auch auf einem gemeinsamen Konto der Ehepartner landen (Bundesverfassungsgericht vom 7. November 1995, 2 BBvR 802/90). Denk aber an klare Verträge!

Hier gebe ich Dir eine Aufstellung darüber, was Ehegatten und Kindern durchschnittlich an Gehältern gezahlt wird. Richte Dich in etwa danach, damit Du nicht aus dem Rahmen fällst und immer sagen kannst: »Das ist üblich in diesem unserem Lande, also stellen Sie sich nicht so an und stimmen Sie dem Abzug zu.«

Branche	Ehegatten		Kinder	
	Monats-gehalt	Jahres-gehalt mit Extras	Monats-gehalt	Jahres-gehalt mit Extras
Einzelhandel				
Apotheke	4 300	57 600	3 600	47 300
Baby-/Kinderausstattung	5 800	81 000	-*	-*
Baumarkt	3 600	48 600	3 600	44 900
Blumen	5 600	72 000	4 400	57 600
Buchhandel	-*	-*	4 000	51 100
Computer	4 000	51 200	4 400	52 800
Damenoberbekleidung	5 800	78 100	4 900	61 100
Drogerie, Parfümerie	4 400	62 600	5 100	68 900
Eisenwaren, Hausrat	3 700	47 700	3 500	44 100
Elektro	2 500	31 500	3 100	38 500
Foto	2 600	34 500	5 200	102 500
Herren-/Kinderbekleidung	5 400	73 100	7 600	115 700
Hörgeräte, Optik	3 900	47 500	5 200	79 700
Kaufhaus	10 000	119 900	4 300	54 400
Lebensmittel	4 300	53 600	6 500	76 400
Lederwaren	3 400	46 900	3 200	37 800
Möbel	4 100	56 200	4 600	76 300
Musik	1 200	18 200	-*	-*
Papier, Schreibwaren	4 300	53 700	6 200	85 100
Radio, Fernsehen	3 000	37 800	3 200	40 700
Spielwaren	4 700	70 400	2 700	34 800
Sportartikel	3 900	51 500	3 400	45 100
Schuhe	3 800	48 700	3 400	47 700
Tabakwaren	3 600	44 600	3 000	36 000
Tapeten, Farben	5 500	72 000	4 300	55 300
Teppiche, Gardinen	5 700	74 500	4 100	53 700
Textil	5 200	73 400	4 500	66 900

Branche	Ehegatten		Kinder	
	Monatsgehalt	Jahresgehalt mit Extras	Monatsgehalt	Jahresgehalt mit Extras
Uhren, Schmuck	3 900	50 800	4 100	56 700
Zoo	3 300	41 100	4 100	53 300
Handwerk				
Bäckerei	3 000	37 500	2 900	38 800
Bau	4 100	61 200	5 100	87 600
Elektroinstallation	3 400	42 700	4 400	57 200
Friseur	3 300	40 400	1 700	20 400
Garten/Landschaftsbau	4 700	57 400	5 000	72 500
Gas, Sanitär, Heizung	3 500	44 500	3 800	50 600
Kfz	4 000	53 100	3 400	45 700
Maler	3 700	46 000	3 000	36 900
Metzger	2 800	35 300	3 100	39 700
Orthopäd. Technik	4 300	59 200	4 900	69 300
Raumausstattung	3 700	50 100	4 200	56 800
Reifenhandel	2 800	34 500	3 800	48 700
Schreinerei	4 500	55 900	1 800	17 000
Sicherheitstechnik	3 700	54 100	1 600	37 000
Zahntechnik	-*	-*	2 100	27 700
Dienstleistungen				
Gastronomie	2 800	33 700	2 700	36 000
Steuerberatung	2 800	36 700	3 300	48 400

(Quelle BBE Köln mit dankenswerter Genehmigung der Zeitschrift *impulse* 4/1996, die Du Dir als Selbständiger bzw. Newcomer zu beziehen leisten solltest.)

* Die Angeben waren in der Studie nicht genügend repräsentativ zu ermitteln.

558 Sonderregeln für die Körperschaftsteuer bei der GmbH oder KG

- Nicht ausgeschüttete Gewinne mußt Du bei der GmbH versteuern. Und zwar über die Körperschaftsteuer (das ist quasi die Einkommensteuer der GmbH. Der Steuersatz liegt bei 45 Prozent ab der ersten Mark.
- Wenn Du die Gewinne an die Gesellschafter ausschütten läßt, werden zunächst mal 30 Prozent Körperschaftsteuer fällig (die werden aber später mit der Einkommensteuererklärung der Gesellschafter verrechnet).

559 Gewerbesteuer

- Die GmbH zahlt ab der ersten Mark Gewinn Gewerbesteuer. Es gibt also keinen Freibetrag von 48 000 Mark wie beim Einzelunternehmen.

560 Bewirtungskosten

Der Ärger mit den Bewirtungskosten geht nun in die zigste Runde. Schikanen über Schikanen: Wer nicht pingeligst nachweist, warum, wann und wo er gespeist hat, kann die Sache mit dem Spesenabzug vergessen. Doch wenn Du es richtig machst, kannst Du dem Finanzminister doch noch ein Schnippchen schlagen.

Damit Du nicht in Verlegenheit kommst, wenn es um Deine Bewirtungskosten geht

Kosten zur Bewirtung von Geschäftsfreunden in Deiner Wohnung brauchst Du erst gar nicht aufzuführen, die sind nämlich nie abzugsfähig, es sei denn, Du kannst nachweisen, daß gesundheitliche Gründe oder Gründe der Geheimhaltung die Besprechung und Bewirtung in Deiner Wohnung erforderlich gemacht haben.
Die Bewirtungskosten wird Dir der Fiskus nur noch anerkennen, wenn Du eine entsprechende Rechnung der Gaststätte vorlegen kannst.
Damit Du nicht in eine Nachweisfalle tappst und Dir der Betriebsausgabenabzug für Deine Kundenbewirtung durch die Lappen geht, mußt Du unbe-

dingt darauf achten, daß diese Bewirtungskosten in Deiner Buchführung gesondert angeführt sind und die Gaststättenrechnung folgende Angaben 561
enthält.

Das muß draufstehen

- Name und Adresse der Gaststätte,
- Dein Name und Deine Adresse, außer bei Rechnungen bis 200 Mark,
- eine genaue Aufschlüsselung aller verzehrten Speisen und Getränke mit den jeweiligen Preisen. Die Angabe »Speisen und Getränke« allein reicht nicht aus, möglich sind aber Bezeichnungen wie »Menü 3«, »Tagesgericht« oder »Lunch-Büfett«,
- Ort und Zeitpunkt der Bewirtung,
- Anlaß der Bewirtung,
- Namen und Adressen aller Teilnehmer, also neben den bewirteten Personen auch Dein eigener Name,
- den Gesamtrechnungsbetrag mit gesondert ausgewiesener Umsatzsteuer.

Tip

Sei clever und feiere Deinen Geburtstag zunächst privat im kleinen Kreis mit Deinen Angehörigen, ohne Abzug von Betriebsausgaben. Wenn Du dann später zur Kontaktpflege Deine Geschäftsfreunde einlädst, sind die Kosten dafür Betriebsausgaben, zumindest in Höhe von 80 Prozent. Liegt zwischen beiden Feiern eine Zeit von einem Monat, wird kein Prüfer einen Zusammenhang zwischen der zweiten Feier und Deinem Geburtstag annehmen.

Inzwischen werden sogar nur noch Quittungen einer maschinellen oder elektronischen Registrierkasse anerkannt.

Trinkgelder müssen ebenfalls gesondert nachgewiesen werden. Zahlst Du 562
mit Plastikgeld, reicht es aus, wenn Du die entsprechende Trinkgeldzeile auf dem Zahlungsbeleg ausfüllst. Ansonsten muß das Trinkgeld auf der Rech-

nung handschriftlich nachgetragen und vom Kellner durch seine Unterschrift bestätigt werden!

Bedenke: Kosten für Bewirtung aus geschäftlichen Gründen dürfen nur zu
563 80 Prozent angesetzt werden. Das Finanzamt rechtfertigt diese Abzugsbeschränkung durch die Unterstellung, der Spesenabzug werde mißbräuchlich ausgenutzt. Es könnte beispielsweise sein, daß »zwischen befreundeten und durch Geschäftsbeziehungen verbundene Personen wechselseitige Bewirtungen« stattfänden.

Nach wie vor in voller Höhe sind Bewirtungskosten aus betrieblichem Anlaß – etwa im Rahmen eines Betriebsfests – uneingeschränkt abziehbar.

Aber: Zweifelt das Finanzamt an Deinen Angaben, so bist Du verpflichtet, die Anschriften der bewirteten Personen mitzuteilen. Aber bedenke: Wenn Du einen neuen, noch ganz frischen Geschäftskontakt nach seiner Adresse fragst, stößt Du ihn vielleicht vor den Kopf.

564 **Guter Rat:** Splitte die Bewirtungskosten in Mietkosten und in Kosten für Speisen und Getränke auf. Das lohnt sich bei größeren Anlässen. Sage dem Wirt, er soll Dir für Speisen und Getränke Sonderkonditionen geben und für den Besprechungsraum Mietkosten in Rechnung stellen. Die Mietkosten setzt Du dann nicht zu 80 Prozent, sondern zu 100 Prozent ab.

565 Pkw-Kosten

Du kannst alle Kosten im Zusammenhang mit Deinem zum Betriebsvermögen gehörenden Pkw – das ist in der Regel dann der Fall, wenn es zu mehr als 50 Prozent betrieblich oder beruflich genutzt wird – als Betriebsausgaben absetzen. Zu den Kosten eines Pkws gehören die Benzinkosten, die Wartungs- und Reparaturkosten, die Kosten einer Garage am Wohnort, die Kraftfahrzeugsteuer, die Aufwendungen für die Halterhaftpflicht- und Fahrzeugversicherungen, die Abschreibung sowie die Zinsen für ein Anschaffungsdarlehen.

566 Die Abschreibung ist bei Pkw und Kombi-Fahrzeugen grundsätzlich mit 5

Jahren Nutzungsdauer zu bemessen (gleich 20 Prozent). Bei einer hohen 567
Fahrleistung kann auch eine kürzere Nutzungsdauer anerkannt werden. Bei Pkw, die im Zeitpunkt der Anschaffung nicht neu gewesen sind, ist die entsprechende Restnutzungsdauer unter Berücksichtigung des Alters, der Beschaffenheit und des voraussichtlichen Einsatzes des Fahrzeugs zu schätzen.

Nutzt Du den Firmenwagen aber auch für private Fahrten – was regelmäßig
der Fall sein dürfte –, mußt Du zur Abgeltung der privaten Mitbenutzung 568
des betrieblichen Pkw pauschal mit 1 Prozent des Listenpreises versteuern. Dies gilt selbst dann, wenn der Pkw gebraucht gekauft wurde. Hinzu kommt für die Fahrten zwischen Wohnung und Betrieb die Differenz zwischen 0,03 Prozent des Listenpreises pro Entfernungskilometer und Monat und der Pauschale von 70 Pfennig je Entfernungskilometer. Dies kann im Einzelfall sehr teuer für Dich werden. Bei einem Pkw mit einem Listenpreis von DM 49 500 Mark beträgt die Pauschale bei einer Entfernung von der Wohnung zum Betrieb immerhin 6,198 Mark, die Du versteuern mußt.

Guter Rat: 569

Der pauschalen Versteuerung der privaten Nutzung Deines betrieblichen Pkw kannst Du entgehen, wenn Du ein Fahrtenbuch führst. Bei einer nur geringen privaten Nutzung des betrieblichen Pkw führt dies in der Regel zu einer niedrigeren Versteuerung der Privatnutzung. Nutzt Du beispielsweise den vorgenannten Firmenwagen mit einem Listenpreis von 49 500 Mark bei einer Gesamtkilometerzahl von 30 000 Kilometern diesen nur zu 10 Prozent privat, beträgt der zu versteuernde Privatanteil mit Fahrtenbuch nur 2160 Mark im Vergleich zur Pauschalversteuerung mit 6 198 Mark ohne Fahrtenbuch. Du siehst, die Mühe mit dem Fahrtenbuch lohnt sich.

Damit aber nicht genug. Du mußt auch noch für den entweder pauschal oder mit Hilfe des Fahrtenbuchs ermittelten privaten Nutzungswert Umsatzsteuer zahlen. Bei der pauschalen Ermittlung des privaten Nutzungswerts wird für umsatzsteuerliche Zwecke ein Abschlag von 20 Prozent vorgenommen.

Gegenwart: Jener Abschnitt der Ewigkeit,
der das Reich der Enttäuschung
vom Reich der Hoffnung trennt
(A. Bierce)

Auch Kleinvieh mach Mist

Es gibt kaum etwas, wofür Du keine Steuer zahlen mußt. Es gibt aber auch mindestens so viele Kniffe, wie Du die Last möglichst gering halten kannst. Gerade bei Kleinigkeiten neigst Du als vielbeschäftigter Geschäftsmann wahrscheinlich hin und wieder dazu, auf Kleinstbeträge zu verzichten.

570 Reisekosten

Bei Geschäftsreisen im Inland kannst Du nur noch pauschal für jeden Kalendertag, an dem Du von Deiner Wohnung und Deiner Firma abwesend bist, folgende Verpflegungspauschbeträge ansetzen:

- weniger als 14 Stunden, aber mindestens 8 Stunden — 10 Mark
- weniger als 24 Stunden, aber mindestens 14 Stunden — 20 Mark
- 24 Stunden — 46 Mark

571 Nimm Deinen Ehepartner mit auf die Geschäftsreise. Die Pauschsätze gelten auch bei der Mitnahme von Angehörigen, wenn dies aus betrieblichen Gründen nachgewiesenermaßen erforderlich ist. Das ist der Fall, wenn Dir der Ehepartner durch seine Mithilfe eine sonst erforderlich werdende Kraft einspart, also etwa notwendige Dienste als Chauffeur, Sekretär oder ähnliches leistet.

Zu den Reisekosten gehören neben den Verpflegungsmehraufwendungen auch die Übernachtungskosten. Die Übernachtungskosten sind bei Ge- 572
schäftsreisen im Inland nur in der nachgewiesenen Höhe abzugsfähig. Der Ansatz von Pauschsätzen wie bei den Verpflegungsmehraufwendungen ist hier nicht möglich.

> Wenn Du nicht im Hotel übernachtest, sondern bei Geschäftsfreunden oder bei Verwandten, kannst Du anstelle der sonst üblichen Übernachtungskosten Deine Aufwendungen für Gastgeschenke an die Ehefrau oder Kinder Deines Gastgebers als Betriebsausgaben absetzen.

Betriebliche Fahrten mit privatem Pkw

»Manchmal nehme ich für betriebliche Fahrten den privaten Pkw meiner Frau. Bisher sind diese Fahrten immer steuerlich unter den Tisch gefallen.«
Du bist nicht der einzige, der so denkt. Du kannst aber auch diese Fahrten absetzen. Das geht ganz einfach. Du mußt lediglich einen Reisekosten- 573
nachweis führen. In den darin enthaltenen Abrechnungsformularen findest Du eine gesonderte Spalte für betriebliche Fahrten mit privatem Pkw, für die Du 0,52 Mark je gefahrenen Kilometer absetzen kannst.
In dem Pauschsatz von 0,52 Mark ist eine Vorsteuer von 5,7 Prozent enthalten. Die Vorsteuer ist bares Geld, das Dir mit der nächsten Voranmeldung vom Finanzamt erstattet wird.
Kannst Du Dich nicht für einen »Reisekostennachweis« erwärmen, so notiere zumindest die Fahrstrecke, damit Du am Jahresende einen Nachweis fürs Finanzamt hast.

Auslandsreisen 574
Bei Auslandsreisen gelten höhere Sätze für Verpflegungsmehraufwand als bei Inlandsreisen. Bei Nachweis der Aufwendungen betragen die Pausch-

und Höchstbeträge je nach Reiseland zwischen 40 Mark (Indien) und 178 Mark (Island).

Wenn Du möchtest, daß Dein Auslandsaufenthalt als Geschäftsreise aner-
575 kannt wird, muß sie einen unmittelbaren betrieblichen Anlaß haben, seien es Besprechungen mit Geschäftsfreunden, Wareneinkäufe oder ähnliches. Das geht beim Finanzamt anstandslos durch. Anders ist das bei allgemeinen Informationsreisen, wo nur ein mittelbarer betrieblicher Anlaß vorliegt. Hier setzt Dein zuständiger Finanzbeamter sofort seinen Rotstift an. Sobald der Eindruck entsteht, daß Du auch privaten Interessen nachgegangen sein könntest, liegen für ihn gemischte Aufwendungen vor, die dann auch nicht mal zum Teil anerkannt werden.

Du benötigst also für das Finanzamt Unterlagen, mit denen Du nachweisen kannst, daß bei der Reise eindeutig berufliche Aspekte im Vordergrund gestanden haben und Deine privaten Interessen von »untergeordneter Bedeutung« waren. Sie dürfen zeitanteilig gesehen höchstens 10 Prozent ausmachen.

Tip

> Bei Tagungen und Fachkongressen erkennt das Finanzamt die Kosten nur an, wenn der Tagungsleiter per Stempel und Unterschrift an jedem Tag Deine Teilnahme testiert hat. Wenn Du keine Testate erhalten hast, dann hebe Deine eigenen Aufzeichnungen aus den Veranstaltungen als Nachweis Deiner Anwesenheit auf.

Die Auslandsreise kann übrigens auch der Markterkundung oder der allgemeinen Information dienen. Wenn Du Dir schon im Reiseland die entsprechenden Notizen über Deine geschäftlichen Kontakte machst, werden sich hinterher keine Probleme ergeben.

Kommt es durch die Reise zur Gründung einer Filiale im Ausland, werden meistens die Kosten durch den Fiskus der Bundesrepublik gestrichen, denn
576 Kosten für einen ausländischen Betrieb dürfen nach den Doppelbesteuerungsabkommen nicht dem inländischen Betrieb angelastet werden.

Die Abrechnungen über Geschäftsreisen müssen total in Ordnung sein. Auch kleinere Beträge solltest Du mit aufführen, nach dem Motto: Kleinvieh macht auch Mist. Dabei solltest Du längere Geschäftsreisen einzeln abrechnen. Ansonsten je nach Bedarf; wenn Du viel unterwegs bist, einmal monatlich. Der Übersichtlichkeit halber: kleine Belege auf größere Belege aufkleben und, wenn Kopiergerät zur Hand, die entsprechende Seite aus dem Fahrtenbuch gleich als Kopie mit anheften.

Abschreibung ist die Kunst, morgen von dem zu leben, was man heute ausgegeben hat.
(Michael Schiff)

Und für die Zinsen zahlt der Fiskus

Private Schuldzinsen sind normalerweise nicht abzugsfähig. Doch es gibt 577
einen Trick. Du kannst private Schuldzinsen als Betriebsausgaben abzugsfähig machen. Das geht mit dem Zwei-Konten-Modell. Willst Du private 578
Schulden in Deinen Betrieb verlagern und dort die Zinsen absetzen, brauchst Du im Betrieb zwei Konten, ein Guthabenkonto A und ein Schuldkonto B. Auf dem Guthabenkonto A gehen sämtliche Tageseinnahmen ein, während alle Betriebsausgaben auf dem Schuldkonto B gebucht werden. Mit dem Guthaben auf dem Konto A kannst Du dann Deine privaten Schulden tilgen. Die Schuldzinsen für das Konto B sind als Betriebsausgaben absetzbar.
Angenommen, Du schuldest Deiner Expartnerin noch 120 000 Mark Zugewinnausgleich, den Du jährlich mit 20 000 Mark abzahlen kannst, zuzüglich 9 Prozent Zinsen für den Rest.
Mit Hilfe des Guthabens auf dem Konto A zahlst Du nun die Ausgleichsschuld in einer Summe zurück und hast damit diese Schuld in den Betrieb verlagert.

Sie liegt jetzt auf dem Schuldkonto B, und die Zinsen dafür sind als Betriebsausgaben abzugsfähig.

Du zeigst dem Finanzamt auch eine lange Nase, wenn Du die Privatschuld von 120 000 Mark über Dein betriebliches Kontokorrentkonto tilgst. Zinsen für einen Kontokorrentkredit bilden zwar nur insoweit Betriebsausgaben, als sie durch Abbuchungen für betriebliche Zwecke verursacht worden sind. Die auf private Abbuchungen zurückzuführenden Zinsen sind also Privatentnahmen.

Es kann aber unterstellt werden, daß die auf dem Kontokorrentkonto eingehenden Betriebseinnahmen zunächst zur Abdeckung des privaten Kreditteils verwendet werden. Dies bedeutet für den obigen Fall: Nach Eingang von 120 000 Mark Betriebseinnahmen gilt der private Kreditanteil als getilgt.

Besser ist es aber in jedem Fall, wenn Du vorausplanst und Dich bei der Finanzierung der 120 000 Mark des Zwei-Konten-Modells bedienst und dabei folgende Ratschläge beherzigst (kein noch so findiger Fiskalritter kann Dir dann verwehren, die Zinsen als Betriebsausgaben abzusetzen): Sorge für zwei völlig voneinander getrennte Konten. Vermeide auf jeden Fall, daß Deine Bank intern für die Berechnung der Kontokorrentzinsen das Schuldkonto und das Guthabenkonto zusammenrechnet.

»Ja, da wäre ich doch schön blöd! Für das Schuldkonto knöpft mir die Bank 14 Prozent Zinsen ab, während ich für das Guthabenkonto lächerliche 0,5 Prozent Zinsen erhalte.« Stimmt – aber nur so erkennt das Finanzamt Dir Dein Zwei-Konten-Modell an, das Dir erhebliche Steuerersparnisse bringt.

TRICK: Damit in der Ansparphase die Kontokorrentzinsen nicht zu heftig drücken, räumst Du immer, wenn sich auf dem Guthabenkonto ein paar tausend Märker angesammelt haben, das Konto ab und legst das Geld privat als Festgeld oder anderweitig zinsgünstiger an.

So setzt Du Wohnungszinsen indirekt ab 579

Mit Hilfe des Zwei-Konten-Modells kannst Du auch bei Hypothekenschul- 580
den kräftig Steuern sparen. Du verlagerst einfach Deine Hausfinanzierung in den Betrieb und drückst dem Finanzamt bis zum St.-Nimmerleins-Tag die Schuldzinsen dafür steuersparend als Betriebsausgabe aufs Auge.

Und so wird's gemacht
Zunächst richtest Du zwei Kontokorrentkonten bei Deiner Hausbank für den Betrieb ein. Von nun an läßt Du alle Betriebseinnahmen auf das Guthaben- 581
konto laufen. Vom zweiten Kontokorrentkonto (Schuldkonto) bezahlst Du 582
sämtliche betrieblichen Ausgaben. Dieses Spielchen treibst Du so lange, bis auf Deinem Guthabenkonto soundso viel Geld angesammelt ist, daß Du damit die Baukosten oder den Kaufpreis für Dein Eigenheim bezahlen kannst. Die Kontokorrentzinsen für das Schuldkonto muß das Finanzamt in 583
vollem Umfang als Betriebsausgaben anerkennen, denn dieses Konto hast Du ja eindeutig und nachweisbar nur betrieblich genutzt.
Trotz Steuerersparnis ist es natürlich Unsinn, wenn Du Dir auf Dauer die viel zu hohen Kontokorrentzinsen ans Bein bindest. Sobald alle Baurechnungen oder der Kaufpreis bezahlt sind, nimmst Du deshalb bei Deiner Bank einen langfristigen Betriebskredit mit wesentlich niedrigeren Zinsen als beim Kontokorrent auf und gleichst damit das Schuldkonto aus. Da Du der Bank als Sicherheit für den Betriebskredit eine Hypothek auf Dein schuldenfreies Eigenheim anbieten kannst, dürfte es nicht schwer sein, für diesen Betriebskredit die gleichen Konditionen auszuhandeln wie für ein Baudarlehen.

Wenn Du bereits ein Haus besitzt

Mit ein wenig Phantasie profitierst Du auch vom Zwei-Konten-Modell, wenn Du schon Hauseigentümer bist. Der Trick funktioniert nämlich nicht nur beim Hausbau oder -kauf.
Du schuldest in diesem Fall einfach Deinen Hauskredit bei passender Gelegenheit um. Spare daher zunächst wie oben beschrieben die notwendi-

gen Mittel im Betrieb auf dem Guthabenkonto an. Mit dem Geld tilgst Du dann Deinen Hauskredit. Als nächstes nimmst Du dann einen neuen Betriebskredit auf, um Dein überzogenes Schuldkontokorrentkonto auszugleichen, und schon hast Du auch in diesem Fall aus Deinem Hauskredit einen Betriebskredit gemacht und die nichtabzugsfähigen Schuldzinsen in absetzbare Betriebsausgaben umfunktioniert.

Achtung Fiskalfalle!

584 Du mußt bei solchen Umschuldungsdarlehen auf der Hut sein. Natürlich versucht das Finanzamt Dir auch hier ein Bein zu stellen. Denn was wissen die Fiskalritter und Finanzrichter schon groß von der realen Arbeitswelt und wie hart man da ran muß! Damit haben sie ja noch nie Feindberührung gehabt.

Für den Fall, daß Deine Geldentnahme aus dem Betrieb zur Tilgung Deines Hauskredits und die spätere Umschuldung des betrieblichen Schuldkontokorrents zeitlich zusammenfallen und betragsmäßig fast völlig übereinstimmen, werden Dir die Zinsen nicht als Betriebsausgaben anerkannt.

Was tun?

Du kannst diese Falle ganz einfach umgehen und selbstverständlich nicht das Geld bis zum Schluß auf dem Guthabenkonto im Betrieb stehenlassen und es auf einen Schlag entnehmen. Du umgehst den zeitlichen und betragsmäßigen Zusammenhang zwischen Entnahme und späterer Umschuldung Deines Kontokorrentkontos ganz einfach, indem Du schon in der Ansparphase nach und nach immer wieder einmal das betriebliche Guthabenkonto abräumst und das Geld zinsbringend auf einem privaten Konto anlegst.

Trick

TIP 1 für Freiberufler: Auch als Freiberufler kannst Du Deine privaten Schulden in den Betrieb verlagern. Du kannst beispielsweise Kreditzinsen für das private Darlehen für Dein Wohnmobil, Dein Segelboot oder die neue Wohnungseinrichtung von der Steuer absetzen. Um den etwas umständlichen Weg des Zwei-Konten-Modells kommst Du aber nicht herum, wenn Du beim Betriebsausgabenabzug für Deine Zinsen sichergehen willst. Wählst Du den einfachen Weg und räumst lediglich das Geld von Deinem betrieblichen Kontokorrentkonto ab, drehen Dir die Finanzbeamten garantiert einen Strick daraus und streichen Dir den Zinsabzug ganz oder zum Teil mit der Begründung, Du hättest ein gemischtes Kontokorrentkonto und die Zinsen hingen deshalb unmittelbar mit den Privatentnahmen zusammen. 585

Tip

TIP 2 für Freiberufler: Als Freiberufler mit Überschußrechnung kannst 586
Du am Jahresende noch den Gewinn für das abgelaufene Jahr mindern, indem Du beispielsweise Deine Büromiete für einige Monate des nächsten Jahres im voraus zahlst. So könntest Du zum Beispiel die Miete für die Monate Januar bis Juni des nächsten Jahres von angenommenen 6mal 5000 Mark = 30 000 Mark am 28.12. bezahlen. Folge: Die Miete für Februar bis Juni mindert den Gewinn des abgelaufenen Jahres um 25 000 Mark. Lediglich die Miete für Januar rechnet nach einer Sonderregelung in § 11 EStG zum neuen Jahr. Die Mietvorauszahlung ist kein Mißbrauch nach § 42 AO, weil Du nur die technischen Möglichkeiten des § 11 EStG ausnutzt. Das ist aber was ganz Legales!

Wähle ein kurzes Jahr

Wenn Dein Wirtschaftsjahr vom Kalenderjahr abweicht, kannst Du eine Steuerpause einlegen. Wie das geht? 587

Als Gewerbetreibender bilanzierst Du auf den 31.12. Du kannst aber bei Deinem Finanzamt eine Umstellung des Wirtschaftsjahres auf ein vom Kalenderjahr abweichendes beantragen, weil Du Inventurschwierigkeiten am Jahresende durch Hochsaison in Deiner Branche oder einfach witterungsbedingte Schwierigkeiten hast. Das reicht als Begründung für die Umstellung aus.

Der Bilanzgewinn wird immer in dem Kalenderjahr versteuert, in dem das Wirtschaftsjahr endet, also der Gewinn aus der Bilanz 31.12.1996 im Jahre 1996. Wenn Du ein abweichendes Wirtschaftsjahr wählst, z.B. vom 1.4. bis zum 31.3. eines jeden Jahrs, dann mußt Du nach dem 31.12.1996 ein sogenanntes Rumpfwirtschaftsjahr einschieben.

588 Dieses Rumpfwirtschaftsjahr hat dann z.B. nur drei Monate, weil es vom 1.1. bis zum 31.3.1997 läuft. Also versteuerst Du 1997 nur den Gewinn von drei Monaten, weil nur dieses Wirtschaftsjahr 1997 endet. Das bewirkt ein Hinausschieben der Steuerzahlung.

Es ist das Schicksal des Genies, unverstanden zu sein.
Aber nicht jeder Unverstandene ist ein Genie.
(Ralph Waldo Emerson)

Was Du tun kannst, wenn das Finanzamt kommt

589 Die steuerliche Betriebsprüfung trifft jeden Unternehmer mehr oder weniger häufig. Wappne Dich also, wenn das Finanzamt eine Prüfung ankündigt, denn es wäre schon ein kleines Wunder, wenn Du ungeschoren davonkommst. Denn in 95 Prozent aller Prüfungen ergeben sich Nachzahlungen. In diesen Fällen mußt Du aufpassen, wenn Du den Herren vom Finanzamt nicht ins Netz gehen willst:

Wenn sich aus Deinem Jahresabschluß ergibt,

- daß Deine privaten Entnahmen aus dem Geschäft ziemlich niedrig liegen und auch keine anderen Einkünfte angegeben sind, die das Defizit decken;
- daß Dein Lohn- und Materialaufwand plötzlich stark angestiegen ist, während Du mit dem Bau einer Privatvilla beschäftigt bist;
- daß Dein Personalaufwand und Deine Investitionen stark gestiegen, Dein Umsatz aber nicht mitgewachsen ist;
- daß Dein Roh- und Reingewinn von den amtlichen Richtsätzen ziemlich abweicht;
- daß du Darlehen von Angehörigen oder Verwandten bekommen oder hohe Einlagen in den Betrieb gemacht hast;

- daß Dein Roh- und Reingewinn gegenüber den Vorjahren stark schwankte oder vom Anlagevermögen oder dem Warenbestand hohe Sonderabschreibungen gemacht wurden;
- daß außerordentlich hohe Reparaturaufwendungen erfolgten, die möglicherweise aktivierungspflichtig sein könnten;
- daß ein Vergleich Deiner Vermögen zu Beginn der selbständigen Tätigkeit (bzw. vom letzten Prüfungsjahr an) mit dem letzten Beobachtungsjahr einen ungeklärten Vermögenszuwachs ergibt, der vielleicht aus Ohne-Rechnung-Geschäften stammen könnte;
- daß trotz hoher Kundenanzahlungen keine oder nur geringe halbfertige Arbeiten aktiviert wurden;
- daß hohe Rückstellungen für Wechselobligo oder Delkredere erscheinen und für Garantieverpflichtungen, die nicht erklärbar sind.

So kommst Du an der Betriebsprüfung vorbei

Enthalten Deine Steuerbescheide den Zusatz »Vorbehalt der Nachprüfung nach § 164 AO«, bist Du als kleiner Unternehmer steuerlich irgendwie aufgefallen, und es droht eine **Betriebsprüfung (BP).** Meistens wartet das **590**
Finanzamt aber ab, bis drei Jahre unter »Vorbehalt der Nachprüfung« veranlagt sind, und ordnet erst dann eine Betriebsprüfung an, denn der normale Prüfungszeitraum umfaßt drei Jahre. **591**

Was tun?
Ruhe bewahren. Nach dem ersten Bescheid mit »Vorbehalt der Nachprüfung« solltest Du herausfinden, was dem Finanzamt mißfallen hat. Dann gibst Du bei der nächsten Steuererklärung dazu eine **Begründung** ab, z.B. warum Dein Rohgewinn so niedrig ist oder warum ein Wohnmobil in Deinem Fahrzeugpark steckt. Wenn alles einleuchtend ist, sagt sich die Betriebsprüfungsstelle vielleicht: »Nichts zu holen« und streicht Dich vom Prüfungsplan.
Ob Deine Bemühungen gefruchtet haben, zeigt der nächste Bescheid. Enthält dieser und auch der darauffolgende Bescheid wieder den Zusatz »Vorbehalt der Nachprüfung«, bist Du bald reif, denn nun sind die Jahre für einen

vollen – dreijährigen – Prüfungszeitraum zusammen. Ein Jahr kannst Du prüfungsfrei retten, wenn Du ganz schnell die Steuererklärung für das
592 vierte Jahr abgibst. Dann wird dieses Jahr mitgeprüft und das erste Vorbehaltsjahr fällt aus der Prüfung raus. Denn der Prüfungszeitraum soll nicht über die letzten drei Jahre, für die Steuererklärungen abgegeben sind, hinausreichen.

Wenn der Prüfer vor der Tür steht

593 Flattert Dir eine »Prüfungsanordnung« ins Haus, kannst Du nur noch versuchen, den Schaden zu begrenzen. Du hast 14 Tage Zeit, Dich vorzubereiten. Denn so lange im voraus muß sich das Finanzamt anmelden.

Zunächst einmal:

- Erkunde die Schwachstellen der Prüfungsjahre, bereite Antworten und Argumente vor.
- Sichte alle Unterlagen und lege sie bereit; sortiere private Unterlagen aus.
- Stelle einen ruhigen Raum bereit.

Während der Prüfung:

- Erfrage die Dauer der Prüfung.
- Lege die Bücher und Belege nur jahrgangsweise vor und rücke nur das raus, was der Prüfer gerade braucht. Laß auf keinen Fall Selbstbedienung zu.
- Antworte verhalten auf die Fragen des Prüfers: »Weiß ich nicht genau, muß ich erst Mitarbeiter fragen …«
- Keine Selbstbedienung beim Kopierer für die Prüfer; halte alles, was kopiert wird, fest; gegebenenfalls mußt Du den betreffenden Geschäftspartner informieren, damit er rechtzeitig Vorsorge treffen kann.
- 594 Achte darauf, daß der Prüfer nur Fragen an von Dir benannte Auskunftspersonen richtet. Laß keine Fragen an Deine Mitarbeiter oder Deinen Ehepartner zu.
- Private Unterlagen brauchst Du nicht aufzubewahren und somit nicht vorzulegen; für sie besteht also keine Beschaffungspflicht.
- Sorge für ein gutes »Prüfungsklima«: Zeige Verständnis für die Prüfer-

aufgabe und Kompromißbereitschaft; biete Kaffee und einen kleinen Imbiß an.

- Versehen darfst Du eingestehen, aber niemals krumme Sachen!

Hast Du wirklich mal ein krummes Ding gedreht und mußt befürchten, daß der Prüfer Dir auf die Schliche kommt, hilft nur noch der Angriff nach vorn: die Selbstanzeige – und zwar vor Prüfungsbeginn. Dann gehst Du wenig- 595
stens straffrei aus.
Dies sind nur ein paar wenige Tips von vielen anderen aus meinem Buch »Wenn der Betriebsprüfer kommt«, einer Kurzfassung ohne Steuerfahndungsteil von »Tips und Tricks bei Steuerfahndung und Betriebsprüfung«.

Trick

Wie kommst Du um eine Betriebsprüfung herum?
Zum Glück ist das Finanzamt noch nicht in der Lage, alle Klein- und Mittelunternehmen zu prüfen. Damit Du trotzdem nicht zu denen zählen mußt, die bei einer Außenprüfung steuerlich zur Ader gelassen werden, solltest Du die folgenden sechs Ratschläge beachten! Eine Garantie, daß Du von keiner Betriebsprüfung behelligt wirst, gibt es nicht. Aber mit Hilfe dieser Hinweise vergrößerst Du Deine Chance, einer Betriebsprüfung zu entgehen:

- »Gehe nicht zu Deinem Fürst …« Und selbst wenn Du gerufen wirst, vermeide es mittels einer Entschuldigung. Bitte stets um schriftliche Erledigung der Sache. Das Finanzamt muß Deinem Ersuchen folgen. Denke daran: Du bist einfach nicht versiert genug, um in Verhandlungen und bei Fangfragen die einzig richtigen Antworten geben zu können. Nur zu leicht rutschst Du auf die Liste »Zur Prüfung vorgemerkt«. Denn: Nicht immer wirkst Du auf andere Menschen so, wie Du zu wirken meinst oder zu wirken beabsichtigst.
- Vermeide unbedingt Abweichungen in der Umsatzsteuer-Jahreserklärung von Deinen Voranmeldungen. Differenzen sind hier für einen Finanzbeamten besonders suspekt …

- Komm Deinen Zahlungsverpflichtungen gegenüber dem Finanzamt stets pünktlich und vollständig nach. Anderfalls beantrage rechtzeitig Stundung. Nur wenig Wohlwollen ruft der Aktenvermerk »Unpünktlicher Steuerzahler« bei denen hervor, auf die es ankommt …
- Weise keine Einkommen aus, die laufend unter dem Existenzminimum liegen. Kein Finanzbeamter versteht, daß man auch ganz gut von Schulden leben kann, die man bei anderen macht. Nur Bauern, Marktleute und Newcomer in den ersten Jahren nach einer Betriebseröffnung genießen gewisse Narrenfreiheiten …
- Fülle Deine Steuererklärung sorgsam aus. Vermeide durch klare Angaben und Beifügen von Belegen »Erörterungen« des Amtes. Nur zu leicht gerätst Du in eine Prüfung, weil sich ein Bearbeiter anders nicht durchzufinden weiß …
- Halte deutsche Beamte nicht durch zu ausführlichen Schriftwechsel von einem gemütlichen Arbeitsklima ab. Fasse möglichst viel vereinfachend zusammen, damit es dem Beamten leicht von der Hand geht. Kämpfe erst bei einer Prüfung, dann aber hart!

In Italien gilt Steuerehrlichkeit
als milde Form des Schwachsinns.
(Dino Barluzzi)

596 Der richtige Umgang mit dem Finanzamt

Wie bei jeder Behörde gibt es beim Finanzamt einen ganzen Wust an Regelungen und Bestimmungen für den Umgang mit Steuerzahlern. Wenn Du erfolgreich operieren willst, mußt Du bestimmte Wege einhalten, sonst bekommst Du Probleme mit Deiner Steuererklärung.

Du mußt stets Beweise sammeln

Im Steuerrecht gilt der Grundsatz, daß derjenige den Beweis erbringen muß, der sich auf eine Begünstigung beruft. Das heißt, daß Du als Steuerzahler alles beweisen mußt. Sei es, daß Du Betriebsausgaben geltend machst, oder daß Du den Abzug von Sonderausgaben und außergewöhnlichen Belastungen begehrst.

Immer hast Du dafür zu sorgen, daß entsprechende Belege, Dokumente, 597
Verträge usw. vorhanden sind, die Deinen Standpunkt untermauern. Deshalb tust Du gut daran, Dich rechtzeitig um Beweismittel zu kümmern und notfalls die Angaben durch eine »Versicherung an Eides Statt« zu erhärten, wenn keine anderen Beweismittel vorhanden sind.

Doch da gibt es noch weitere Quellen, die Dir in einigen Fällen weiterhelfen können. Z.B. gibt es Verfügungen der Finanzverwaltung, in denen es heißt, daß den Angaben der Steuerpflichtigen weitgehend Glauben zu schenken ist.

Guter Glaube: Auch ein Gebot nur für das Amt

Dieser gute Glaube an die Richtigkeit Deiner Angaben gilt vor allem dann, wenn aus der allgemeinen finanziellen und tatsächlichen Lebenssituation heraus Deine Angaben als sehr wahrscheinlich und damit als glaubhaft anzusehen sind.

Die Finanzverwaltung soll nämlich nur dann weitere Nachforschungen anstellen, wenn sich Zweifel aus Deinen Angaben aufdrängen. Das müßte z.B. bei von Dir angegebenen 370 Reisetagen im Jahr der Fall sein, oder auch dann, wenn Deine Kosten so hoch sind, daß für Deinen privaten Lebensunterhalt überhaupt keine Mittel mehr zur Verfügung standen.

In solchen Fällen mußt Du dann durch Kontoauszüge, Darlehensverträge usw. die Herkunft dieser Mittel nachweisen können und auch, daß Du tatsächlich noch Gelder für Deinen privaten Lebensunterhalt zur Verfügung hattest. Bloße Behauptungen reichen in solchen Fällen der Finanzverwaltung nicht aus.

Schuldscheine mußt Du Dir stets geben lassen und sie aufbewahren 598

Auch wenn Du privat Gelder geliehen hast, solltest Du Dir darüber entsprechende Schriftstücke anfertigen, um sie notfalls als Beweise vorlegen zu können. Vor allem wird dann das Finanzamt nachprüfen, ob die Kreditgeber tatsächlich finanziell in der Lage waren, Dir die fraglichen Beträge überhaupt ausleihen zu können. Es wird auch geprüft, ob bei der Vereinbarung eventueller Zinsen diese von den Empfängern tatsächlich versteuert wurden, oder ob gar eine Schenkung anzunehmen ist, so daß Schenkungssteuer anfällt.

Fangen die Finanzbeamten erst einmal an zu bohren, dann tun sie dies besonders hartnäckig. Deshalb solltest Du vorher auf Heller und Pfennig Deine Rechnung aufmachen, ehe Du Dich aufs Glatteis begibst.

Sind die Beträge nachweisbar, dann brauchst Du auch keine Scheu zu haben, hier einen Rechtsstreit zu riskieren. Für Deine Privatsphäre bist Du nämlich
599 nicht zu einer geschlossenen Buchführung oder gar zur lückenlosen Aufbewahrung sämtlicher Belege verpflichtet. Es genügt deshalb, wenn Du die Herkunft und die Bewegung größerer Beträge nachweisen kannst.

600 Halte Fristen ein

601 Neben den Aufzeichnungs- und Beweispflichten mußt Du die für das Finanzamt bestimmten Meldungen, Steuererklärungen usw. auch noch innerhalb gesetzlich festgelegter Fristen einreichen. Die Termine sollen einen reibungslosen Ablauf innerhalb der Finanzverwaltung sicherstellen.

Wenn Du also merkst, daß Du zu den vorgesehenen Stichtagen die Verpflichtung nicht erfüllen kannst, dann mußt Du rechtzeitig einen Antrag stellen, um diesen gesetzlichen Abgabetermin zu verschieben. Nur dadurch
602 kannst Du einen Aufschub erhalten.

603 Selbst wenn Dir das Finanzamt eine Nachfrist zugesteht, innerhalb derer Du diese Meldung oder Erklärung abgeben darfst, so ändert dies an der Überschreitung der gesetzlichen Frist nichts. Diese Tatsachen schaffst Du nicht mehr aus der Welt.

Das bedeutet aber, daß damit gleichzeitig gesetzlich angeordnete Zwangsfolgen eintreten. Wenn Du auch diese vermeiden willst, dann mußt Du zusätzlich beantragen, daß diese Zwangsfolgen für die Zeit der Fristüberschreitung ausgesetzt werden, sonst laufen sie unvermindert weiter.

604 So etwas gelingt Dir natürlich nur, wenn Fristverlängerungsanträge bei Dir die Ausnahme bilden und nicht regelmäßig vorkommen. In dem Fall, in dem Dich das Finanzamt als unpünktlichen Steuerzahler eingestuft hat, wirst Du kein Entgegenkommen erwarten können. Ein solcher Antrag könnte folgendermaßen aussehen:

Antrag auf Fristenverlängerung 605

Umsatzsteuervoranmeldung für ...
hier: Antrag auf Fristverlängerung

Sehr geehrte Damen und Herren,

wie sich erst heute herausstellte, kann ich durch einen Fehler in meiner Datenverarbeitung leider die steuerpflichtigen Umsätze nicht abrufen. Es sind dazu manuelle Feststellungen erforderlich, die ich nicht mehr bis zu dem gesetzlich vorgeschriebenen Termin fertigstellen kann. Ich bitte Sie daher, mir eine Nachfrist bis zum ... zuzugestehen. Als Abschlagszahlung erhalten Sie für die Umsatzsteuer einen Betrag in Höhe von ... DM, den ich mit der sich ergebenden tatsächlichen Steuerlast verrechnen werde.

Da ich bisher immer pünktlich meinen steuerlichen Pflichten nachgekommen bin, bitte ich Sie, von der Erhebung von Säumnis- oder Verspätungszuschlägen abzusehen.

Sollte ich bis zum ... nichts Gegenteiliges von Ihnen hören, so gehe ich davon aus, daß Sie diesem Antrag zustimmen werden.

Mit freundlichem Gruß

Max Schlau

Sonderregel: Dauerfristverlängerung 606

Für Dich als umsatzsteuerpflichtigen Unternehmer gibt es eine sogenannte **Dauerfristverlängerung**. Hierfür mußt Du 1/11 der Vorjahrssteuer praktisch als zinsloses Darlehen dem Finanzamt vorauszahlen. Dafür gestattet Dir dann das Finanzamt, daß Du die laufenden Voranmeldungen regelmäßig einen Monat später abgeben kannst. Die Vorauszahlung wird mit der letzten Voranmeldung des Jahres verrechnet. Ein solches Verfahren lohnt sich aber nur dann, wenn Du regelmäßig organisatorisch nicht in der Lage bist, bis zum 10. des Folgemonats aus Deiner Buchhaltung die erforderlichen Zahlen zu erhalten.

Für andere Steuerarten gibt es kein vergleichbares Verfahren, deshalb solltest Du bei anderen Steuern mit Deinem Fristverlängerungsantrag eine
607 pauschale Abschlagszahlung (volle hundert Mark) entrichten. Mit der endgültigen Meldung oder Erklärung verrechnest Du dann diese Zahlung. Dieses Verfahren wird, wenn Du Dich rechtzeitig meldest, von den Finanzämtern widerspruchslos anerkannt.

608 **Fristen für jährliche Steuererklärungen**

Für die Abgabe von jährlichen Steuererklärungen mußt Du unterscheiden, um welche Art von Steuererklärung es sich dabei handelt. Beim Veranlagungsverfahren zur Einkommensteuer muß die Steuererklärung bis zum 31. 5. des folgenden Jahrs beim Finanzamt eingehen.

Der Abgabetermin kann aber aufgrund eines entsprechenden Antrags von Dir verlängert werden und zwar bis zum 30. 9. des Folgejahrs problemlos, bis zum 28. 2. des darauffolgenden Jahrs bei Angabe triftiger Gründe.

Es kann Dir aber dann passieren, daß Du bei verspäteter Abgabe einen
609 Verspätungszuschlag zahlen mußt. Dieser Zuschlag kann sogar dann festgesetzt werden, wenn Dein Steuerbescheid einen Erstattungsbetrag ausweist. Hier hilft dann nur ein Erlaßantrag.

Tip

Verspätungszuschlag

Zögere nicht, gegen jeden einzelnen Bescheid Einspruch einzubringen. Du hast dafür jeweils einen Monat Zeit, und falls die Festsetzung ohne Rechtsbehelfsbelehrung erfolgt ist, sogar ein Jahr. Abgesehen davon kannst Du jederzeit **Wiedereinsetzung in den vorigen Stand** verlangen, wenn Du **vor der Festsetzung nicht angehört** worden bist, also rechtliches Gehör nicht gewährt wurde. Und das geschieht bei Verspätungszu-

schlägen fast nie, so daß Du auch noch nachträglich Einspruch einlegen kannst.
Rückendeckung bekommst Du auch vom BFH dazu. In einem Urteil (Az: XIR73/94) stellt er nämlich klar, daß grundsätzlich Voranmeldungen und Jahressteuererklärungen zwei Paar Schuhe sind.

Antrag auf Erlaß von Verspätungszuschlägen 610

Max Schlau
66666 Glückstadt

An das Finanzamt
X-Stadt

Steuer-Nr....
Einkommensteuerbescheid vom ...

hier: Festsetzung eines Verspätungszuschlags,
Erlaß aus Billigkeitsgründen

Sehr geehrte Damen und Herren,

in dem oben bezeichneten Steuerbescheid setzen Sie einen Verspätungszuschlag in Höhe von ... DM gegen mich fest.

Mir ist bekannt, daß dieses Druckmittel die rechtzeitige Abgabe von Steuererklärungen und damit einen reibungslosen Ablauf der Bearbeitung innerhalb der Finanzämter bewirken soll. Den steuerberatenden Berufen wird eine generelle Fristverlängerung bis Ende September des Folgejahrs eingeräumt. Darüber hinaus sind weitere Verlängerungen möglich. Damit steht fest, daß Fristverlängerungen nicht nur in Sonderfällen bewilligt werden. Ein Sonderfall liegt jedoch bei mir vor, denn ich habe bisher immer pünktlich meine Steuererklärung abgegeben und mich lediglich wegen ... in diesem Jahr verspätet.

a) Deshalb sehe ich in meinem Fall eine Ungleichbehandlung gegenüber anderen Steuerpflichtigen. Hinzu kommt, daß ich in meinem Schreiben vom ... eine Fristverlängerung zur Abgabe der Erklärung erbeten habe. Dieses Schreiben wurde bisher von Ihnen nicht beantwortet.
b) Der Steuerbescheid weist einen Erstattungsbetrag in Höhe von ... DM aus. Deshalb ist dem Fiskus kein Schaden entstanden.

Ich beantrage daher, den festgesetzten Versäumniszuschlag zu erlassen und mir einen entsprechenden Bescheid darüber zu erteilen.

Mit freundlichem Gruß

Max Schlau

Veranlagung unter dem Vorbehalt der Nachprüfung
611 oder vorläufige Veranlagung

Das Finanzamt kann unter dem Vorbehalt der Nachprüfung oder auch vorläufig veranlagen, d.h. sich für später ein Türchen offenhalten, um die Steuer noch höher festzusetzen. Gründe dafür sind: eine bevorstehende Betriebsprüfung. Oder, weil es strittige Fragen gibt, die noch nicht geklärt wurden. Oder Deine Angaben noch nicht vollständig sind. Weil Du noch an anderen Unternehmen beteiligt bist, so daß von hier noch Mitteilungen über weitere Einkünfte von Dir von einem anderen Finanzamt oder von einer anderen Stelle innerhalb des Finanzamts zu erwarten sind.
Bescheide mit dem Vorbehalt der Nachprüfung sind in vollem Umfang offen, d. h., in jeder Hinsicht änderbar. Vorläufige Steuerbescheide sind nur punktuell offen.
In dem vorläufigen Bescheid muß dann aber ausdrücklich darauf hingewiesen werden, welche einzelnen Besteuerungsgrundlagen vorläufig sind. Wenn Du darin also folgenden Satz findest: »DIESER BESCHEID ERGEHT VORLÄUFIG NACH § 165 Abs. 1 AO HINSICHTLICH FOLGENDER SACHVERHALTE ...«, so mußt Du Deine Angaben in der Steuererklärung insgesamt nochmals überprüfen. Ist der Bescheid nämlich durch einen Hinweis auf die vorläufigen Sachverhalte eingeschränkt, dann kannst

Du nach Eintritt der Bestandskraft (das ist einen Monat nachdem Dir der Bescheid bekanntgegeben wurde) nur noch in diesen für vorläufig erklärten Punkten eigene Änderungswünsche vorbringen.
Aber: Innerhalb der Rechtsbehelfsfrist von vier Wochen können von Dir 612
noch sämtliche Änderungen begehrt werden. Ist diese Frist aber abgelaufen, dann sind Änderungen zu Deinen Gunsten nicht mehr möglich. Du kannst lediglich Änderungswünsche des Finanzamts dadurch auf Null bringen, indem Du noch eigene Fehler, die zu Deinen Gunsten sprechen, dem entgegensetzt.

Deine Einsprüche müssen pünktlich ankommen 613

Es kommt dabei nicht darauf an, wann Du Deinen Einspruch abschickst, sondern es kommt darauf an, daß dieses Schreiben spätestens am letzten Tag der Rechtsbehelfsfrist bei der zuständigen Behörde ankommt.
Die Rechtsbehelfsfrist beginnt nach Zugang des Steuerbescheids zu laufen. Steuerbescheide, die mit normaler Post versendet werden, gelten mit dem dritten Tag nach Aufgabe zur Post als zugegangen. Für die Aufgabe zur Post ist der Poststempelabdruck entscheidend. Und so mußt Du den Fristablauf 614
feststellen:
Absendedatum lt. Poststempel 1. 4.; Zugang des Bescheids unterstellt am 4. 4.; Fristbeginn 5. 4. 0 Uhr, Fristende 4. 5. 24 Uhr. Also muß spätestens am 4. 5. um 24 Uhr der Einspruch im Briefkasten des Finanzamtes liegen.

Tip

Du glaubst nicht, wie oft solche Termine vergessen werden! Deshalb lege möglichst bald nach Ankunft des Steuerbescheids vorsorglichen Einspruch ein. Diesen brauchst Du nicht zu begründen und er kostet Dich lediglich ein zusätzliches Blatt Papier und eine Briefmarke. Später begründest Du ihn dann in aller Seelenruhe, wenn Du Zeit dafür gefunden hast.

Aber bewahre Dir unter allen Umständen von allen Schreiben des Amts den Briefumschlag auf. In nichts sind Behörden kleinlicher als in der Fristenwahrung.
Du mußt den Einspruch auch in einer solchen Weise bezeichnen, daß das Finanzamt darin einen Rechtsbehelf erkennt und damit etwas anfangen kann. So muß mindestens Dein Absender, Deine Steuernummer und die Bezeichnung und das Datum des Schriftstücks angegeben sein, welches Du damit angreifen willst. Zusätzlich sollte bei Steuerbescheiden die Steuerart und das betreffende Jahr angegeben sein, und das Schreiben muß von demjenigen unterschrieben sein, der von dem angegriffenen Verwaltungsakt betroffen ist. (Sehr wichtig, wenn Du einen Familienangehörigen vertrittst. Dazu brauchst Du eine Vollmacht.)

Ehepaare, aufgepaßt

Bei Eheleuten sollten beide Ehegatten unterschreiben. Dies ist sehr wichtig für ein sich eventuell anschließendes Verfahren vor einem Finanzgericht. Zu einem solchen Gerichtsverfahren wird nämlich nur derjenige als Kläger zugelassen, dessen Vorverfahren (so wird das Einspruchsverfahren bezeichnet) wenigstens teilweise erfolglos geblieben ist.

615 Führt bei Eheleuten nur ein Ehegatte allein das Einspruchsverfahren durch,
616 dann ist bei einem anschließenden Rechtsstreit auch nur dieser klagebefugt. Das kann aber dazu führen, daß dieser klagende Ehegatte vom Gericht abgewiesen werden muß, weil die strittigen Einkünfte beispielsweise dem nicht klagenden anderen Ehegatten allein zuzurechnen sind.
Das Finanzamt wird Dich auf solche Spitzfindigkeiten nicht hinweisen. So gerätst Du ahnungslos in einen Rechtsstreit, unterliegst schon aus formellen Gründen und mußt auch noch die Verfahrenskosten tragen. Deshalb müssen Eheleute das Vorverfahren immer gemeinsam durchführen. Es kostet auch nicht mehr. Es bleibt aber dadurch die Sicherheit, gemeinsam klagebefugt zu sein, wenn es denn überhaupt so weit kommen sollte. Eheleute unterzeichnen also immer die Schreiben gemeinsam.
Nun kannst Du entweder in einem einzigen Schreiben den Einspruch erheben und gleich begründen. Du kannst die Begründung aber auch später an das Finanzamt schicken.
Ist der Einspruch rechtzeitig erhoben, dann gibt es für dieses Begründungs-

schreiben keine besondere Frist mehr zu beachten. Das Finanzamt kann Dich lediglich dazu auffordern, innerhalb eines bestimmten Zeitraums Deinen Einspruch zu begründen oder zurückzunehmen. Tust Du das nicht, dann kann das Finanzamt Deinen Einspruch als unbegründet zurückweisen. Gegen diese Entscheidung ist dann nur noch Klage beim Finanzgericht möglich. Deshalb liegt es in Deinem eigenen Interesse, entweder eine weitere Nachfrist zu beantragen oder aber die gesetzte Frist einzuhalten und dem Finanzamt die fundierte Begründung Deines Einspruchs zu liefern.

Beim Finanzamt geht's nur ums Geld

Sind Steuerbeträge erst einmal festgesetzt, gleichgültig ob berechtigt oder nicht, dann mußt Du auch zahlen. Die Finanzbehörde hat eine eigene **Zwangsvollstreckungsabteilung** mit den rechtlichen Befugnissen von Ge- 617
richtsvollziehern (Vollstreckungsstelle). Wenn Du nicht zahlst, kann es unangenehm werden. Mit Pfändungen, Beschlagnahmungen, Zwangsversteigerungen oder Beantragung von Zwangshypotheken und sogar Konkursanträgen kann der Staat die Steuern eintreiben.

Aus dieser Aufzählung, die noch lange nicht vollständig ist, wird Dir klar, daß Du in allen Fällen schnellstens tätig werden mußt, wenn Du eine festgesetzte Steuer nicht zahlen kannst oder willst.

Du bist knapp bei Kasse?

Bei vorübergehenden finanziellen Engpässen reicht es aus, wenn Du der Finanzkasse für Deine Vorauszahlung ein Ratenzahlungsangebot für die rückständige Steuer in Form eines Stundungsantrags unterbreitest. Umsatz- und Lohnsteuer stundet Dir das Finanzamt nicht. Ohne einen Stundungsantrag entstehen bei verspäteter Zahlung happige Säumniszuschläge in Höhe von monatlich 1 Prozent des rückständigen Betrags.

Kannst Du auch keine Raten zahlen, so versuche, mit einem Stundungsantrag eine längere zinslose Stundung zu erreichen. Nach dem Gesetz werden nämlich sämtliche verspäteten Zahlungen mit Stundungszinsen in Höhe von 0,5 Prozent pro Monat belastet. Aufs Jahr gesehen, kann das teuer werden.

618 **Fällige Steuern und kein Geld da? Stundung!**

»Beantrage doch einfach Stundung. Wozu gibt es denn die Stundungsvorschriften in der Abgabenordnung?«

»Das bringt bei mir nichts«, sagst Du. »Ich habe das früher schon mal versucht. Das Finanzamt meinte damals, ich hätte noch genug Kreditmöglichkeiten und diese müßte ich erst ausschöpfen.«

Versuche es trotzdem: Du mußt Deinen Stundungsantrag zeitlich so stellen, daß ihn das Finanzamt erst **kurz vor** dem Zahlungstermin für Deine Steuern erhält. Das ist das ganze Geheimnis, denn dadurch ist das Finanzamt rein zeitlich nicht mehr in der Lage, Deinen Stundungsantrag rechtzeitig, also noch vor Deinem Zahlungstermin, abzulehnen, und es muß Dir kulanterweise einen neuen Zahlungstermin geben.

Deswegen rate ich Dir, daß Du Deinen Stundungsantrag erst einen Tag vor dem Zahlungstermin dem Finanzamt zukommen läßt, denn dann kannst Du sicher sein, daß die Damen und Herren im Finanzamt erst nach dem Zahlungstermin auf Deinen Stundungsantrag reagieren und Dir einen **neuen Zahlungstermin** geben.

Der neue Zahlungstermin muß **mindestens eine Woche nach Zugang des ablehnenden Stundungsbescheids liegen.** Da wir alle wissen, wie langsam behördliche Mühlen mahlen, können also Wochen verstreichen, bis Du den ablehnenden Stundungsbescheid in Deinem Briefkasten findest. Dabei muß Dir, wie schon gesagt, eine neue Zahlungsfrist von mindestens einer Woche nach Zugang des ablehnenden Stundungsbescheides gegeben werden. **An diese Frist schließt sich dann noch die allgemeine Schonfrist von 5 Tagen** an.

Gesetzt den Fall, Du hast einen sehr ausführlichen Stundungsantrag gestellt, dann wird sich das Finanzamt damit auch entsprechend länger beschäftigen müssen. Du merkst also, wenn Dein Stundungsbegehren kurz vor Deinem Zahlungstag beim Finanzamt eingeht, können bis zu 2 Monate verstreichen, bis Du letztendlich zahlen mußt. Damit ist Dir doch echt geholfen, oder?

Du mußt aber damit rechnen, daß Dir der Computer des Finanzamts – rein automatisch – erst einmal Säumniszuschläge berechnet, weil er zum ersten Fälligkeitstermin Deine Steuerzahlung vermißt und er von Deinem Stundungsantrag ja noch nichts weiß. Stelle dann sofort einen Antrag auf Erlaß der Säumniszuschläge. Dem Antrag wird das Finanzamt ohne weiteres entsprechen, weil Säumniszuschläge nicht zu erheben sind, wenn »ein Stundungsantrag vor Fälligkeit gestellt und nach Fälligkeit abgelehnt wurde und der Steuerzahler die neue Zahlungsfrist eingehalten hat«. Für NRW Erlaß FinMin. vom 2.1.1984 – S 0480 – 1 – VA 1.
Der zweite positive Effekt des Zahlungsaufschubs, der sich durch Deinen Stundungsantrag ergibt, ist die Zinsersparnis, denn für die Zeit des Hinhaltens berechnet Dir die Bank für die Steuern, mit denen Du Dein strapaziertes Bankkonto belasten müßtest, keine Schuldzinsen. Bei einer Steuernachzahlung von angenommenen 15 000 Mark, die Du durch Deinen Stundungsantrag um nur 2 Monate verzögerst, sparst Du bei Sollzinsen von 10 Prozent allein 250 Mark Zinsen.

Säumniszuschläge werden Dir berechnet, wenn Du mutwillig oder unbe- 619
wußt Zahlungstermine verstreichen läßt, ohne einen vorherigen Stundungsantrag zu stellen. Damit soll Druck auf Dich ausgeübt werden, Dich zu einer pünktlichen Zahlungsweise anzuhalten. Deine Chancen stehen gut, wenn Du bisher regelmäßig Deinen Verpflichtungen gegenüber dem Finanzamt nachgekommen bist und Erlaß der Säumniszuschläge beantragst, weil Dir als bisher pünktlichem Steuerzahler ein einmaliges Versehen unterlaufen ist.
Achtung: Den zinslosen Aufschub bekommst Du sogar dann noch, wenn Du schon früher einmal Stundungsvereinbarungen mit dem Finanzamt getroffen und diese pünktlich eingehalten hast.

Zinsfestsetzung: eine Kann-Bestimmung 620

Das Gesetz erlaubt es der Finanzverwaltung, keine Stundungszinsen festzu- 621
setzen – es handelt sich dabei um eine sogenannte »Kann«-Bestimmung. Zahlungsfristen sind oftmals sehr knapp bemessen. Deshalb kamt es passieren, daß die Finanzkasse bereits der Vollstreckungsstelle Deine Rückstände gemeldet hat, nur weil Dein Schreiben zu spät bei dem zuständigen Sachbearbeiter ankam. Schiebe deshalb solche Anträge nicht auf die lange Bank.

Mache Dir auch in allen Fällen zu Deiner eigenen Sicherheit von Zahlungsvorgängen Kopien, die Du in einem speziellen Ordner aufbewahrst. Verwahre darin auch Duplikate von Fristverlängerungsanträgen, Stundungsanträgen, Aussetzungsanträgen usw.
Fertige zudem Aktennotizen an oder schicke dem Finanzamt kurze Bestätigungsschreiben, wenn Du telefonisch etwas vereinbart hast, und erfrage vor allen Dingen die Namen derjenigen Beamten, mit denen Du solche Abmachungen getroffen hast. Nur wenn Du lückenlos beweisen kannst, daß Du alles getan hast, um Deine gesetzlich auferlegten Pflichten zu erfüllen, kannst Du auch in heiklen Situationen mit einem blauen Auge davonkommen.

622 Stundungsantrag

An das Finanzamt
Finanzkasse
66666 Glückstadt

Max Schlau

Datum: ...
Steuer-Nummer ...

Sehr geehrte Damen und Herren,

im Steuerbescheid vom ... setzen Sie unwidersprochen eine Restzahlung in Höhe von ... DM gegen mich fest.
Leider sind durch die nachfolgend geschilderten Ereignisse der letzten Zeit meine finanziellen Verhältnisse derart, daß ich diesen Betrag nicht auf einmal aufbringen kann, weil ...

...

...

...

Ich habe sämtliche Kreditmittel ausgeschöpft, wie Sie aus der beigefügten Bestätigung meiner Bank ersehen können. Bei den geschilderten Ereignissen handelt es sich um vorübergehende Engpässe, die nicht vorhersehbar waren. Ich kann Ihnen daher nur folgendes Zahlungsangebot machen:

...

Ich werde bemüht sein, unter allen Umständen diese Ratenzahlungen einzuhalten, und bitte um einen entsprechenden Bescheid. Gleichzeitig bitte ich, von der Erhebung von Stundungszinsen aus den genannten Gründen abzusehen. Sollten Sie diesem Antrag nicht entsprechen wollen, bitte ich wenigstens um vorläufigen Vollstreckungsaufschub.

Mit freundlichem Gruß

Max Schlau

Erlaß von Säumniszuschlägen 623

An das Finanzamt
Finanzkasse
66666 Glückstadt

Max Schlau

Datum: ...
Steuer-Nummer: ...

Sehr geehrte Damen und Herren,

mit Ihrem Bescheid vom ... setzen Sie Säumniszuschläge wegen verspäteter Zahlung der ...steuer gegen mich fest. Bisher habe ich stets pünktlich meine Zahlungspflichten gegenüber dem Finanzamt erfüllt. Deshalb stelle ich den Antrag, mir die festgesetzten Säumniszuschläge aus Billigkeitsgründen zu erlassen.

Mit besten Grüßen

Max Schlau

624 **Halte Dein Geld fest bis zum letzten Moment! Nutze die Schonfrist!**
Wenn Steuern fällig werden, weil z.B. **eine Abschlußzahlung oder eine Vorauszahlung zu leisten ist, nutze die Schonfrist aus.** Sie steht Dir nach § 240 Abgabenordnung zu. Die Schonfrist beträgt fünf Tage nach Fälligkeit. Wenn Du innerhalb der Schonfrist zahlst, passiert nichts, es entstehen keine Säumniszuschläge.
Wann soll ich denn zahlen, am Anfang der Schonfrist, in der Mitte, oder wann?, fragst Du.
Am Ende natürlich. Die Steuern müssen nur rechtzeitig, also noch innerhalb der Schonfrist, beim Finanzamt eingegangen sein. Zahlst Du mit Banküberweisung, mußt Du allerdings schon zwei bis drei Tage für den Zahlungsweg einkalkulieren. Bei Zahlung mit Scheck gibt es jedoch keine Schonfrist. Der Scheck muß also am letzten Tag der Fälligkeit beim Finanzamt eingegangen sein. Trotzdem kommst Du auch bei Zahlung mit Scheck zu einer Schonfrist, weil der Scheckbetrag erfahrungsgemäß erst mehrere Tage später von Deinem Konto abgebucht wird. **Also: Am besten, den Scheck am letzten Tag der Fälligkeit – nach Dienstschluß – in den Briefkasten des Finanzamts werfen.**

Eine Notlüge ist immer verzeihlich.
Wer aber ohne Zwang die Wahrheit sagt,
verdient keine Nachsicht.
(Karl Kraus)

625 Erlaß von Steuern

Falls es so eng bei Dir ist, daß eine Stundung völlig aussichtslos ist, weil Du auf absehbare Zeit Deinen finanziellen Verpflichtungen nicht nachkommen kannst, hilft nur noch ein Antrag auf abweichende Steuerfestsetzung oder ein Erlaßantrag. Mit einem solchen Antrag kann es Dir allerdings passieren, daß das Finanzamt ein Vermögensverzeichnis von Dir anfordert und die eidesstattliche Versicherung über dessen Vollständigkeit von Dir verlangt. Liegt dieses Verzeichnis bereits vor, weil Du es für den Prozeßkostenhilfeantrag benötigt hast, dann kannst Du darauf verweisen.

Für die Feststellung Deines vollständigen Vermögens hat das Finanzamt zwei Möglichkeiten, die für Dich völlig unterschiedliche Auswirkungen haben. Während die strengste Form eine Eintragung im Schuldnerregister und damit die Kreditunwürdigkeit bewirkt – was zum geschäftlichen Ruin führen kann –, führt die mildere Form nur zu einem besonders hohen Wahrheitsgehalt Deiner Aussage.

Nachteile können für Dich bei der zuletzt genannten Form nicht entstehen, weil diese Erklärung nicht über die Finanzamtsmauern hinausgelangt.

Deshalb solltest Du unbedingt auf diese mildere Form der Vermögensoffenbarung drängen, denn die Finanzverwaltung muß dann, wenn ihr mehrere Möglichkeiten zur Verfügung stehen, die für Dich als Steuerpflichtigen schonendste Möglichkeit wählen. So hat es die Abgabenordnung, unser steuerliches Grundgesetz, angeordnet, indem den Finanzbehörden anheimgestellt wird, von der eidesstattlichen Versicherung abzusehen und sich mit einem schlichten Vermögensverzeichnis zufriedenzugeben (§ 284 Abs. 2 AO).

Die folgenden Voraussetzungen mußt Du für einen Erlaß erfüllen

Sogenannte Erlaßwürdigkeit wird Dir nur zugestanden, wenn Deine Steuer- **626**
schulden nicht aufgrund entdeckter Steuerstraftaten entstanden sind. Weiter mußt Du in der Vergangenheit Deinen steuerlichen Verpflichtungen pünktlich nachgekommen sein. Dazu gehört vor allem, daß Du Steuererklärungen und Steuervoranmeldungen rechtzeitig abgegeben und die sich daraus errechnenden Zahlungen pünktlich geleistet hast.

»Erlaßbedürftigkeit« ist anzunehmen, wenn Dir mit den verbliebenen Mit- **627**
teln nur noch eine ganz bescheidene Lebensführung möglich ist. Sie kann Dir allerdings dann abgesprochen werden, wenn Du durch Alkoholismus, Spielsucht oder einen allgemein bekannten aufwendigen Lebenswandel selbst zur Verschlechterung Deiner Vermögensverhältnisse wesentlich beigetragen hast. Dies gilt auch, wenn Du Vermögen verschenkt hast und

anschließend einen Steuererlaß wegen Vermögenslosigkeit begehrst. Der Gesetzgeber verlangt, daß Du zuerst alle eigenen Vermögenswerte einsetzen mußt, ehe ein Steuererlaß oder eine von der eigentlichen Steuer abweichende Steuerfestsetzung erfolgen kann.

628 Antrag auf Steuererlaß

An das Finanzamt
Finanzkasse
66666 Glückstadt

Max Schlau

Datum: ...
Steuer-Nr. ...

Antrag auf Erlaß der festgesetzten Steuer

Sehr geehrte Damen und Herren,

durch eine lange schwere Krankheit, deren Folgekosten ich weitgehend selbst zu tragen hatte, war ich gezwungen, vor fast einem Jahr mein Geschäft zu schließen. Es ist heute aufgrund meines Krankheitsbilds nicht absehbar, wann ich wieder meinen Geschäftsbetrieb eröffnen kann oder ob ich überhaupt jemals wieder dazu in der Lage sein werde.
Ich verfüge deshalb seit fast einem Jahr über keine laufenden Einkünfte mehr und lebe seitdem von meiner Substanz. Es sind mir nur noch meine Wohnung, mit den Ihnen aus der Steuerakte bekannten Belastungen, und geringes Barvermögen verblieben. Das restliche Barvermögen reicht gerade aus, die bescheidene Lebensführung für meine Familie und mich für die nächsten 9 Monate zu sichern. Wie es danach weitergeht, weiß ich noch nicht.
Aus diesen Gründen bin ich nicht in der Lage, in absehbarer Zeit die festgesetzten Steuern zu bezahlen. Ich stelle deshalb den Antrag, aus Billigkeitsgründen die mit Bescheid vom ... festgesetzten Steuern zu erlassen, da deren zwangsweise Eintreibung die sofortige Existenzvernichtung für meine Familie und mich bedeuten würde. Es kann nicht im Sinn des Steuerrechts sein, mir sämtliche Mittel zu entziehen und mich auf die Beantragung von Sozialhilfe zu verweisen.

Für einen diesbezüglichen Bescheid wäre ich Ihnen sehr dankbar. Die dafür benötigten Nachweise wollen Sie bitte anfordern, da ich sämtliche Angaben durch Dokumente nachweisen kann.
Mit freundlichen Grüßen

Max Schlau

Wenn das Finanzamt zuviel von Dir verlangt

Die lächerlichste Unwichtigkeit wollen sie oft kleinlich von Dir nachgewiesen haben. In den Burgen und Zinnen derer vom hohen Kalkstein scheinen die überhaupt nicht zu wissen, daß Du hart arbeiten mußt, um für sie und weitere sieben Millionen Bürokraten die Gehälter zu finanzieren. Was Dir das oft für Mühe und Zeitverlust bereitet, das scheint denen oft wurscht zu sein. Wehre Dich gegen unangemessene Zumutungen.
Hier hast Du einige gute Argumente für diese Fälle:

Betrifft: Einkommensteuer 19 …/Steuer-Nummer …
hier: Anforderung von … Unterlagen
Bezug: Ihr Schreiben vom …

Sehr geehrte Damen,
sehr geehrte Herren,

gegen die Anordnung, die … Unterlagen einzureichen, lege ich hiermit

BESCHWERDE

ein.

Begründung:
Alle zur Steuerfestsetzung erforderlichen Angaben sind in meiner Steuererklärung enthalten. Deren Richtigkeit habe ich mit meiner Unterschrift ausdrücklich bestätigt. Die Notwendigkeit der jetzt von Ihnen zusätzlich geforderten Unterlagen ist weder ersichtlich noch wurde sie von Ihnen hinreichend begründet.

Grundsätzlich ist das Finanzamt gemäß § 88 der Abgabenordnung (AO) berechtigt, Art und Umfang der Ermittlungen zu bestimmen. Dabei muß die Finanzbehörde jedoch nach pflichtgemäßem Ermessen (§ 5 AO) entscheiden, ob ein Sachverhalt weiter erforscht wird und mit welchen Mitteln dies geschieht. Aus Ihrem oben genannten Schreiben ist nicht ersichtlich, inwieweit Sie Ihr Ermessen ausgeübt haben.

Der § 88 AO enhält keine Verpflichtung für das Finanzamt, jeden Sachverhalt erschöpfend und in jeder Hinsicht zu prüfen. Für den Regelfall soll vielmehr davon ausgegangen werden, daß die Angaben des Steuerpflichtigen in der Steuererklärung vollständig und richtig sind (BFH, BStBl 1969 II, S. 474). Das Finanzamt kann den Angaben in der Steuererklärung Glauben schenken, wenn nicht greifbare Umstände vorliegen, die darauf hindeuten, daß die Angaben falsch und unvollständig sind (BFH, BStBl 1979 II, S. 57).

Das Finanzamt hat die eingehenden Steuererklärungen zunächst einmal ohne Mißtrauen und Argwohn zu bearbeiten. Wenn es dennoch von seinem grundsätzlichen Recht weiterer Ermittlungen Gebrauch macht, so muß es hierfür triftige und nachvollziehbare Gründe geben. Ansonsten besteht die Gefahr, daß ein Fall des Ermessensfehlgebrauchs vorliegt. Aus Ihrem Schreiben ist nicht ersichtlich, warum die in Rede stehenden Unterlagen angefordert werden.

In Ihrem Schreiben fordern Sie in äußerst großem Umfang Belege an. Hierzu verweise ich auf das Urteil des Bundesfinanzhofes vom 23.10.1990 (Az: VIII R 1/86). Danach muß die verlangte Auskunft zur Sachverhaltsaufklärung geeignet und notwendig, die Pflichterfüllung für den Betroffenen möglich und die Anspruchnahme erforderlich, verhältnismäßig und zumutbar sein. Ermittlungen ›ins Blaue hinein‹ sind unzulässig. Aus Ihrem oben genannten Schreiben geht nicht hervor, inwieweit die Grundsätze des vorgenannten BFH-Urteils gewahrt wurden.

Die von Ihnen angeforderten Unterlagen sind – teilweise – zur Feststellung des für die Besteuerung relevanten Sachverhalts nicht erforderlich.

Dies gilt insbesondere für die folgenden Punkte: . . . .
Ihr oben genanntes Schreiben ist daher nicht durch die §§ 88, 97 AO gedeckt.

Bei der Anforderung von Belegen hat sich das Finanzamt wie bei allen anderen hoheitlichen Maßnahmen zunächst auf die am wenigsten einschneidenden Maßnahmen zu beschränken. Mit dem oben genannten Schreiben fordern Sie jedoch sämtliche Unterlagen bezüglich ... an. Hierin liegt ein Verstoß gegen das verfassungsrechtlich garantierte Übermaßverbot.

Das Vorlageersuchen bezieht sich auf Werbungskosten bzw. Betriebsausgaben. Diese Bereiche gehören jedoch nicht zu den steuerlichen Vergünstigungen i.S.d. § 97 Abs. 2 S. 2 AO, für die die Einschränkung gemäß § 97 Abs. 2 S. 1 AO nicht gilt. Das Vorlageersuchen ist daher rechtswidrig, weil die Formulierung in § 97 Abs. 2 S. 1 AO als Mußvorschrift für die Behörde zu werten ist (Ermessensreduzierung auf Null, vgl. Tipke-Kruse § 97 Tz. 6).

Aufgrund des bisherigen Verfahrensablaufs ist nicht ganz auszuschließen, daß bei Ihrer umfangreichen Anforderung von ... (Bezeichnung der angeforderten Unterlagen) sachfremde Erwägungen eine Rolle gespielt haben. In diesem Falle würde ein klarer Verstoß gegen die §§ 5, 88 AO vorliegen. Da Sie bisher nicht dargestellt haben, aus welchen Gründen der Sachverhalt weiter erforscht wird und warum Sie in diesem Umfange tätig werden, bitte ich Sie, dies im Beschwerdeverfahren ausdrücklich zu erläutern.

Bereits im Jahre 19... wurde der jetzt in Rede stehende Sachverhalt durch Sie umfangreich ermittelt. Ich verweise daher auf diesen Vorgang. Zwar sind Sie nach dem Grundsatz der Abschnittsbesteuerung berechtigt, in jedem Jahr eine erneute Prüfung anzustellen. Dies darf jedoch nicht dazu führen, daß ich als Steuerpflichtiger immer wieder mit den gleichen Beleganforderungen belastet werde. Soweit jetzt nach Sachverhalten gefragt wird, die bereits aus der Steuerakte ersichtlich sein müssen, ist

Ihr Schreiben vom ... nicht durch die §§ 5, 88, 97 AO gedeckt, da es keinen ›zu ermittelnden Sachverhalt‹ mehr gibt.

Hinweis: Hierbei handelt es sich um einzelne Textbausteine, die entsprechend dem Sachverhalt ausgewählt werden und durch eigenen Text zu ergänzen sind.

Diese Gewinne erwartet das Finanzamt

629 Mit der amtlichen Richtsatzsammlung forschen Finanzbeamte nach Schwarzumsätzen und versteckten Erträgen. Wenn Du unter den durchschnittlichen Gewinnen Deiner Branche bleibst, mußt Du mit unangenehmen Fragen und penibler Prüfung rechnen. Besser: vorher prüfen, ob Deine Zahlen denen der Richtsatzsammlung entsprechen. Wenn nicht, sprich sofort mit dem Steuerberater und belege die Ursachen für Abweichungen.

Branche/Umsatz	**REGION**					
	Nord		**West**		**Süd**	
	Roh-	Rein-	Roh-	Rein-	Roh-	Rein-
	gewinn		gewinn		gewinn	
	in Prozent vom Umsatz					
Handwerk / Produktion						
Bäckerei						
bis 500 000 Mark	67	20	67	20	69[1]	20[1]
über 500 000 Mark	67	14	67	14	-	-
Bauunternehmen						
bis 350 000 Mark	63	32	63	32	63	32
350 001 bis 700 000 Mark	44	18	44	18	44	18
über 700 000 Mark	38	12	38	12	38	12
Dachdeckerei						
bis 400 000 Mark	47	22	47	22	47	19
über 400 000 Mark	38	14	38	14	38	14
Elektroinstallation						
bis 250 000 Mark	50	27	50	27	50	27
250 001 bis 500 000 Mark	42	20	42	20	42	20
über 500 000 Mark	37	15	37	15	37	15

Fliesen und Plattenleger						
bis 150 000 Mark	71	27	71	41	71	41
150 001 bis 300 000 Mark	54	29	54	29	54	29
über 300 000 Mark	41	17	41	17	41	17
Gärtnerei	-	-	69	21	-	-
Heizungsinstallation						
bis 300 000 Mark	53	28	53	28	43[2]	22[2]
300 001 bis 600 000 Mark	41	19	41	19	34[3]	15[3]
über 600 000 Mark	35	14	35	14	-	-
Kfz-Lackiererei						
bis 300 000 Mark	-	-	63	24	63	24
300 001 bis 600 000 Mark	-	-	54	17	54	17
über 600 000 Mark	-	-	50	14	50	14
Kfz-Reparatur						
bis 200 000 Mark	54	25	54	25	54	25
über 200 000 Mark	42	16	25	16	42	16
Landschaftsgestaltung						
bis 400 000 Mark	58	25	58	25	57	26
über 400 000 Mark	48	15	25	15	46	17
Maler und Lackierer						
bis 100 000 Mark	79	50	79	50	77	50
100 001 bis 200 000 Mark	67	39	67	39	65	36
200 001 bis 400 000 Mark	53	25	53	25	55	27
über 400 000 Mark	46	18	46	18	49	20
Metzgerei	45	10	48	12	48	12
Optiker	63	21	63	21	63	21
Schlosser						
bis 200 000 Mark	62	32	62	32	67	35
200 001 bis 500 000 Mark	54	22	54	22	54	24
über 500 000 Mark	45	17	45	17	42	15
Schreinerei, Tischlerei						
bis 150 000 Mark	60	31	60	31	60	31
150 001 bis 300 000 Mark	47	21	47	21	47	21
über 300 000 Mark	40	15	40	15	40	15
Schuhmacher						
bis 100 000 Mark	79	50	79	50	79	50
100 001 bis 200 000 Mark	70	36	70	36	70	36
über 200 000 Mark	62	28	62	28	62	28
Steinbildhauerei						
bis 250 000 Mark	-	-	56	29	56	29
250 001 bis 500 000 Mark	60[2]	28[2]	48	19	48	22
über 500 000 Mark	49[3]	18[3]	44	19	44	19

Stukkateurgewerbe *bis 200 000 Mark* *200 001 bis 500 000 Mark* *über 500 000 Mark*	 72 53 44	 42 24 17	 72 53 44	 42 24 17	 72 53 44	 42 24 17
Zimmerei *bis 250 000 Mark* *250 001 bis 500 000 Mark* *über 500 000 Mark*	 57 44 37	 29 18 14	 57 44 37	 29 18 14	 57 44 37	 29 18 14
Handel						
Buchhandlung	29	9	29	9	29	9
Büroartikel	32	11	32	11	29	11
Drogerien *bis 300 000 Mark* *über 300 000 Mark*	 34 34	 13 9	 34 34	 13 9	 34 34	 13 9
Eisenwaren (Einzelhandel)	-	-	40	13	40	13
Elektrogeräte (Einzelhandel)	 39	 13	 39	 13	 39	 13
Fahrrad- und Mopedeinzelhandel (Verkauf und Reparatur)	34	14	34	14	31	13
Fisch-Einzelhandel	41	15	41	15	-	-
Foto-Einzelhandel *Anteil der Fotoarbeiten* *am Umsatz* *bis 40 Prozent* *über 40 Prozent*	 41 47	 12 14	 41 47	 12 14	 41 47	 12 14
Getränke-Einzelhandel	22	9	22	9	27	12
Handarbeitsbedarf (Einzelhandel)	43	11	43	11	40	13
Kfz-Zubehörhandel	-	-	31	9	31	9
Kunstgewerbe- und Geschenkartikel (Einzelhandel)	-	-	49	15	49	15
Lederwaren (Einzelhandel)	46	14	46	15	46	14
Tapeten, Farben, Fußbodenbeläge (Einzelhandel) *bis 200 000 Mark* *über 200 000 Mark*	 40 40	 19 12	 40 40	 19 12	 40 40	 19 12
Möbel	38	11	38	11	38	11
Lebensmittel	20	7	20	7	20	7
Obst, Gemüse	34	12	34	12	34	12

Parfümerie						
bis 300 000 Mark	44	16	44	16	44	16
über 300 000 Mark	44	9	44	9	44	9
Radio- und Fernsehgeräte	35	12	35	12	35	12
Reformwaren	32	9	32	9	32	9
Schreibwaren, Schul- und Büroartikel	32	11	32	11	29	11
Textilwaren, Oberbekleidung	40	13	40	13	40	13
Uhren, Schmuck	48	16	48	16	48	16
Zeitungen, Zeitschriften						
bis 60 Prozent Tabakwaren	18	8	18	8	21[4]	8[4]
über 60 Prozent Tabakwaren	15	6	15	6	-	-
Zoologischer Bedarf	-	-	43	13	43	13
Dienstleistungen						
Änderungsschneiderei	85	51	85	51	85	51
Café	68	14	68	14	70	14
Chemische Reinigung	-	23	-	23	-	26/ 18[5]
Druckerei						
bis 250 000 Mark	64	28	64	28	62	28
250 001 bis 500 000 Mark	51	18	51	18	54	21
über 500 000 Mark	47	13	47	13	47	16
Eisdielen	77	21	77	21	77	21
Fahrschulen						
bis 150 000 Mark	-	42	-	42	-	42
150 001 bis 300 000 Mark	-	37	-	37	-	37
über 300 000 Mark	-	29	-	29	-	29
Fotografen						
ohne Verkauf von Fotoartikeln	75	31	75	31	75	31
mit Verkauf von Fotoartikeln	66	21	66	21	66	21
Friseure						
bis 100 000 Mark	72	37	72	37	72	37
100 001 bis 200 000 Mark	59	27	59	27	59	27
über 200 000 Mark	54	21	54	21	54	21
Gebäudereinigung						
bis 150 000 Mark	85	54	85	54	85	54
150 001 bis 300 000 Mark	66	34	66	34	66	34
über 300 000 Mark	49	19	49	19	49	19
Imbiß	60	21	60	21	60	21

Pensionen *mit Restaurant* *nur Frühstück*	 83 -	 19 26	 80 -	 19 24	 - -	 15 27/ 20[5]
Raumausstatter *bis 300 000 Mark* *über 300 000 Mark*	 49 41	 25 16	 49 41	 25 16	 54[6] 39[7]	 31[6] 16[7]
Speditionen *bis 200 000 Mark* *über 200 000 Mark* *überwiegend Fernverkehr*	 56 48 41	 43 25 20	 56 48 41	 43 25 20	 56 48 41	 43 25 20
Trinkhalle, Kiosk *überwiegend Nahrungsmittel* *überwiegend Zeitungen/Zeitschriften*	 - -	 - -	 - -	 - -	 31 21	 13 8
Wäscherei *bis 300 000 Mark* *über 300 000 Mark*	 - -	 27 14	 - -	 27 14	 - -	 26 18

Angaben sind Durchschnittswerte in Prozent. **Nord:** Oberfinanzdirektionen Hannover, Hamburg, Bremen, Kiel. **West:** Oberfinanzdirektionen Köln, Düsseldorf und Münster. **Süd:** Oberfinanzdirektionen Stuttgart, Freiburg, Karlsruhe, München, Nürnberg, Frankfurt, Koblenz und Saarbrücken. **Rohgewinn** = Umsatz minus Materialeinsatz; **Reingewinn** = Gewinn vor Steuern.

[1] Keine Unterteilung nach Umsatzgrößen; [2] bis 400 000 Mark Umsatz; [3] über 400 000 Mark Umsatz; [4] überwiegend Verkauf von Zeitungen, Zeitschriften; [5] bis 200 000 Mark Umsatz/über 200 000 Mark Umsatz; [6] bis 250 000 Mark Umsatz; [7] über 250 000 Mark Umsatz. Strich (-): nicht erhoben; Orientierung in anderen Regionen.

(Quelle: amtliche Richtsatzsammlung)

Das sind Deine Argumente gegen mißtrauische Prüfer

Die sogenannte amtliche Gewinnrichtsatzsammlung ist die Bibel für den
630 Betriebsprüfer. Allerdings schleppen die Kontrolleure mittlerweile keine übersichtlich gedruckten Nachschlagewerke mit sich herum, sondern arbeiten mit dem Laptop. Firmenchefs tun gut daran, rechtzeitig vor dem Besuch des Steuerprüfers ihre Gewinnquote mit der Zahl in der amtlichen Tabelle

zu vergleichen. Am besten zusammen mit dem Steuerberater. Denn, was der Beamte selten verrät, der Gewinnsatz darf sehr wohl unter der amtlichen Richtzahl liegen – wenn es dafür plausible Gründe gibt.

Vorwurf: Firmen- Richtwerte klaffen auseinander
Gegenargument: Die allgemeine wirtschaftliche Lage ist schlecht. Und die amtlichen Richtsätze geben die aktuelle wirtschaftliche Lage nicht korrekt wieder. Immerhin sind die amtlichen Zahlen aus Prüfungen der Geschäftsjahre 1992/93 entstanden. Rat: Mit Branchenzahlen der Jahre 1993 bis 1996 kontern (liefern Verbände und Kammern).
Zusatz-Tip: Mit der Teilnahme an einem Branchenvergleich (zum Beispiel der Datev) verschafft sich die Firma zusätzliche Argumente für Abweichungen von den amtlichen Richtsätzen. Erfahrungsgemäß akzeptieren Prüfer spezielle Branchenvergleiche eher als pauschale Kennzahlen für Wirtschaftszweige (Handel, Handwerk, Industrie, Dienstleistung).

Vorwurf: Der Firmengewinn ist viel zu niedrig
Gegenargumente: Die Firma hat Fehler beim Einkauf gemacht – eine schlüssige Erklärung für schlechte Gewinne im Prüfungszeitraum. Auch Sonderverkäufe mit erheblich reduziertem Preis, eventuell sogar unter dem Einkaufspreis, muß der Prüfer als Beweis akzeptieren.

Vorwurf: Die Firma produziert zu hohe Kosten
Gegenargumente: Die Firma hat im geprüften Geschäftsjahr in Gebäude, Anlagen und Maschinen investiert, die Abschreibungen schlagen kräftig zu Buche, oder wegen drohender Garantieleistungen mußte das Unternehmen vorsichtshalber kostentreibende Rückstellungen in der Bilanz bilden.

Vorwurf: Die Preise sind zu knapp kalkuliert
Gegenargumente: Die Preise in der Branche sind in den letzten Monaten stetig gefallen. Um wettbewerbsfähig zu bleiben, mußte auch die Firma mit den Preisen deutlich runter. Damit dieses Argument zieht, unbedingt eigene Preisabzeichnungen, Änderungen auf Preislisten und Preise der Konkurrenz dokumentieren.

Vorwurf: Wertberichtigungen und Rückstellungen zu fett

Gegenargumente: Die Kunden zahlen schleppender als bisher, die Firma muß mit dem Ausfall von Forderungen rechnen. Deshalb ist das Aufstocken der pauschalen Wertberichtigung nötig. Außerdem hat die Firma Rückstellungen für Pensionszusagen an GmbH-Chef, mitarbeitende Familienangehörige und leitende Angestellte erstmals gebildet. Ebenso für Abfindungen an ausscheidende Mitarbeiter. Muß der Firmenchef Abteilungen oder Filialen schließen und Mitarbeiter kündigen, darf er entsprechende Rückstellungen für Abfindungen und Arbeitsgerichtsprozesse in die Bilanz einstellen. Beweis: Zahlungsziele, Forderungsausfälle und Inkassokosten nehmen seit Monaten stetig zu.

Kein Unternehmer sollte sich von den amtlichen Richtsätzen einschüchtern lassen. Das versuchen die Prüfer allzugern. Mein Rat: Die Zahlen des Steuerprüfers mit plausiblen Erklärungen aushebeln.

Tip bei einem Diebstahl:

Wenn dreiste Langfinger während einer Privatreise teure Kameras, Pelzmäntel oder ganze Koffer mitgehen lassen, winkt das Finanzamt grundsätzlich ab. Da ist es vorteilhafter, wenn die wertvollen Gegenstände auf Geschäftsreisen abhanden kommen. Klar, daß die Firma das Diebesgut – als Betriebsausgabe – ersetzt oder der Bestohlene den Schaden als Werbungskosten geltend macht.

Der Unternehmer, der sein Wohnmobil als Betriebsausgabe absetzen will, wird beim Finanzamt Pech haben.

Besser: PC, Mobiltelefon und Kopierer einbauen, schon steht der Ummeldung zum »Büromobil« nichts mehr im Wege.

Was kostet Dich der Steuerberater?

Üblich und auch von Gerichten bei Honorarstreit anerkannt ist der Mittelwert zwischen Mindest- und Höchstbetrag. Verlangt der Berater mehr, muß er dies gut begründen.

Einkommen oder Gewerbesteuererklärung

Einkommen/Gewerbeertrag[1]	Honorar	
	von/bis	Mittelwert
50 000	124/ 744	434
100 000	189/ 1134	662
250 000	264/ 1584	924
500 000	364/ 2183	1274
750 000	413/ 2480	1447
1 000 000	463/ 2779	1621
2 000 000	703/ 4219	2461
3 000 000	1423/ 8538	4981

Umsatzsteuererklärung

Jahresumsatz	Honorar	
	von/bis	Mittelwert
250 000	91/ 548	320
500 000	123/ 743	433
750 000	156/ 938	547
1 000 000	188/ 1133	661
2 500 000	264/ 2583	924
5 000 000	363/F2182	1273
10 000 000	463/ 2779	1621
30 000 000	943/ 5659	3301

Körperschaftssteuererklärung[2] (nur für GmbHs)

Einkommen[3]	Honorar	
	von/bis	Mittelwert
50 000	248/ 992	620
100 000	378/ 1512	945
250 000	528/ 2112	1320
500 000	728/ 2919	1819
750 000	827/ 3307	2067
1 000 000	926/ 3706	2316
2 000 000	1406/ 5626	3516
3 000 000	2846/11384	7115

Jahresabschluß (Bilanz und Guv-Rechnung		
Mittel-Bilanzsumme/Umsatz	Honorar	
	von/bis	Mittelwert
100 000	399/ 1436	918
250 000	646/ 2325	1486
500 000	935/ 3366	2151
750 000	1140/ 4104	2622
1 000 000	1272/ 4579	2926
2 000 000	1720/ 6192	3956
5 000 000	2625/ 9450	6038
10 000 000	3557/12805	8181

Angaben in Mark. [1]Ohne Abzug von Freibetrag (48 000 Mark) und Gewerbeverlusten; [2]ohne Erklärung zum verwendbaren Eigenkapital; [3]ohne Verlustabzug

(Quelle: *impulse*)

Wenn er Dir die Buchführung machen soll, mußt Du das Honorar mit ihm aushandeln. Er muß dann auch für deren Richtigkeit einstehen. Bei kleineren Betrieben oder Freiberuflern fallen etwa 500 DM dafür an, bei mittleren geht es bis zum Dreifachen hoch.

8. Vorsorge

Versicherungen arbeiten nach dem Eheprinzip: Großzügigkeit
in der Offerte; im Schadensfall möglichst kleinlich.
(Oliver Hassenkamp)

Für alle Lebenslagen abgesichert 631

Als Unternehmer bist Du durchaus bereit, ein geschäftliches Risiko einzugehen. Das muß aber nicht heißen, daß Du Dich und Deinen Betrieb allen Unwägbarkeiten des Lebens schutzlos ausliefern sollst. Denn merke: Eine selbständige Existenz birgt zwar in der Regel größere Chancen auf Ertrag als das Dasein als Angestellter – im Gegenzug aber auch ungleich mehr Verlustrisiken. Als Selbständiger solltest Du auf alle Fälle Deinen Vermögensaufbau und Deine Alterssicherung selber in die Hand nehmen. Aus diesen Gründen gehört das Thema Vorsorge zu den entscheidenden Gesichtspunkten, die Du bei Deiner Existenzgründung berücksichtigen mußt.

Trick

Nie mehr krank werden! Sich deshalb die teuren Krankenkassen ersparen!

Wenn Du als junger Unternehmer im Aufbau plötzlich krank und arbeitsunfähig wirst, dann wirft Dich das weit zurück. Kriegst Du ein chronisches Leiden, kann es Deinen Konkurs und das Aus für Deinen Traum von einem feinen Leben sein. Darum sorge vor: Alles hängt ab von Deiner bleibenden Gesundheit! Sichere sie Dir für immer!

Das ist der wichtigste Tip dieses Buchs für Dich:
Der gemeinnützige BUND FÜR GESUNDHEIT e.V., in 52525 Heinsberg, Talstr. 36, sendet den in den Verein eintretenden Mitgliedern als Mitgliedsleistung ohne zusätzliche Berechnung u.a. folgendes Werk zu: »URMEDI-
632 ZIN besiegt Krebs, Rheuma, chronische Leiden und Fettsucht und hält Dich für immer fit, schlank und gesund.«

Das ist das große Buch der sanften, klassischen Naturheilung, mit vielen farbigen Abbildungen und einem Sonderteil über die komplikationslose Naturgeburt mit allen erforderlichen Bildern und Anweisungen. Ein Werk, das für Noch-Gesunde zur wirksamen Krankheitsverhütung aber noch wertvoller ist!

Dieses große Werk zu besitzen – das sollte Dir Dein Leben und Deine Gesundheit wert sein!

Weil die meisten – wegen der vom Finanzamt abgezogenen zumutbaren Belastung – keinerlei Krankheitskosten steuerermäßigend geltend machen könnten, will ich Dir hier einen Ausgleich schaffen und zeigen, wie Du Auslagen für Krankheiten ganz vermeidest. Damit Du es nicht mehr nötig hast, zu Ärzten zu gehen und in Krankenhäusern zu liegen. Da dem Verein die Werbung für dieses Buch verboten wurde und ihm eine nähere, ins einzelne gehende Aufklärung über die Wirkungsweise der URMEDIZIN untersagt wurde – wenn Du die mächtige Lobby der Schulmedizin kennst, weißt Du, warum! –, kann er Dir leider nicht wie bisher näheres Informationsmaterial darüber zukommen lassen.

Aus diesem Grunde übernehme ich hier als Verfasser für ihn das Wort und frage: Wie blind bist Du eigentlich? Würdest Du einen Klempner, der Dir bereits vor Beginn seiner Tätigkeit erklärt, einen Rohrbruch nicht flicken zu können, bei Dir herumwerkeln lassen? Und ihn auch noch fürstlich für sein Nichtkönnen bezahlen, wenn er das Loch im Rohr am Ende nur vergrößert?

»Niemals«, sagst Du.

Soso: Nach Meinung der Wissenschaftler sind z.B. Krebs und Rheuma nicht heilbar. **Und doch läßt vielleicht gerade Du Dich als chronisch oder unheilbar Leidender von den Medizinern behandeln. Obgleich sie ihre Unfähigkeit dazu vorher öffentlich erklärt haben oder gegenüber den Kranken über angebliche Heilungsmöglichkeiten reden, wenn sie sich**

nur frühzeitig operieren, atombestrahlen oder kaputtchemotherapieren lassen.

Ja, ist es denn nicht ein Widersinn sondergleichen, sich als unheilbar oder chronisch Kranker von Menschen behandeln zu lassen, die genau wissen und es Dir auf Befragen sogar eingestehen, daß sie bei unheilbaren oder chronischen Krankheiten nicht helfen können? Die weder Krebs, Rheuma, Arthritis, multiple Sklerose, Fettleibigkeit, Verstopfung, Asthma oder Diabetes – ja nicht einmal einen einfachen Schnupfen mit ihren körperschädigenden Medizinen zu heilen vermögen …

Alle arbeiten nach der gleichen Methode: Hilfe für den ersten Augenschein, scheinbare Besserung, dann wieder das alte, später noch schlimmere Leid. Du solltest eines längst wissen: Nur Du allein kannst Dir helfen! Du bist selbst verantwortlich für Deine Gesundheit – schiebe es nicht länger auf andere ab. Natürlich haben die Ärzte auch ihr Gutes – wenn sie z.B. Unfallopfer zusammenflicken, Löcher in den Zähnen und Totenscheine ausfüllen oder Dich krank schreiben –, aber bei Krankheiten, besonders bei chronischen und unheilbaren, versagen ihre Methoden.

Und warum kann die bisherige Behandlung durch die Schulmedizin bei schweren Leiden nicht helfen?

- **Weil die Schulmediziner Krankheiten behandeln und nicht einen ganzen Menschen. Und sich nur darauf beschränken, bloße Krankheitswirkungen zu bekämpfen, nicht jedoch die wirklichen Ursachen des Leidens. Die aufzustöbern, dafür nehmen sie sich nicht die Zeit.**
- **Weil die Behandlungsformen der Schulmedizin vorsehen, Krankheiten zu bekämpfen. Mit Strahl und Stahl. Oder mit körperfremden, stets giftigen Stoffen, den chemischen Medikamenten. Da die Krankheit im Körper sitzt, wird dadurch der eigene Körper bekämpft!**
- **Weil die Ärzte, wie die meisten anderen Menschen auch, auf Profit bedacht und kaum daran interessiert sind, daß sich die Kranken selbst helfen. Das ist nur zu menschlich.**

»Rettung durch neue Technik bei Herzinfarkt!« – »Interferon wirkt Wunder bei Krebs!« – »Multiple Sklerose bald heilbar!« So lauten die Schlagzeilen. Nur zu gern wird der Eindruck erweckt, Gesundheit sei machbar.

Hoffnungen machen, das verkauft sich nun einmal besonders gut. Und obwohl wir es vom eigenen Leib her besser wissen, beeindrucken uns diese Töne derart stark, daß wir uns von übertriebenen Erwartungen leiten lassen und glauben, schon morgen könnten solche Wunder geschehen und übermorgen seien Kunstherzen über den Versandhandel bestellbar. So werden wir allmählich blind gegenüber der harten Wirklichkeit. Die aber sieht so aus: **Immer mehr Menschen leiden an chronischen Krankheiten, immer mehr sterben frühzeitig an Krebs, Herz- und Kreislaufleiden, mehr und mehr jüngere Leute werden von Rheuma, Asthma, Heuschnupfen, Allergien usw. befallen.** Binnen weniger Jahre stieg die Krebssterblichkeit von 20 auf 25 Prozent an! 96 Prozent aller Menschen bei uns begeben sich ständig in ärztliche Behandlung. Es wird endlich Zeit, daß Du Dir als Kranker sagst: **Je mehr die Ärzte an mir rummachen, desto kränker werde ich. Die stopfen mich nur voll mit Chemie!**
Erkennst Du denn nicht, wie die Chemie langsam, aber sicher unsere ganze Erde vernichtet und Dich mit? Wie kannst Du nur glauben, chemische Medikamente und radioaktive Bestrahlungen seien gut für Dich? Denke endlich selbst!

Migräne – Arthrose – Arthritis – Blutdruck – Fettsucht – Asthma – Magenleiden – Kreislauf – Herzleiden – Rheuma – Allergien – Neurodermitis – multiple Sklerose: schnellste Heilung!

Wie lange willst Du das noch mitmachen?

- Wie lange willst Du Dich noch mit nicht heilenden, sondern nur mit schädigenden Medikamenten behandeln lassen?
- Wie lange willst Du Dich noch mit Chemiespritzen vollpumpen lassen?
- Wie lange willst Du Dich noch von gewebezerstörenden Bestrahlungen kaputtmachen lassen?

Wann ziehst Du endlich mal die Natur und deren sanfte Heilweisen in Dein Kalkül? Den Weg zu ihr macht Dir die Zeitschrift »natürlich leben« leichter, die Du als weitere Leistung des Vereins regelmäßig kostenfrei zugesandt erhältst. Und an deren Redaktion Du alle Fragen zur Gesundheit richten kannst. Und die werden Dir so eindeutig beantwortet, daß Du zukünftig Krankheiten vergessen kannst. Allerdings: Die Urzeittherapie ist hart, die

URMEDIZIN anfangs widerlich und schwer einzunehmen – nichts also für Leute, die ihr Kranksein hätscheln oder an Geistheiler, Chemiedreck und Wunder glauben, oder an die zwar laufend angekündigten, aber stets bodenlos enttäuschenden neuen Heilmittel der Schulmedizin. Zudem mußt Du Dir die URMEDIZIN jeden Tag frisch aufbereiten, damit die Wirkstoffe ihre volle Lebenskraft in Dir entfalten können! Du hast davon nur deshalb noch nichts gehört, weil diese Behandlungsart totgeschwiegen wird – würde sie doch zu vielen das große Geschäft mit der Krankheit verderben. Der Verein nimmt für die URMEDIZIN nämlich keinen Pfennig! Aber: Du bekommst durch die URMEDIZIN einen so unheimlichen Schub an Immunstärke in Deinen Körper, Deine Abwehrkräfte werden derart stimuliert und auf Höchststand gebracht, daß Du plötzlich nie gekannte, völlig neue Lebensgeister in Dir entdeckst! Und zum Zahnarzt mußt Du auch nicht mehr!
Lieber Leser, Du kennst mich nun über ein paar hundert Seiten als wohl ziemlich klar denkenden Autor. Und der sagt Dir nur noch eines zu diesem Thema:
Nirgendwo bekommst Du für Dein Geld eine wertvollere Gegenleistung! Denn Du wirst nie mehr einen Arzt oder ein Krankenhaus wegen Deiner Krankheit nötig haben, wenn Du nicht wegen eines Unfalls dort eingeliefert wirst. Unschätzbar ist es aber, wenn Du das Buch liest, bevor Du an Krebs oder einem anderen Leiden erkrankst, operiert, bestrahlt oder mit Chemotherapie behandelt wirst.
Ich habe mich von meinem schweren Krebsleiden ohne Medikamente, ohne Ärzte und ohne Operation mit Hilfe der Grundsätze dieses Buchs vor Jahren selbst völlig gesund gemacht und bin heute im Alter dank der URMEDIZIN noch topfit. Und frei von allen Beschwerden oder Altersleiden.
Zögere deshalb nicht länger. Jeder Tag ist wichtig für Dich! Das alles geht ohne lange Formalitäten. Aufnahmeanträge oder gesonderte Bestellschreiben sind nicht nötig. Laut Satzung gilt die Einzahlung des einmaligen Aufnahmebeitrags von 58 Mark und des ersten Jahresmitgliedsbeitrags von 60 Mark (zusammen 118 Mark) als Eintritt.
(Was ist das für eine gewinnbringende Ausgabe für Dich, wo Du nun gleich die hohen Krankenversicherungskosten sparst – denn aus dieser Kasse kannst Du ab sofort austreten!)

Mit dieser Einzahlung ist gleichzeitig die umgehende Zusendung des Buches verbunden. Zahle nur auf das Konto 44 39 05-503 der Postbank Köln [BLZ 370 100 50] des BUND FÜR GESUNDHEIT e.V., 52525 Heinsberg, Talstr. 36. Wenn Du später die Vereinsziele nicht mehr vertreten willst, hält Dich keiner, und Du kannst für das Ende des zweiten Mitgliedsjahrs schon kündigen. Achte bei einer Überweisung dringend auf die vollständige Adresse! Schreibe sie nur in Blockbuchstaben und nur in das Feld »Verwendungszweck«, sonst kommt die Adresse beim Verein nicht an! (In der Spalte »Auftraggeber« genügt der Name.) Denk auch unbedingt daran, die Straße anzugeben! 10 Prozent vergessen sie, wie soll der Verein da liefern können? (Ebenfalls im Feld »Verwendungszweck« angeben!)
Fragen richte immer nur **schriftlich** an den Verein.

Das Buch bekommst Du nicht per Nachnahme oder Rechnung, weil der Verein keine Geschäfte macht und ohne Gewinnabsicht tätig ist und seine Mitglieder darüber hinaus auch auf ihrem Heilweg mit der laufend zugestellten, ebenfalls kostenlosen Vereinszeitschrift »Natürlich leben« (ca. 50–60 Seiten), an die Du alle Fragen zu Deinen Krankheiten stellen kannst, begleiten und betreuen möchte. (Bedenke hinsichtlich der Einzahlungshöhe, daß ein kleiner Verein kein großer Verlag ist, der wegen hoher Auflagen Bücher und Zeitschriften meist wesentlich günstiger drucken lassen kann. Was ist aber schon ein guter Hunderter, wenn er Dich von einem schweren Leiden befreit und Dir viele, viele Lebensjahre mit herrlich leichtem Wohlgefühl schenkt!)
Guter Rat: Statt Chemie, Spritzen und Operation reine Natur! Diesen unbezahlbaren Tip kriegst Du vorab: Mit zur URMEDIZIN gehört auch Heilerde, von der die meisten Kranken noch nie etwas gehört haben. Doch sie leistet wahre Wunder! Vor allem entgiftet sie Deinen Körper – eine Voraussetzung auch für Dich, bevor Du mit der URMEDIZIN beginnst. So brauchst Du in vielen Fällen schon mal nicht die Medikamentengifte zu schlucken, die Dich mit ihren unzähligen und unberechenbaren, Dich schädigenden und Dein Immunsystem zerstörenden Nebenwirkungen kaputtmachen. (Heilerde kriegst Du in jeder Apotheke oder im Reformhaus.)

Besonders hilft sie bei Morbus Crohn, Colitis ulcerosa, Strahlungscolitis, Blähsucht, Akne, Allergien, Amalgam- und Quecksilbervergiftung (durch Zahnfüllungen usw.), Dermatitis, Eisenmangel, Gallerückfluß, Gastritis, Mundgeruch, Magengeschwüren, Zwölffingerdarmgeschwüren, nässenden Wunden, Sonnenbrand, Verdauungsbeschwerden, Sodbrennen, Verstopfung, Entzündungen aller Art im Körper.

Und wenn Du gesund geworden bist: Ich würde mich freuen, wenn Du mir über den Erfolg mit der Heilerde und der URMEDIZIN ein paar Worte schreiben würdest – auch einem Schriftsteller tut ein Lob gut, wenn er mitgeholfen hat, daß ein angeblich unheilbar Kranker durch die wahre Naturheilkunde wieder völlig gesund wurde.

Und gib an alle Schwerkranken, die Du kennest, diesen unbezahlbaren Tip weiter: Hier ist ein Weg, auf dem Du Dich wieder ganz gesund machen kannst.

Solltest Du aber dennoch glauben, ohne Arzt nicht auskommen zu können, so wende Dich wenigstens an einen, der wirklich sanft heilen kann. (Merke: Hinter dem Schild »Naturheilverfahren« verbergen sich oft die schlimmsten Stümper!) Als Mitglied darf Dir der Verein die Seriösesten benennen.

Du erkennst: Die Krankenversicherung kannst Du jetzt sofort kündigen. Eine kleine, meist sehr billige Unfallversicherung genügt vollauf!

Das Zweitwichtigste: Sichere Dich gegen eine mögliche Pleite ab, an der Du selbst noch nicht einmal schuld sein mußt.

Wird ein großer Gläubiger von Dir zahlungsunfähig (denke an Dr. Schneider, der die Banken betrogen hat), dann verzichtet keiner Deiner Lieferanten deshalb auf seine Ansprüche an Dich. Du haftest dann, wenn Du keine GmbH hast, mit Deinem gesamten Privatvermögen (Wohnhaus, Sparguthaben usw.). 633

Guter Rat: Übertrage Dein Haus schenkungsweise auf Deine Eltern, Deinen Ehepartner oder sonstige Personen, zu denen Du absolutes Vertrauen hast. Deine Gläubiger kommen dann nicht an Dein Haus ran, wenn die Schenkung bezüglich der Ehefrau 2 Jahre und der übrigen Personen 1 Jahr zurückliegt.

Ehescheidungen können mit den weitreichenden finanziellen Folgen einen Selbständigen bis an den Rand des finanziellen Ruins bringen. Das gilt um so mehr, je höher die finanziellen Verpflichtungen sind, die noch zusätzlich zu den Finanzlasten aus der Ehescheidung, zum Beispiel für Fremdkredite zu Lasten des Betriebs, eingegangen wurden. Am besten ist es daher, wenn Du vor der Eheschließung entsprechende Vorkehrungen triffst und einen
634 notariellen Ehevertrag abschließt, der die finanziellen Belastungen für Dich im Falle einer Ehescheidung von vornherein begrenzt. Die bisher übliche
635 Gütertrennung ist heute aus erbschafts- und schenkungssteuerlichen Gesichtspunkten nicht mehr zeitgemäß. Vielmehr bietet sich heute in den
636 allermeisten Fällen die sog. modifizierte Zugewinngemeinschaft als optimaler Güterstand an. Damit kannst Du die ansonsten im Falle einer Ehescheidung obligatorische Teilung Deines Vermögens beschränken.
Die diesbezügliche Klausel könnte in dem Ehevertrag wie folgt lauten: »Wird der Güterstand auf andere Weise als durch den Tod eines Ehegatten beendet, so findet kein Zugewinnausgleich statt. Dies gilt auch für den vorzeitigen Zugewinnausgleich bei Getrenntleben.«

Ob in einer bestehenden Ehe ein solcher Vertrag durchsetzbar ist, hängt von den Argumenten ab, die vorgetragen werden – im wesentlichen aber von der Bereitschaft des Ehepartners, hier mitzuwirken. Die psychologischen Hürden dürften dabei in den meisten Fällen höher liegen als die wirtschaftliche Einsicht. Denn wer vermutet in einer bis dato gut geführten Ehe nicht Verrat, wenn plötzlich eine Veränderung des Güterstands angestrebt wird. Wenn aber absehbar ist, daß Du mit Deinem Geschäft ein Vermögen machen wirst, dann scheue nicht den Versuch, einen nachträglichen Ehevertrag mit Deinem Partner durchzusetzen. Biete für den Fall einer Scheidung eine angemessene Abfindung an, die selbstverständlich niedriger ist als bei einer hälftigen Teilung ohne Ehevertrag.

Tip

Ist Dein Ehepartner auch trotz angemessener Abfindung und Versorgung nicht bereit, einen Ehevertrag mit Dir abzuschließen, kannst Du als letztes Druckmittel mit der Scheidung drohen. Zwar findet dann eine Teilung des Vermögens statt, aber wenigstens zu einem Zeitpunkt, in dem Dein Vermögen noch nicht ganz so hoch ist wie bei einer möglichen Scheidung in 10 Jahren.

Der passende Versicherungsschutz für Deine Firma 637

Du kannst Dich nicht restlos gegen alle Unbill des Schicksals versichern. Das ist weder praktikabel noch rentabel. Es kann Dich jedoch Deine Existenz kosten, wenn Du unterversichert bist. Also gilt es, den optimalen Versicherungsmix für Deine Firma zu ermitteln.

Beispiel: Großbäcker Graubrot hat bei St. Florian keine guten Karten: Nach einem Kurzschluß brennt seine moderne Fertigungshalle bis auf die Grundmauern nieder. Graubrot sieht seine Existenz aber nicht gefährdet, denn schließlich zahlt seine Feuerversicherung prompt den Wert der Halle und aller Maschinen. Vorsichtige Schätzungen der Bauplaner ergeben jedoch, daß er frühestens in acht Monaten das nächste Brötchen verkaufen kann. Auf Graubrots Konto sieht es bald bedenklich aus – den regelmäßigen Abgängen stehen keine Einnahmen gegenüber. Eine sogenannte Betriebsunterbrechungs-Versicherung hat er leider nicht abgeschlossen. Nach sechs Monaten muß Graubrot Konkurs anmelden.

Gefahr erkannt – Gefahr gebannt

Bevor Du Dir überlegst, welche Versicherung Du für Deine Firma abschließt, mach Dir erst mal Gedanken darüber, welche Schäden überhaupt in Deinem Betrieb auftreten können und welche dieser Schäden für Dich existenzgefährdend werden, falls Du sie nicht versichert hast.

638 **Mögliche Risiken für Deinen Betrieb**

Gefahren für die Gebäude
- Feuer, Blitzschlag, Explosion
- Leitungswasser
- Sturm, Hagel

Gefahren für die Betriebseinrichtung
- Feuer, Explosion
- Vandalismus
- Leitungswasser
- Einbruchdiebstahl
- Glasbruch
- Sturm

Gefahren für den Warenbestand
- Feuer, Explosion
- Einbruchdiebstahl
- Leitungswasser
- Sturm
- Vandalismus
- Transport
- Verderb

Haftpflichtschäden
- aufgrund der Gründstückseigentümerhaftung
- oder Mieterhaftung
- durch Handlungen des Unternehmers und seiner Angestellten
- durch schadhafte Leistungen und Produkte
- aufgrund von Umweltverunreinigungen

Schäden durch Unterbrechung des Geschäftsbetriebs

- entgangener Umsatz/Gewinn plus weiterlaufende Kosten
- Mehrkosten durch Produktion auf Ersatzmaschinen
- Mehrkosten durch den Fremdbezug von Waren

Risiken selber mindern
Überlege Dir, welche Risiken in Deinem Betrieb gar nicht auftreten – etwa weil Du gar kein Warenlager hast. Dann grenze alle Risiken ein, die Du mit vertretbarem Aufwand selber tragen kannst. Überlege beispielsweise, ob Du einen bestimmten Zweig Deiner Produktion, der zwingend eine teure Gewässerschaden-Zusatzversicherung erfordert, überhaupt aufrechterhalten willst.
Ein Öltank auf Deinem Betriebsgelände ist eine potentielle Gefahrenquelle und macht ebenfalls eine teure Extraversicherung nötig. Rechne einmal durch, ob eine Umstellung auf Erdgas nicht auf lange Sicht günstiger für Dich kommt.

Die Grundversorgung 639

Wenn Du Risikobereiche derart aufgeschlüsselt hast, weißt Du, wogegen Du Dich und Deinen Betrieb zwingend versichern mußt. Zur notwendigen Versicherungs-Grundausstattung eines Unternehmens gehören in der Regel folgende Versicherungen:

Feuerversicherung 640

Sie ist für jeden Gewerbebetrieb unbedingt notwendig. Die Feuerversicherung deckt alle Schäden ab, die durch Brand, Explosion und Blitzschlag an Deinen Gebäuden, Deiner Betriebseinrichtung, Deinem Fuhrpark und Deinen Waren entstehen. Zusätzlich bezahlt die Assekuranz noch Kosten für die Lösch- und Aufräumarbeiten.

Leitungswasserversicherung 641

Sie bezahlt alle Schäden, die Dir durch Rohrbruch entstehen. Versichert sind Gebäude, Betriebseinrichtung und Waren. Die Leitungswasserversicherung zahlt auch bei Frostschäden, nicht jedoch bei Schäden durch Wasserdampf, Reinigungswasser und Sprinkleranlagen.

642 Sturmversicherung

Sie zahlt, wenn ein Sturm etwa das Dach abdeckt, oder einen Baum umwirft, der die Fassade beschädigt. Aufpassen: Im Vertrag ist eine Mindeststurmstärke festgeschrieben, ab der die Versicherung zahlt. Die sollte nicht zu hoch sein – Windstärken von 10 und höher kommen in Deutschland so gut wie nicht vor. Folglich werden alle Sturmschäden meist doch an Dir hängenbleiben.

643 Einbruchdiebstahlversicherung

Versichert sind alle Waren und Wertgegenstände in Verkaufs-, Lager- und Büroräumen. Die Assekuranz zahlt, wenn die Gegenstände geklaut, beschädigt oder vollständig zerstört wurden. Außerdem werden Einbruchschäden an Türen und Schlössern ersetzt.

644 Betriebsunterbrechungs-Versicherung

Diese Police gehört zu den wichtigsten! Sie ist meist an eine bestimmte Sachversicherung – etwa Feuer- oder Leitungswasserversicherung – gekoppelt. Die Versicherung wird tätig, wenn Dein Unternehmen aufgrund eines Versicherungsschadens eine Zwangspause einlegen muß und nicht produzieren kann.

Das ist etwa der Fall, wenn die Handwerker nach einem Wasserschaden Dein ganzes Büro auf den Kopf stellen und Du zwei Wochen lang nicht arbeiten kannst. In solchen Fällen ersetzt die Betriebsunterbrechungs-Versicherung die anfallenden Geschäftskosten und Deinen entgangenen Gewinn. Du wirst finanziell so gestellt, als wäre die Betriebsunterbrechung nie eingetreten.

645 Betriebshaftpflichtversicherung

Wer anderen direkt oder indirekt Schaden zufügt, muß dafür geradestehen – so lautet das Gesetz. Das gilt nicht nur für Privatleute – eine private Haftpflichtversicherung gehört zur persönlichen Mußausstattung –, sondern auch für Unternehmen. Die Betriebshaftpflichtversicherung zahlt, wenn Du als Unternehmer oder einer Deiner Angestellten während der betrieblichen Tätigkeit einem Dritten Schaden zufügst.

Beispiel: Der Gabelstaplerfahrer der Spedition Spurtreu paßt beim Rückwärtsfahren nicht auf und verletzt einen vorbeikommenden Kunden der Spedition. Dieser verklagt Spediteur Spurtreu als Firmeninhaber auf Schadenersatz – ein Fall für Spurtreus Betriebshaftpflicht, die die Sache regelt.

Produktionshaftpflichtversicherung 646

Bist Du Hersteller von Produkten, haftest Du auch für die Gefahren, die von Deiner Ware ausgehen. Die Produktionshaftpflichtversicherung ist eine Ergänzung der normalen betrieblichen Haftpflichtversicherung. Sie stellt Dein Unternehmen im vereinbarten Umfang von Schadenersatzansprüchen frei.

Umweltzusatzversicherungen 647

Sind auf Deinem Betriebsgelände besondere Umweltrisiken zu versichern – etwa ein großer Öltank, der im schlimmsten Fall Tausende Kubikmeter Erdreich verseuchen könnte –, reicht die normale Betriebshaftpflicht nicht aus. Dann solltest Du eine besondere Umweltzusatzversicherung abschließen.

Vorsicht vor Unterdeckung 648

Für alle Betriebsversicherungen gilt: Ihre Policen sind abhängig von bestimmten Größen. Das kann sein: Anzahl der Mitarbeiter, Größe des Geländes, Wert der Waren und Betriebseinrichtung, Deinem Jahresumsatz etc. Verändert sich Deine Vermögenssituation – wenn Du beispielsweise eine neue Maschine kaufst –, mußt Du dies der Versicherung mitteilen. Ansonsten wird im Schadensfall die Versicherung mit Recht monieren, daß Du unterversichert warst. Folge: Dein Versicherungsschutz wird gnadenlos zusammengestrichen.

Beispiel: Sanitärhändler Sorglos hat eine Feuerversicherung über 400000 Mark abgeschlossen. Im Laufe des Jahres erhöht sich sein Firmenwert jedoch auf 500 000 Mark. Sorglos macht der Feuerversicherung keine Mitteilung zahlt weiterhin die Prämie für die alte Summe. Als ein Feuer im Geschäft von Sorglos ausbricht – Schaden 300 000 Mark –, macht ihm die Versicherung folgende unschöne Rechnung auf:

Versicherungssumme: :	400 000 Mark
Wert des Geschäfts:	500 000 Mark
Unterversicherung:	20 Prozent
Schaden:	300 000 Mark
Entschädigung:	240 000 Mark
(Schaden minus 20 Prozent)	

Werde nicht nachlässig

Bei den Ökonomen heißt das Phänomen »moral hazard«. Gemeint ist, daß derjenige, der eine Fahrradversicherung abgeschlossen hat, sein Fahrrad nicht mehr so akkurat ankettet wie vorher – die Versicherung wird im schlimmsten Fall schon zahlen. Solch eine Leichtsinnigkeit kannst Du Dir nicht leisten, es sei denn, Du willst riskieren, daß Deine Versicherung Dir wegen grober Fahrlässigkeit die Ersatzleistung verweigert. Also sorge trotz Versicherungsschutz auch weiterhin für größtmögliche Sicherheit in Deinem Betrieb. Denn wenn Deine Versicherung Dir das Gegenteil beweisen kann, hast Du schlechte Karten.

»Spare in der Zeit, dann hast Du in der Not«, sagte der Mann,
sparte in der Zeit, und als die Not kam, war er tot.
(Harald R. Sattler)

649 Deine persönliche Absicherung

Angestellte haben es leicht: Wer einen Arbeitsvertrag in der Tasche hat, ist zwangsweise gegen die größten privaten Risiken abgesichert. Das ist bequem, weil man sich fortan keine Sorgen mehr machen muß, bei Krankheit, im Alter oder bei Arbeitslosigkeit zusammen mit Weib und Kind am Bettelstab zu landen.

Als Selbständiger bist Du es gewohnt, Risiken abzuwägen und Entscheidungen für Dich selbst zu treffen. Also überläßt Vater Staat Dir auch weitgehend Deine private Vorsorge. Vorteil: Du hast die freie Auswahl und kannst Dir selbst Dein passendes Vorsorgepaket schnüren. Nachteil: Wer hier patzt, muß im Extremfall zum Sozialamt. Erkenne daher die Schwachstellen in Deinem privatem Absicherungskonzept und sorge mit der richtigen Police vor.

Krankenversicherung 650

Als Selbständiger kannst Du wählen, ob Du in der gesetzlichen Krankenversicherung bleiben oder ob Du Dich privat versichern möchtest. Mit Halbwahrheiten von wegen »Privatpatienten zahlen mehr, dafür bekommen sie ein Krankenhauszimmer und Lachs zum Frühstück«, ist Dir bei der schwerwiegenden Entscheidung nach der richtigen Krankenkasse nicht geholfen. Was Du wissen mußt:

Gesetzliche Krankenversicherungen 651

Wenn Du als Existenzgründer vor Deinem Schritt ins Unternehmerleben in einer gesetzlichen Krankenkasse Mitglied warst, etwa der AOK oder der Barmer Ersatzkasse, darfst Du als Selbständiger weiterhin dabeibleiben – als freiwillig versichertes Mitglied. Das System der Gesetzlichen funktioniert nach dem Solidaritätsprinzip: Alle Mitglieder zahlen in den großen Topf, aus dem alle Ausgaben bezahlt werden. Bei der Bemessung der Beiträge spielen Alter, Geschlecht und Familienstand keine Rolle. Es zählt lediglich das Einkommen, von dem Du einen bestimmten Teil – derzeit etwa 13,5 Prozent – zahlen mußt.

Daß die Beiträge bei Mitgliedern mit hohen Einkommen nicht in den
Himmel steigen, dafür sorgt die Beitragsbemessungsgrenze: Wer mehr als 652
73 800 Mark (in den neuen Bundesländern 63 900 Mark) pro Jahr verdient (Werte für 1977), muß für die darüberliegenden Beträge nichts mehr berappen.

Eines ist klar: Bei den Gesetzlichen liegt der Komfort auf einer deutlich niedrigeren Stufe als bei den Privaten. Mehrbettzimmer im Krankenhaus,

keine Heilpraktikerbehandlung, »Kassengestelle« vom Optiker – das mußt Du als freiwilliges Mitglied einer gesetzlichen Krankenkasse in Kauf nehmen. Ihren Charme entwickeln die Gesetzlichen auf einem anderen Gebiet: Deine Frau und Deine Kinder etwa sind automatisch mitversichert – das kann bei einer Großfamilie ein echtes Argument für eine gesetzliche Krankenversicherung sein. Kassenpatienten bekommen überdies ab der sechsten Krankheitswoche den Verdienstausfall ersetzt – sogenanntes Krankengeld.
Wenn Du weiterhin Mitglied einer gesetzlichen Krankenkasse bleiben
653 möchtest, Dir aber doch ein wenig mehr Komfort behagt, kannst Du eine sogenannte private Zusatzversicherung abschließen. Damit wirst Du im Krankenhaus behandelt wie ein Privatpatient – also garantierte Unterbringung im Einzel- oder Zweibettzimmer plus Chefarztbehandlung.

654 **Private Krankenversicherungen**

655 Arbeiten die gesetzlichen Krankenkassen nach dem Solidarprinzip, so haben
656 sich die Privaten das Verursacherprinzip auf die Fahnen geschrieben – wer mehr kostet, muß auch mehr zahlen. Die Mitglieder werden nach Alter, Geschlecht und Gesundheitszustand unterschieden und in unterschiedliche Tarifgruppen aufgeteilt. Ein 25jähriger kerngesunder Mann, so die Erfahrung der Versicherer, wird selten krank und kostet dementsprechend weniger. Er wird in eine Tarifklasse mit eher niedrigem Beitrag eingestuft.
Ältere Versicherte dagegen werden von der Versicherung richtig zur Kasse gebeten. Die Taktik für Privatversicherte muß daher lauten: In der Jugend, wenn die Beiträge niedrig sind, Reserven ansammeln und im Alter damit die hohen Beiträge bezahlen. Oder den Trick von Rz 631 nutzen, und mit der Urmedizin kein Krankheitsrisiko mehr eingehen. Und sich so eine Krankenversicherung ersparen.
In Sachen Tarif haben die Privaten gegenüber der gesetzlichen Konkurrenz einen echten Pluspunkt: Wie bei der Kaskoversicherung Deines Autos
657 kannst Du auch bei der Krankenversicherung eine Selbstbeteiligung vereinbaren. Der Eigenanteil – beispielsweise 1500 Mark – ist die Summe, die Du pro Jahr für Krankenbehandlung bezahlst, bevor die Versicherung in die Pflicht genommen wird. Im Gegenzug reduziert die Gesellschaft Deine Police deutlich. Dein Vorteil liegt auf der Hand: In Jahren, in denen Du nicht krank wirst, zahlst Du lediglich den niedrigen Tarif.

Wo Licht ist, ist auch Schatten: Das marktwirtschaftliche System der Privaten läßt potentielle »Problemkunden« wie Kranke, Senioren und auch junge Frauen im Regen stehen – sie zahlen immens hohe Beiträge. Krankengeld zahlen die Privaten ebenfalls nicht – dafür brauchst Du eine Zusatzversicherung.

Die richtige Kasse für Dich

Welche Kasse für Dich nun letztendlich günstiger ist, hängt also von vielen Faktoren ab. Bist Du der Meinung, der Wechsel zu einer privaten Krankenkasse sei für Dich von Vorteil, laß Dich erst noch einmal von Deiner gesetzlichen Krankenkasse gründlich beraten. Ganz wichtig: Auf keinen Fall kündige bei der gesetzlichen Krankenkasse, bevor Du nicht den Anschlußvertrag der privaten Kasse in der Tasche hast.

Die Auswahl aus den unterschiedlichen privaten Krankenkassen ist auch 658
eher knifflig. Erste Vergleichsgröße ist natürlich der Tarif, den Du in Deiner jeweiligen Tarifgruppe zu zahlen hättest. Aber Vorsicht vor Discount-Tarifen, mit denen manche Kassen den gesamten Markt unterbieten. Denn: Du willst von Deiner zukünftigen Kasse ja auch ordentliche Leistungen bekommen.

Drei Fragen helfen Dir meist weiter:

1. Zahlt die Kasse auch Arzt- und Heilpraktikerhonorare, die über der Gebührenordnung liegen?
2. Wieviel zahlt die Kasse bei Brillen, Hörgeräten und Kontaktlinsen dazu?
3. Was zahlt die Kasse bei zahn- und kieferorthopädischen Behandlungen dazu?

Krankentagegeldversicherung 659

Drei Wochen im Krankenhaus – das heißt für Dich als Existenzgründer: Drei Wochen keine Einnahmen. Diesem Risiko kannst Du mit einer Krankentagegeldversicherung begegnen. Dann zahlt die Versicherung den Verdienstausfall, den Du durch Deine erzwungene Untätigkeit erleidest. Die

Zahlungen entsprechen in etwa Deinem entgangenem Nettoverdienst. Darum denke unbedingt daran, die Versicherungssumme regelmäßig Deinem – hoffentlich stetig wachsenden – Lebensstandard anzupassen.

Guter Rat:
Krankheit kann Dich als Selbständiger geschäftlich schwer zurückwerfen – bei längerer Dauer sogar ruinieren. Merke: Du darfst und kannst Dir kein Kranksein erlauben! Keine noch so gute Krankenversicherung schützt Dich davor.

660 Reicht die Pflegeversicherung?

Auch als Selbständiger hast Du keine Chance, der Blümschen Pflegeversicherung zu entkommen. Ob freiwillig bei einer gesetzlichen Krankenkasse oder privat versichert – zahlen mußt Du auf jeden Fall. Die Höhe der Beiträge richtet sich, wie bei der Krankenversicherung, nach dem Bruttogehalt – derzeit 1,7 Prozent. Wer mehr als die Beitragsbemessungsgrundlage von 6150/5325 Mark (West/Ost) verdient, muß auf die darüber hinausgehenden Beträge keine Abgabe entrichten.
Doch bedenke: Auch die Pflegeversicherung zahlt nicht alles. Unterbringungs- und Verpflegungskosten eines Altenheims etwa mußt Du nach wie vor selber aufbringen. Das kann jeden Monat in die Tausende gehen. Für diesen Fall bieten verschiedene Versicherungen Extrapolicen an, die je nach Tarifvariante im Pflegefall ein zusätzliches Tagegeld von bis zu 100 Mark auszahlen.

661 Berufsunfähigkeitsversicherung

Man soll ja nicht den Teufel an die Wand malen, aber passieren kann immer was: Ein Unfall, eine schwere Krankheit mit Folgeschäden – und Du kannst nicht mehr arbeiten. Verlaß Dich nicht auf staatliche Unterstützung. Selbst wenn Du noch in die gesetzliche Rentenversicherung einbezahlst, erhältst

Du als Selbständiger nur eine ausgesprochen schmale Versorgung. Sichere Dich mit einer Berufsunfähigkeitsversicherung ab.
Die Höhe der Beiträge richtet sich danach, wie hoch die eventuelle Rentenleistung sein soll – sie sollte mindestens Deine Lebenshaltungskosten abdecken – und ab welchem Invaliditätsgrad die Rente fällig wird.
Ganz wichtig: Wenn Du Dich gegen Berufsunfähigkeit richtig absichern möchtest, reicht eine Unfallversicherung nicht aus. Die zahlt – wie der Name 662
schon sagt – nämlich nur, wenn Du wegen eines Unfalls nicht mehr arbeiten kannst. Im Krankheitsfall hingegen – etwa bei einem Schlaganfall – bekommst Du keinen Pfennig.

Laufe nicht herum und behaupte, die Welt schulde Dir den Lebensunterhalt. Sie ist Dir nichts schuldig. Sie war zuerst da.
(Mark Twain)

Genug Geld im Ruhestand 663

Im Alter kürzer treten? – Schrecklicher Gedanke. Wer will schon Gefahr laufen, nach einem Leben voll harter Arbeit im wohlverdienten Ruhestand plötzlich zu merken, daß das Geld nicht reicht. Hast Du erst einmal die 60er überschritten, ist es zu spät: Dann kannst Du die Höhe Deines Einkommens nicht mehr beeinflussen – den Grundstein dafür mußt Du in früheren Jahren legen.
Daß man mit der gesetzlichen Rentenversicherung allein keinesfalls in Ruhe alt werden kann, müßte inzwischen auch dem letzten klargeworden sein. Also: Erkenne Deine Versorgungslücken und baue von Anfang an fürs Alter vor.

Beispiel: Gebrauchtwagenhändler Gründlich will mit spätestens 65 seinen wohlverdienten Ruhestand antreten – die eine Hälfte des Jahres auf Mallorca, die andere Hälfte daheim. Dafür, so kalkuliert er, benötigt er mindestens 3500 Mark im Monat. Seine Bestandsaufnahme ergibt jedoch, daß er aus der gesetzlichen Rentenversicherung und einer abgeschlossenen Kapital-Lebensversicherung lediglich rund 2900 Mark zu erwarten hat. Gründlich entschließt sich, eine zusätzliche private Rentenversicherung abzuschließen, die ihm ab dem 65. Geburtstag monatlich 600 Mark auszahlt.

664 Erkenne vorzeitig Versorgunslücken bei Dir

Ein unbestimmtes Gefühl, daß das Geld im Alter eventuell nicht reichen könnte, ist nicht Grund genug, eine teure Versicherung abzuschließen. Du mußt auf Mark und Pfennig ermitteln, ob Deine Altersvorsorge schon für den angestrebten Lebensabend auf Mallorca reicht – oder ob Du mit dem Sauerland vorliebnehmen mußt.
So ermittelst Du Deine Versorgungslücke:

1. Was Du brauchst

Gewünschtes Einkommen im Ruhestand

Dein Einkommen im Alter muß nicht genauso hoch sein, wie es heute ist: Dein Haus ist abbezahlt, die Ausbildung der Kinder ist abgeschlossen. Faustregel: 80 bis 90 Prozent Deines jetzigen Nettoeinkommens reichen im Ruhestand. Doch bedenke: Natürlich ändert sich Dein Nettoeinkommen bis zum Ruhestand. Deswegen mußt Du alle paar Jahre die Bedarfsrechnung wiederholen – schließlich willst Du ja Deinen aktuellen Lebensstandard sichern – nicht den vor 30 Jahren!

2. Was Du bekommst

665 Gesetzliche Rente

Eines steht in Sachen Rentenanspruch fest: Nichts ist sicher. Immer weniger Beitragszahler müssen in Zukunft immer mehr Rentenempfänger finanzieren. Logische Folge: Trotz aller gegenteiligen Beteuerungen der Politik sind die Renten durchaus in Gefahr.
Nicht zuletzt deswegen ist es ausgesprochen schwierig, einen genauen Überblick zu bekommen, wieviel Geld Du bei gleichbleibenden Beitragszahlungen ab Deinem 65. Geburtstag monatlich von der Bundesversiche-

rungsanstalt in Berlin wirklich bekommen wirst. Die Rentenbenachrichtigungen, die die BfA verschickt, kannst Du allerdings von Deinem Versicherungsmakler hochrechnen lassen. Dann erhältst Du einen ungefähren Richtwert.

Lebensversicherung 666

Wenn Du eine Lebensversicherung abgeschlossen hast, die zu Beginn Deines Ruhestands fällig wird, kannst Du das auf zweierlei Arten miteinrechnen: Entweder nur die geschätzten jährlichen Zinserträge (Faustregel: 6 Prozent) aus der Versicherungssumme, oder, wenn Du das ganze Geld aufzehren möchtest, ein Zwanzigstel der Versicherungssumme (Faustregel) als jährliches Einkommen.

Private Rentenversicherung 667

Regelmäßige, garantierte Erträge aus einer privaten Rentenversicherung kannst Du als feste Größe in Deine Rechnung mit einbeziehen.

Die Vorteile einer Schweizer Lebens- oder Kapitalversicherung:
Wenn deutsche Versicherungsauszahlungen wegen der immer höher werdenden Staatsverschuldung wahrscheinlich später mal versteuert werden, dann ist es schon zu überlegen, ob man sich nicht auch oder nur bei einer ausländischen Gesellschaft versichern läßt. Besonders in solchen Ländern, wo keine Währungsreform droht, wo – wie 1948 bei uns – die Versicherungen plötzlich nur noch mit 10 Prozent ihres Wertes ausbezahlt werden und wo für Lebensversicherungen keine Steuerabzüge im Gespräch sind. Und auch an dem kommenden Euro. Wenn der die Mark ins Loch fallen läßt, behält der Schweizer Franken weiterhin seinen Wert und Du bist fein raus.

»Ich höre aber von Freunden, die bei Versicherungsgesellschaften in Basel und Zürich ihr Geld für eine Police loswerden wollten, daß man sie dort kühl und höflich abgewiesen habe.« – Nun ja, so etwas muß man schon diskret anfangen. Zudem brauchst Du vor einem Abschluß beste persönliche Beratung. Damit halten sich die Gesellschaften nicht gern auf, zumal sich herausgestellt hat, daß 90 Prozent der Anfragenden am Ende doch nicht abschließen, weil sie kleinlich auf ein paar Mark Mehrprofit bei einer deutschen Versicherung starren.

Falls Dich das Nachfolgende ernsthaft interessieren sollte, so magst Du Dich an meinen Vertrauensmann in der Schweiz per Brief mit Rückporto (3 internationale Antwortscheine) und der Bitte um Weiterleitung zwecks eines ausführlichen Angebots einer der besten und angesehensten Versicherungsgesellschaften der Schweiz nebst eingehender Beratung an folgende Kontaktadresse wenden:

IGZZN, Postfach 71, CH-7513 Silvaplana.

Gib dabei an: Geburtsdatum, gewünschte Versicherungsart, Versicherungssumme, Versicherungsdauer und alles, was aufgrund der Folgenden Ausführungen für einen möglichen Abschluß wichtig ist.

Bist Du nicht flüssig genug, um zusätzlich eine schweizerische Lebensversicherung abzuschließen, dann stelle die währungsgefährdete deutsche ruhend. Decke den Risikoteil mit den gezahlten Prämien ab und zahle die Beiträge an eine schweizerische Versicherung weiter.

Die Vorteile der sfr-Versicherungsanlage

- Schweizer Lebensversicherungen unterstehen einer strengen staatlichen Aufsicht.
- Die Kapitalanlagen werden in Schweizer Franken, der traditionell stärksten Weltwährung, gehalten. So auch die Versicherungsleistungen.
- Eine schweizerische Lebensversicherung kannst Du wie eine Bank benutzen: Bis zu 90 % des Rückkaufwertes kannst Du jederzeit beleihen – und zwar am günstigsten direkt bei der Gesellschaft. Dabei sind die Zinssätze traditionell bedeutend niedriger als in der Bundesrepublik.
- Schweizerische Lebensversicherungen kennen ein einzigartiges Konkursprivileg: Sind Ehegatte oder Nachkommen begünstigt, so unterliegt der Versicherungsanspruch nicht einer Zwangsvollstreckung. Auch im Falle eines Konkurses gehen die Rechte automatisch auf die begünstigten

Personen über. Dieses einzigartige Privileg kann Dir helfen, Dein Vermögen zu erhalten.

- Die Auszahlung der Versicherungsleistung erfolgt im Erlebens- wie im Todesfalle steuerfrei – mitsamt sämtlichen angesammelten Gewinnanteilen.
- Auch bei der Auszahlung der Versicherung besteht keine Meldepflicht an eine schweizerische oder ausländische Steuerbehörde.
- Bei der schweizerischen Lebensversicherung gibt es keine Quellensteuer. Du erhältst die Erträge ohne jeden Abzug, also steuerfrei. (Bankzinsen unterliegen dagegen einer 35%igen Quellensteuer.)
- Die steuerfreie Lebensversicherung rentiert mit fast 5 % p.a. Eine andere Geldanlage, deren Erträge Du versteuern mußt, müßte also runde 10% pro Jahr einbringen, wenn Du nach Steuern dieselbe Nettoverzinsung erzielen wolltest. Und eine solche Geldanlage bei dieser einzigartigen Sicherheit gibt es nirgendwo.
- Die Versicherung zahlt Dir eine einmalige Kapitalsumme oder eine lebenslange Rente.
- Du kannst jederzeit (!) die Versicherungsgesellschaft anweisen, Dir Dein Guthaben in der Schweiz oder anderswo auszuzahlen.

Wisse: Das letzte wirkliche Schlupfloch, Dein Geld seriös und sicher in die Schweiz zu bringen und dort für Dich arbeiten zu lassen: eine Schweizer Lebensversicherung.

Guter Rat: Wenn es Dir um eine ganz preiswerte Lebensversicherung geht: Die absolute Spitze in der Preisgünstigkeit hält die Phoenix in London. Ein Versicherungsschutz von DM 1 000 000 kostet nur DM 2125 (5 Jahre), DM 2805 (10 Jahre) sowie DM 3205 (12 Jahre).

Beispiel: eine gemischte Kapitalversicherung über jeweils sfr 100 000,– Versicherungssumme. So sieht das Angebot der Schweiz in Jahresprämien aus:

Eintrittsalter	beabsichtigte Laufzeit = Vorgesehene Beitragszahlung	Jahresprämie	vorraussichtliche Auszahlung inkl. der steuerfreien Gewinnanteile
20	15	6032,90	131 295,–
20	30	2652,40	162 589,–
20	45	1678,10	193 883,–
30	15	6062,60	131 295,–
30	25	3371,70	152 178,–
30	35	2328,—	173 031,–
30	15	6192,90	131 295,–
40	25	3598,70	152 158,–
50	15	6576,60	131 295,–
50	20	5011,20	141 726,–
60	10	10694,40	160 864,–

Guter Rat: Wenn Du in der Schweiz Dein Geld anlegen willst, dann nur bei den über alle Zweifel erhabenen Großbanken. Das sind die Kantonalbanken, die Schweizer Bankgesellschaft, die Schweizer Kreditbank und der Schweizer Bankenverein.

Andere Einkünfte

Hierunter zählen alle anderen Einkommensarten wie Zinsen und Dividenden aus Kapitalvermögen und Mieten aus Immobilien.

368 **3. Deine Versorgungslücke**

Gewünschtes Einkommen im Ruhestand
– Gesetzliche Rente
– Lebensversicherung
– private Rentenversicherung
– andere Einkünfte

= Deine Versorgungslücke

In den meisten Fällen kommt hier unterm Strich ein positiver Betrag heraus. Das ist Deine Versorgungslücke, der Betrag also, für den Du noch Vorsorge treffen mußt.

Versorgungslücke schließen

Es gibt mannigfaltige Wege, finanzielle Vorsorge für das Alter zu treffen. Sie unterscheiden sich in Eckwerten: Sicherheit, Rendite, Verfügbarkeit, Kalkulierbarkeit, Steuerbehandlung.
Hier die wichtigsten Finanzpolster für den Ruhestand.

Tip

Vorsicht bei Goldverkäufen
Im Schnüffelbeamtenstaat Deutschland kannst Du es Dir nicht erlauben, größere Mengen an Gold zu kaufen oder zu verkaufen.
In letzter Zeit schreiben die Bankenprüfer des Finanzamts sich die Anschriften dieser Leute heraus.
Dann gibt es böse Nachforschungen darüber, woher Du das Geld zu dessen Kauf hattest usw.

Private Rentenversicherung 669
Arbeitet die öffentliche Rentenversicherung nach dem Solidaritätsprinzip – »Die Jungen zahlen für die Alten« –, dann halten es die privaten Rentenversicherer eher mit dem Einzelkämpferprinzip. Als Versicherter baust Du einen eigenen Kapitalstock auf; das Geld, was Du einzahlst, bekommst Du im Alter auf Heller und Pfennig wieder zurück – plus Zins und Zinseszins versteht sich.
Im Vertrag mit der Rentenversicherung vereinbarst Du den Zeitpunkt, ab dem Du Deine Rente beziehen möchtest, und die Höhe der monatlichen Raten, die Du zahlen willst. Die Versicherungsgesellschaft garantiert Dir eine Mindestrente, die Du ab Auszahlungszeitpunkt bis zum Ende Deines

Lebens erhältst. Mindestrente – das heißt, die Versicherung, die Deine eingezahlten Beträge auf dem Kapitalmarkt anlegt, wird Dir bei guter Ertragslage eine höhere Rente auszahlen. Wie für alle Anlagemodelle gilt auch hier: Je eher Du anfängst, einzuzahlen, desto höher fällt später Deine Rente aus.

> **Guter Rat:** Bei einer Schweizer Rentenversicherung kannst Du auch einen größeren Einmalbetrag einzahlen, etwa aus einer Erbschaft oder einem Lottogewinn. Da fallen die späteren Rentenzahlungen besonders günstig aus.

Falls Du keine Sondervereinbarung getroffen hast, erlischt Dein Rentenanspruch mit Deinem Tod. Deine Angehörigen erhalten keine Leistungen.

670 **Sonderwunsch Dynamisierung:** Willst Du Dich vor Inflation schützen, kannst Du Deine Beiträge in die Rentenkasse dynamisieren, also anpassen lassen. Dann erhöhen sich Deine Zahlungen Jahr für Jahr um einen gewissen Prozentsatz. Resultat: Im Ruhestand bekommst Du mehr Rente.

671 **Sonderwunsch Angehörigenabsicherung:** Im Vertrag mit Deiner privaten Rentenversicherung kannst Du vereinbaren, daß bei Deinem Tod die eingezahlten Beiträge, die noch nicht als monatliche Rente an Dich ausgeschüttet worden sind, an Deine Hinterbliebenen fließen. Im Gegenzug dafür mußt Du eine etwas niedrigere Rente in Kauf nehmen.

Sonderwunsch flexibler Startzeitpunkt: Als Selbständiger hast Du wahrscheinlich Probleme, exakt zu planen, wann genau Du in den Ruhestand gehen möchtest. Eine flexible Police läßt Dir die Wahl: Du kannst einige
672 Jahre vor dem vereinbarten Rentenbeginn die Auszahlungen beginnen lassen – in diesem Fall vermindert sich der monatliche Betrag natürlich. Ebenfalls hast Du die Möglichkeit, die Auszahlungen erst ein paar Jahre später zu starten und in dieser Zeit weiter Deine Beiträge zu zahlen – dann gibt es logischerweise mehr Rente.

673 **Lebensversicherung**

Wer sich zum 65. Geburtstag über einen Scheck in sechsstelliger Höhe freuen will, für den ist eine Lebensversicherung das Richtige. Für die meisten Selbständigen ist eine Lebensversicherung als Standbein für das Alter ein absolutes Muß. Lebensversicherungen erfüllen zwei Aufgaben: Neben der Vermögensbildung bist Du, beziehungsweise Deine Familie, während der Vertragslaufzeit abgesichert. Soll heißen: Stirbst Du, bekommen Deine Angehörigen eine festgelegte Summe ausgezahlt.

Den Vorteil einer deutschen Lebensversicherung macht bisher nicht zuletzt ihre Steuerfreundlichkeit aus. Von Vater Staat als respektables Werkzeug zur Vermögensbildung angesehen, genoß die Kapital-Lebensversicherung weitgehend Schonung durch das Finanzamt. Konkret: Die Erträge – also das, was Dein eingezahltes Kapital im Laufe der Jahre für Dich erwirtschaftet – blieben einkommensteuerfrei. Voraussetzung: Der Versicherungsvertrag lief mindestens 12 Jahre und der Todesfallschutz ist auf wenigstens 60 Prozent der Beitragssumme festgelegt.

Das allerdings kann sich in Zukunft schnell ändern.

Wie bei der privaten Rentenversicherung kannst Du Dir auch bei einer Kapital-Lebensversicherung nie ganz sicher sein, wieviel Geld schlußendlich rausspringt. Denn auch hier werden ja die Prämien auf dem Kapitalmarkt angelegt – und der ist ja bekanntlich schlecht kalkulierbar. So teilen die Versicherungsgesellschaften die Versicherungssumme in eine vertraglich garantierte Ausschüttung und einen sogenannten Überschußanteil.

Die Kosten der Versicherung werden zu einem Großteil dadurch bestimmt, wie hoch die Summe sein soll, die im Todesfall an Deine Angehörigen ausgezahlt werden soll: Je höher der Schutz, desto höher die Prämie. Singles, die niemanden zu versorgen haben, wählen deswegen einen möglichst niedrigen Todesfallschutz – aber Vorsicht: Sinkt diese Absicherung unter 60 Prozent der eingezahlten Beiträge, sind die Steuervorteile nach den bisherigen Bestimmungen dahin.

Sonderwunsch Flexibilität: Speziell für Dich als Existenzgründer ist es 674
gerade in den ersten Jahren nicht einfach, jeden Monat noch ein paar Hunderter für die Lebensversicherung lockerzumachen. Aus diesem Grund bieten einige Gesellschaften Policen mit steigenden Beiträgen an. In den ersten Jahren bleibt die Belastung erträglich und später, wenn Du Dich konsolidiert hast, zahlst Du mehr in die Versicherung ein.

675 Lebensversicherung contra private Rentenversicherung

676 **Rentenversicherung:**
- sorgt für ein sicheres Einkommen im Alter;
- zahlt das Geld in regelmäßigen Raten aus;
- eignet sich für Ältere oder schwer erkrankte Versicherungsnehmer – für sie ist eine Kapital-Lebensversicherung wegen des hohen Todesfallrisikos zu teuer;
- eingezahlte Beiträge gehen im Todesfall an die Versicherung – falls vertraglich nicht anders geregelt.

677 **Lebensversicherung:**
- baut Vermögen für das Alter auf;
- sichert durch den Todesfallrisikoschutz die Angehörigen mit ab;
- ist unter bestimmten Voraussetzungen – 12 Jahre Laufzeit und hohe Todesfallabsicherung – bisher ausgesprochen steuerattraktiv;
- zahlt in einer Summe aus; Problem der Anlage.

678 Andere Arten der Kapitalbildung

Neben den beiden klassischen Methoden der privaten Vorsorge – Kapital-Lebensversicherung und private Rentenversicherung – gibt es noch eine Vielzahl von Möglichkeiten, wie Du finanzielle Vorsorge fürs Alter treffen kannst. Damit kannst Du Deiner ganz persönlichen Ruhestandsplanung den letzten Schliff geben.

Spare in der Not, dann hast Du Zeit dazu
(Michael Wayand)

679 **Sparen**

Festzinssparen, Bonussparen, Sparplan mit Versicherungsschutz, Sparbrief und nicht zuletzt das gute alte Sparbuch – egal wie Du Dein Geld anlegst, merke Dir: Beim Sparen machst Du den schlechtesten und die Bank den besten Schnitt. Jeder Kundenberater wird Dir freudig einen langfristigen

Sparvertrag – am besten bis in den Ruhestand – verkaufen, denn: Für keine andere Anlage muß die Bank derart wenig Zinsen zahlen.
Die Kreditinstitute verteidigen sich, indem sie an das Sicherheitsbedürfnis ihrer Kunden appellieren. Das stimmt: Sparen ist 100prozentig sicher – was Du einzahlst, bekommst Du – plus der mickrigen Zinsen – auf Heller und Pfennig wieder zurück. Das ist bei der durchweg konservativen Anlagementalität der Deutschen immer noch das beste Verkaufsargument.
Du als Existenzgründer bist es jedoch gewohnt, ein kalkulierbares Risiko einzugehen, um größeren Ertrag zu erwirtschaften. Das soll nicht heißen, daß Du Dich auf Warentermingeschäfte mit Schweinehälften an der Chicagoer Börse stürzen sollst. Aber es gibt andere Wege, sicheres Vermögen für das Alter zu bilden, ohne der Bank via Sparvertrag billiges Geld in den Rachen zu werfen.

Festverzinsliche Wertpapiere 680

Anleihen, Bonds, Renten oder Obligationen: hinter all diesen Begriffen verbirgt sich jedoch dasselbe. Der Käufer der Papiere leiht dem Schuldner – das ist der, der die Festverzinslichen herausgibt – Geld. Dafür bekommt er Zinsen. Am Ende der Laufzeit der Anleihe bekommt der Anleger den Nennwert der Anleihe wieder zurückgezahlt.
Schuldverschreibungen von Banken, Großunternehmen und natürlich vom 681
Bund und den Ländern werfen im Gegensatz zu Sparanlagen einige Prozent mehr an Zinsen ab. Ob Du mit Bundesschatzbriefen allerdings völlig auf Nummer Sicher gehst, ist bei der wahnsinnigen Verschuldung der Bundesrepublik Deutschland zu bezweifeln.
Zusätzlich zu den Zinsen kannst Du als Obligations-Anleger auch von Kurssteigerungen Deines Papiers profitieren. Und das funktioniert so: Wenn der Marktzins sinkt – das passiert zum Beispiel dann, wenn die Bundesbank Diskont- und Lombardzinsen herabsetzt – dann steigen die Kurse der Anleihen. Das sieht zwar erst mal nicht so bombastisch aus, wenn die Anleihe von 101 auf 104 Prozent des Nennwerts steigt, kann aber schon ein paar Mark ausmachen:

Beispiel: Friedhelm Fröhlich kauft für 50 000 Mark 7,5-Prozent Schuldverschreibungen der Mercator-Bank zum Kurs von 100 Prozent. Sechs Monate später ist der Kapitalmarktzins erheblich gesunken – Fröhlichs Papiere notieren nun mit 105,5 Prozent. Würde er jetzt verkaufen, bekäme Fröhlich einen Erlös von 52 750 Mark gutgeschrieben – plus der Zinsen für ein halbes Jahr (1875 Mark).

Selbstverständlich kann der Schuß mit den Kursveränderungen auch gewaltig nach hinten losgehen. Dazu muß der Kapitalmarktzins nur steigen – und schon notieren Deine Papiere plötzlich 3 Prozentpunkte unter dem Kaufkurs. Dieses Kursrisiko kannst Du aber umgehen. Wenn Du die Schuldverschreibungen nämlich so lange behältst, bis sie vom Schuldner zurückgezahlt werden, bekommst Du auf jeden Fall 100 Prozent des Nennwerts aufs Konto überwiesen.

Ein anderes, wenn auch eher geringes Risiko besteht darin, daß der Schuldner der Anleihe plötzlich pleite geht und dem Anleger das Geld nicht mehr zurückzahlen kann. Bei bekannten Papieren ist das zwar relativ selten – davon können sich die Anleger des 1995 pleite gegangenen niederländischen Flugzeugbauers Fokker leider auch nichts kaufen. Die sitzen nämlich auf ihren unbezahlten Schuldverschreibungen.

Ein besonderer Vorteil der Bundesschätzchen: Als Anleger kannst Du Deine Bundeswertpapiere von der Bundesschuldenverwaltung kosten- und gebührenfrei verwahren lassen. Den Antrag auf Eröffnung eines sogenannten Schuldbuchkontos gibt es bei Deiner Hausbank.

682 Aktien

Aktionäre sind dumm und unverschämt, heißt es. Dumm, weil sie Aktien kaufen, und unverschämt, weil sie noch Dividende haben wollen. Ganz so ist es natürlich nicht, allerdings scheinen in Deutschland zumindest viele Anleger diesen Spruch im Hinterkopf zu haben: Die Deutschen sind nämlich ausgesprochene Aktienmuffel. Die Angst vor eventuellen Kursverlusten läßt die Anleger die enormen Gewinnchancen, die in Aktien stecken, vergessen. Für Deine Altersvorsorge ist es nun natürlich nicht unbedingt empfehlenswert, daß Du mit Deinem gesamten Kapital an der Aktienbörse zockst. 10 bis 20 Prozent des Gesamtportefolios kannst Du aber ruhig in Unternehmens-

anteile stecken. Und dabei ist es auch gar nicht mal nötig, daß Du von nun ab tagtäglich den Kursteil der Tageszeitung studieren, neu kaufen, abstoßen, zittern und bangen mußt.
Börsenguru André Kostolany hat einmal sein Rezept verraten, um auf lange Sicht mit Aktien reich zu werden: »Kaufen und vergessen.« Soll heißen: Auch wenn das Papier nicht sofort gewaltige Kursgewinne verspricht – in 5 oder 10 Jahren kann das schon ganz anders aussehen.
Was Du auf jeden Fall über Aktien wissen solltest:
Jeder Aktionär, also Besitzer von Aktien, ist Teilhaber am Grundkapital und damit Miteigentümer am Unternehmen. Das ist auch der gewaltige Unterschied zu den festverzinslichen Wertpapieren. Bei ihnen sind die Anleger Gläubiger des Unternehmens. Soll heißen: Der Aktionär hat im Gegensatz zum Besitzer von Obligationen keinen Anspruch darauf, das eingesetzte Geld vom Unternehmen wieder zurückgezahlt zu bekommen. Aktien können lediglich über die Börse wieder zu Geld gemacht werden.
Aktien bieten den Anlegern zweierlei Möglichkeiten, Geld zu verdienen. Zum einen die Dividendenausschüttung. Das ist der Anteil des Unternehmensgewinns, der pro Aktie ausgeschüttet wird. In guten Jahren bedeutet das für den Aktionär einen warmen Geldsegen – wenn es der Firma im abgeschlossenen Geschäftsjahr aber schlecht ergangen ist, muß sie auch keine Dividende zahlen.
Viel wichtiger als die Dividende – die selten mehr als 5 Prozent ausmacht – ist die Wertsteigerung der Aktie für den Anleger. Schreibt das Unternehmen fleißig schwarze Zahlen, wachsen Umsatz und Mitarbeiterzahlen, wird im Ausland expandiert, dann belohnt die Börse dies durch höhere Aktienkurse.

Beispiel: Friedhelm Fröhlich hat vor 10 Jahren Aktien der Globus AG gekauft, Kurswert damals 240 Mark. Heute verkauft er die Papiere zum stolzen Preis von 420 Mark. Hinzu kommen insgesamt 75 Mark, die Fröhlich insgesamt an Dividenden kassiert hat. Resultat: Die langfristige Aktienstrategie hat sein Kapital mehr als verdoppelt.

Genußscheine 683

Genüsse sind eine ausgesprochen erfreuliche Zwitterkonstruktion zwischen Aktie und Anleihe. Es gibt sie in erstaunlicher Ausstattungsvielfalt. Anleger wie Du, die an einer sicheren Altersvorsorge interessiert sind, sollten sich an die sogenannten rentenähnlichen Genußscheine halten. Das sind Papiere, die dem Anleger eine feste jährliche Ausschüttung in Prozent des Nennwerts garantieren. Diese Verzinsung – und das macht den Charme eines Genußscheins aus – liegt meist gut 1 bis 2 Punkte über dem marktüblichen Zins. Leider hat die Medaille auch eine unschöne Seite. Im Gegensatz zum Besitzer einer Anleihe ist der Genußscheininhaber auch an den Verlusten des Unternehmens beteiligt. Das heißt: Hatte die Firma ein schlechtes Jahr, fällt die Ausschüttung – genau wie die Dividende – einfach weg. Außerdem stehen die Inhaber von Genußscheinen im Falle eines Unternehmenszusammenbruchs ganz weit hinten in der Schlange der Gläubiger. Erst wenn der letzte Besitzer einer Anleihe und der letzte Darlehensgeber befriedigt von dannen zieht, dürfen auch die Besitzer von Genüssen versuchen, an Geld zu kommen.

684 **Wertpapierfonds**

Was Experten besser und kompetenter erledigen können, solltest Du auch von Experten für Dich machen lassen. Diese Strategie steckt hinter der Idee der Investmentfonds.

685 Das Prinzip ist ganz einfach: In einem Investmentfonds bündelt eine Kapitalanlagegesellschaft die Gelder vieler Anleger. Von diesem Fondskapital werden je nach Fondsstruktur Wertpapiere, Immobilien oder Beteiligungen gekauft. Die Fonds – also die Geldtöpfe – werden von professionellen Händlern verwaltet, die durch kluge Anlagestrategie sowie geschicktes Kaufen und Verkaufen meist eine ansehnliche Rendite erzielen. Welcher Fonds nun genau welche Werte kauft und was er in den vergangenen Jahren damit verdient hat, das kannst Du im Verkaufsprospekt erfahren.

Zum langfristigen Vermögensaufbau empfiehlt sich für Dich ein sogenann-
686 ter Fondssparplan. Das Prinzip: Du zahlst jeden Monat eine festgelegte Summe an die Investmentgesellschaft. Von dem Geld werden Anteile an einem von Dir bestimmten Fonds gekauft. Die Gewinne, die der Fonds erwirtschaftet, werden nicht an Dich ausgeschüttet, sondern direkt wieder für Dich in neuen Anteilen angelegt. Dabei bekommst Du einen speziellen Wiederanlagerabatt, der meist einige Prozentpunkte unter dem regulären Ausgabepreis der Fondsanteile liegt. Wenn Dein Sparplan fällig wird, wer-

den alle angesammelten Anteile zum aktuellen Kurs verkauft, und das Geld bekommst Du auf Dein Konto überwiesen.
In was für einen Fonds Du Dein Geld anlegst, das ist Sache Deiner ganz persönlichen Risikomentalität: Aktienfonds können bei guter Börsenlage ansehnliche Gewinne erwirtschaften, in flauen Zeiten aber auch schon mal ein Drittel ihres Werts einbüßen. Rentenfonds hingegen legen in konservativen festverzinslichen Wertpapieren an – sie schwanken weniger im Kurs, werfen dafür in der Regel aber auch nicht so viel Rendite ab.
Dein Vorteil: Im Gegensatz zur direkten Anlage in Wertpapieren, wo Du Dich um den Kauf von neuen Papieren und die Anlage von ausgeschütteten Gewinnen selber kümmern mußt, geht bei einem Fondssparplan alles automatisch: Dein Geld wird in Wertpapieren angelegt, ohne daß Du Dich darum kümmern mußt.
Doch bedenke: Als langfristiges Mittel zur Kapitalbildung sind Wertpapierfonds ein probates Mittel – allerdings eignen sie sich nicht dazu, das schnelle Geld zu machen. Auf jeden Anteil, den Du kaufst, schlägt die Investmentgesellschaft einen sogenannten Ausgabeaufschlag auf – der kann bis zu 5 Prozent betragen. Diese Provision mußt Du erst wieder herauswirtschaften. Faustregel: Fünf Jahre mindestens solltest Du einen Fondsanteil schon im Depot halten, damit es sich richtig rentiert.

Noch mal zum Thema Risiko

Bei der Vermögensanlage gibt es eine ganz einfache Gleichung: Je sicherer 687
Du Deinen Spargroschen anlegen willst, desto weniger Rendite erzielst Du. Je mehr Du bereit bist, ein Risiko einzugehen, also eventuell einen Teil oder gar Deine gesamte Einlage zu verlieren, desto höher wird die erwartete Rendite Deiner Anlage.

Beispiel: Volker Vorsicht will in Sachen Vermögensbildung auf Nummer Sicher gehen. Er kauft sich für 40 000 Mark fünfjährige Bundesobligationen, die Jahr für Jahr einen garantierten Zins von 6 Prozent ausschütten. In fünf Jahren, so weiß er jetzt schon, wird er all sein eingesetztes Geld zurückerhalten – plus 12 000 Mark Zinseinnahmen.
Matthias Mutig will sich mit mageren 6 Prozent nicht zufriedengeben. Er kauft für 40 000 Mark Aktien und hofft auf eine langfristige Wertsteige-

rung. Und in der Tat: Fünf Jahre später ist Mutigs Depot 70 000 Mark wert.
Zacharias Zocker scheut sich auch nicht vor den größten Risiken. Mit Warentermingeschäften und Optionsscheinen – so hofft er – will er in fünf Jahren aus 40 000 Mark ein halbe Millionen machen. Doch nach einigen Anfangserfolgen erleidet er im zweiten Jahr einen Totalverlust mit Optionen auf Schweinebäuche an der Chicagoer Terminbörse – die Alterssicherung ist dahin.

Die Risiken der Kapitalanlage

Je nach Art Deiner Anlage mußt Du darauf gefaßt sein, unterschiedliche Risiken auf Dich zu nehmen. Die folgende Auflistung zeigt Dir die häufigsten Risiken. Prüfe, welchen Risiken Deine Kapitalanlage unterworfen ist und entscheide Dich, ob Du bereit bist, sie in Kauf zu nehmen.

688 Konjunkturrisiko

Die Gefahr, durch miese allgemeine Wirtschaftslage Kursverluste zu erleiden. Denn: Wenn's allen schlechtgeht, dann sinken auch Deine Aktien.

689 Inflationsrisiko

Das ist die Gefahr, daß Deine Anlage durch die Geldentwertung schneller an Wert verliert, als sie durch die Rendite an Wert dazugewinnt. Einfachstes Beispiel für einen Inflationsverlust ist das gute alte Sparbuch: Wer hier sein sauer verdientes Geld zu 2,5 Prozent parkt, muß hoffen und beten, daß die Inflationsrate unter eben diesen 2,5 Prozent pro Jahr bleibt. Traurige Folge, wenn sie das nicht tut: Am Jahresende ist der Wert des Sparbuchs real gesunken.
Todsicher entkommt man dem Inflationsrisiko eigentlich nur durch zwei Strategien: Sachwerte kaufen (Immobilien, Gold, Antiquitäten); die werden durch Geldentwertung nicht betroffen.
Oder aber: ab mit dem Geld ins Ausland. Nur unterliegst Du bei einer Anlage in Dollar oder Schweizer Franken theoretisch auch einem Inflationsrisiko.

Länderrisiko 690

Das gibt es, wie der Name schon sagt, bei Auslandsanlagen – also etwa panamesische Goldminenaktien oder eine argentinische Staatsanleihe. Schlimm für den Anleger kann es allein schon deswegen werden, wenn der Staat von heute auf morgen seine Devisen bewirtschaftet und keine Zahlungen mehr ins Ausland zuläßt. Traurige Folge: Weder Zinsen noch Dividenden noch Rückzahlungen treffen auf dem heimischen Konto ein.
Welches Land ein »guter« Schuldner ist und welches Land sich weigern könnte, seinen Verpflichtungen nachzukommen, das kannst auch Du als Laie relativ schnell herausfinden. Professionelle Risikobewerter – sogenannte Rating-Agenturen – geben allen Ländern Noten. Angefangen mit »A« (sehr gut) bis »C« (Finger weg!). Die aktuellen Rating-Listen hat jede Bank vorrätig.

Währungsrisiko 691

Eine Unwägbarkeit, die gerade bei ausländischen Anleihen gern übersehen wird. Was nützt denn beispielsweise eine 14,5prozentige Anleihe in australischen Dollar, wenn der Kurs der Mark zum Austral-Dollar während der Anlagezeit so stark sinkt, daß der Besitzer des Hochprozenters plötzlich weniger rausbekommt, als er vorher hatte?
Vor Wechselkursrisiken kann man sich nicht schützen. Daher sollte der Anteil von Wertpapieren in ausländischer Währung nur einen kleinen Teil der Altersvorsorge ausmachen. Wer dennoch auf ein ausländisches Investment nicht gänzlich verzichten möchte, kann alternativ auf sogenannte DM-Auslandsanleihen zurückgreifen. Das sind Obligationen, die von fremden Staaten auf dem internationalen Kapitalmarkt ausgegeben werden, und zwar in Mark.

Versicherungen richtig managen 692

»Mehr Markt« – das altbewährte Rezept für eine funktionierende Wirtschaft – hat (wenn auch mit Verspätung) Eingang in die deutsche Versicherungslandschaft gefunden. Seit Mitte 1994 gelten die EU-Richtlinien für die Liberalisierung des Versicherungswesens auch für die Bundesrepublik.

Europäische Assekuranzen dürfen seitdem auf dem deutschen Markt anbieten. Wo ehedem der Staat die Bedingungen für Versicherungsbeträge kontrollierte, dürfen die Gesellschaften jetzt ihre Konditionen nach Lust und Laune festlegen.
Für Dich als Verbraucher ist mehr Marktwirtschaft im Versicherungsgeschäft von Vorteil – letztendlich werden sich die Leistungen verbessern. Doch aufgepaßt: Um aus dem unüberschaubaren Dschungel der Policen auszuwählen, brauchst Du Know-how und spitzen Bleistift – oder aber professionelle Hilfe.

Beispiel: Landschaftsgärtner Lieblich hat bei der Assekuranzia-Versicherung eine Krankentagegeld-Versicherung abgeschlossen. Bei Vertragsabschluß verspricht der Versicherungsvertreter Löblich, die kompletten Informationsunterlagen mit den genauen Versicherungsbedingungen zuzusenden. Als die drei Wochen später eintreffen, bemerkt Löblich beim Studium des Kleingedruckten, daß die Versicherung erst ab dem 20. Krankenhaustag zu zahlen beginnt – für Löblich unakzeptabel. Glücklicherweise weiß er, daß er gegen den Vertrag bis 12 Monate nach Abschluß Widerspruch einlegen kann, wenn bei Abschluß keine vollständigen Informationsunterlagen vorlagen. Die Versicherung wird rückgängig gemacht und Löblich erhält die bereits gezahlten Prämien zurück.

693 **Wie Dein Versicherungsvertrag aussehen muß**

Der Versicherungsmarkt ist zwar komplizierter geworden, auf der anderen Seite aber hat der Gesetzgeber eine ganze Reihe von Regelungen zugunsten der Verbraucher erlassen, die von den Assekuranzen beachtet werden müssen. Tun Sie dies nicht, sitzt Du als Versicherungsnehmer am längeren Hebel und kannst notfalls verlangen, daß Dein Vertrag rückgängig gemacht wird.

Der Versicherer ist gesetzlich verpflichtet, Dich vor Unterzeichnung des Vertrags genauestens über alle wichtigen Daten betreff Deiner Neupolice aufzuklären, als da wären:

- Name und genaue Anschrift des Versicherers, beziehungsweise seiner Niederlassung;
- Laufzeit des Versicherungsvertrags;

- Leistungen, die der Versicherer verspricht;
- Höhe der Versicherungsprämie plus Nebenkosten;
- Höchstdauer zwischen Antragstellung durch den Kunden und Annahme durch die Versicherung;
- Fristen und Bedingungen für den Vertragswiderruf;
- Anschrift der zuständigen Aufsichtsbehörde, an die Du Dich bei Beschwerden wenden kannst.

Wenn Du eine Kapital-Lebensversicherung abschließt, muß Dich die Gesellschaft vorher zusätzlich über drei wesentliche Punkte aufklären:
- wie sich der Rückkaufswert der Versicherung berechnet;
- wie die Überschußbeteiligung ausgewiesen wird;
- wie Deine Versicherung steuerlich absetzbar ist.

Wie Du aus ungeliebten Verträgen rauskommst 694

Otto Normalverbraucher genießt umfassenden Schutz vom Gesetzgeber, wenn die Gefahr droht, daß er von der Assekurranz abgezockt werden könnte.

Privatleute – und dazu gehörst Du auch, wenn es um Versicherungen Deiner persönlichen Vorsorge geht (etwa Lebens-, Kranken- oder private Rentenversicherung) – dürfen es sich generell bis 14 Tage nach Unterschreiben des Antrags noch anders überlegen und alles widerrufen. Der Vertrag ist dann null und nichtig. Für den Fall, daß Du im Antrag um sofortigen Versicherungsschutz gebeten hast – bei Haftpflicht oder Kfz ist das üblich –, mußt Du beim Widerruf für die Tage, die Du bereits versichert warst, zahlen.

Mit Deinen Firmenpolicen hast Du es nicht ganz so einfach. Von Selbständigen erwartet der Gesetzgeber, daß sie wissen, was sie tun – ein generelles Widerspruchsrecht hast Du etwa bei Deiner Betriebshaftpflichtversicherung nicht. Es gibt aber andere Möglichkeiten, den Vertrag doch noch zu kippen:

Hat das Versicherungsunternehmen Dich beispielsweise nicht ausreichend und termingerecht über alle wesentlichen Vertragsinhalte (siehe oben) informiert, kannst Du den Vertrag für null und nichtig erklären lassen.

Konkret: Bekommst Du wesentliche Informationen erst nach dem Vertragsabschluß – etwa zusammen mit der Police – zugeschickt, darfst Du bis

14 Tage nach Erhalt der Informationen den Vertrag widerrufen. Wenn Du bereits die Police zugeschickt bekommen hast, aber immer noch nicht alle wesentlichen Informationen, darfst Du bis maximal ein Jahr nach Vertragsabschluß den Vertrag rückgängig machen.

Um etwaigen Streitigkeiten mit der Versicherung vorzubeugen, solltest Du auf jeden Fall beweisen können, wann Du den schriftlichen Widerruf abgeschickt hast. Das geht am besten per Einschreiben mit Rückschein.

Zwei weitere Möglichkeiten hast Du noch, um außerordentlich, also ohne
695 Einhaltung der vertraglich festgelegten Kündigungsfristen, aus Deinem Vertrag auszusteigen: Erhöht die Gesellschaft die Versicherungsprämie deutlich, darfst Du innerhalb eines Monats nach Wirksamwerden des Preisaufschlags kündigen – mit sofortiger Wirkung. Ebenfalls ein Grund zur Kündigung ist der Schadensfall. Dann kannst Du – aber natürlich auch Deine Versicherung – den Vertrag beenden.

Wo Du Deinem Ärger Luft machen kannst

696 Zoff mit der Versicherung? Dann mußt Du Dir Rat und Hilfe von unabhängigen Experten suchen. Im Zweifelsfall sind dies immer die Verbraucherverbände – auch in Deiner Stadt gibt es sicher eine Verbraucherzentrale.

Die Verbände, in denen sich die Versicherungsgesellschaften zusammengeschlossen haben, können Dir insofern helfen, als Du von ihnen allgemein anerkannte Verbandsbedingungen für Versicherungsverträge bekommen kannst. Ein Vergleich mit Deinem speziellen Versicherungsvertrag sagt Dir dann schnell, ob Dein Versicherer zu kräftig zulangt oder nicht.

Die Verbände:

- *Verband der Lebensversicherungs-Unternehmen e.V. (Eduard-Pflüger-Str. 55, 53113 Bonn, Tel. 0228/5 30 08-0)*
- *Verband der Schadensversicherer e.V. (Walter-Flex-Str. 3, 53113 Bonn, Tel. 0228/53 00 3-02)*
- *Verband der privaten Krankenversicherung e.V. (Bagenthalgürtel 26, 50968 Köln, Tel. 0221/3 76 62-0)*

Das **Bundesaufsichtsamt für das Versicherungswesen** (BAV) gehört zu 697 den schweren Geschützen, die Du im Streit mit Deiner Assekurranz auffahren kannst. Die bekommt – gesetzt den Fall, daß Du im Recht bist – vom BAV einen ernsten und ausgesprochen wenig werbewirksamen Mahnbrief.

- *Bundesaufsichtsamt für das Versicherungswesen (Ludwigkirchplatz 3, 10719 Berlin, Tel. 030/88 93-0)*

Die passende Versicherung per Makler

Ein großes Angebot – wie etwa das auf dem deutschen Versicherungsmarkt – macht es für Dich nicht gerade zum Vergnügen, die richtige Wahl zu treffen. Schließlich hast Du ja noch etwas anderes zu tun, als Hunderte unterschiedlicher Policen zu vergleichen. Geh lieber nach der Devise »Was andere besser können, sollen auch andere für Dich tun« und nimm die Dienste eines professionellen Versicherungsmaklers in Anspruch. 698

Achtung: Verwechsle nicht »Versicherungsmakler« mit »Versicherungsvertreter«. Der Vertreter vertritt – wie der Name schon sagt – meist nur eine oder wenige Gesellschaften. Wenn Du Dich von ihm beraten läßt, bekommst Du mit großer Wahrscheinlichkeit »alles aus einer Hand«, also alle Policen von einer Gesellschaft. Ob Du dann tatsächlich die kostengünstigste Lösung hast, ist eher zweifelhaft.

Der Makler hingegen muß keiner bestimmten Versicherungsgesellschaft die Treue halten. Er wird Dir für Dich und Deinen Betrieb ein passendes Leistungspaket aus unterschiedlichen Versicherungen schnüren. Das Ergebnis ist meist ein preisgünstigerer Schutz als bei einer »Alles-aus-einer-Hand-Lösung«.

Aber Vorsicht: Natürlich sollst Du – besonders beim ersten Geschäftskontakt – Deinem Makler nicht blind vertrauen. Hat der nämlich unter der Hand einen besonderen Provisionsvertrag mit einer bestimmten Versicherung abgeschlossen, kannst Du sicher sein, bei wem Du die meisten Policen abschließen sollst. Für die Erstausstattung schadet es ganz und gar nicht, wenn Du mit den Vorschlägen Deines Maklers einen zweiten Makler konsultierst und um dessen Meinung fragst.

Einen geldwerten Vorteil bringt Dir ein Geschäft mit einem guten Makler auch deswegen, weil der Makler als Großauftraggeber bei den Versicherungsgesellschaften eine ganz andere Verhandlungsposition hat. Und gerade bei Firmenpolicen lassen viele Gesellschaften durchaus mit sich feilschen.

Ein guter Makler sondiert für Dich und Deine Firma nicht nur den Markt und handelt bessere Konditionen heraus, er nimmt Dir auch einiges an Verwaltungsarbeit ab, die Du sonst mit Deinen Versicherungen hättest.

Die Risikoanalyse etwa, also die Bestandsaufnahme, welche Risiken Du abdecken mußt, kann der Makler schnell und kompetent mit Dir gemeinsam erledigen. Ebenso kann er Dir Tips geben, welche Risiken Du mit vertretbarem Aufwand durch Schadensverhütung selbst ausschalten kannst.

Ebenso wird er in regelmäßigen Abständen überprüfen, ob sich Deine Vermögenssituation geändert hat und Du plötzlich unterversichert bist. Das macht er natürlich nicht aus Freundlichkeit, sondern aus Eigeninteresse: Bei jedem neuen Abschluß kassiert er Provision von der Versicherung.

Bei der Auswahl des richtigen Versicherungsmaklers mußt Du einige wichtige Kriterien beachten: Die Maklerfirma sollte Mitglied eines Maklerverbands und im Handelsregister eingetragen sein. Ein guter Makler hat zufriedene Kunden und wird nichts dagegen haben, Dir einige Referenzadressen zu nennen, wo Du Dich über ihn erkundigen kannst.

Sichere Deine Wertsache
Fußleisten in Wohnungen und Büros sind so unauffällig, daß weder Dieb noch Einbrecher noch Steuerfahnder auf diesen Trichter kommen. Wie es geht? So: Entferne die Leiste, mache eine Loch in die Wand, stecke die Sachen in das Loch und die Fußleiste wieder davor. Paß auf, daß zwischen Wand und Leiste kein verräterischer Schlitz entsteht.

9. Praktische Tips für Unternehmensgründungen

> Es gibt kein Geschäft, das so gemein wäre, daß nicht
> sofort ein anderer es macht, wenn man darauf verzichtet.
> (Bertolt Brecht)

Um das passende Betätigungsfeld zu finden, braucht es Ideenreichtum und Pioniergeist. Du mußt die Chancen erkennen und sie auch nutzen. Als zukünftiger Existenzgründer sind Dir diese Eigenschaften aber sowieso nicht fremd.
Auf den nächsten Seiten wirst Du viele Anregungen und Geschäftsideen finden, die Dir helfen werden, auch für Dich das Richtige zu finden.

699 Wie Du mit neuen Ideen erfolgreich wirst

Der einfachste Weg zum unternehmerischen Erfolg ist eine gute Idee, die eine Marktlücke ausfüllt.

Beispiel: Vor etwa 15 Jahren kam die Firma Sony mit einem völlig neuen Unterhaltungselektronik-Gerät auf den europäischen Markt: dem Walkman. Die Idee, in der Straßenbahn, beim Joggen und auf der Sonnenbank immer Musik hören zu können, ohne die Mitmenschen zu stören, war genial und verkaufte sich blendend. Inzwischen sind alle Hersteller von Unterhaltungselektronik schon lange mit auf den Zug aufgesprungen. Aber in der ersten Zeit nach Einführung des neuen Produkts konnte Sony einen gewaltigen Monopolgewinn durch Innovation einstreichen.

Wie Du Deine Ideen zu Geld machst

Es muß ja nicht gleich ein Wasserstoffmotor oder ein lautloses Flugzeug sein – oft sind es die kleinen Ideen, die dem findigen Unternehmer den großen Erfolg bescheren. Und oft genug werden diese kleinen genialen Lösungen für die Tücken des Alltags auch noch aus dem puren Zufall heraus geboren. So auch bei der 3M-Company: Ein Mitarbeiter ärgerte sich, weil ihm immer wieder seine Notizzettel aus dem Kalender herausfielen. Kurzerhand beschichtete er den obersten Streifen der Zettel mit einem Abfallprodukt aus der hauseigenen Klebstofforschung. Dieser Kleber hatte die besondere Eigenschaft, überall zu haften und sich dennoch leicht wieder abzulösen. Und schon war die ebenso einfache wie geniale Idee der »Post-it®«-Notizzettel geboren – für 3M ein Umsatzrenner.
Doch was mußt Du tun, wenn Du eine solche Erfindung oder Entdeckung machst, der Du zutraust, daß sie sich auch gut verkaufen läßt? Eines ist so sicher wie das Amen in der Kirche: Wenn Du nur munter vor Dich hinproduzierst und vermarktest, wird spätestens drei Monate später ein Konkurrent die Idee klauen und Dir Deinen Innovationsgewinn schmälern. Das ist leider völlig legal, alldieweil nur solche Erfindungen vor dem Abkupfern sicher sind, die Du hast schützen lassen. Wie das geht?

Patent 700

Das Patent schützt eine Idee, die auf erfinderischer Tätigkeit beruht. Es muß ein gewisser technischer Kniff bei Deinem neuen Produkt zu erkennen sein, bevor Du es eintragen lassen kannst. Ein Bleistift in einer neuen poppigen Farbe ist nicht patentwürdig, auch wenn es so etwas bislang noch nicht gab. Weitere Voraussetzung für eine Patenteintragung: Du darfst Deine Idee noch nicht veröffentlicht oder gar vermarktet haben.
Ein Patent solltest Du nur dann anmelden, wenn Du glaubst, damit auch wirklich wirtschaftlich erfolgreich zu sein. Denn: Billig ist so ein Patentschutz nicht. Rund 2500 Mark Kosten im Jahr mußt Du veranschlagen, damit 701
Du eventuelle Ideenklauer auf Unterlassung und Schadenersatz verklagen kannst.

702 **Gebrauchsmuster**

Ein bißchen billiger, ein bißchen einfacher und ein bißchen schneller als das Patentverfahren – das ist das Gebrauchsmuster. Der gravierende Unterschied: Als Gebrauchsmuster kannst Du auch eine Produktweiterentwicklung anmelden – Patente dagegen müssen echte Neuheiten sein. Auch darfst Du das neue Produkt bereits bekanntgemacht haben, bevor Du es anmeldest. Das ist durchaus von Vorteil, denn: Oft erkennst Du erst durch die Reaktion der Medien und der ersten Käufer, ob Deine Idee ein echter Renner wird, der sich zu schützen lohnt. Auch das Gebrauchsmuster kostet eine Stange Geld, nämlich rund 1800 Mark pro Jahr.

703 **Geschmacksmuster**

Der Name täuscht: Geschmacksmuster, so verlangt das Patentamt, müssen etwas optisch Neues darstellen – eine neue Eissorte kann also nicht als Geschmacksmuster geschützt werden. Als Geschmacksmuster kannst Du also ein spezielles Produktdesign schützen lassen. Voraussetzung ist natürlich, das Design ist neu und hat eine gewisse »schöpferische Eigenart«. Ein Geschmacksmuster anzumelden, kostet Dich 100 Mark plus 10 Mark pro Einzelobjekt, falls Du mehrere Muster auf einmal schützen lassen möchtest.

Wie Du Dir fremde Ideen nutzbar machst

Weltweit warten Millionen von Erfindungen nur darauf, endlich vermarktet zu werden. Die allermeisten Patente kannst Du ohne Gefahr für Dein Geschäft nutzen, denn: Nur ein Zwanzigstel ist wirklich geschützt. Beim Löwenanteil der Ideen, die in den Patentarchiven lagern, ist entweder die
704 Schutzfrist abgelaufen, oder aber sie sind so eng formuliert, daß Du problemlos ein leicht verändertes Produkt auf Grundlage des Patents herstellen kannst, ohne in Teufels Küche zu kommen.

Sowohl das deutsche als auch das europäische Patentamt veröffentlichen
705 regelmäßig eine aktuelle Zusammenstellung aller Patentschriften auf CD-Rom. Dieser Service ist allerdings für Dich als nicht professionellen Patentnutzer nicht ganz billig: Mindestens 5000 Mark mußt Du für ein Jahresabo hinblättern. Kostengünstiger fährst Du, wenn Du beim europäischen Patent-

amt in Wien (Telefon: 0043-1-52 12 64 08) eine Recherche zu Patentthemen, die Dich interessieren, in Auftrag gibst.

Wie Du Deine Idee vermarktest

Egal, ob Du eine eigene Erfindung gemacht hast oder aber das Patent aus dem Archiv des deutschen oder europäischen Patentamts gewildert hast – wenn Du die Innovation nicht professionell vermarktest, nützt Dir das beste Produkt nichts. Wenn Du, was oft geschieht, Deine Innovation nicht selber produzieren und auf den Markt bringen möchtest, mußt Du Deine Idee an eine andere Firma verkaufen. Hierbei hast Du bessere Chancen, wenn Du folgende Tips beachtest.

Habe ich die beste Aufmachung für mein Angebot?
Auch wenn Du selber zutiefst vom Nutzen und vom Erfolg Deiner Innovation überzeugt bist, mußt Du im Gespräch mit Deiner zukünftigen Partnerfirma handfeste Argumente und schlagkräftige Beweise liefern. Am besten fertigst Du einen leicht verständlichen Prospekt an, in dem Du alle Vorteile Deiner Idee auflistest. Gut ist auch immer ein Modell des neues Produkts, damit selbst der Laie sofort die Funktionsweise versteht.

Habe ich den richtigen Gesprächspartner gefunden?
Mit wem Du in der Firma sprichst, davon kann Erfolg oder Mißerfolg Deiner Mission abhängen. Obwohl es erst einmal widersinnig klingt: Sprich zuerst mit jemandem aus dem kaufmännischen Bereich – das sind zwar keine Experten für Deine Produktidee, dafür sind sie Werksfremden gegenüber aufgeschlossener als Mitarbeiter aus der firmeneigenen Produktentwicklung. Die sehen in Dir und Deiner Innovationsidee natürlich in erster Linie eine Konkurrenz und werden bestrebt sein, Dein Produkt schlechtzureden.

Kann ich genügend hartnäckig bleiben?
Auch wenn es bei den ersten Firmenbesuchen Absagen für Deine Produktidee hagelt, darfst Du nicht sofort das Handtuch werfen. Viele Produkte,

die heute in allen Kaufhausregalen stehen, waren einmal verkannte Erfindungen, die zuerst keine Firma herstellen wollte.

706 100 Tips für Geschäftsideen

Die Gesellschaft ist im Wandel. Der Technikboom, wachsende Umweltprobleme, soziale Umwälzungen, extreme Veränderungen auch im Wirtschaftsleben. Den Tante-Emma-Laden an der Ecke gibt es schon lange nicht mehr, dafür werden heute Dienstleistungen angeboten, die es vor 20 Jahren noch nicht gab, weil sie keiner brauchte, zum Beispiel Software-Berater oder Müllmanager. In einer Zeit, in der in jedem zweiten Haushalt ein Computer steht, hat sich die gesamte EDV-Branche zu einem wichtigen Wirtschaftsfaktor und Wachstumsmarkt entwickelt. Jeder Wandel, sei er gesellschaftlich oder wirtschaftlich, birgt auch Chancen, vor allem für Dich als Existenzgründer. Natürlich wird es wahrscheinlich immer Bäcker geben, die Brot backen, und Metzger, die ihre Wurst verkaufen. Doch neben diesen klassischen Berufsbildern gibt es heute unzählige neue, noch wenig bekannte Möglichkeiten, eine eigene Existenz aufzubauen.
Noch nie hatten die Menschen so viel Freizeit wie jetzt. Manchem Politiker mag der sogenannte »Freizeitpark Bundesrepublik« ja ein Dorn im Auge sein.
Tatsächlich jedoch steckt ein großes wirtschaftliches Potential dahinter, und für Dich als Existenzgründer eine Möglichkeit mehr, beispielsweise in diesem Bereich ein berufliches Standbein zu schaffen. Die Zahlen des Statistischen Bundesamtes belegen es genau: In Deutschland gibt eine durchschnittliche Familie fast 16 Prozent ihres Jahreseinkommens für Freizeit und Hobby aus. Entsprechend gut sind Deine Marktchancen, wenn Du Dich in den Bereichen Freizeit und Sport selbständig machst.
Andere Zahlen und Prognosen eröffnen Dir andere Geschäfts- und Betätigungsfelder: In 20 Jahren wird jeder vierte Bundesbürger älter als 60 Jahre sein. Das ist natürlich ein riesiges Problem für unsere Rentenversicherung. Aber dieses politische Problem birgt auch einen positiven Aspekt: Private Dienstleistungen im Gesundheits- und Pflegebereich werden dann vielen Mensch Brot und Arbeit liefern. Da die Zahl der alten und pflegebedürftigen

Menschen rapide zunehmen wird, ist der Pflegebereich für alle medizinisch oder sozial Versierten eine lohnende Gelegenheit, sich selbständig zu machen.
Gleiches gilt für den Umweltschutz. Immer strengere Auflagen und Bestimmungen bieten auch im Bereich Ökologie gute Existenzchancen für Dienstleister und beratende Berufe. Viele Unternehmen sind bereits an einer EU-gültigen Zertifizierung ihrer Betriebsstätte interessiert – dazu brauchen sie natürlich fachkundige Beratung.
Zu hohe Lohnkosten beherrschen schon lange unsere wirtschaftspolitische Diskussion. Die Folge daraus ist, daß viele Betriebe sogenanntes Outsourcing betreiben. Was heißt das? Was andere besser und billiger produzieren, kaufen sie jetzt von außen ein, statt es wie früher selbst zu produzieren. Dadurch gehen im Betrieb natürlich Arbeitsplätze verloren. Aber die Firmen werden jetzt auch zum Kunden für Selbständige.

Nachfolgend Tips, Tricks und Anregungen für Deinen Schritt in die Selbständigkeit:

Agentur für Haushaltshilfen 707a

Wenn beide Partner berufstätig sind, bleibt meist nur wenig Zeit für den Haushalt. Immer mehr Paare und auch immer mehr gutverdienende Singles sind daher durchaus bereit, einige hundert Mark pro Monat für eine Haushaltshilfe auszugeben, die leidige Pflichten wie Waschen, Putzen, Bügeln und den täglichen Einkauf erledigt. Doch bis die richtige »Perle« gefunden ist, dauert es meist lange. Gute Haushaltshilfen sind begehrt. Denn neben Sauberkeit und Zuverlässigkeit ist auch ein guter Leumund wichtig. Man will ja nicht jedem seine Wohnungsschlüssel geben. So ein Job ist eben Vertrauenssache, und da tun sich viele Auftraggeber schwer.
Deine Geschäftsidee: Du vermittelst gute und zuverlässige Haushaltshilfen. Die Arbeitskräfte besorgst Du Dir entweder durch Zeitungsinserate oder aber, indem Du bei Hauswirtschaftsschulen in Deinem Umkreis Aushänge machst. Wer eine Haushaltshilfe sucht, kann bei Dir dann aus einem großen Angebot auswählen. Außerdem sind alle Haushaltshilfen, die Du vermittelst, über Deine Firmenhaftpflicht versichert – für viele Haushalte ein zusätzlicher Anreiz, bei Dir zu buchen.

Für Deine Vermittlungsarbeit kassierst Du eine Provision bei Abschluß eines Vertrags sowie einen Prozentsatz des vereinbarten Stundenlohns.

707b Altkleider engros sammeln

Auf dem Lande weniger, aber in kleinen Städchen ist das sehr aussichtsreich: Rote Beutel mit folgendem Zettel an die Haustüren zu legen, die etwa wie folgend aussehen können.

Altkleider Abholung

mit Sonderabholung von Schuhen

Es wird gewerblich gesammelt:
Bekleidung, Wäsche, Strickwaren von Kindern und Erwachsenen, Bettwäsche sowie auch alle brauchbaren Textilien und Schuhe.

Bis spätestens 8.00 Uhr

bitten wir die Altkleider beliebig verpackt und gut sichtbar an den Straßenrand zu legen. Die Sachen auch bei Einbruch der Dunkelheit liegenlassen.
Bitte heften Sie diesen Zettel an Ihre Altkleider, damit sie nicht in unbefugte Hände geraten.

Die Sammlung erfolgt jetzt am kommenden

Freitag

Diese Sammlung dient ausschließlich dem Zweck, die noch tragbaren Kleidungsstücke wieder zu verwenden.

Sammelbüro:

Für in den Kleidern befindliche Wertsachen kann keine Haftung übernommen werden.

Achtung! Die Sammlung erfolgt bei jedem Wetter!

Wir bedanken uns für Ihre Mithilfe!

Um die Sachen wieder günstig zu verscherbeln, setzt Du Dich mit Hilfsorganisationen oder Veranstaltern u. Marktverkäufern im Ausland zusammen u. handelst die Preise aus.
Schon mit einem geliehenen Lastwagen kannst Du hier billig einsteigen.

Ansage-Texter 708

Wer kennt sie nicht: Die öden, immer gleichlautenden Ansagen auf den meisten Anrufbeantwortern? Meist animieren sie eher zum Auflegen denn zum Hinhören und Draufsprechen. Gerade Firmen, die mit ausgefallenen Produkten oder Dienstleistungen ihr Geld verdienen, können sich so etwas ganz und gar nicht leisten. Noch schlimmer als ein langweiliger Anrufbeantworterspruch ist allerdings ein gewollt origineller Text, der gar nicht lustig, sondern eher peinlich wirkt.
Deine Geschäftsidee: Du produzierst für Unternehmen und Privatleute individuelle Ansagetexte. Du machst Vorschläge für die Wortwahl, für die Musik und für eventuelle Geräuscheffekte. Ist der Kunde zufrieden, produzierst Du die Ansage in einem Tonstudio mit einem professionellen Sprecher. Je nach Arbeitsaufwand und gewünschter Länge der Ansage variiert die Rechnung, die Du dem Kunden bei Abnahme stellst.

Aquarium-Leasing 709

Ein kluger Japaner liefert Fischbecken, stattet sie mit Tieren, Beleuchtung und Bepflanzung aus, füttert die Fische und sorgt für die Reinigung. Gegen eine Miete von 280 bis 700 Mark im Monat. Vor allem Restaurants, Büros, Praxen und Krankenhäuser nutzen den Service. Sein Jahresumsatz: mehrere Millionen Mark.

Ausschnittdienst 710

In Kleinanzeigen verbirgt sich manches Schnäppchen und der größte Teil der Arbeitsvermittlung läuft über Inserate. Doch wer schon einmal Samstag für Samstag den Stapel von zwei regionalen und vier überregionalen Zeitungen durchgeschaut hat, weiß, wie mühselig das ist.
Hier kannst Du Deine Dienste anbieten: Du fahndest auf Bestellung nach Inseraten und Anzeigen. Dabei kann der Kunde genaue Wünsche angeben,

zum Beispiel nennt er Dir die wichtigsten Eckdaten, auf die Du achten mußt, wenn Du ein Stelleninserat für ihn suchst. Das könnte sein: Branche, Position, Bezahlung, Region oder Einstellungstermin.
Damit die Sache für Deine Kunden interessant ist, mußt Du natürlich mehr als die städtische Samstagszeitung bieten. Zu Deinem Sortiment sollten selbstverständlich alle überregionalen Zeitungen und die wichtigsten Regionalblätter gehören. So kannst Du auch ganz gezielte Recherchen für andere Orte anbieten. Der Vorteil bei dieser Geschäftsidee: Du kannst von zu Hause aus arbeiten und mußt als Anfangsinvestition lediglich ein paar Zeitungen und Anzeigenblätter abonnieren.

711a Automatenverkauf

Die Grundidee ist nicht neu: Schon seit über hundert Jahren kann man sich Konsumgüter aus Automaten ziehen. Nach wie vor bleibt diese Art des Verkaufs jedoch meist Süßigkeiten, Zigaretten und Kondomen vorbehalten. Zu Unrecht.
Deine Geschäftsidee: Es gibt weitaus mehr Waren, die sich durchaus für den Automatenverkauf eignen. In Japan zum Beispiel ist es durchaus üblich, Strumpfhosen oder Damenwäsche per Automat feilzubieten. Der Vorteil liegt auf der Hand: Keine Personalkosten, Verfügbarkeit rund um die Uhr, keine Kosten für den Geschäftsraum. Mit etwas Phantasie wirst Du sicher auch noch eine Menge weiterer Waren finden, die sich per Automat verkaufen lassen: Rasierklingen, Blumen, Toilettenartikel, haltbare Lebensmittel.

Trick

711b **Supertrick für Versponnene und Nachdenkliche: Werde Autor**

Was? Dafür siehst Du Dich nicht aus? Trau Dir doch was zu! Wenn eine Bäuerin Bestseller-Romane schreiben kann, und das bei ihrer vielen Arbeit auf dem Bauernhof, ja zum Teufel, dann wirst Du es doch wenigstens versuchen können, oder?
Mach's den erfolgreichen Schriftstellern nach – das ist das einfachste. Etwa mir. Schreib einfach so, wie Dir der Schnabel gewachsen ist.

Schreib also vielleicht auf Deinem Fachgebiet mal was Ähnliches. Doch überarbeite es ein paarmal, bevor Du es einem Verlag einreichst. Alles muß aus einem Guß sein. Tendierst du mehr zur Belletristik, dann solltest Du Deine Fantasie schulen. Ich setze allerdings voraus, daß Du Deutsch sicher beherrschst. Das ist gar nicht so selbstverständlich. Sogar 80% der Studenten von heute tun sich schwer damit. Vielleicht bringst Du auch kleine Arzt- oder Liebesrománchen fertig – der große Konsalik hat auch mal so angefangen ... Stellst Du höhere Ansprüche an Dich, so schule Dich an guter Literatur, etwa an Thomas Mann, Hermann Hesse, Franz Kafka oder den amerikanischen Spitzenautoren.

Das ist eine feine Sache: Du gehst meiner (vielleicht auch Deiner) Lieblingsbeschäftigung nach: gute Bücher mit Genuß zu lesen, Respekt vor den schöpferischen Leistungen anderer zu gewinnen und dazu eine kostenlose Berufsausbildung in einem Aufwasch zu bekommen.

Vielleicht liest Du auch mal meinen GROSSEN GESUNDHEITS-KONZ – da kommen Dir so viele Ideen und Gedanken, daß Du vielleicht zu diesem immer aktueller werdenden Thema der alternativen Gesundheitslehre etwas zustande bringst. Du mußt ja nicht gerade 1474 Seiten wie ich damit füllen. Die Menschen haben von der Chemie die Nase voll. Sie wollen mehr darüber wissen, wie sie sich mit natürlichen Mitteln heilen können. Zu diesem Thema kannst Du mit kleinen Artikeln mal anfangen, wenn Du neue Erkenntnisse und Gedanken dazu anbieten kannst. Dann sende sie an die Redaktion der Zeitschrift »Natürlich Leben« (Talstr. 36 in 52525 Heinsberg). Wenn sie gut sind, veröffentlicht man sie. Du kannst Dir also so ein kleines Zubrot verdienen und kommst auf elegante Weise in diese Szene hinein. Aber Du mußt witzig schreiben – fades Zeug kriegen die Menschen heute genug zu lesen. Ebenfalls sind Ideen für Witze über das Gebiet ärztlicher, homöopathischer oder alternativer Behandlung oder gesunder Ernährung sehr willkommen. Die Zeichnungen werden dann von einem Karikaturisten gefertigt.

Übrigens: Beim Lesen meines GROSSEN GESUNDHEITS-KONZ kannst Du gleich zwei Fliegen mit einer Klappe schlagen: Dieses Werk auf 400 Seiten zu verkürzen und trotzdem das Beste und Wesentlichste daraus flüssig lesbar hinzukriegen. Deine Lehrlingsarbeit wird natürlich bezahlt, wenn sie zu gebrauchen ist.

712 Babysitter-Agentur

Eltern – besonders, wenn beide Teile berufstätig sind – kennen das Problem zur Genüge. Vor jedem Theaterbesuch, vor jedem Einkaufsbummel und vor jeder Einladung zum Essen muß erst einmal ein Babysitter her. Und wenn der Betreuer absagen muß, dann fällt meist mangels Ersatz der kinderlose Abend ins Wasser.

Deine Geschäftsidee: Du verwaltest eine ganze Kartei von zuverlässigen Babysittern und kannst problemlos und schnell – auch innerhalb von zwei Stunden, wenn es sein muß – eine Betreuung organisieren. Deine Marktchance ist natürlich, daß noch lange nicht für jedes Kind ein Hortplatz zur Verfügung steht. Deswegen wirst Du in Deiner Region mit einer gutsortierten Kartei von Babysittern sicher genug zu tun haben. Deine Aufgabe ist es, den Kontakt zwischen Sitter und Eltern herzustellen, die Honorarabrechnungen zu erstellen und den Babysittern das Geld – abzüglich Deiner 15 Prozent Provision – auszuzahlen.

Natürlich wird das Geschäft nur dann florieren, wenn Du bei Deinen potentiellen Kunden, den Eltern, Vertrauen gewinnst. Das kannst Du, indem Du garantierst, daß Du nur qualifizierte Betreuer vermittelst, die auch ausreichend haftpflichtversichert sind.

713 Ballgeschäft

Sicher ist es Dir auch schon aufgefallen: Plötzlich tauchen Dinge auf, an deren Verwendung früher nie jemand gedacht hat. Ein gutes Beispiel dafür sind Sitzbälle. Vor ein paar Jahren wurden sie nur von Krankengymnasten zur Therapie benutzt, heute dagegen findet man sie in vielen Haushalten und sogar in Büros als normales Sitzmöbel. Auf der Büromesse Orgatec in Köln wurden ganze Konferenzsäle, ausgestattet nur mit Sitzbällen, vorgestellt.

Bis vor ein paar Monaten gab es in Deutschland nur ein einziges Fachgeschäft für Spiel- und Therapiebälle. Ein Berliner Geschäftsmann hat den Trend erkannt, die Idee aufgegriffen und ein Spezialgeschäft eröffnet. Sein Sortiment reicht vom Buchstabenball für Kleinkinder bis hin zum farblich dezenten Sitzball für die gute Stube. Inzwischen hat der Berliner einige Nachahmer gefunden. Im Geschäft mit den Bällen steckt aber noch einiges drin, der Markt ist längst nicht gesättigt. Besonders gute Chancen hat ein solcher Laden, wenn er in der Nähe eines Fitneß-Studios oder einer Massagepraxis liegt.

Ballon-Touren 714

Wer hat nicht schon einmal davon geträumt, in einem Ballon über Stadt und Land zu schweben? Für die Glücklichen, die einmal die Gelegenheit zu einem Ballon-Trip gehabt haben, bleibt dies ein unvergeßliches Erlebnis. Und die, die am Boden bleiben müssen, schauen garantiert neidvoll auf, sobald ein Ballon vorbeifliegt.

Deine Geschäftsidee: Du unternimmst Ballonfahrten für zahlende Gäste und nutzt den Ballon gleichzeitig als Werbeträger. In den USA sind solche Werbeflüge per Heißluftballon bereits Usus. Und Passagiere für eine Ballonfahrt finden sich leichter, als Du denkst: Kegelklubs, Firmen, die verdienten Mitarbeitern einen kleinen Bonus zukommen lassen wollen, Einkaufszentren, die eine Verlosung machen oder auch einfach Einzelpersonen, die sich einmal den Traum vom Fliegen erfüllen wollen. Pro Passagier kannst Du mindestens 300 Mark verlangen. Hinzu kommt noch die Einnahme, wenn Du Deine Ballonhülle mit einem Werbeemblem versiehst.

Bewerbungshelfer 715

Auf dem Arbeitsmarkt wird es immer enger. Erfolg mit Bewerbungen hat, wer auffällt, zum Beispiel durch eine besonders witzige und einfallsreiche Bewerbung. Wer dagegen die Grundregeln des Bewerbungsschreibens verletzt, etwa einen unsauber ausgedruckten Zettel, womöglich noch mit Eselsohren abgibt, der fällt mit Sicherheit durch das allererste Entscheidungsraster der Personalabteilungen.

Für ausgebildete Sekretärinnen und kreative Schreibkräfte liegt hier eine Chance, sich selbständig zu machen. Da viele Bewerber schon wegen schlechten Stils und mangelhafter Rechtschreibung scheitern, kannst Du Deine professionelle Hilfe offerieren. Du bietest damit mehr als eine einfache Schreibarbeit, denn Du formulierst auch die Bewerbung stilsicher und mit der richtigen Gewichtung. Dazu bedarf es natürlich auch einer gewissen Erfahrung. Du mußt also wissen, worauf es ankommt und mit welchen Argumenten sich Deine Kunden am besten verkaufen. Ehemalige Sekretärinnen bringen dieses Fachwissen in der Regel mit. Außer Know-how brauchst Du lediglich einen Computer mit einem hochwertigen Drucker und verschiedene Papier- sowie Umschlagsorten.

716 Bio-Boutique

Das wachsende Umweltbewußtsein hat auch im Freizeitverhalten der Deutschen Niederschlag gefunden. Schon bei Kleinigkeiten und Präsenten achten sie auf Umweltverträglichkeit. Und wer etwas auf sich und sein Umweltbewußtsein hält, verschenkt natürlich auch nur noch solche Sachen, die hundertprozentig öko-freundlich sind.
Wie kannst Du daraus Profit schlagen, fragst Du Dich? Ganz einfach: Mit einer speziellen Präsent-Boutique, die nur Bio-Artikel führt. Von der Energiesparlampe über das unbehandelte Holzspielzeug bis hin zu Naturkosmetika kannst Du ein Riesensortiment an Kleinigkeiten anbieten, die sich zum Verschenken eignen. Natürlich verpackst Du die Präsente auch für die Kundschaft – in Stoff und Jute. Die Idee der Bio-Geschenkläden kommt aus Amerika und ist dort sehr gut angekommen. Für eine Geschenk-Boutique brauchst Du allerdings unbedingt ein Ladenlokal in guter Innenstadtlage. Die Namen von Herstellern geeigneter Produkte bekommst Du von den großen Umweltverbänden.

717 Blaumannverleih

Korrekte Arbeitskleidung ist das A und O eines guten Geschäfts. Wer seine Mitarbeiter immer sauber und adrett sehen möchte, muß allerdings einiges in die Arbeitskleidung investieren. Ein Blaumann oder ein Kittel pro Person reicht da nicht aus. Denn das gute Stück soll ja weder verdreckt noch gestopft sein. Eine gute Gelegenheit, Deine Dienste anzubieten. Inzwischen ist es nämlich gerade bei kleineren Unternehmen durchaus üblich, die Arbeitskleidung zu mieten.
Deine Geschäftsidee: Du vermietest Blaumänner, Arbeitskittel, Schürzen und andere Arbeitskleidung und übernimmst regelmäßig die Reinigung und Reparatur. Gegen eine Monatsgebühr hat Dein Kunde immer korrekte Arbeitstextilien auf Lager. Das Waschen, Trocknen und Bügeln mußt Du übrigens nicht selbst übernehmen. Du kannst auch mit einer Wäscherei zusammenarbeiten. Lieferanten von Arbeitskleidung findest Du am besten auf Textilmessen.

Box-Accessoires 718

Henry Maske war der Auslöser. Seit der Deutsche einen Boxtitel nach dem anderen errang, boomt das Geschäft um den Boxsport. Das ist eine gute Chance für Dich, in den Markt der Box- und Kampfsportartikel einzusteigen. Die Zahl der Anbieter ist noch sehr gering, insofern hast Du jetzt noch gute Umsatzchancen. Damit der Laden floriert, solltest Du ein komplettes Sortiment rund um den Kampfsport anbieten. Neben den Sport-Accessoires wie Boxhandschuhen, Bandagen und Schuhen gehören natürlich auch Videos und Literatur in Deine Regale.
Ein solches Fachgeschäft kann natürlich nur leiten, wer auch Begeisterung und Leidenschaft für die Sache mitbringt. Deine Kunden merken sofort, wenn Du keine Ahnung oder – schlimmer noch – eine starke Abneigung gegen jede Art von Prügelsport hast. Falls Du aber Kampfsportarten schätzt, kannst Du mit dieser Geschäftsidee gutes Geld verdienen. Wichtig ist auch die Lage des Geschäfts. Es muß nicht einmal die Innenstadt mit viel Laufkundschaft sein. Wichtig ist eher, daß Du die Nähe zu entsprechenden Sportschulen und Trainingsstätten hast. Kunden gewinnst Du am besten, wenn Du direkt die entsprechenden Vereine ansprichst.

Büro für Umsatzsteuer-Rückerstattung 719

In jedem europäischen Land gibt es eine Mehrwertsteuer. Überall aber andere Sätze. Und: Außer in Spanien und Luxemburg ist die Mehrwertsteuer nirgends so niedrig wie in Deutschland: 15 bzw. 7 Prozent. In Portugal etwa macht sie bis zu 30 Prozent aus, in Schweden und Dänemark auch immerhin 25 Prozent. Wer als Deutscher im Ausland einkauft, zahlt also viel höhere Steuersätze, als er von zu Hause gewohnt ist.
Wer sich bei der Heimreise an der Grenze die Ausfuhr ausländischer Einkäufe und deren gleichzeitige Einfuhr nach Deutschland bescheinigen läßt, hat Anspruch auf Rückerstattung der im Ausland gezahlten Mehrwertsteuer. Der muß dann allerdings deutsche Mehrwertsteuer nachzahlen. Da die mit 7 bzw. 15 Prozent aber auf jeden Fall niedriger ist, bleibt (außer bei Einkäufen in Spanien oder Luxemburg) ein garantierter Differenzgewinn. Beispiel: Kauf eines 50 000-Mark-Autos in Dänemark. Beim Import dieses Wagens nach Deutschland müssen nur 5625 Mark Mehrwertsteuer nachgezahlt werden. Differenzgewinn: 6875 Mark. Die Erstattung und Nach-

versteuerung für ungeübte Gelegenheitsimporteure ist aufwendig. Denn sie ist mit dem Ausfüllen amtlicher Formulare und entsprechender Korrespondenz mit den zentralen Erstattungsbehörden in den einzelnen Ländern verbunden.
Hier schaltet sich ein Büro für Umsatzsteuer-Rückerstattung ein, das seinen Kunden den europaweiten Behördenkram abnimmt. Die Adressen der jeweiligen Erstattungsstellen erfährst Du vom Finanzamt.
Praktikabel ist eine Vereinbarung, wonach 50 Prozent der Erstattung Dir als Honorar zustehen.

720 Büroreinigung

Geht es um eine saubere Arbeitsstätte, reichen Putzlappen und Staubsauger oft nicht aus. In vielen deutschen Büros bedarf es inzwischen eines regelrechten Spezialisten-Teams, um die notwendige Hygiene aufrechtzuerhalten. Grund: Neben Boden, Tischen und Möbeln machen vor allem technische Geräte die deutsche Bürolandschaft aus. Und dort lauern im Zweifel mehr Bakterien als anderswo: Auf schmuddeligen Computergehäusen, in verstaubten Gebläsen, auf dreckigen Bildschirmen und in vollgekrümelten Tastaturen.
Deine Geschäftsidee: Du bietest einen Reinigungsservice an, der sich ganz besonders der technischen Büroausstattung annimmt. Du schließt mit Deinen Vertragspartnern ein Service-Abkommen, durch das Du Dich verpflichtest, alle zwei Monate die gesamte Bürotechnik zu desinfizieren. Die Kunden zahlen Dir dafür je nach Aufwand ein entsprechendes Honorar.

721 Büroservice

Viele kleine Firmen können sich kein eigenes Sekretariat leisten. Dennoch brauchen sie eine kompetente Anlaufstelle, wo die Kunden anrufen und Termine vereinbaren können. Diese Anlaufstelle muß werktags von morgens bis abends besetzt sein. Gerade das stellt viele Handwerker und andere Unternehmer, die viel außer Haus arbeiten, vor unlösbare Probleme. Außerdem muß auch bei kleinen Firmen eine Menge Schriftkram erledigt werden.
Deine Geschäftsidee: Du bietest einen kompletten Büroservice an – und zwar für mehrere Firmen. Das funktioniert so: Jede Firma bekommt in Deinem Büro einen eigenen Telefonanschluß, unter dem die Kunden anrufen

können. Je nachdem, welcher Apparat klingelt, weißt Du, welche Firma Du gerade vertrittst. Daneben bietest Du noch Auftragsarbeiten wie das Erledigen von Geschäftskorrespondenz oder das Versenden von Werbebriefen an.
Deine Kunden – die einzelnen Firmen also – zahlen für den Büroservice eine monatliche Pauschale. Hinzu kommen die Auftragsarbeiten, die Du gesondert in Rechnung stellst.

Café-Shop 722

Wie so viele erfolgreiche Geschäftsideen kommt auch diese aus Amerika: der Café-Shop. Spezielle Kaffeeläden sind in den USA eingeschlagen wie eine Bombe. In New York sieht man sie an fast jeder Ecke – und immer vollbesetzt. Dabei ist das Geschäftsprinzip eigentlich ganz simpel: Im Grunde genommen ist das nämlich nichts anderes als die gute alte Kaffeerösterei – aber eben ein kleines bißchen mehr. Im Ausschank sind alle erdenklichen Kaffeesorten, und zum Verkaufssortiment gehören natürlich auch Tassen, Becher, Gebäck und Gewürze.
Um Dich von den herkömmlichen Lebensmittelläden abzuheben, mußt Du natürlich außergewöhnliche Kaffeesorten anbieten. Davon gibt es nicht viele, denkst Du? Weit gefehlt. Geh beispielsweise mal ins Berliner Kaufhaus des Westens und zähle die in der Feinschmeckerabteilung feilgebotenen Kaffeesorten!
Daß der Laden läuft, das hängt vor allem von zwei Dingen ab: Du mußt ein Ladenlokal in zentraler Lage haben, da solche Geschäfte viel von Laufkundschaft leben. Ansonsten entscheidet das richtige Marketing über den Unternehmenserfolg. Der Laden muß ansprechend gestaltet sein und zum Kaffeetrinken einladen. Dazu reichen bereits ein paar Stehtische, aber gemütlich muß es sein. Damit Deine Kunden merken, daß es bei Dir etwas Besonderes gibt, mußt Du Informationszettel zu den verschiedenen Kaffeesorten aushängen. Eine gut gestaltete Karte und wechselnde Plakate im Schaufenster können schon viel Aufmerksamkeit auf Dein Geschäft ziehen.

723 Car-Sharing

Autovermietungen gibt es schon lange. Neu ist allerdings die Idee, sich ein Auto mit mehreren Leuten dauerhaft zu teilen. Ein Angebot, das gut ankommt. Gerade in Zeiten von wachsendem Umweltbewußtsein und – nicht zu vergessen – steigenden Kosten fürs Autofahren. Das Konzept sieht folgendermaßen aus: Als Anbieter stellst Du für mehrere Personen ein Auto zur Verfügung. Die Kunden zahlen Dir eine pauschale Grundgebühr von etwa 1200 Mark, einen Monatsbeitrag und Kilometergeld. Wenn sie nun ein Auto brauchen, rufen sie in Deinem Büro an. Du vermerkst Termin und voraussichtliche Nutzungsdauer und sagst den Kunden, wann und wo sie den Wagen abholen können.

Bisher ist diese Geschäftsidee nur in Großstädten verwirklicht worden. Tatsächlich macht das Car-Sharing auch eher in Ballungsräumen Sinn, denn auf dem Land sind die Leute eher dauerhaft auf ein eigenes Auto angewiesen. Als potentielle Kunden für Dein Car-Sharing-Geschäft kommen übrigens auch Firmen in Betracht, denen der Unterhalt mehrerer Fahrzeuge zu teuer ist, die aber hin und wieder für ihre Mitarbeiter Autos brauchen. Damit sich die Sache lohnt, brauchst Du mindestens zehn Fahrzeuge unterschiedlicher Modelle in Deinem Fuhrpark. Außerdem brauchst Du mehrere Stellplätze, auf denen Deine Kunden die Wagen parken können. Die Einstiegsinvestitionen sind beim Car-Sharing recht hoch. Mit 500 000 Mark mußt Du schon rechnen. Du kannst allerdings auch Rabatte bei Autoherstellern raushandeln. Wer sich für das Car-Sharing entscheidet, sollte wenigstens mit den Grundbegriffen der Automechanik vertraut sein.

Der Vorteil bei diesem Geschäft: Du kannst die Autos kaufen, nachdem Du Deine Kunden akquiriert hast. Dadurch bleibt das Risiko kalkulierbar.

724a CD-ROM-Kataloge

Unternehmen, die einen Großteil ihrer Produkte nicht über Zweigstellen oder Filialen, sondern per Katalog vertreiben, sind darauf angewiesen, ihre Kunden mit den Darstellungen im Katalog zu überzeugen. Manche Unternehmen haben den Trend der Zeit erkannt und bieten ihre Produkte nicht mehr auf dem Papier feil, sondern via Bildschirm – per CD-ROM. Die Idee ist vielversprechend, denn ein Großteil der heutigen Computer besitzt ein Laufwerk für Compact-Discs.

Deine Geschäftsidee: Gerade kleinen und mittelständischen Firmen erscheint die Produktion einer Katalog-CD als zu kompliziert. Du bietest ihnen die Produktion als Full-Service an. Vom Entwurf über Bilderstellung, Programmierung bis zum Brennen der CDs. Das ist weitaus unkomplizierter, als es auf den ersten Blick erscheint.
Was Du brauchst, ist ein Computer mit genügend Arbeitsspeicher für eine CD-Produktion sowie die entsprechende Software. Die CD selber wird ähnlich wie ein ganz normaler Papier-Katalog geplant. Darüber hinaus müssen Fotos und – falls der Kunde es wünscht – kleine Filmsequenzen eingespielt, Texte erfaßt und Grafiken eingescannt werden. Die eigentliche Produktion – das »Brennen« der CD also – gibst Du bei einer entsprechenden Fachfirma in Auftrag. Du berechnest Deinem Kunden die Gesamtkosten für eine vorher vereinbarte Auflage – plus Deine Provision.

Computer-Animations-Designer 724b

Da bringst Du gezeichnete Tiere zum Laufen oder läßt den Kids lange Nasen wachsen. Mit dem Rechner bringst du die tollsten Tricks zustande. Filme und Fotos lassen sich hier nach Belieben verändern. Was Du dafür mitbringen mußt, ist ein Grafikdesign-Studium oder die Kenntnis mehrerer Programmiersprachen und eine schöpferische Ader. Für Dein eigenes Arbeiten kannst Du ein Filmstudio mieten.

Computerschule für Kids 725

In den USA gibt es sie schon seit mehr als zehn Jahren: Computerschulen speziell für Kinder. In Deutschland hat das Konzept erst wenige Nachahmer gefunden, wenngleich sehr gute Erfolgschancen in diesem Angebot liegen. Das amerikanische Konzept sieht so aus: 4- bis 13jährige werden spielerisch an den Umgang mit Computern gewöhnt. Dazu gibt es spezielle Lernprogramme für die Jüngsten. Die Kinder können dort alles rund um den Computer lernen. Die Geschäftsidee ist deswegen so erfolgversprechend, weil inzwischen in jedem vierten deutschen Privathaushalt ein Computer steht. Im Jahr 2000 wird es jeder zweite Haushalt sein, und die Nutzergruppen werden immer jünger.
Zur Verwirklichung dieser Geschäftsidee brauchst Du natürlich das entsprechende Know-how und ein Händchen für den Umgang mit den Kids. Falls

Du das nicht mitbringst, kannst Du auch stundenweise Informatikstudenten einstellen. Die jungen Leute kommen meist gut mit Kindern zurecht. Neben geeigneten Räumen brauchst Du noch 10 bis 15 PCs.

726 Datenbank-Detektei

Unsere Gesellschaft lebt von Informationen. Auch in der Wirtschaft ist ohne Aktualität nichts mehr zu machen. Viele Unternehmen brauchen deshalb ständig Daten über die Akzeptanz ihrer Waren, über Käuferverhalten und vieles mehr. Auch Wissenschaftler und Journalisten sind oft auf schnelle und aktuelle Informationen aus Datenbanken angewiesen. Doch nur die wenigsten kennen sich in den über 5000 Datenbanken, die es inzwischen weltweit gibt, gut aus. Neben dem notwendigen Know-how fehlt auch die Zeit, nach den gesuchten Informationen zu fahnden. Immer mehr Unternehmen und Redaktionen kaufen deshalb diese Leistung ein. Eine Riesenchance für sogenannte Datenbank-Detektive.
Deine Geschäftsidee: Du fahndest nach den gewünschten Informationen und gibst sie gegen eine Gebühr an Deine Kunden weiter. Der Vorteil bei diesem Geschäft: Du kannst auch von zu Hause aus arbeiten. Alles, was Du brauchst, ist ein Internet-tauglicher Computer, eine ISDN-Leitung für die schnelle Datenübertragung und natürlich entsprechend gute EDV-Kenntnisse. Kunden findest Du über Inserate in Branchen- und Verbandszeitungen.

727 Datenträgerlager

Die Zeiten bedruckten Papiers sind lange vorbei. Es gibt kaum noch ein Unternehmen, das alle Vorgänge in den guten alten Aktenkladden aufbewahrt oder gar über ein Archiv verfügt, in dem man richtig blättern kann. Statt dessen haben Computer und entsprechend Disketten als Datenträger Einzug in die Welt der Archivare gehalten. Obwohl alles auf kleinen Disketten gespeichert ist, sind die Daten nicht unwichtig. Auch wenn selten jemand in alten Vorgängen kramt, der permanente Zugang muß doch gesichert sein. Durch flache Lagerung, Computerviren oder falsche Handhabung können Disketten und Bänder Schaden nehmen. Sie sind dann unbrauchbar. Für viele Unternehmen ist es deshalb wichtig, die Datenträger kompetent von einem externen Spezialisten lagern zu lassen.
Deine Geschäftsidee: Du bietest Deinen Kunden an, ihre Datenträger zu

lagern und auf Abruf ins Haus zu liefern. Dazu brauchst Du Räume mit entsprechenden sicherheitstechnischen Vorkehrungen und natürlich einen einwandfreien Leumund, da die Aufbewahrung Vertrauenssache ist.

Dekorationsservice 728

Wer ein gutes Auge und Geschmack hat, kann damit leicht seinen Lebensunterhalt verdienen und zwar als freischaffender Dekorateur. Zum Kundenstamm gehören nicht nur Geschäfte mit Schaufensterflächen, sondern auch Privathaushalte, die Du bei der Wohnungseinrichtung berätst. Eine weitere potentielle Einnahmequelle für Dich ist die professionelle Dekoration von Partys. Auch hier gehören Privat- und Geschäftsleute zu Deinen Kunden. In den USA ist diese Geschäftsidee sehr erfolgreich. Gute Chancen haben vor allem Leute, die in größeren Städten mit entsprechend großem Einzugsgebiet wohnen.
Grundvoraussetzung ist neben gutem Geschmack und Interesse an Architektur und Inneneinrichtung natürlich auch eine gehörige Portion handwerkliches Geschick und auch Einfallsreichtum, da Dekorateure vor Ort sehr oft improvisieren müssen. Wenn das Geschäft gut läuft, hast Du auch Expansionschancen, indem Du zusätzlich Dekomaterial verkaufst.

Dessous-Heimservice 729

Sportliche Bodys, raffinierte BHs, bunte Spitzenhöschen – schöne Dessous kauft jede Frau gern, aber stickige Umkleidekabinen und Hetze mögen die wenigsten. Die Lösung bringt der Dessous-Heimservice. Hier besucht die Beraterin mit ihrer Kollektion die Kundinnen zu Hause und hilft in entspannter Atmosphäre bei der Auswahl.
So funktioniert's: Sechs bis acht Frauen werden eingeladen, und die Beraterin zeigt ihnen in aller Ruhe die Kollektion.
Franchise-Vertrag, Reisegewerbeschein und ein Auto solltest Du dazu haben.

Diätberatung 730

Weit mehr als die Hälfte aller Deutschen ist zu dick. Diäten – von obskur bis vernünftig – füllen seitenweise vor allem Frauenmagazine. Weight Watchers hat diesen Markt schon vor vielen Jahren in Amerika für

sich entdeckt. Auch in Deutschland hat das organisierte Abnehmen Fuß gefaßt.
Kein Grund, sich nicht auch auf diesem Markt selbständig zu machen. Es gibt gleich mehrere Möglichkeiten: Die Minimal-Variante ist eine einfache Diätberatung. Du entwickelst einen genau ausgeklügelten Eß- und Diätplan für Deine Kunden, nach dem sie dann abnehmen können.
Wenn Du Dein Geschäft auf halbwegs sicheren Beinen stehen hast, kannst Du expandieren und Dein Angebot um Diätkochschulungen erweitern. Selbst in Kleinstädten kannst Du damit gute Umsätze erzielen. Für Köche und Ernährungswissenschaftler bietet die Diätberatung eine interessante und lukrative Geschäftsmöglichkeit.

731 Discount-Bestatter

Wenn es um normale Möbel geht, hat der Verbraucher schon seit langem die Wahl zwischen teuren Massivobjekten aus edlen Hölzern oder preiswerten, furnierten und vielleicht nicht ganz so haltbaren Produkten aus dem Möbelmarkt. Hart rechnen, vergleichen und kalkulieren ist bei jedem Möbelkauf Pflichtübung. Nur wenn die Pietät ins Spiel kommt, wird der Preis plötzlich zur untergeordneten Größe. Särge sind heute zumeist immer noch Massivholzungetüme, verziert mit handgeschmiedeten Metallbeschlägen und ausgeschlagen mit Samt und Seide. Kaum ein trauernder Hinterbliebener wagt es, nach Billigvarianten zu fragen.
Deine Geschäftsidee: Du bietest alles für ein preiswertes Begräbnis an. Ein findiger französischer Geschäftsmann hat es bereits vorgemacht: Seine Ladenkette – oft spöttisch als »Ikea für Särge« bezeichnet – hat nicht nur in Frankreich, sondern auch schon in Belgien und in der Schweiz Erfolg. Angeboten werden nicht nur Särge, sondern alles, was man für ein würdiges Begräbnis braucht: Grabschmuck, Kränze, Urnen, Kerzen und ähnliches. Alles natürlich deutlich billiger als bei der gediegenen Konkurrenz.

732 Drucker-Schnelldienst

Wenn im Büro der Drucker ausfällt, ist das zumindest für kleine Betriebe, die nicht ausreichend Ersatzgeräte zur Verfügung haben, eine mittlere Katastrophe. Der normale Weg ist nun, den Drucker beim Händler abzugeben,

der ihn dann an den Hersteller schickt. Resultat: Wenn der Händler nicht kulanterweise ein Ersatzgerät zur Verfügung stellt, ist für die nächsten vierzehn Tage Schluß mit Drucken.
Deine Geschäftsidee: Du kommst als Drucker-Techniker auf Abruf ins Haus und reparierst die Hardware schnell und ohne viel Verwaltungsaufwand. Viele Firmen werden es sich genau überlegen, ob sie die eventuell vorhandene Garantie des Druckers in Anspruch nehmen und das Gerät dafür einschicken lassen oder aber ob sie Dich für Deinen Sofort-Dienst bezahlen, und dafür noch am selben Tag, spätestens jedoch am folgenden Tag wieder Geschäftsbriefe und Rechnungen ausdrucken können.

EDV-Dienstleistung 733

Ob Handwerksbetrieb, Partyservice oder Kosmetikstudio – viele kleinere Firmen können sich keine eigene Buchhaltungskraft leisten. Trotzdem muß der lästige Papierkram (z.B. Rechnungen, Steuern, Gehälter) natürlich ordnungsgemäß und pünktlich abgewickelt werden, damit es keinen Ärger mit dem Finanzamt oder mit Lieferanten gibt. Das erledigt die externe Buchhalterin mit ihrem EDV-Komplettservice. Sie holt beim Auftraggeber nach Absprache die erforderlichen Unterlagen und bearbeitet zu Hause die Vorgänge am PC.
Dazu ist nötig: Gewerbeschein; Franchise-Vertrag; Abschluß als Steuerfachgehilfin oder in einem kaufmännischen Beruf; mindestens drei Jahre Berufspraxis.
Die helfen Dir: beispielsweise JE Franchise, McData, Hauptstraße 117a, 51143 Köln, Tel. 02203/ 98 89 10. Der Franchise-Geber liefert ein komplettes Werbekonzept.

Einkaufshelfer 734

Das Problem: Einkaufen – besonders auf Vorrat – ist oft körperliche Schwerstarbeit. Wenn man da kein Auto hat, sich lieber für umweltfreundliche Glasverpackungen entscheidet und womöglich nicht mehr zu den Jüngsten gehört, dann können selbst ein paar hundert Meter zu weit sein. Vielleicht liegt die Wohnung auch noch im vierten Stock, und das Haus hat keinen Aufzug? Manchmal hat man Glück, und ein Supermarktangestellter hat die Zeit und die Freundlichkeit, die schweren Tüten zu bringen. Aber das

ist die Ausnahme: Verlassen kann man sich darauf nicht. Und wer bringt die leeren Flaschen dann zurück?
Die Lösung: Kräftige junge Menschen übernehmen das Schleppen – und wenn das Vertrauen der Kundschaft erst einmal erworben ist, vielleicht sogar den ganzen Einkauf. Sie müssen allerdings mindestens neun Jahre zur Schule gegangen, also 14 oder 15 Jahre alt sein; andernfalls ist der Nebenjob Kinderarbeit und vom Gesetz verboten.
Dein Unternehmenskonzept: Erst einmal muß der Service in der Nachbarschaft möglichst bekannt werden. Also: einen Hinweis auf die Anschlagtafel im Supermarkt, Handzettel in die Briefkästen, eine Anzeige im Stadtteilblatt. Vielleicht kann man sich mit dem Getränkehändler verständigen, und er empfiehlt Dich Deinen Kunden? Denkbar sind auch feste Einsatzzeiten und -orte, zum Beispiel Samstagvormittag am nächsten Supermarkt.
Startkapital: Zeit und Muskeln.
Die Einkommensaussichten: je nach Gewicht und Treppen, Charme und Einsatz (Trinkgeld!). Wer Getränke liefert, wird aber kaum mehr als 2 bis 3 Mark pro Kasten verlangen können – zu dem Preis kann man nämlich auch beim professionellen Zusteller bestellen.

735 Elektronikschrott-Entsorger

Vorbei sind die Zeiten, in denen man ausgediente Kühlschränke oder Herde einfach auf den Müll warf – heute muß fachgerecht recycelt werden. Aufwendiger noch als die weiße Ware ist Computerschrott bei der Vermüllung: Die Gehäuse, die Platinen, die Kabel und die Chips – alles ist mit unterschiedlichen Schwermetallen und Schadstoffen belastet, die natürlich auch auf unterschiedlichen Sondermüll gehören.
Deine Geschäftsidee: Du bietest Firmen und Händlern Deine Dienste als professioneller Computerentsorger. Von den Herstellern der Geräte besorgst Du Dir die Baupläne und weißt so bei jedem zur Entsorgung entgegengenommenen Gerät, welche Teile aus welchen Materialien bestehen. Die einzelnen Komponenten gibst Du dann an die entsprechenden Schadstoffdeponien weiter. Für Deine Dienste verlangst Du von Deinen Auftraggebern pro Computer eine bestimmte Gebühr – abhängig von Art und Bauweise des Geräts.

Entsorgungsfachmann 736

Mit wachsendem Müllproblem wächst auch die Menge des Mülls, der nicht mehr so einfach in die Tonne geschmissen oder auf die Kippe gebracht werden darf. Krankenhäuser, Altenheime, Arztpraxen und Apotheken – sie alle müssen ihren Sondermüll umständlich trennen und entsorgen.
Deine Geschäftsidee: Du bietest einen Müll-Rundumservice an. Du stellst bei Deinen Kunden spezielle Container auf. Je mehr Arten Sondermüll anfallen, um so mehr Container müssen her. Du sorgst für regelmäßige Leerung und bringst den Müll zu einer entsprechenden Sonderdeponie.
Zusätzlicher Geschäftsanreiz neben dem reinen Lohn für die Entsorgung: Dadurch, daß Du große Mengen Müll zu entsorgen hast, kannst Du mit den Deponien Sonderkonditionen vereinbaren. Oder aber es lohnt sich, den Müll zu weiter entfernten, günstigeren Deponien zu bringen. Die Spannen zwischen normalen Deponiepreisen und Deinen Sonderkonditionen gibst Du teils an Deine Kunden weiter, teils mehren sie Deinen Gewinn.

Event-Marketing 738

Event-Marketing (oder zu deutsch: Ereignis-Marketing) ist längst keine Domäne der großen Unternehmen mehr. Auch kleine und mittlere Unternehmen versuchen inzwischen, auf diese Weise Kunden zu gewinnen und ihren Bekanntheitsgrad zu steigern. Doch in der Regel fehlt ihnen das organisatorische Know-how.
Deine Geschäftsidee: Du organisierst die komplette Event-Kampagne. Zunächst entwickelst Du für Deinen Kunden ein Konzept, das zum Laden paßt. Wenn die passende Idee gefunden ist, organisierst Du den gesamten Ablauf, zum Beispiel Autogrammstunden, Show-Einlagen, Hüpfburgen oder Bungee-Springen. Kunden findest Du über Inserate in den IHK-Blättern. Voraussetzung für diesen Job ist allerdings Organisationstalent. Der Vorteil: Da Du nur makelnd tätig bist, hast Du außer der Werbung keine Anfangsinvestitionen.

Exklusiv-Service 739

Wenn schon, denn schon – nach diesem Motto organisieren viele Firmen Tagungen, Kongresse, Konferenzen und Presseveranstaltungen. Für ein nachhaltig positives Image lassen die Unternehmen gern ein paar Mark mehr

für Unterkunft, Bewirtung und Rahmenprogramm springen. Dadurch hat sich bei Konferenz- und Tagungsteilnehmern – insbesondere, wenn dies potentielle Kunden sind – eine gewisse Erwartungshaltung eingebürgert. Und wenn das versprochene Exklusiv-Ereignis dann die eine oder andere Schwachstelle aufweist, geht der Schuß ganz schnell nach hinten los und das Firmenimage ist dahin.
Deine Geschäftsidee: Du organisierst Tagungen, die von vorn bis hinten das Attribut »exklusiv« verdienen. Angefangen vom Limousinen-Service ab Flughafen über die stilgerechte Unterkunft -alternativ zum Vier-Sterne-Hotel kann es auch ruhig die Ritterburg oder der Luxusliner im Hafen sein – bis hin zur erstklassigen Bewirtung vor, während und nach der Tagung. Darüber hinaus bietest Du ein attraktives Rahmenprogramm für die Begleitung der Tagungsteilnehmer an. Der gemeinsame abendliche Besuch in einer Szenekneipe oder in einem exotischen Nightclub der gehobenen Ansprüche läßt das Tagungseinerlei dann vollends vergessen.
Du recherchierst für den jeweiligen Tagungsort die jeweiligen Möglichkeiten, bietest den Firmen dann ein Gesamtkonzept an und stellst – nachdem alles vorzüglich geklappt hat – Deine Provision in Rechnung.
Hier ein paar exklusive Lokalitäten, die Du an betuchte Kunden vermitteln kannst: Die Große Orangerie im Schloß Charlottenburg (Fassungsvermögen: 1000 Personen) ist ab 20 000 Mark pro Abend zu haben; den Ratskeller im Frankfurter Römer (Fassungsvermögen: 200 Personen) gibt es ab 3000 und das Erotic Art Museum in Hamburg (Fassungsvermögen: 500 Personen) öffnet für 8000 Mark pro Abend seine Pforten für geschlossene Gesellschaften.

740 Externer Rechnungsprüfer

Einzelverwendungsnachweise der Telekom, seitenlange Abrechnungen der Gas- und Wasserwerke, verschlungene Skontostaffeln der Lieferanten – wer mit Zahlenkolonnen auf Kriegsfuß steht, für den sind lange Abrechnungen oft ein Greuel. Doch bei der einfachen Prüfung auf Richtigkeit des Rechnungsbetrags kann man oft durch kluges Hinundherschieben von Zahlungen und Terminen noch die eine oder andere Mark herausschinden. Nur wer setzt sich schon hin und prüft haarklein nach, ob tatsächlich alle Tarife stimmen?

Du natürlich und zwar für Geld. Diese besonders pfiffige Geschäftsidee kommt aus Amerika. Professionelle Rechnungsfahnder suchen nach Fehlern in Rechnungen. Das hört sich kurios an. Doch für große Unternehmen ist die Inanspruchnahme dieses Service durchaus interessant. Zudem wächst die Nachfrage nach solchen Dienstleistungen, weil viele Unternehmen ihre Verwaltungen abbauen.

Als Einsteiger mußt Du über kaufmännische Kenntnisse verfügen, und vor allem mußt Du Dich gut im Dschungel der Sonderkonditionen und Tarife auskennen. Als Honorar verlangst Du die Hälfte des Betrags, den Du für Deinen Kunden rausgeschlagen hast.

Fahr-Service 741

Diese pfiffige Idee eines jungen Frankfurter Unternehmers bietet sich zum Nachmachen an: Ein Fahrdienst für Nachtschwärmer. Das Problem kennt jeder: Man hat in der Kneipe mal wieder über die Stränge geschlagen, statt der erlaubten zwei Bierchen sind es doch sieben geworden. Fahren ist auf keinen Fall mehr drin. Und vor der Türe steht das Auto. Es bleibt also nur die Möglichkeit, aufs Taxi umzusteigen, um sicher nach Hause zu kommen. Nur das Auto muß am nächsten Tag irgendwie her.

Genau hier liegt die Idee des jungen Frankfurters. Er schickt seine Mitarbeiter auf Winzmopeds zum Kunden. Diese kleinen Zweiräder kann man zusammenklappen und einfach im Kofferraum verstauen. Die Kunden werden dann im eigenen Wagen nach Hause kutschiert. Am Ziel angekommen, klappt der Chauffeur sein Moped wieder aus und fährt zurück zur Zentrale.

Wer sich mit einem Nachtschwärmerservice selbständig machen will, braucht einige Mopeds und eine Telefonanlage, über die die Fahrer dirigiert werden. Werbung machst Du am besten per Handzettel in Kneipen oder mit Plakaten, die Du in den Vergnügungsvierteln Deiner Stadt aufhängst.

Fakten sammeln 742a

Eine Geschäftsidee, die vor allem seit der Wiedervereinigung zieht. Trotz aller Bemühungen sind bei vielen Grundstücken und Häusern immer noch Eigentumsfragen offen. Traurige Folge: Der Besitz kann nicht verkauft,

saniert oder anderweitig verwendet werden. Bis vor ein paar Jahren war es so, daß in solchen Streitfällen Ansprüche auf Immobilien einfach beim Grundbuchamt angemeldet werden konnten. Die Beamten waren dafür zuständig, den Anspruch zu prüfen. Das ist seit 1992 anders. Wer Ansprüche auf ein Grundstück oder Haus geltend macht, muß seine Rechte an der Immobilie selbst nachweisen. Für den Normalbürger ist es fast unmöglich, sich durch alle Grundbücher und Dokumente zu wühlen. Die Arbeit erfordert Sachkenntnis und vor allem Zeit.
Wenn Du ein Händchen fürs Recherchieren hast, ist diese Geschäftsidee ideal für Dich. Dein Verdienst besteht in einer Provision – beispielsweise 5 Prozent des Immobilienwerts. Deine Leistung bietest Du am besten per Zeitungsinserat an. Die Anfangsinvestitionen sind gleich Null. Diesen Service kannst Du auch erweitern, indem Du in allen Verwaltungsfragen für Deine Kunden Informationen beschaffst.

742b Film- und Video-Editor

Diese Leute lassen sich Rohfilme von den Herstellern geben und bearbeiten sie von Video- und Magnetbändern am Computer. Als Freischaffender/in mußt Du Dich bei Filmproduktionsfirmen oder TV-Anstalten vorstellen u. Dich um entsprechende Aufträge bemühen. Monatlich sind 8000–10 000 Mark zu verdienen.

743 Firmenbroschüren

Jedes Unternehmen, das etwas auf sich hält, läßt alle paar Jahre eine neue Firmenbroschüre produzieren. Inhalt: Firmenporträt, Produktpalette, Umweltengagement, Auslandsaktivitäten und so weiter. Diese Broschüre – mit Vorliebe auf Hochglanzpapier gedruckt – wird Kunden und Interessenten auf Messen, Ausstellungen und bei Geschäftsbesuchen überreicht. Journalisten wird gern neben einer Pressemitteilung noch eine Firmenbroschüre zugeschickt.
Deine Geschäftsidee: Du bietest kleinen und mittleren Unternehmen, die sich keine eigene Presse- und Werbeabteilung leisten können, an, eine Firmenbroschüre für sie zu produzieren. Dein Angebot beinhaltet alle notwendigen Arbeitsschritte: Konzeptionsplanung mit dem Chef, Recherche in den verschiedenen Abteilungen, Erstellung von Produktfotos, Firmenbil-

dern, Luftaufnahmen und Porträts, Erstellung der Texte, Lektorat, Layout, Belichtung und Druck. Das soll aber nicht heißen, daß Du auf sämtlichen Gebieten selber tätig werden mußt.
Natürlich beauftragst Du Experten: Für die Fotos einen Industriefotografen, für die Texte einen oder mehrere freie Journalisten, und das Layout besorgt ein freier Grafiker. Du kalkulierst die Gesamtkosten und berechnest dem Unternehmen einen Preis pro Broschüre – bei einer garantierten Abnahme von x-tausend Stück.

Firmenmäntel verkaufen 744

Wer ein neues Geschäft plant, gründet oft eine Gesellschaft zur Haftungsbegrenzung. Eine Gesellschaft mit beschränkter Haftung (GmbH) etwa, oder eine Aktiengesellschaft (AG). Allerdings: Es kann viele Monate dauern, bis alles ordnungsgemäß im Handelsregister beim Amtsgericht eingetragen ist. Währenddessen muß der Unternehmer zum Firmennamen den Zusatz »i.G.« – in Gründung – tragen. Ein Zusatz, der potentielle Kunden oft abschreckt. Und bis zur vollständigen Eintragung der neuen Firma im Handelsregister muß der Unternehmer auch noch selbst voll haften.
Wer dagegen einen vorgegründeten und schon eingetragenen Firmenmantel erwirbt, umgeht die lästige Warterei und das oft kundenverschreckende »i.G.«. Und muß derweilen auch nicht mit seinem persönlichen Vermögen haften. Gründe Du eine Kapitalgesellschaft vor und verkaufe sie später mit gutem Gewinn. Es ist nämlich zulässig, Firmen auf Vorrat zu gründen. Diese warten dann, ohne daß sie ihre Geschäftstätigkeit sofort aufnehmen müssen, auf eilige Käufer.
Mindestens 3000 Mark Verkaufsprovision für einen GmbH-Mantel und 10000 Mark für einen AG-Mantel sind angemessen, bescheren dem Verkäufer ein gutes Einkommen und sind ein Klacks für den Käufer, gemessen an den für ihn damit verbundenen Vorteilen.
An Kunden kommst Du durch Kleinanzeigen im Handelsblatt und der FAZ.

Firmenpräsentationen 745

Gerade kleine und mittlere Firmen legen ihren ganzen Ehrgeiz in die Produkte und Dienstleistungen, haben dann aber nur noch wenig Kapazitä-

ten für eine gute Präsentation beim Kunden. Und gerade darauf legen viele meist besonderen Wert.
Deine Geschäftsidee: Du bringst für Deine Kunden ihr Angebot, Zahlen, Daten und Fakten in Form, Du fertigst Folien für eine flüssige Darstellung am Tageslichtprojektor an und stellst Mappen mit den Kerninformationen des Angebots zusammen. Darüber hinaus schulst Du das Verkaufspersonal, wie man eine überzeugende Präsentation beim Kunden durchzieht.
Als Sonderservice bereitest Du auch für Firmen ihren Messeauftritt vor: je nach Wunsch als informative oder als amüsante Präsentation.

746 Fitneß-Partys

Fitneß-Studios sind stets bemüht, den Kontakt zu den Mitgliedern zu festigen und so etwas wie Gemeinschafts- und Vereinsgefühl zu erzeugen. Das geht am besten mit Festen und Partys, die man in unregelmäßigen Abständen für die Mitglieder organisiert. Nur ist nicht jeder, der ein Fitneß-Studio leiten kann, auch gleichzeitig ein perfekter Feten-Organisator. Und wenn solch eine Gemeinschafts-Party erst einmal ins Wasser gefallen ist, wird beim nächsten Mal der Andrang eher mäßig sein.
Deine Geschäftsidee: Du organisierst Partys speziell für Fitneß-Studios. Du sorgst für Verstärkeranlage, Disco-Beleuchtung, Büfet und Cocktail-Bar. Du verwandelst die Trainingsräume in einen Partykeller. Natürlich sorgst Du auch für ein entsprechendes Unterhaltungsprogramm. Das besteht zum einen aus themengerechten Show-Einlagen – etwa Aerobic-Dance oder Kraftakrobatik – und zum anderen aus den allseits beliebten Party-Spielchen. Schließlich sollen sich die Klubmitglieder ja kennenlernen. Deine Provision berechnest Du je nach Arbeitsaufwand und benötigtem Material.

747 Freizeitbörse

Immer mehr jüngere Frauen und Männer leben als Singles. Viele von ihnen sind beruflich stark eingespannt, haben viele Termine und wenig Zeit. Es fällt ihnen (aber auch Paaren und Nur-Hausfrauen) manchmal schwer, Tennis-, Squash- oder Badmintonpartner zu finden. Die Betreiberin einer Mitsportzentrale bringt Sportbegeisterte und solche, die es werden wollen,

zusammen. In ihrer Datenbank sammelt sie die Adressen und Interessen von Gleichgesinnten, stimmt Sportarten, Treffpunkte und Termine ab. Bei guter Resonanz kann die Zentrale ihren Service auf diverse Freizeitaktivitäten (z.B. Essengehen, Konzert- und Kinobesuche, Kurzreisen und gemeinsame Ausflüge) ausweiten.
Was Du dazu tun mußt: Anzeigen schalten und Zeitungsartikel lancieren, Handzettel drucken und verteilen, Plakate in Schulen, Unis, Kneipen und im Supermarkt aufhängen.

Frühstücks-Service 748

Das Mittagessen auf Rädern gibt es schon lange. Doch ans Frühstück oder den kleinen Imbiß zwischendurch hat noch kaum jemand gedacht. Ein solcher Lieferservice ist eine echte Marktlücke. Für viele Arbeitnehmer stellt sich nämlich tagtäglich das gleiche Problem: Das Unternehmen hat keine Kantine und in der nächsten Nähe gibt es keine Geschäfte oder Imbißbuden, an denen man sich versorgen kann. Mobile Händler, die morgens belegte Brötchen und Milch und mittags Sandwiches oder Kuchen bringen, können bei diesen Firmen einen beachtlichen Umsatz machen. Als Anbieter brauchst Du lediglich ein Lieferfahrzeug und ein Handy, um immer erreichbar zu sein. Mehr nicht. Deinen Service kannst Du per Rundschreiben, Handzettel oder Aushang am schwarzen Brett der Unternehmen bekanntmachen.

Ganzjähriger Flohmarkt 749

Flohmärkte sind immer ein beliebter Publikumsmagnet. Was spricht dagegen, den guten alten Trödelladen wieder aufleben zu lassen? Bei unseren Nachbarn in Frankreich ist das völlig normal. In Deutschland hingegen ist dieser Markt eher von extrem hochpreisigen Antiquitätenhändlern besetzt. Dabei ist ein Dauerflohmarkt ideal für Möbel, Elektrogeräte und Haushaltsgeräte der mittleren Preisklasse. Alles, was Du dazu brauchst, ist ein entsprechend großer Raum oder ein Platz in gut erreichbarer Lage sowie ein sicheres Gefühl dafür, welche Händler Du an Land ziehen mußt, um Deinen Dauerflohmarkt für die Leute interessant zu machen.

750 Geburtstags-Service

McDonald's hat es vorgemacht. Der Hamburgerbrater stellt Räume speziell für Kindergeburtstage zur Verfügung. In Großstädten sind sie oft auf Wochen hin ausgebucht. Für viele Eltern kommt das Angebot gerade recht. Denn: Nicht jeder hat eine entsprechend große Wohnung, um Kindergeburtstage feiern zu können. Manchen Eltern ist der Trubel auch einfach zu viel Belastung fürs ohnehin schon überstrapazierte Nervenkostüm oder aber sie fürchten sich – nicht ohne Berechtigung – vor Schokoladenflecken auf dem neuen weißen Sofa.

Eine Kölner Unternehmerin hat das auf eine gute Idee gebracht. Sie organisiert Kindergeburtstage in einem eigens dafür eingerichteten Ladenlokal. Das Angebot ist gut eingeschlagen. Die Geschäftsfrau ist auf Wochen ausgebucht und überlegt bereits, eine Filiale zu eröffnen. Neben einem geeigneten Raum mit Kochmöglichkeit für die Verköstigung sollte das Ganze natürlich kindergerecht sein.

Diese Geschäftsidee ist ideal für alle, die in der Kinderbetreuung tätig waren, etwa Erzieherinnen. Für einen Nachmittag mit zehn Kindern inklusive Verköstigung kannst Du 500 Mark verlangen. Das ist ein lukratives Geschäft. Du brauchst dazu allerdings eine Genehmigung vom Jugendamt; wenn Du Essen und Trinken anbietest, auch vom Gesundheitsamt. Neben der Raummiete mußt Du anfangs schon ein bißchen was in die Innenausstattung und für Spielzeug investieren. Mit etwa 30 000 Mark Startkapital kannst Du allerdings schon ein Geburtstagslokal mit allen Schikanen bieten.

751 Geräteverleih

Noch eine Geschäftsidee, die vom Heimwerkertrend lebt. Daß Selbermachen in ist, zeigt schon die Flut von Baumärkten, die fast täglich neu eröffnet werden. Doch wer hat schon für jeden Fall das richtige Werkzeug im Haus? Wenn es mal mehr als eine Bohrmaschine sein soll, sieht es in deutschen Handwerkerkellern nämlich eher trist aus.

Deine Geschäftsidee: Du verleihst Werkzeug. Gerade Spezialgeräte wie Elektrohobel, Fräsen, Heißluftgebläse, große Sägen und Verlängerungskabel sind den meisten Heimwerkern zu teuer, um sie fürs einmalige Renovieren anzuschaffen. Wenn Du diese Geräte tageweise vermietest, hast

Du Dir eine solide Einnahmequelle geschaffen. Bis die Werkzeuge ihren Geist aufgeben, kannst Du sie meist mehrere Jahre vermieten. Den Kaufpreis hast Du dagegen schon nach schätzungsweise acht bis zehn Vermietungen wieder drin. Ein idealer Standort für ein solches Geschäft ist natürlich die Nähe eines Baumarktes.

Geschenkberater 752

Jedes Jahr um die Weihnachtszeit bricht in vielen Firmen das große Rätselraten aus: Was erhalten die Geschäftskunden als kleines Aufmerksamkeitsgeschenk? Was bekommen gute Kunden als wertvolles Präsent für die langjährige Zusammenarbeit?
Deine Geschäftsidee: Du bietest Firmen Deine Dienste bei der Auswahl und beim Kauf der Werbegeschenke an. Die Firmen nennen Dir die Namen der Kunden, deren Bedeutung und Vorlieben. Du recherchierst in Designer-Geschenkläden, in Geschenk-Katalogen und direkt bei Herstellern von Geschenkartikeln. Dann unterbreitest Du Deinen Auftraggebern Vorschläge mit Preiskalkulationen – inklusive Verpackung und Versand, den Du auf Wunsch gleich mit organisierst.
Deine Provision machst Du von der Vielfalt der Geschenke, Deinem Arbeitsaufwand und dem Gesamtumfang des Auftrags abhängig.

Geschenkkorb-Service 753

Hochzeiten, Jubiläen, Geburtstage und Geburten – das alles sind willkommene Anlässe für Geschenkkörbe. Allerdings zeugt es von wenig Einfallsreichtum, mit einem vorbereiteten Geschenkkorb vom Feinkostladen oder aus dem Warenhaus aufzuwarten. Die Zeiten, in denen man sich Lebensmittel geschenkt hat – und aus denen bestehen herkömmliche Geschenkkörbe zumeist immer noch – sind vorbei. Die wenigsten Leute freuen sich noch wirklich über Schnecken aus der Dose, ein Pfund Kaffee, Cocktailkirschen oder Gänseleberpastete.
Deine Geschäftsidee: Du stellst, je nach Anlaß und zu beschenkender Person, individuelle, einfallsreiche und ausgefallene Geschenkkörbe zusammen. Der Geschenkkorb zur Geburt eines Kindes etwa enthält neben Holzspielzeug, Babykosmetik und einer bunten Krabbeldecke vielleicht auch noch einen versilberten Bilderrahmen für die ersten Fotos vom Sprößling.

Je genauer Deine Auftraggeber Dir sagen, welche Eigenarten und Vorlieben der zu Beschenkende hat, um so besser kannst Du dem Korb eine ganz persönliche Note verleihen. Deine Provision richtet sich nach Deinem Zeitaufwand und dem Warenwert des Korbs.

754 Geschenk-Service

Was tun, wenn die Tante Geburtstag, man selbst hat aber gerade keine Zeit zum Gratulieren hat? Die konventionelle Methode: Ein Blumenstrauß, mit Fleurop verschickt, wird pünktlich geliefert und verbreitet Freude.
Die Geschäftsidee: Der verhinderte Gratulant bestellt in Deinem Geschenkartikelladen persönlich oder telefonisch – beispielsweise von der Geschäftsreise aus – ein hübsches Präsent. Du kannst ihn natürlich kompetent beraten, welches Geschenk für die Tante am besten passen würde. Schön verpackt und mit einem netten Gruß des Neffen versehen, wird das Geschenk von Dir am Geburtstagsmorgen an die Tante ausgeliefert – mit dieser Überraschung stichst Du garantiert jeden Fleurop-Strauß aus.
Dein Service eignet sich insbesondere für Leute, die am entsprechenden Termin verhindert sind. Auch Firmen, die ihre Mitarbeiter zu den Geburtstagen und zu Jubiläen beschenken, werden dankbar sein, wenn Du ihnen anbietest, die Termine zu verwalten und die Schenkerei vom Aussuchen und Einpacken bis hin zum Abliefern zu übernehmen.

755 Go-Kart-Bahn

Spätestens seit Schumis Erfolgen sind die Deutschen im Geschwindigkeitsrausch. Das neueste Freizeitvergnügen nennt sich Hallen-Go-Kart: Eine eingezäunte und gut abgesicherte Rennstrecke in einer alten Lagerhalle ist der Schauplatz – die Miniflitzer bringen gut und gern 50 Stundenkilometer auf die Piste. Bislang gibt es erst knapp 50 Bahnen in Deutschland, die allesamt gute Umsätze machen. Eine gutbesuchte Go-Kart-Bahn bringt mehr als 3 Millionen Mark Jahresumsatz.
Die Erstausstattung kostet etwa 200 000 Mark. Bedingung ist aber zuallererst die richtige Räumlichkeit. Du brauchst richtig viel Platz, und am besten liegt die Go-Kart-Bahn auch nicht direkt mitten in einem Wohngebiet, weil die Miniflitzer ordentlich Krach machen. Am besten eignen sich ehemalige Fabrik- oder Lagerhallen. Da zur Zeit in vielen Gewerbegebieten Immo-

bilien leer stehen, sind die Chancen günstig, preiswert eine Halle anzumieten. Informationen über Go-Kart-Hersteller und Bahnen gibt der Deutsche Motorsport-Verband in Frankfurt.

Handwerker-Vermittlung 756

10 Grad minus und die Heizung tut's nicht mehr; die Badewanne ist leck; und Kachel für Kachel verabschiedet sich von der Wand ... Wo kriegt man schnell einen Spezialisten her? Der Handwerker-Vermittler hat Maler, Elekriker, Fliesenleger usw. in seiner Kartei, die ohne lange Wartezeiten einsatzbereit sind. Der Service koordiniert die Aufgaben und schickt je nach Auftrag einen oder mehrere seiner Fachleute zum Kunden.
Knüpfe Kontakte zu Handwerkern über das Branchenbuch; schalte Kleinanzeigen; trage Deine Firma ins Branchenbuch ein.

Handwerk im Abo 757

Diese Geschäftsidee für Handwerker hat in Frankreich großen Erfolg. Handwerker vom Schlosser bis zum Schreiner bieten ihre Leistungen im Abonnement an. Sie verlangen eine monatliche Pauschale. Dafür können die Kunden regelmäßig ihre Dienste für Reparaturen und Beratungen in Anspruch nehmen. Damit sich die Sache lohnt, wird vorher vertraglich festgelegt, welche Leistungen dazugehören und wie lange Du maximal im Monat bei Deinen Kunden tätig bist.

Handwerkshilfe verkaufen 758

Handwerker sind teuer, also versuchen sich viele in Heimarbeit. Baumärkte mit Do-it-yourself-Angeboten florieren. Doch ein Problem bleibt: Viele Heimwerker sind zwar willens, haben aber wenig oder gar keine Ahnung, wenn es ums Verlegen von Rohren, Fliesen oder die Wärmeisolierung geht. Und in den großen Baumärkten gibt es auch kaum noch Fachberatung. Traurige Folge: Der Heimwerker bastelt ambitioniert, aber dilettantisch, und muß nachher für teures Geld dennoch eine Fachkraft kommen lassen – doppeltes Geld für die gleiche Arbeit also.
Für Handwerker bietet sich hier ein lukratives Geschäft. Anstatt Deine Arbeitsdienste anzubieten, verkaufst Du Dein Know-how als Handwerker und machst Dich als Selbstbauberater selbständig. Die Zahl Deiner potenti-

ellen Kunden ist riesig und wächst ständig. Du kommst für ein vereinbartes Honorar bei Deinen Kunden vorbei und hilfst bei der Planung und beim Einkauf. Außerdem stehst Du bei dringenden Problemen während des eigentlichen Heimwerkelns als SOS-Service zur Verfügung. Als Berater mußt Du lediglich in Kleinanzeigen investieren. Um das Geschäft abzurunden, kannst Du nebenbei noch Werkzeuge vermieten.

759 Handy-Verkauf

Netzanbieter und Verbrauchermärkte sitzen zu tief drin, machen den Kleinanbieter kaputt.

760 Hausmeister-Service

Das Hausmeisterdasein hat heutzutage nichts mehr damit zu tun, in einem grauen Kittel herumzulaufen und die Bewohner aufzufordern, die Schuhe abzutreten. Gerade für große Bürohäuser werden Hausmeister gesucht, die eine technische Rundumbetreuung anbieten.
Deine Geschäftsidee: Du bietest Eigentümern von Bürogebäuden einen Rundum-Pflege- und Wartungsvertrag. Der beinhaltet Betreuung der Büros, Wartung von Lüftung, Heizung, Aufzügen, Sicherheits- und Kommunikationstechnik. Keine Angst: Das heißt nicht, daß Du auf allen Gebieten ein absoluter Fachmann sein mußt. Du beauftragst für die jeweiligen Aufgaben Fachbetriebe. Für den Hausbesitzer und die Büromieter bist jedoch Du der Ansprechpartner – und das sieben Tage die Woche. Alle Mieter wissen es zu schätzen, wenn es bei Problemen jedweder Art nur eine Kontaktperson gibt, die sich sofort und kompetent der Mißstände annimmt.

761 Hochzeits-Service

Die Zeiten werden wieder romantischer. Was früher kurz und nüchtern auf dem Standesamt abgewickelt wurde, wird heute wieder mit großem Pomp gefeiert. Heiraten ist wieder in. Und der schönste Tag im Leben soll natürlich etwas Besonderes sein. Doch viele Brautpaare haben keine Erfahrung mit der Organisation großer Feste.
Deine Geschäftsidee: Du organisierst Hochzeiten. Wenn Du dabei mit etwas Besonderem aufwarten kannst, wird sich der Service bald herumsprechen.

Denn gerade, wenn es ums Heiraten geht, greifen die Leute gern etwas tiefer in die Tasche. Schließlich wollen sie es – so hoffen sie – ja nur einmal tun. Am besten lieferst Du Fix-und-fertig-Paketlösungen, die sich dann individuell erweitern und verändern lassen. Zu Deinem Angebot gehören die Hochzeitskutsche, der schnittige Sportwagen oder der edle Oldtimer für die Fahrt in die Kirche; außerdem das Festzelt, der rustikale Rittersaal oder das exklusive Schloßrestaurant. Du sorgst für das Unterhaltungsprogramm, von der volkstümlichen Bauernhochzeit bis zur Erlebnishochzeit mit Fallschirmsprung und Gauklern. Der Vorteil bei diesem Geschäft: Du brauchst lediglich Organisationstalent und ein paar Mark für die Anfangswerbung. Sonst hast Du keine Investitionen, weil Du natürlich alles, was Du brauchst, selber mietest.

Hometrainer 762a

In den USA wächst die Zahl der Fitneßtrainer, die ihre Kunden zu Hause besuchen und betreuen. Eine Welle, die auch nach Deutschland schwappen wird. Vielen ist nämlich der Gang ins Fitneßstudio zu umständlich oder schlicht unangenehm. Also bestellen sie einen Trainer nach Hause, der ein individuelles Sportprogramm entwickelt und die Übungen mit den Kunden zusammen macht.

Voraussetzung für den Job ist natürlich absolute körperliche Fitneß. Zudem brauchst Du eine Grundausstattung an Fitneßgeräten wie Hanteln, Springseile, portable Stairmaster und Trimmräder. Außerdem brauchst Du medizinische Grundkenntnisse, um die Belastbarkeit Deiner Kunden richtig einschätzen zu können. Du kannst Dein Angebot auch mit Sportschulungen verbinden, indem Du Kurse und Beratungen anbietest und Deinen Kunden Sportprogramme maßschneiderst – etwa zur Gewichtsreduzierung oder Rehabilitation. Bei Deiner Rundumbetreuung richtest Du Dich natürlich nach den individuellen Kundenwünschen und machst Programme für die jeweils gewünschte Sportart – ob Schwimmen, Laufen oder Gymnastik.

Info-Broker 762b

Als solcher nutzt Du weltweit das Internet und die etwa 9000 Datenbanken, um für potente Auftraggeber schnellstmöglich Informationen u. Daten zu finden oder Wissensfragen zu beantworten. Da will z.B. einer wissen, wo die meisten Kosmetika verkauft werden oder wer konkave Nagelfeilen oder pfiffige und seriös aussehende Schlüsselanhänger herstellt. Oder welchen Umsatz ein neuer PC erzielt. Oder ich als Verfasser will wissen, welches die leistungsstärkste Schweizer Lebensversicherung ist. Gut ist es da, wenn Du ein Aufbaustudium dafür an der Uni Konstanz hinter Dir hast. Oder ein As im Computerbereich bist. Als selbständiger Info-Broker kannst du pro Recherche bis zu 1000 DM fordern.

763 Internet-Café

Alle reden über das Netz der Netze, das Internet. Viele würden das sogenannte Netzsurfen auch gern ausprobieren, doch dazu fehlt es ihnen an technischen Möglichkeiten und natürlich an Erfahrung. Internet-Cafés schließen diese Lücke. Hier können Besucher bei einer Tasse Kaffee oder einem Glas Bier gemütlich am Bildschirm sitzen und unter fachkundiger Leitung durchs Internet surfen.

In einigen Großstädten gibt es – meist in Uninähe – schon solche Angebote. Da das Internet aber mittlerweile nicht nur Computerfreaks mit Informatik-Ambitionen, sondern auch Otto Normalverbraucher interessiert, hat ein solches Café auch in jeder Kleinstadt beste Erfolgschancen. Der Schwerpunkt liegt dabei weniger auf der gastronomischen Seite. Es reicht oft, wenn Du Getränke und ein paar Kleinigkeiten zum Essen anbietest. Wichtig sind die richtige Ausstattung mit Computern und genügend Anschlüsse an das Netz, damit auch mehrere Kunden auf einmal surfen können.

Abgerechnet wird im 10-Minuten-Takt. Der Kunde zahlt für jede angefangene Zeiteinheit, ähnlich wie in einem Parkhaus. Du kannst auch eine Pauschale verlangen. Voraussetzung ist allerdings, daß Du Dich selber mit dem Internet auskennst. Falls dem nicht so ist, solltest Du auf jeden Fall eine entsprechende Fachkraft einstellen. Versuch es mal beim Studentenservice. Junginformatiker leisten gute und billige Dienste. Neben einem Ladenlokal brauchst Du etwa fünf Computer. Mindestinvestition für die Hardware: 20000 Mark.

Kinderbedarfsartikel aus zweiter Hand 764

Kinder kosten Geld. Junge Familien können ein Lied davon singen. Entsprechend oft werden die Kindersachen weitergereicht, an Freunde und Bekannte, Nachbarn und Kollegen. Der private Tauschhandel floriert, doch längst bekommt nicht jeder, was er braucht. Wer mit einem professionell aufgezogenen Secondhand-Laden für Kinderklamotten Tauschlücken schließt, hat gute Geschäftschancen. Neben Jäckchen und Stramplern sollte das Sortiment auch Kinderbedarf wie Kinderautositze, Laufställe, Kinderwagen, Kinderstühle und Wickelkommoden beinhalten. Auch für die Kleinsten gibt es inzwischen Designer-Klamotten. Diese teuren Einzelteile finden via Secondhand besonders guten Absatz. Du solltest also auf jeden Fall darauf achten, daß Du ein paar außergewöhnliche Stücke anbietest.
Als Einsteiger bietet Dir die Idee eines solchen Secondhandshops den Vorteil, daß Du mit geringem Startkapital auskommst. Denn: Teure Einzelstücke – etwa die besagten Designer-Klamotten – kaufst Du nicht sofort, sondern nimmst sie in Kommission. So gehst Du keine größere finanzielle Verpflichtung ein.

Kindernachtstätte 765

Wenn Eltern mal wieder richtig ausgehen oder bis spät in die Nacht arbeiten, dann müssen oft Großeltern oder gute Freunde einspringen. Doch was, wenn diese nicht in der gleichen Stadt wohnen oder keine Zeit haben? Dann hilft die Kindernachtbetreuerin – die Alternative zur Kindertagesstätte: Hier übernachten die Kids, bis die Eltern sie am nächsten Morgen wieder abholen. Vorlesen, spielen, Kinderlieblingsspeisen kochen – ein Allround-Service, ideal für alle, die selbst Kinder haben.
Du brauchst dazu: Gewerbeschein; große Wohnung; Spaß am Umgang mit Kindern. Ab drei Kindern: Pflegeerlaubnis vom Jugendamt, polizeiliches Führungszeugnis. Spielzeug; Kinderbetten; kindgerechte Snacks.
Frage beim Jugendamt nach. Dort gibt es auch Informationsseminare für Kinderpflege. Außerdem: Aushänge in Kindergärten, Schulen, bei Kinderärzten, in Kinderboutiquen usw.

766 Kinderbetreuungsstation

Ob kurzfristiger Geschäftstermin oder Babysitter, der plötzlich absagt: Wo bekommen Eltern jetzt auf die Schnelle einen verläßlichen Aufpasser für den Nachwuchs her? Die Kinderbetreuungsstation vermittelt – nicht nur für Notfälle – erprobte Fachkräfte. Variante eins: Kontakt zu privaten Kunden, also Eltern, die sporadisch einen Babysitter suchen. Eine zweite Variante ist die Vermittlung von Kindergartenplätzen oder Tagesmüttern an Firmen, die für ihre Mitarbeiter auf der Suche sind. Das Ganze funktioniert wie ein Klub: Die Kunden (Eltern bzw. Firmen) zahlen einen Jahresbeitrag und nehmen die Vermittlung sooft sie wollen in Anspruch. Eine der Hauptaufgaben ist jedoch der Aufbau eines »Babysitter-Pools« – Betreuer, die langfristig mitarbeiten. Von ihnen erhält man dann eine Provision auf Stundenbasis.

Wie Du an Aufträge rankommst: Aushänge in Kindergärten, bei Kinderärzten, Fachgeschäften für Kinderbekleidung; größere Unternehmen anschreiben.

767 Koch-Service

Aus einer persönlichen Leidenschaft kannst Du auch ein gutes Geschäft machen: Indem Du Deine Kochkunst vermietest. Im Gegensatz zum üblichen Partyservice kommt der Mietkoch ins Haus des Auftraggebers – sei es nun ein Privathaushalt oder ein Unternehmen – und kocht für die Gäste. Mietköche werden vor allem bei Geschäftsleuten immer beliebter, die ihre Geschäftskunden in häuslicher Atmosphäre verköstigen wollen. Aber auch für die kleine Privatparty mit ein paar Freunden wird diese ausgefallene Variante der Bewirtung immer beliebter.

Voraussetzung: Zum einen mußt Du natürlich wirklich gut kochen können. Außerdem fällt meistens auch die Bedienung am Tisch in Deinen Aufgabenbereich. Also brauchst Du auch gute Umgangsformen und ein geschicktes Kellner-Händchen. Du mußt Dich für diese Tätigkeit beim Gewerbeamt anmelden und brauchst ein Zeugnis des Gesundheitsamts. Der Vorteil dieser Geschäftsidee: Du hast praktisch keine Anfangsinvestitionen.

Koffergeschäfte 768

»Gut beraten – zu Hause gekauft« – nach dieser Methode machen reisende Außendienstler ihren Gewinn. Sie verkaufen im Auftrag von Handelsfirmen auf eigene Rechnung Produkte aller Art.

Deine Geschäftsidee: Wenn Du gut mit Menschen umgehen kannst, im Gespräch überzeugend Deine Argumente vertreten und den Nutzen eines Produkts herausstellen kannst, ohne daß sich dies nach plattem Anpreisen anhört, dann wirst Du Dich als selbständiger reisender Verkäufer sicher gut etablieren. Handelsfirmen und Hersteller suchen immer händeringend gute Außendienstverkäufer. Viele Firmen bieten Newcomern erst einmal eine kostenlose Schulung in Sachen Verkaufsgespräch an. Informationen, welche Betriebe Verkäufer für welche Bezirke suchen und welche Waren an den Mann gebracht werden sollen, gibt es bei Deiner zuständigen Industrie- u. Handelskammer.

Kofferverleih 769

Die Idee kommt aus Japan: Koffer nicht kaufen, sondern pumpen. Auf den ersten Blick scheint die Idee recht kurios. Doch bei näherem Hinsehen spricht nichts dagegen, daß sich dieses Geschäft auch in Deutschland durchsetzen wird. Immer mehr Bundesbürger geben immer mehr Geld für ihren Urlaub aus. Und wer hat schon für jede Gelegenheit den passenden Koffer? Eine Neuanschaffung etwa von flugtauglichen Gepäckstücken kann die Urlaubskasse extrem belasten. Wer Eindruck schinden will, reist auch gern mit einem passenden Kofferensemble. Und wer nicht oft mit der feinen Geschäftsgarderobe verreist, für den ist die dauerhafte Anschaffung eines sogenannten Kleidersacks nicht sinnvoll.

Grundvoraussetzung für ein florierendes Verleihgeschäft ist eine wirklich gute Ausstattung mit Koffern jeglicher Größe und Couleur. Mit anderen Worten: Du mußt schon etwas in die Erstausstattung investieren. Als Standort eignet sich besonders gut die Nähe eines Reisebüros.

Krawattenladen 770a

Als Franchise-Geschäft unter dem Namen Tie-Rack gibt es Spezialgeschäfte für Krawatten schon seit einiger Zeit – und das mit großem Erfolg. Doch auch der ganz individuelle Krawattenladen hat Konjunktur. Exklusive Einzelstücke, handbemalt oder bestickt, finden reißenden Absatz. Wer modisch kreativ ist, Seidenmalerei beherrscht und dazu noch genug guten Geschmack hat, um auch Krawatten fremder Hersteller stilsicher einzukaufen, kann damit gutes Geld verdienen. Sei es mit einem eigenen Laden oder als Zulieferer von exklusiven Herrenboutiquen. Ganz wichtig ist hier der Standort – denn nicht jedes Käuferpublikum ist bereit, mehr als 50 Mark für eine Krawatte hinzulegen. Es sollte schon eine Stadt mit modebewußtem Publikum sein, das großen Wert auf individuelle und hochwertige Kleidung legt.

770b Künstler in Sachen Papierschneiden

Trick

Der Supertrick für scharf Hinschauende
Ungeahnte Geldschwemme durch künstlerische Arbeiten

Für diesen Klasse-Job mußt Du allerdings ein paar Wochen fleißig üben. Dafür wirst Du aber mit viel Freude und einer Höchst-Stundenvergütung belohnt. Paß gut auf: Du schneidest Dir zuerst einmal alte Zeitungen in Postkartengröße aus und legst Dir ein paar große Stapel davon auf den Tisch. In einem Messer- und Scherenfachgeschäft – evtl. auch in einer guten Drogerie – erwirbst Du eine erstklassige Solinger Schere, deren Schenkel eine Länge von etwa 10 cm besitzen.

Und nun kann's losgehen:

Als Rechtshänder setzt Du neben Dich das Profilbild Deiner Partnerin, rechts liegt das Zeitungspapier griffbereit. Und nun ziehst Du davon jetzt Blatt für Blatt ab, um das Profil auf dem Foto in das Papier zu schneiden. Am Hals der Dame unten fängst Du an. Das Papier dreht sich dabei mehr als die Schere! Verzweifle nicht, wenn Du in den ersten Tagen nur so was wie verbeulte Coladosen- oder verlaufene Camembert-Profile hinzauberst. Übung macht den Meister! Dann nimmst Du Dir nach und nach die Gesichter Deines Kindes und Deiner Eltern vor.

Ich selbst schaffte es schon nach 3 Wochen des Übens ganz leidlich – nur am Nacken hinten auf gleiche Höhe des Kinns anzukommen, damit hab' ich noch Schwierigkeiten. Du siehst: Du mußt kein professioneller Portraitmaler sein – Du mußt nur immer üben, üben, üben. Du hast da schließlich auch mehr Zeit dafür als ich, weil Du nicht so aufreibende Bücher schreiben mußt.

So, und nun wird's ernst, wenn Du das Gefühl hast, ich bring eine ziemlich genaue Ähnlichkeit des Fotos oder des lebenden Modells zustande. Wichtig: Schneide immer die Augenwimpern als eine schmale Lippe zurecht, auch wenn das Vorbild kleine, nicht sehbare besitzt. Das bringt Leben in den Scherenschnitt! Und Brillenbügel und -gläser müssen als schmale weiße Schnitte erscheinen. Es gibt sogar Lehrbücher über Scherenschnitte, aber die sind nicht mal nötig. In alten Liederbüchern oder dergleichen findest Du ebenfalls genügend Anregungen. Kauf Dir in einem Schreibwaren- oder Hobybedarf-Geschäft 2000 Bogen schwarzes 70-g-Tonpapier, DIN A5, und zwar einmal gefalzt. Dann kannst du mit einem Schnitt gleich zwei Scherenschnitte auf einmal fertigen. Dann nimmst Du Schere und ein paar Bögen überall mit, wenn Du zu Partys oder zu Freunden und Bekannten gehst. Bald wirst Du dort Hahn im Korb sein oder viel Gelächter ernten, wenn Deine Scherenschnittprofile mehr Vogel- und Hasenköpfen als den Leuten gleichen.

Fällt deren Urteil über Deine Scherenschnittkünste aber positiv aus, dann begib Dich mit einem kleinen Klapptisch bewaffnet auf Flohmärkte, Jahrmärkte, Messeveranstaltungen oder in Kaufhäuser. Wo Du natürlich vorher die Veranstalter oder Chefs von Kaufhäusern fragen wirst, ob man es Dir erlaube, dort zum Spaß der Besucher Deine Kunst zu zeigen. Ja, so wirst Du es machen, denn nun bist Du in der Tat zum Künstler emporgewachsen.

Ist doch wunderbar, oder? Und das nur durch dieses Buch hier, welches Dich nicht mal einen Zwanziger gekostet hat. Und den holst Du Dir auch noch doppelt und dreifach zurück, wenn Du Dir meine Steuertricks zulegst.

Guter Rat: Eh daß ich's vergesse: Wenn Du mit Deiner Kunst unters Volk gehst, brauchst Du noch leichte, aufklappbare Papptaschen, in welche Du die zwei Scherenschnitte wie in einen kleinen Rahmen einschieben kannst. Worin längliche Ellipsen ausgestanzt sind, was dem Schnitt dann eine nostalgische Wirkung gibt. Und so die Zwanziger dafür nur so ans Fließen bringt, die Du den Kunden dafür abnimmst ...
Läuft das erst einmal, kannst Du Dir auch kleine Holz- und Goldrähmchen besorgen – wofür den Porträtierten ein Fünfziger nicht zuviel ist. Wenn Du gleich eine ganze Familie zusammen »profilieren« willst, klebst Du die einzeln gefertigten Schnitte mit kleinem Abstand nebeneinander. Willst Du mehr über die Technik wissen, so besorge Dir das preiswerte Büchlein »Schön geschnitten« beim Frech Verlag oder das teurere »Scherenschnitte, Schattenbilder, Portaits« vom Bruckmann Verlag.

771 Lackpflege für Nobelkarossen

Das Auto ist und bleibt des Deutschen liebstes Kind. Vor allem Nobelkarossen erfreuen sich wachsender Beliebtheit. In mancher Garage verbergen sich wahre Schmuckstücke, vom schnittigen Ferrari über den edlen Jaguar bis zum Rolls-Royce. Ein echter Autoliebhaber will seinem guten Stück auch die beste Pflege angedeihen lassen.
Deshalb schreiben Spezialisten für Lack- und Autopflege seit Jahren solide Umsatzzahlen. Sie bieten Spezialbehandlungen für den Lack an, reinigen schonend Polster und polieren die Chromteile. Die Politur ist selbstverständlich auf die alten Lacke abgestimmt. Kunden für einen solchen Service finden sich per Inserat oder Handzettel in Villengegenden. Aber auch Autohändler, die sich auf Edelfahrzeuge spezialisiert haben, nehmen einen solchen Dienst in Anspruch.

772 Ladeneröffnung – wer gehört zu wem?

Die scheinbare Vielfalt täuscht: In Wirklichkeit gehören die vielen Super- und Baumärkte, Discounter und Warenhäuser zu einer kleinen Gruppe mächtiger Handelsgruppen. Du erkennst: Im Lebensmittelhandel hast Du keine Chance.

Handelsgruppe	**Warenhäuser**	**Verbrauchermärkte**	**Supermärkte**	**Discountmärkte**	**Baumärkte**
Metro/Asko	Real, massa, Huma, Kaufhof, Horten, Kaufhalle	Meister, Primus, Extra, Kaufhalle	Schätzlein, Comet	Tip	Praktiker
Rewe	Toom, Jumbo	Eins A, Globus, Rewe Center, Minimal	HL, Düsseldorfer Supermarkt, Stüssgen, R-Kauf, Kontra, Direkt	Penny, Netto	Toom, Jumbo, Groka
Edeka	Kaufmarkt, Marktkauf, Big, Zentralkauf, Ceka	1a Discount, E-Center, Edeka Super 2000, neukauf, Dixi, Helco	Helco, Allfrisch, Condi, Nanz, Edeka aktiv, Delta, Ideal	Preisgut, Preisfuchs, NP-Markt, Treff	Herkules, Dixi
Aldi	–	–	–	Aldi	–
Karstadt/ Hertie	Karstadt, Hertie, KaDeWe, Alsterhaus, Bilka	–	–	–	–
Tengelmann	Magnet, Rudis Mini-Kaufhaus	Magnet, Grosso	Gubi, Kaiser's, Accos, Tengelmann	Plus, LeDi, Mini Discount, Rudis Reste Rampe	OBI

Lidl & Schwarz	Kaufland	Concord, Handelshof	–	Lidl	Hauser
Spar	Interspar, HZ Einkaufs-zentrum	Eurospar, Attracta, Franka, Interkauf	Spar, Frisch-markt, Bolle	Netto, Bonus, prima, Kodi	–

(Quelle: DM)

773 Lampenladen

Marktforschungsinstitute erforschen jedes Jahr, was sich besonders gut verkauft. Die Ergebnisse sagen Dir, womit Du in den nächsten Jahren gut Geld verdienen kannst. Besonders große Wachstumschancen sagen Marktforscher dem Leuchten- und Lampenhandel voraus. Modernes Design und viele technische Neuerungen rund ums Lichtmachen machen den Lampenhandel sehr lukrativ. Vor allem, wenn Du auf edles Design und Halogen setzt, hast Du gute Karten. Du brauchst für ein florierendes Geschäft auf jeden Fall ein Ladenlokal in guter Lage mit besten Dekorationsmöglichkeiten. Auf den großen Lampenmessen in Frankfurt und Hannover findest Du viele Hersteller, die ungewöhnliche und neue Produkte für diese Branche anbieten.

774 Lastenräder-Konstrukteur

Fahrradfahren ist in – nicht nur im Freizeitbereich, wo Mountainbikes und Citybikes Verkaufsschlager sind. Auch viele Geschäftsleute haben inzwischen erkannt, daß sich in der Innenstadt leichte Waren weitaus besser mit dem Drahtesel als mit dem Lieferwagen von A nach B transportieren lassen. Leider ist aber nicht jedes Rad für den Transport von Lasten geeignet.

Deine Geschäftsidee: Du produzierst und verkaufst spezielle Lastenräder. Dreirädrige Lastenräder etwa, die mit einem speziellen Container ausgerüstet sind, können durchaus ein Gewicht von 100 Kilo transportieren. Etwas schneller und wendiger, dafür nicht ganz so belastbar, sind die zweirädrigen Modelle, ähnlich denen, die die Post benutzt. Deine potentiellen Kunden – und dies sind vor allem Geschäftsleute, die regelmäßig Waren im Stadtgebiet ausliefern – kannst Du mit einer Wirtschaftlichkeitsrechnung überzeugen:

Was kostet ein Firmenwagen inklusive aller Nebenkosten und was kostet m Vergleich der Lastendrahtesel?

Leasing Secondhand 775

In Deutschland ist die Idee noch neu. Doch eigentlich ein Wunder, daß nicht früher jemand darauf gekommen ist, denn dieses Geschäft bietet beste Perspektiven: Der Gebrauchthandel mit ausgedienten Leasing-Objekten. Die Computer, Maschinen und Telefonanlagen aus abgelaufenen oder geplatzten Leasing-Verträgen sind in der Regel völlig intakt. Nach einer Reinigung und Wartung lassen sie sich wieder mit gutem Gewinn veräußern. Potentielle Kunden wirst Du dafür leicht finden, weil nicht jeder immer das neueste Modell eines Computers oder einer Maschine braucht, die Geräte gegenüber Neuware aber sehr preisgünstig sind. Lieferantenadressen bekommst Du beim Bundesverband Deutscher Leasing-Gesellschaften (Heilsbachstr. 32, 53123 Bonn, Tel. 0228/ 64 10 33).

Logohandel 776

Ein ideales Sprungbrett für freie Grafiker ist der Handel mit Firmenlogos. Viele kleine Unternehmen verzichten auf ihr persönliches Markenzeichen, weil es ihnen zu teuer ist, ein Grafikstudio mit dem Entwurf eines Logos zu beauftragen. Hier steckt für Dich als Grafiker eine gute Möglichkeit, Dich selbständig zu machen. Du bietest individuelle Firmenlogos an. Dein Angebot ist dabei speziell auf kleine und mittlere Unternehmen zugeschnitten. Als Anfangsinvestition reicht schon ein Computer mit einem guten Grafikprogramm. Das besonders Pfiffige an dieser Idee: es ergeben sich oft größere Nachfolgeaufträge. Wer einmal mit Deinen Diensten zufrieden war, wird sicher gern wiederkommen.

Märchenerzähler 777

Der Mietzauberer für den Kindergeburtstag gehört fast schon zum Standardrepertoire jeder Kinderparty. Aus Holland kommt jetzt eine andere Geschäftsidee: der professionelle Märchenerzähler. Es hört sich kurios an, doch der Erzähldienst läuft in den Niederlanden bestens. Umgerechnet verlangt der Märchenonkel auf Abruf pro Geschichte 180 Mark. Wenn Du Geschick beim Erzählen hast, kannst Du diese Geschäftsidee einfach und problemlos ausprobieren, weil sie auch als Nebenjob zu machen ist. Du mußt lediglich Geld für Anzeigen ausgeben. Mit etwas Glück und Geschick geht es Dir wie Ab Kok, dem Märchenonkel aus dem Land der Windmühlen: Er hat zunächst nur in seiner Freizeit am Wochenende seine Erzähldienste angeboten. Inzwischen lebt er von dem ungewöhnlichen Job ganz gut.

778 Massagedienst in der Mittagspause

Büroalltag schlägt auf die Gesundheit. Termindruck, angespanntes Sitzen, stundenlanges Starren auf den Computer, schweres Kantinenessen oder hastiger Imbiß – zweistellige Millionenbeträge gehen der deutschen Wirtschaft jährlich verloren, weil die Belastungen am Arbeitsplatz krank machen. Am meisten leidet der Rücken, aber auch Atemnot, Kopfschmerzen, Schlaflosigkeit und Eßstörungen sind die Folgen der täglichen Strapaze.
Die Lösung: Entspannung als Gesundheitsvorsorge in der Mittags- oder sonstigen Arbeitspause (Massage, Meditation, Atemtechnik, Haltungstraining – und das ganz bequem am Arbeitsplatz).
Dein Unternehmenskonzept: Du bietest Deine Dienste als Heilpraktiker, Masseur, Yogalehrer o. ä. direkt in der Firma an. Viele Unternehmen haben inzwischen erkannt, daß es sich lohnt, in Gesundheit und Wohlbefinden der Mitarbeiter zu investieren, und sind wahrscheinlich bereit, einen Teil des Honorars zu übernehmen. Wo es auf Kreativität ankommt (in Werbeagenturen u.ä.), müßte Dein Angebot eigentlich besonders gefragt sein – Verkrampfungen blockieren Ideen.
Die Einkommensaussichten hängen natürlich stark davon ab, wie viele »Mittagspausen« Du an einem Tag schaffst, also wie flexibel die Firmen beim Einräumen von Erholungspausen sind.
Das Honorar orientiert sich daran, wieviel die entsprechende Leistung in einer privaten Praxis kostet.
Startkapital: Werbe- und Ausrüstungskosten; Masseure müssen ein paar hundert Mark in einen zusammenklappbaren Massagestuhl oder -tisch investieren.

779 Medikamenten-Service

Jeder kennt das Problem: Man schleppt sich sterbenskrank zum Arzt und muß dann mit dem Rezept zur Apotheke laufen, wo man mit Glück das

Medikament sofort bekommt. Meist jedoch muß der Apotheker bestellen und man muß trotz Krankheit den Weg ein zweites Mal auf sich nehmen. Deine Geschäftsidee: Du machst einen Medikamenten-Kurierdienst auf. In Arztpraxen und in Apotheken hängst Du Dein Angebot aus. Das Prozedere: Der Patient gibt Dir schon beim Arzt das Rezept – Du besorgst das Medikament und lieferst es umgehend beim Kranken zu Hause ab. Zweite Möglichkeit: Der Apotheker, der das gewünschte Medikament für den Kunden erst bestellen muß, bietet ihm an, die Arznei zu ihm nach Hause zu schicken – mit Deinem Kurierdienst natürlich. Resultat für den Kunden: Er bekommt in jedem Fall das gewünschte Medikament nach Hause geliefert – und das noch am gleichen Tag. Um Diskretion zu gewährleisten, übernimmst Du die Medikamente vom Apotheker in einem versiegelten Beutel und lieferst sie auch so beim Kunden ab.
Dein Verdienst besteht in einer Lieferprovision, die je nach Wegstrecke und Zeitaufwand variiert.

Mietspielzeug 780

Die Geschäftsidee kommt aus der Schweiz und hat dort großen Erfolg. Sogenannte Ludotheken verleihen Kinderspielzeug von einfachen Legosteinen, Schaukelpferden, Gartenwippen, Modelleisenbahnen bis hin zur Barbie-Ausstattung. Du kannst Deinen Kundenkreis erweitern, wenn Du auch Gesellschaftsspiele für Erwachsene anbietest. So etwas kommt gut an, da die Spiele verhältnismäßig teuer sind und manch einer die relativ kostspielige Anschaffung für einen Spielabend scheut. Bei der Zusammenstellung des Ladenbestands kannst Du eine Menge Geld sparen, wenn Du Testexemplare verlangst.

Mitwohnzentrale 781

In wenigen Wochen fängt der Job an, und noch immer ist keine Wohnung in der neuen Stadt gefunden? Kein Grund zur Panik – wer vorübergehend eine Unterkunft braucht, kann sich an eine Mitwohnzentrale wenden. Sie vermittelt Zimmer, Apartments, Wohnungen und Häuser auf Zeit und sammelt in ihrer Datenbank Hauptmieter oder Eigentümer, die Wohnraum gegen Mietbeteiligung für Wochen, Monate oder sogar Jahre zur Verfügung stellen.

Nötig sind: Gewerbeschein; Maklererlaubnis (beim Kreisverwaltungsamt beantragen); Fachwissen über den Wohnungs- und Vermietungsmarkt; Organisationstalent; kaufmännische Kenntnisse.

782 Möbelverleih

Existenzgründer schaffen sich – wenn sie klug sind – in der Startphase nur das Nötigste an. Die Büro- und Geschäftsausstattung deckt gerade den Grundbedarf. Doch hin und wieder brauchen sie dann doch einen zusätzlichen Schreibtisch für eine Aushilfskraft, mehrere Stühle und einen Konferenztisch für die Besprechung mit einem Kunden oder einen Tageslichtprojektor für eine Präsentation. Für eine einzige Gelegenheit ist die Neuanschaffung zu teuer und einfach unrentabel.
Wenn Du solche Büromöbel verleihst, hast Du gute Umsatzchancen. Gegen eine Mietgebühr stellst Du die entsprechenden Möbel für einen vereinbarten Zeitraum zur Verfügung. Du kannst Dich mit Deinem Angebot auch an Messeaussteller wenden, die in der Regel ihr Mobiliar mieten. Selbstverständlich kannst Du keine alten und abgenutzten Möbel bei Deinen Kunden aufstellen. Du brauchst zum Einstieg also schon ein paar wirklich schicke Büromöbel. Entsprechend mußt Du Deine Anfangsinvestition kalkulieren. Dafür kannst Du Dir einen Geschäftsraum sparen. Du brauchst lediglich ein Lager, zur Abwicklung reicht ein kleines Büro.

783 Mobile Aktenvernichtung

In der mobilen Aktenvernichtung stecken gleich zwei Einnahmequellen. Das Konzept sieht folgendermaßen aus: Direkt vor Ort beim Kunden werden die Akten mit einem leistungsstarken mobilen Reißwolf vernichtet. Die meisten Unternehmen verfügen nämlich nur über kleine Büroreißwölfe, die allenfalls für einzelne Aktenstücke geeignet sind. Doch mehrmals im Jahr laufen Aufbewahrungsfristen für Geschäftspapiere ab. Dann stehen große Aktenberge zur Vernichtung an, die möglichst schnell zu Papierschnipseln gemacht werden sollen.

Für die Firmen lohnt es sich, Deinen Service in Anspruch zu nehmen, weil sie durch die Aktenvernichtung Stauraum sparen und außerdem nicht extra eine Arbeitskraft abstellen müssen, die den ganzen Tag den hauseigenen Reißwolf füttert. Die Papierreste, die Du entsorgst, kannst Du auch gleich wieder in bare Münze verwandeln, wenn Du sie an einen Altpapierverwerter verkaufst.

Mobiler Imbißwagen 784

Wenn Du Dir nicht zu fein dazu bist, kannst Du Millionär damit werden. »Gefressen wird immer!« heißt es. Wer Gutes anbietet, zu dem laufen die Kunden von weit her. Und wenn Du dann noch auf das Anbieten der nach Chemie und scharfem Essig schmeckenden Beilagen wie Gurken-, Bohnen-, Fleisch- oder Kartoffelsalat aus der Fabrikherstellung verzichtest, dann sollst Du mal sehen, was Du verdienen kannst! Wenn Du nämlich statt dessen das aus eigener Herstellung anbietest, wie z.B. einen mit kleinen gebratenen Speckwürfelchen, feinen Gewürzen und Gurkenscheibchen angemachten Kartoffelsalat. Oder die guten alten, richtig dicken Reibekuchen in gutem Öl gebacken, in denen viel kleingeschnittene Zwiebel und kein Mehl drin ist.

Nähschule 785

Es gibt kaum eine Frauenzeitschrift, die keinen ausführlichen Nähteil hat. Doch längst nicht jede Frau kommt auch gut mit Nadel und Faden zurecht. Den guten alten Handarbeitsunterricht gibt es nicht mehr. Was tun?
Genau – eine Nähschule gründen. Eine Kölner Schneiderin hat mit dieser Idee großen Erfolg gehabt. Unter den fachkundigen Augen der ausgebildeten Schneiderin können Interessenten ihre eigenen Kreationen zusammensticheln, von der einfachen Schürze bis zum ausgefallenen Abendkleid. Dieses Angebot eignet sich auch wunderbar als Zusatzofferte für Boutiquebesitzerinnen. Als Anfangsausrüstung brauchst Du lediglich einen Raum, das kann auch ein Zimmer neben Deinem Ladenlokal sein, oder Dein Geschäft, wenn es groß genug ist, und ein paar Nähmaschinen.

Naturkosmetik zum Selbermachen 786

Jean Pütz hat vor mehreren Jahren in seiner Hobbytheksendung Naturkosmetik zum Selbermachen vorgestellt. Seitdem greifen immer mehr Verbraucherinnen zu Mörser und Spachtel und rühren sich ihre Cremes selber an. Firmen wie Spinnrad und Colimex haben rechtzeitig den neuen Trend erkannt und sind in das Geschäft mit Rohstoffen für Naturkosmetik einge-

stiegen. Doch immer noch bietet diese Branche gute Wachstumschancen. Neben den Grundstoffen für die Kosmetika kann das Verkaufssortiment auch um das notwendige Handwerkszeug wie Spachtel, Rührer, Töpfe und Tiegel erweitert werden.
Eine Variante dieser wirklich guten Geschäftsidee ist der Handel mit selbstgemachten Kosmetika. Du kannst Deinen Kunden beispielsweise anbieten, speziell auf ihren Hauttyp abgestimmte, individuelle Cremes herzustellen. Wenn das Ganze auch noch nett verpackt ist, steht Deinem Geschäftserfolg nichts mehr im Weg. Voraussetzung sind natürlich Kenntnisse im Kosmetikbereich. Wer unerfahren ist, kann sich auch in Seminaren schlau machen, die häufig von Volkshochschulen angeboten werden.
Die notwendigen Anfangsinvestitionen variieren stark und hängen davon ab, ob Du Dich auf Versandhandel, auf Türverkauf oder aber auf Ladenverkauf spezialisieren willst. Beim Ladenverkauf brauchst Du weniger in Deinen Warenbestand als in ein ansprechendes Ladenlokal in guter Lage zu investieren. Beim Versandhandel hingegen mußt Du schon größere Vorräte an Rohstoffen anschaffen, um einen guten Preis rausschlagen zu können.

787 Naturtextilien

Eine Marktlücke für Existenzgründer mit einem Sinn für Mode sind Fachgeschäfte für Naturtextilien. Der Grund: Die Zahl der Allergiker steigt rapide. Immer mehr Menschen achten deshalb auch bei ihrer Kleidung darauf, daß sie schadstofffrei ist. In Hamburg und Berlin gibt es bereits derartig spezialisierte Boutiquen.
Neben Kleidung kannst Du auch pflanzlich gegerbtes Leder, Schmuck für Allergiker und die entsprechende Literatur in Dein Sortiment aufnehmen. Wenn Du Dein Geschäft in einer guten Lage eröffnest und Du am Anfang ein bißchen wirbst, kannst Du locker Monatsumsätze von 35 000 Mark und mehr machen. Informationen und Adressen der Herstellern von Naturtextilien bekommst Du in Stuttgart beim Arbeitskreis Naturtextilien (Haussmannstr. 1, 70188 Stuttgart, Tel. 0711/23 27 52).

788 Öko-Audit-Berater

Seit Anfang 1995 ist die EU-Verordnung zu Umweltmanagement und Betriebsprüfung für gewerbliche Unternehmen in Kraft. Langfristiges Ziel

der Verordnung: Durch standardisierte Abläufe im Betrieb soll die Umweltbelastung durch das produzierende Gewerbe gesenkt werden. Derzeit ist das sogenannte Öko-Audit zwar noch keine Pflicht, aber viele Unternehmen unterziehen sich dennoch dem Prüfverfahren. Grund: Konsequent angewandt sparen die Öko-Audit-Verordnungen durchaus Kosten im Betrieb, und außerdem läßt sich mit dem werbewirksamen Siegel aus Brüssel das Firmenimage gewaltig aufpolieren.
Deine Geschäftsidee: Du fungierst als professioneller Öko-Audit-Berater. Du organisierst für interessierte Firmen das gesamte Verfahren. Du erfaßt die Betriebsabläufe, erstellst Mängellisten, formulierst die Umweltziele des Betriebs und entwirfst langfristige Strategien. Du sorgst durch Informationsveranstaltungen dafür, daß die Belegschaft aktiv an der Verwirklichung der Umweltziele mitarbeitet. Zu guter Letzt formulierst Du für den Betrieb noch die abschließende Umwelterklärung. Krönender Abschluß Deiner Beratertätigkeit und zugleich der Zeitpunkt, an dem Du Deine Honorarrechnung stellst, ist die Verleihung des Umweltsiegels an den betreuten Betrieb.

Park-Service 789

Parkplätze sind ein ausgesprochen knappes Gut geworden. Besonders in den Zentren unserer Großstädte heißt es immer öfter: Nichts geht mehr. Gerade exklusive Geschäfte in besten Lagen leiden darunter, daß die betuchte Kundschaft nicht einfach mit dem Auto vorfahren kann.
Deine Geschäftsidee: Du besorgst für die Kundschaft Deiner Auftraggeber das Parken. Fährt ein Auto vor einem von Dir betreuten Geschäft vor, wartet bereits einer Deiner Mitarbeiter – am besten eine preiswerte studentische Aushilfskraft –, übernimmt die Schlüssel und fährt den Wagen in das nächste Parkhaus. Hat der Kunde seine Einkäufe erledigt, genügt ein kurzer Anruf und fünf Minuten später wartet sein Auto vor der Türe. Selbstverständlich sind alle Deine Fahrer versichert.
Deine Geschäftskunden sind die Ladenbesitzer, die ihren Kunden einen besonderen Service bieten wollen. Du vereinbarst mit ihnen eine Tagesprovision – und schon ist die noble Kundschaft die Parkprobleme los.

790 PC-Gerätehandel

Der Wandel zur Kommunikationsgesellschaft hat gerade erst begonnen, immer neue Techniken der privaten und geschäftlichen Nachrichtenübermittlung verändern unser Leben.

Aber: Wer in der Vergangenheit auf die damit verbundenen Chancen setzte, machte meist nur negative Erfahrungen. Zahlreiche Einzelunternehmer haben bereits wieder aufgegeben. Sie wurden durch Dumping-Preise teilweise in Konkurs getrieben.

791 Pizza-Taxi

Ein Pizza-Service ohne Restaurant gilt juristisch nicht als Gaststätte. Das heißt: Pizza-Dienste sind Gewerbebetriebe, brauchen keine Gaststätten-Konzession. Sie sind zudem nicht ans Ladenschlußgesetz gebunden.

Als Anfangsinvestition sind etwa 50 000 Mark nötig, z.B. für einen Pizzaofen (ca. 4000 Mark), einen Garniertisch (ab 2000 Mark), einen Teigkneter (etwa 2000 Mark), ein Kühlhaus (6000–9000 Mark) und Umbauten, Werbung usw. Gewinn fällt aber erst ab 20 000 Mark Umsatz/Monat an. Das heißt: Wenn Du pro Kunde 20 Mark umsetzt, braucht Dein Unternehmen jeden Tag etwa 41 Kunden bei einer 6-Tage-Woche. Immer häufiger setzen sich hier aber Franchising-Systeme durch. Die Investition liegt bei 90 000 Mark. Dafür gibt's modernste Geräte, professionelle Werbung durch den Lizenzgeber. Die monatliche Gebühr beträgt 4,5 Prozent des Umsatzes.

792 Pizza-Taxi-Deluxe

Wer keine Lust zum Kochen hat, für den genügt ein kurzer Anruf – und eine halbe Stunde später wird eine Pizza oder eine Portion Nudeln oder ein Schälchen Nasi Goreng ins Haus geliefert. Traurig sieht es hingegen immer noch dann aus, wenn der Sinn nicht nach den üblichen Pizza-Flitzer-Gerichten steht, sondern nach einem medium gebratenen Filet aus dem Steakhaus oder einer Portion Muscheln aus dem französischen Restaurant.

Deine Geschäftsidee: Du bietest einen telefonischen Bring-Service für alle Restaurants Deiner Stadt an. Du besorgst Dir sämtliche Speisekarten, streichst diejenigen Gerichte heraus, die absolut nicht transportfähig sind – Flambiertes etwa – und verteilst dieses Kartenwerk an die Haushalte. Wer nun Samstagabend Lust auf ein Sieben-Gänge-Menü hat, ruft bei Dir an. Du orderst das Gewünschte dann im entsprechenden Restaurant, holst es ab und bringst es zum Kunden. Dafür verlangst Du eine feste Bring-Gebühr – und bekommst obendrein noch Trinkgeld.

Plakate kleben 793

Neu errichtete Bauzäune, Mauern auf Privatgrundstücken oder Schutzplanen an Gerüsten eignen sich gut als Werbefläche für Plakate. Geld für Werbung ist immer da!
Wenn Du mit offenen Augen herumgehst, entdeckst Du viele ungenutzte Plakatier-Flächen. Als Akquisiteur suchst Du entweder die Baufirma auf (bei geschlossenen Holzzäunen) oder den Grundstückseigentümer (bei Wänden und Mauern auf Privatgelände) und schließt einen Vertrag ab (Art der Plakatfläche, Größe, Dauer der Vermietung, Preis). Danach läßt Du den Vertrag bei der Stadt genehmigen. (Ausnahme: Vorübergehend angebrachte Werbung mit einem erkennbaren Zweck braucht keine Genehmigung wie beispielsweise Weihnachtswerbung vor Geschäften.)
Fülle bei der Lokalbaukommission ein Formblatt aus und reiche Lagepläne, Skizzen und Fotos der Plakatfläche ein.
Wisse: Keine Chance hast Du bei öffentlichen Flächen, denn dort ist die Deutsche Städte-Reklame GmbH (SR) zuständig. Keine Genehmigung gibt es bei denkmalgeschützten Gebäuden, bei Plakatwänden, die sich nicht ins Straßenbild einfügen, wenn sich Anwohner über eine »störende Häufung« beklagen könnten sowie in reinen Wohngebieten. Die Sachbearbeiter klären für Dich beim Kreisverwaltungsreferat, ob die Plakate den Verkehr stören könnten. Als Auftraggeber könntest Du Konzert- und Dia-Show-Veranstalter ansprechen sowie Geschäfte der Umgebung.
Zirkus-Vorführungen werden »traditionell« ohne Genehmigung angekündigt. Wildes Plakatieren, gerade kleinerer Formate, ist gang und gäbe. Vorsicht: Es kann Ärger geben. Von der Ohrfeige vom Polier, der tagsüber den Zaun im Auge behält, bis zu einer Klage wegen Sachbeschädigung. Doch da beispielsweise in München (mit 7000 großflächigen Plakatwänden) nur zwei Sachbearbeiter zuständig sind, kommen die Plakatierer fast immer ungeschoren davon. Prozesse werden manchmal wegen Geringfügigkeit eingestellt.

794 Preisagentur

Wer etwas kaufen will, muß sich erst einmal einen Marktüberblick verschaffen. Was kostet das Produkt beim Händler A, was kostet es beim Händler B – spätestens aber beim vierten bis fünften Händler wird der Normalverbraucher es meistens leid und kauft das bis dahin günstigste Angebot.

Deine Geschäftsidee: Du nimmst den Verbrauchern das leidige Preisabfragen ab und ermittelst für die von ihnen gewünschte Ware das günstigste Angebot. Das Prozedere ist einfach. Der Kunde ruft bei Deiner Agentur an, nennt Dir das Produkt, das er erwerben möchte, und das preiswerteste Angebot eines Händlers, das er bekommen hat. Nun beginnt Deine Arbeit: Du recherchierst bei Herstellern, Groß- und Einzelhändlern und versuchst, einen günstigeren Preis herauszuschlagen. Von dem Preisvorteil, den Du für Deinen Kunden herausholst, bekommst Du einen gewissen Prozentsatz.

Preisagenturen können im Gegensatz zu Einzelverbrauchern oft besser verhandeln, weil sie quasi als Großkunden auftreten. Also sind Händler öfter bereit, noch einmal 5 Prozent herunterzugehen, wenn Du in Aussicht stellst, beim nächsten Kunden wieder anzurufen.

Du kannst Deinen Service entweder für alle Arten von Waren anbieten, oder aber Dich auf bestimmte Produktgruppen spezialisieren: Pauschalreisen, Autos, Computer oder Unterhaltungselektronik.

795 Private Kinderspielplätze

Rund 4 Dollar kostet der Eintritt in die »Discovery Zone« im texanischen Fort Worth. In der riesigen Halle erwartet Eltern und Kinder eine überwachte Spielwelt mit allen nur erdenklichen Geräten und jede Menge Platz zum Toben. Auch in anderen US-Städten boomen die Geschäfte mit dem Spieltrieb der Kinder.

796 Privater Umzugs-Service

Kisten packen, Regale auseinanderbauen, Möbel von A nach B fahren, Umzugskartons in die neue Wohnung schleppen, Schränke aufbauen ... Wer haßt Umzüge nicht? Die ganze lästige Organisation übernimmt der Umzugs-Service. Er mietet den Lkw, wickelt die vorübergehende Einlagerung von Möbeln ab, vermittelt Möbelpacker und Fahrer und sorgt dafür, daß alles heil ankommt. Selbst die Putzfrau, die die alte Wohnung für die perfekte

Übergabe säubert, wird vom Umzugs-Service gebucht – kurz, der Auftraggeber braucht sich um nichts mehr zu kümmern.

Profi-Drucker am PC 797

Selbst durchschnittliche und billige Textverarbeitungsprogramme bieten heute – was Schrifttypen, Layout, Grafik und Kolorierung anlangt – Standards, die in vollem Umfang nur teuerste Drucker in der 15 000-Mark-aufwärts-Klasse wirklich optisch umsetzen können. Jeder durchschnittliche PC-Nutzer könnte also problemlos viel höherwertige Drucksachen herstellen, wenn sein regulärer Drucker die PC-Vorgaben nur voll und ganz umsetzen könnte.
Die Anschaffung eines entsprechenden Printers nur für die gelegentlichen Bedürfnisse eines durchschnittlichen PC-Nutzers rentiert sich nicht; wohl aber die Anschaffung für alle gelegentlichen Druckarbeiten eines größeren Kundenkreises. So gehst Du vor: Die Kunden liefern ihre am eigenen PC erarbeiteten fertigen Druckvorlagen via Diskette oder Datenleitung an. In vereinbarter Auflage werden sie dann auf dem Hochleistungsprinter ausgedruckt.
Der PC-Druck eignet sich vor allem für den nebenberuflichen Einstieg und den langsamen Ausbau der Dienstleistung zum Haupterwerb.

Radfremdenführer 798

Radfahren ist in. Ob jung oder alt, inzwischen gehört das Pedaletreten zu den beliebtesten Freizeitbeschäftigungen der Deutschen. Wenn Du in einer landschaftlich reizvollen Gegend wohnst, kannst Du Dich in diesem Bereich als Fremdenführer selbständig machen.
Deine Geschäftsidee: Du bietest organisierte Radtouren in Deiner Umgebung an. Zum Angebot gehört auch ein Radverleih. Grundvoraussetzung für dieses Geschäft sind körperliche Fitneß, da Du ja in die Pedale treten mußt, gute Ortskenntnis und Organisationstalent. Du mußt Dich auch auf ungewöhnliche Arbeitszeiten einstellen. Dein Hauptgeschäft läuft an Wochenenden und Feiertagen. Dafür kannst Du während der Woche etwas kürzer treten. Dein Angebot machst Du über die örtlichen Fremdenverkehrsämter publik.

799 Redner-Service

Ob Hochzeit, runder Geburtstag oder Dienstjubiläum – zu vielen Festen gehört eine Rede einfach dazu. Professionelle Redner oder Redenschreiber können daraus leicht Kapital schlagen und sich eine eigene Existenz aufbauen. Immer gefragter sind auch freie Redner für Beerdigungen. Zu einem solchen Job gehört allerdings sehr viel Einfühlungsvermögen und Formulierungssicherheit. Eine Geschäftsidee, die sich vor allem in Großstädten gut verkaufen läßt.

800a Regalbau

Jeder Möbeldiscounter verkauft Regale, die einfach nur zusammengesteckt werden müssen. Doch oft passen die Fertigteile dann doch nicht richtig in die Wohnung der Käufer. Und wer hat beim Aufstellen und genauen Einpassen eines Billigregals schwedischen Fabrikats nicht schon einmal die Nerven verloren? Die meisten Schreiner rümpfen die Nase, wenn sie zu Hilfe gerufen werden, und ein Maßregal ist sehr teuer.

Eine deutlich preisgünstigere Lösung kannst Du bieten, indem Du einen speziellen Regalbau-Service anbietest. Bislang gibt es solche Geschäfte nur in einigen Großstädten in der Bundesrepublik. In England hat diese Idee schon mehr Nachahmer gefunden.

Das Neue an Deinem Angebot: Du bietest die günstigen Fertigregale zum Kauf, veränderst sie aber genau nach den Wünschen Deiner Kunden. Das können andere Zuschnitte sein oder eine andere Farbe. Selbstverständlich gehört auch die Montage mit zu Deinem Angebot. Diese Geschäftsidee ist natürlich nur etwas für Leute mit handwerklichem Geschick, besser noch mit einer entsprechenden Ausbildung.

Die Anfangsinvestitionen sind nicht zu hoch, da Du zunächst nur ein kleines Standardsortiment brauchst. Wichtig sind entsprechende Werkstatträume direkt beim Ladenlokal, damit Du die Kundenwünsche sofort bearbeiten kannst.

800b Reibekuchen-Pavillon

Im Rheinland sind alle verrückt danach: auf Reibekuchen, Reibeplätzchen, Plinsen, Rösti oder wie sie sonst noch heißen mögen. Aus nichts anderem als aus Kartoffeln, viel Zwiebeln und Salz in gutem Öl gebacken.

In Köln sind die leckeren Gerüche aus den Bratküchen allesamt verschwunden, nachdem die Hersteller sich damit eine goldene Nase (meist am Finanzamt vorbei, wer will das schon kontrollieren) verdient und ihre Geschäftslokale verkauft haben. Längst sitzen die auf Mallorca und lassen den lieben Gott einen guten Mann sein.
Jeder echte Kölner bedauert es aus tiefstem Herzen. Nur einer hat sich der alten Tradition besonnen und einen eleganten Pavillon in Weiß und Gold vor dem Hauptbahnhof aufgestellt. (Der hatte richtig geahnt, was da für goldene Zeiten auf ihn zueilen!) Vier junge Mädchen kommen dort nicht mit, die leckeren (sie müssen 1½ cm dick und knusprig sein) Reibekuchen der ständigen Schlange vor ihnen zu verkaufen. Mit Apfelkompott 50 Pfennig mehr, drei Stück für 4 Mark.
Wie wär's denn, wenn Du Dir auch einen ähnlichen belebten Standort in anderen Großstädten aussuchst und einen ähnlichen kleinen Pavillon bei der Stadtverwaltung aufzumachen beantragst? Ein todsicheres Geschäft, wenn Du die Genehmigung dafür erhältst.
Beachte aber, daß im Rheinland der Klüngel herrscht. In München gibt's mehr Amigos ... Mehr sag ich dazu nicht.

Rent-a-Robe 801

Der Klassiker und Dauerbrenner unter den Existenzgründungsideen ist der Verleih von Kleidungsstücken. Es geht natürlich nicht um Jeans und T-Shirt, sondern um die noble Abendausstattung – das Ballkleid oder den Smoking. Der Verleih-Service bietet modebewußten Damen und Herren die Möglichkeit, sich zu jeder Gelegenheit passend zu kleiden. Schicke Kleider gibt es in speziellen Secondhand-Läden, Modeschauen verkaufen oft ihre Vorführmodelle zum Schleuderpreis, und auch aus Geschäftsaufgaben von Boutiquen kannst Du ebenfalls schöne Modelle ergattern. Selbstverständlich gehören auch die entsprechenden Accessoires wie extralange Handschuhe, Modeschmuck, Manschettenknöpfe und Schärpen in Dein Sortiment.

Scheren- und Messerschleifer 802

Das waren früher einmal die kleinsten und geringstgeachteten selbständigen Unternehmer, die mit ihren Karren durch die Straßen der Städte zogen. Dem Beruf gebe ich erneut Chancen, wenn er sich auf ländliche Gebiete beschränkt. Hier besitzen die meisten Bewohner noch Garten- und Heckenscheren, die geschliffen werden wollen, stumpfe Spaten und Handsicheln oder Rasenmäher. Die Gerätschaften dazu sind bequem in einem Wagen unterzubringen, mit dem man dann durch die Lande kutschiert.

803 Schnäppchenmarkt für Mode

Fabrikverkauf ist seit langem unter vielen Verbrauchern ein Geheimtip. Denn was die Werke ab Lager verkaufen, ist natürlich günstiger als im Laden.

Deine Geschäftsidee: Was der einzelne Käufer kann, kannst Du schon lange. Also deckst Du Dich beim preisgünstigen Verkauf direkt ab Fabriktor ein – und zwar mit Mode. In Japan funktioniert das Prinzip prächtig. Dort gibt es gut eingerichtete Modeläden – die gar nichts mit den hierzulande bekannten Resterampen gemein haben. Sie haben sich ausschließlich auf Fabrikware und Abverkäufe aus großen Geschäften, die die Lager für die neue Saison leeren wollen, spezialisiert. Resultat: Mode bester Qualität wird in Deinem Laden zu deutlich reduzierten Preisen angeboten.

804 Schreibdienst

Wenn Du lange Manuskripte, knifflige Protokolle, vielspaltige Tabellen oder ganze Diplomarbeiten schnell und fehlerfrei abtippen kannst, bist Du hier genau richtig. Ein besonders bei großen Unternehmen gefragter Zusatzservice ist das Erstellen von Präsentationsunterlagen (z.B. Grafiken auf Folien oder Charts). Ebenfalls im Angebot des Schreibdienstes kann die Durchführung großer Werbeaussendungen sein (Serienbriefe schreiben, Umschläge adressieren usw.).

Du brauchst: Gewerbeschein; Erfahrungen als Sekretärin; Organisationstalent. Ausstattung: PC mit verschiedenen Textverarbeitungsprogrammen, Kopierer, Fax.

Ran also mit Aushängen in der Uni, in Einkaufszentren, schalte Kleinanzeigen, schreibe Firmen an, sende Angebote an Ärzte und Anwälte.

805 Secondhand-Baumarkt

Die Zeiten, als Altbauten bei der Renovierung mit Glasbausteinen, Metalltüren, Alufenstern, Styropordecken und PVC-Belägen verschandelt wurden,

sind Gott sei Dank vorbei. Der Trend geht heute auf stilgerechtes Wiederherstellen der originalen Bausubstanz. Da werden wieder die alten Holztüren eingesetzt, Butzenscheiben statt Glasfronten filigran und mit viel Mühe maßgefertigt und Böden und Wände mit alten Steinkacheln verziert.
Hierin liegt eine gute Möglichkeit für Handwerker, mit Secondhand-Baumärkten Geld zu verdienen. In diesen Spezialbaumärkten bietest Du alles an, was zur authentischen Altbaurenovierung nötig ist. Das Material bekommst Du aus Altbauten, die zum Abriß bestimmt sind. Die Bauruinen sind oft wahre Fundgruben. Hier finden sich noch sehr häufig historische Raritäten oder einfach nur gutes, wiederverwertbares Material. Das gilt speziell für die neuen Länder oder Gegenden mit viel Altbaubestand.

Secondhand-Brillen 806

Dem reinen Zweckgebrauch als Sehhilfe ist die Brille längst schon entwachsen. Inzwischen sind Brillen Ausdruck modischer Individualität – je nach persönlichem Geschmack in Farbe und Form unterschiedlich, von brav über chic bis avantgardistisch-frech. Wie alle Gebrauchsgegenstände, die der Mode unterworfen sind, verlieren auch die modernen Brillen innerhalb weniger Jahre ihre Attraktivität. Eine neue muß her.
Deine Geschäftsidee: Du ziehst einen Secondhand-Handel mit Brillen auf. Deine Käufer sind zum einen solche Verbraucher, die nicht 300 bis 500 Mark für eine neue Brille ausgeben wollen, aber dennoch kein offensichtlich billiges Kassengestell auf der Nase spazierentragen wollen. Zum anderen werden aber auch solche Konsumenten in Deinen Brillenshop kommen, die etwas ganz Individuelles suchen, was es beim normalen Optiker gar nicht zu kaufen gibt.
Die Secondhand-Gestelle kaufst Du entweder selber an, oder aber Du schließt ein Abkommen mit den Optikern Deiner Stadt: Die nehmen alte Brillen in Zahlung und geben sie – zuzüglich einer kleinen Provision – an Dich weiter.

Secondhand-Büroausstattung 807

Von insolventen Firmen profitiert ein junger Unternehmer in New York. Er kauft den Zahlungsunfähigen die Büroeinrichtung zu Mini-Preisen ab und verkauft Möbel, Computer und alles andere anschließend mit einem gehörigen Aufschlag weiter. Schon nach wenigen Monaten erwies sich die Geschäftsidee als Hit. Der pfiffige Geschäftsmann kann gar nicht schnell genug liefern.

808 Secondhand-Sportartikel

Jedes Jahr überrollt ein neuer Sporttrend das Land. Mal fährt jeder auf Skateboards, dann sind es Inlineskates, die jedes Kind haben muß, im Winter werden die alten Ski gegen Snowboards ausgetauscht und das Fahrrad muß natürlich ein Mountainbike mit allem Drum und Dran sein. Die Sportgeräte und die dazugehörigen Accessoires sind aber nicht ganz billig. Die Käufergruppen sind dagegen meistens Kinder und Jugendliche.
Deine Geschäftsidee: Familien mit mehreren Kindern können es sich selten leisten, jedes Jahr eine neue Ausrüstung anzuschaffen. Und auch interessierte Erwachsene, die den neuen Sport erst einmal ausprobieren wollen, sind selten bereit, richtig viel Geld dafür hinzulegen. Wenn Du sportlich versiert bist, kannst Du mit Secondhand-Sportwaren ein Riesengeschäft machen. Dabei mußt Du Dich nicht auf Trendsportarten beschränken. Du kannst in Dein Sortiment alles mit aufnehmen, was sich verkaufen läßt, von der Tischtennisplatte bis zum Wanderstiefel.
Damit der Laden läuft, brauchst Du allerdings ein Ladenlokal in guter Lage und natürlich darfst Du kein Sportmuffel sein.

809 Senioren-Call

Deutschland wird immer älter: Von Jahr zu Jahr steigt der Anteil der Senioren. Eine große Zahl älterer Menschen lebt inzwischen allein in ihrer Wohnung. Viele von ihnen sind hilfs- oder pflegebedürftig. Und sie leben in der Angst, daß ihnen in ihrer Wohnung etwas zustößt.
Deine Geschäftsidee: Du bietest einen kompletten Rundum-Notfall-Service für Senioren an. Deine Kunden bekommen an verschiedenen Punkten in der Wohnung Notrufmelder installiert, mit denen sie sofort Deine Zentrale erreichen können – die ist natürlich rund um die Uhr besetzt. Daneben hast Du alle relevanten Krankheitsdaten Deiner Kunden im Computer gespeichert und gibst sie im Notfall direkt an die Rettungswache weiter. Für Deine ständige Bereitschaft zahlen die Senioren eine bestimmte Monatspauschale.

Seniorenhotel 810

Alte Menschen werden mehr und mehr zu einer finanzkräftigen Käufergruppe. Werbung, Marketing und Produktdesign müssen sich mehr und mehr darauf einstellen. Auch in der Hotellerie kann man seine Dienstleistungen noch durchaus für die Kundschaft jenseits der 65 optimieren.
Deine Geschäftsidee: Du eröffnest an einem Urlaubsort, der viel von älteren Leuten besucht wird – Mallorca, Meran, Amrum usw. –, ein spezielles Seniorenhotel. Alles in Deinem Haus ist abgestimmt auf die betagte Kundschaft: Helleres Licht in den Zimmern, Haltegriffe im Badezimmer, Notruftasten, Türöffnungen in Rollstuhlbreite und natürlich große, gut lesbare Wegweiser. Selbstverständlich ist auch Deine Küche auf den Geschmack der Senioren abgestimmt: Schonkost-Menüs, kein scharfes oder exotisch gewürztes Essen und selbstverständlich viel gute deutsche Hausmannskost.

Senioren-Service 811

Alte Menschen können viele Dinge nicht mehr selbst erledigen und sind oft auf fremde Hilfe angewiesen. Der Seniorenbetreuer bietet ihnen einen Allround-Service. Er reicht vom Blumengießen über Einkaufen und Kochen bis hin zum Vorlesedienst. Dazu gehört auch die Pflege Bettlägeriger. Wenn nötig, putzt, wäscht und bügelt er auch für seine Kunden. Plus: Behördengänge oder Begleitung zum Arzt.
Was Du brauchst: Gewerbeschein; bei größeren Entfernungen ein Auto; Ausbildung als Alten- oder Krankenpfleger; soziales Engagement; psychische und gesundheitliche Stabilität.

Seniorenwaren 812

Die Gruppe der alten Menschen im Land wird immer größer. Doch es gibt kaum Geschäfte, die sich auf die Bedürfnisse der Senioren einstellen. Denn Senioren haben bestimmte Ansprüche an Waren, die sie kaufen wollen. Kleidung muß möglichst bequem sein, Lebensmittel müssen oft diätgerecht oder cholesterinarm sein. Zudem gehen alte Menschen ungern in die überfüllten und hektischen Kaufhäuser. Spezielle Seniorenläden haben deshalb gute Marktchancen. Bedingung: Das Geschäft muß gut erreichbar und sollte auch altengerecht eingerichtet sein, zum Beispiel mit Sitzmöglichkeiten zum Ausruhen.

813 Sicherheitsexperte

Einbrüche gehören heutzutage zu den Straftaten, die schon gar nicht mehr in der Zeitung erwähnt werden – es sind einfach zu viele. Die Polizei verwaltet die einzelnen Delikte nur noch – verhindern kann sie schon lange nichts mehr. Das Geschäft mit der Angst vor Diebstahl boomt. Nicht nur bei Privathaushalten – auch bei Firmen.

Deine Geschäftsidee: Du bietest ein Rundum-Sicherheitspaket für Händler und Hersteller von Waren an – also solche Unternehmer, die Produkte auf Lager halten. Dein Angebot umfaßt aber nicht nur den Verkauf von Schlössern, Alarmanlagen und Überwachungskameras – Dein Service fängt schon bei der Planung an. Du kommst in die Firmen, lokalisierst potentielle Schwachstellen und planst zusammen mit dem Chef ein komplettes Sicherheitssystem. Du lieferst, montierst und wartest die Anlagen, Du machst in regelmäßigen Abständen Tests und prüfst, ob der Kunde zusätzlich andere oder neue Sicherheitstechnik benötigt. Für dieses Gefühl der Rundum-Sicherheit bezahlt der Kunde neben Material- und Montagekosten einen festen monatlichen Betrag an Dich.

814 Spätkiosk

Lange Öffnungszeiten bringen Kunden. Das steht fest. In einigen deutschen Großstädten gehören Kioske zum alltäglichen Straßenbild. Sie haben meist bis 24 Uhr und länger geöffnet und alles mögliche in ihrem Sortiment: vom Vogelfutter über Getränke, Fertiggerichte, Zeitschriften, Toilettenartikel bis hin zur Klarsichtfolie.

Voraussetzung für den Betrieb eines Kiosks: Du mußt beim Ordnungsamt eine spezielle Konzession für den Nachtverkauf beantragen. Diese Geschäftsidee läßt sich gut in Wohnvierteln mit wenig Einkaufsmöglichkeiten verwirklichen. Auch in der Nähe einer Fabrik, in der Schichtarbeiter beschäftigt sind, oder in Gegenden, in denen viele Nachtschwärmer vorbeikommen, kannst Du mit einem Nachtkiosk gute Umsätze erzielen.

815 **Spezialtip für Gastronomen**

Diese Idee aus Amerika hört sich ein bißchen obskur an, doch ein Nürnberger Restaurantbesitzer hat sie getestet und war begeistert, weil es ihm viele Zusatzkunden gebracht hat. Es geht um eine eigene Speisekarte für Hunde. Waldi muß nicht mehr aus einem Aschenbecher sein Wasser schlabbern, sondern bekommt ein komplettes, tiergerechtes Mahl. Auf der »Doggy Card« bietest Du vier oder fünf Varianten, beispielsweise Hundeflocken, eine Fleischmahlzeit, eine kleine Portion für kleine Hunde und eine Kombimahlzeit. Das Ganze läßt sich einfach ausprobieren: Du hängst die Hundekarte aus, kaufst ein paar Freßnäpfe und ein paar Dosen Hundefutter.

Spezialtip für Händler und Handwerker 816

Kleine Geschenke erhalten die Freundschaft. In Apotheken beispielsweise ist es durchaus üblich, daß zum Medikament auch noch ein kleines Geschenk gereicht wird – etwa eine Packung Papiertaschentücher, Hustenbonbons oder Schlüsselanhänger. Egal, welche Dienstleistung Du anbietest oder welches Produkt Du verkaufst, über ein kleines Präsent freuen sich alle Kunden. Es gibt Spezialkataloge, in denen Du solche Kundengeschenke in großen Stückzahlen mit guten Rabatten ordern kannst.

Wer Rohstoffe spart, hilft der Umwelt und dem eigenen Geldbeutel. Spartips in diesem Bereich kommen immer besonders gut an. Du kannst beispielsweise Deine Kunden mit Plakaten auf besonders sparsame Herstellungsverfahren oder Geräte aufmerksam machen. Der Kunde versteht das als Extradienstleistung; außerdem tut es Deinem Image gut.

Spielzeug zum Ausleihen 817

Gegen eine geringe Gebühr können Kinder und Erwachsene bei einer ehemaligen Hamburger Lehrerin Baukästen, Bücher und Gesellschaftsspiele ausleihen. Die Spielsachen kauft sie auf Flohmärkten oder direkt bei den Besitzern.

Spül-Service 818

Abfallvermeidung ist heutzutage zur Selbstverständlichkeit geworden. Entsprechend verpönt sind auf großen Festen die früher allgegenwärtigen Plastikteller und Plastikbestecke. Doch wo gehobelt wird, da fallen Späne, oder anders ausgedrückt, wo gegessen und getrunken wird, bleibt eine

Menge schmutziges Geschirr stehen. Inzwischen sind ein paar pfiffige Geschäftsleute auf den Dreh gekommen und vermieten oder betreiben sogenannte Spülmobile. Die transportablen Geräte können große Mengen Geschirr reinigen und überall eingesetzt werden. Eine solche Maschine kostet etwa 30 000 Mark.

819 Stilberatung

Paßt die orange Jacke zum blonden Haar, oder sollte sie besser grün sein? Das schwarze Hemd zum blauen Anzug? Ist der Hosenanzug zu sportlich für die Mittfünfzigerin, das Chanel-Kostüm vielleicht zu konservativ für eine junge Frau? Unwichtig, denkst Du vielleicht. Weit gefehlt: Umfragen haben ergeben, daß jede zweite Frau mit ihrer Art, sich zu kleiden, nicht hundertprozentig zufrieden ist. Und auch die Männer sehen sich inzwischen eher selbstkritisch. Jeder vierte würde seinen Typ gerne verändern.
Hier bietet sich eine gute Geschäftsidee: die Stilberatung. Eine Kölnerin hat es vorgemacht. Die junge Frau berät Kunden, Männer wie Frauen, wenn es um Farben, Frisuren und den richtigen Kleidungsstil geht. Sie sagt, welche Schnitte besonders gut zu ihren Kunden passen oder welche Haarfarbe individueller wirkt. Solche Beratungen kommen vor allem bei gehobenen Einkommensklassen gut an. Alles, was Du dazu brauchst, sind sicherer Geschmack und Einfühlungsvermögen, da die Stilberatung ein sehr sensibler Bereich ist.

820 Stromsparberatung

Mit geschicktem Strom-Management lassen sich in Haushalt und Industrie bis zu 40 Prozent Strom sparen. Allein diese Tatsache eröffnet Spezialisten auf diesem Gebiet ein breites Einsatzfeld mit guten Umsatzchancen. Wer sich mit Physik und Elektrotechnik auskennt oder vielleicht einen Meisterbrief als Elektriker hat, kann sich schnell mit der Materie vertraut machen. Du spürst dann bei Firmen und Unternehmen die Stromfresser auf und entwickelst Konzepte für weniger Verbrauch und effektivere Nutzung von Energie. Zur Verwirklichung dieser Idee brauchst Du auf jeden Fall fundiertes Fachwissen. Die Investition in ein Seminar oder eine gute Ausbildung in diesem Bereich lohnt sich aber auf jeden Fall, da Energiesparen nicht nur aus Kostengründen das Thema der nächsten Jahrzehnte sein wird.

Subunternehmer werden 821

Mach Dich auch als einfacher Arbeiter selbständig!

Nimm mal an, Du bist Kranführer, der mit einem Arbeitsvertrag etwa auf 3000 Mark im Monat kommt; dann kannst Du als Unternehmer leicht doppelt soviel kassieren. Für den Auftraggeber lohnt sich das trotzdem: Er braucht seinerseits keine Sozialabgaben abzuführen, Urlaub zu gewähren, kein Urlaubs- und Weihnachtsgeld zu zahlen. Und er kann – um im Beispiel zu bleiben – von heute auf morgen auf Deine Dienste als Kranführer verzichten, wenn mal keine Aufträge vorliegen. Für Unternehmer gibt es ja keinen Kündigungsschutz. Aber was macht das schon? Verdienst Du mal nichts, meldest Du Dich bei der Sozialhilfe und läßt Dir Unterstützung zahlen, dann kommst Du so auch über die Runden.

Eine kurze Anmeldung beim Ordnungsamt genügt – und schon bist Du selbständig. Nur mußt Du bestreiten, ein Handwerk auszuüben.

Supermarkt auf Rädern 822

Die Einkaufszentren auf der grünen Wiese vor der Stadt haben Konjunktur. Kehrseite der Medaille: In vielen Wohngegenden gibt es keine Lebensmittelgeschäfte mehr. Wer auch nur die geringste Kleinigkeit braucht, muß in die nächstgrößere Stadt fahren oder zum Einkaufszentrum eben auf besagte weit entfernte grüne Wiese. Das bringt dem guten alten Supermarkt auf Rädern wieder Aufschwung. Gerade in ländlichen Regionen mit schlechten Nahverkehrsverbindungen wird dieses Angebot gern und häufig angenommen. Wer mehrmals die Woche frische Lebensmittel des täglichen Bedarfs liefert, hat sich schnell eine Stammkundschaft gesichert. Für den Supermarkt auf Rädern wirbst Du am besten per Handzettel oder mit kleinen Inseraten in der Regionalzeitung.

823 Systemberater für Computerkäufer

Der PC-Markt boomt, und täglich flattern bunte Broschüren mit neuen Angeboten ins Haus. Wer sich einen Computer kaufen will, hat die Qual der Wahl: Soll es ein tragbarer Computer (Laptop) samt Modem sein oder lieber ein PC als Desktop auf dem Schreibtisch? Reicht ein simples Textverarbeitungsprogramm, und welches Betriebssystem ist nötig? Fragen über Fragen. Als Systemberater hilfst Du künftigen PC-Benutzern in Privathaushalten und Firmen aus der Klemme. Du empfiehlst Computer, Zusatzgeräte und Programme und suchst günstige Angebote von Händlern. Bei Dir leiht man sich Testgeräte und -programme aus, damit die Kunden ausprobieren können, ob sie mit PC und Software zurechtkommen.
Voraussetzung: Gewerbeschein; Auto; gute Computerkenntnisse (z.B. durch Kurse an einer Computerschule oder an der VHS).
Kundensuche: Anzeigen schalten; Aushänge in Einkaufszentren, Bildungseinrichtungen usw.

824 Tagesmutter

Viele Mütter wollen nach der Babypause wieder in ihren Beruf zurückkehren. Doch wer paßt auf den Nachwuchs auf? Kindergärten sind rar gesät. Hat man endlich einen Platz ergattert, lassen sich die Öffnungszeiten nicht mit den Bürostunden vereinbaren. Eine Alternative ist die Tagesmutter: Sie betreut die Kinder im eigenen Haushalt – entweder in Teilzeit oder während der ganzen Arbeitswoche. Ideal für Frauen, die gern mit Kindern umgehen, belastbar sind und vielleicht selbst ein oder zwei Sprößlinge haben.
Du benötigst: Gewerbeschein; bei mehr als drei Kindern Pflegeerlaubnis vom Jugendamt. Empfehlenswert: Haftpflichtversicherung abschließen (für Kinder unter 6 Jahren haftet die Tagesmutter).
Deine Ausstattung sollte sein: Komplett eingerichtetes Kinderzimmer (mit Betten, Wickelkommode, Laufstall); Spielzeug usw.
Je nach Betreuungsdauer können 400 bis 1000 Mark pro Kind monatlich verlangt werden. Auch gut geeignet für einen Teilzeitstart. Wie Du rankommst: Beim Jugendamt nach Adressen fragen (dort gibt es auch kostenlose Informationsveranstaltungen und Kurse); Aushänge in Supermärkten, Kinderboutiquen und bei Kinderärzten.

Tauch-Fachhandel 825

Was früher einem exklusiven Kreis von gutbetuchten Individualisten vorbehalten war, ist heute zum Breitensport avanciert: Sporttauchen. Malediven, Ägypten, Israel, Malta oder Kreta – überall lockt das Unterwasservergnügen zu bezahlbaren Tarifen. Viele Touristen denken nach den ersten Schnuppertauchgängen bereits daran, im nächsten Urlaub mit eigener Ausrüstung unter Wasser zu gehen. 200 Millionen Mark geben deutsche Hobbytaucher pro Jahr für ihren Sport aus.

Deine Geschäftsidee: Immer noch gibt es auch in Großstädten nur eine Handvoll Geschäfte für Tauchsportartikel. Wenn Du Dich also auf Preßluftflaschen, Lungenautomaten, Bleigurte und Schnorchel spezialisierst, kannst Du mit einem guten Umsatz rechnen. Die Hersteller der Artikel, Deine Lieferanten also, lernst Du auf den großen Wassersportausstellungen kennen – wie etwa der »boot« in Düsseldorf.

Neben dem reinen Material vertreibst Du in Deinem Tauch-Shop noch Lernvideos, vermittelst Kontakte zu Tauchschulen – die im Gegenzug natürlich auch ihre Schüler zu Dir zum Einkaufen schicken. Außerdem bietest Du in Kooperation mit Reiseveranstaltern spezielle Tauchreisen an.

Tauschhandel 826

»Einem geschenkten Gaul schaut man nicht ins Maul«, sagt ein Sprichwort. Recht so, man tauscht ihn einfach um. Mit dieser Idee hat ein pfiffiger Jungunternehmer im Taunus einen Riesenerfolg erzielt. Die Idee bietet sich zum Nachmachen an. Das Prinzip ist ganz einfach: Du tauschst in Deinem Laden alle möglichen Sachen einfach gegen andere aus Deinem Warenbestand ein. Pro Tausch verlangst Du natürlich eine Provision. Je nach Güteklasse des Artikels solltest Du sie unterschiedlich hoch bemessen. Und Kunden, die gerade nichts Passendes in Deinem Laden finden, das sie gern für das mitgebrachte Tauschobjekt haben möchten, bekommen einfach einen Gutschein, den sie jederzeit in Deinem Laden gegen neueingetroffene Ware einlösen können.

Der Vorteil dieser Geschäftsidee liegt auf der Hand. Du brauchst keine besonderen Vorkenntnisse, lediglich ein genügend großes Ladenlokal. Kunden gewinnst Du über Handzettel und Kleinanzeigen. Wühlmärkte sind zur Zeit voll im Trend, die Kundschaft wird Dir wahrscheinlich die Tür einrennen.

827 Ticketbroker

Kartenvorverkauf lohnt sich. Wer will schon gern an der Opern-Abendkasse erfahren, daß das Stück bereits lange ausverkauft ist? Doch die Idee mit den Veranstaltungstickets läßt sich noch weiter ausbauen – und zwar global.

Deine Geschäftsidee: In Deiner Ticket-Agentur können die Kunden Karten für jegliche Veranstaltung auf der ganzen Welt kaufen. Das Wimbledon-Endspiel, ein Michael-Jackson-Konzert in Rio, die Eröffnungsveranstaltung für die Olympiade in Sydney oder »Aida« in Verona. Du beschaffst Tickets für Einzelreisende oder buchst auch ganze Kontingente für Verkehrsvereine oder Reisebüros. Du bietest Deine exklusiven Tickets auch Unternehmen an, die damit verdiente Mitarbeiter belohnen oder wichtige Kunden beschenken können. Am Verkauf machst Du zum einen Gewinn durch den Vorverkaufsaufschlag – zum anderen wird natürlich kein Kunde etwas dagegen haben, einen Extra-Aufschlag für Deine Extra-Veranstaltungstickets zu zahlen.

828 Umzugs-Service

Wenn eine Firma ihren Standort verlegt, zieht dies einen ganzen Rattenschwanz von Arbeit nach sich, mit dem die Mitarbeiter neben dem normalen Alltagsgeschäft oft schlicht und einfach überfordert sind.

Deine Geschäftsidee: Du übernimmst für Unternehmen, die umziehen oder die Abteilungen auslagern, den gesamten Verwaltungsaufwand rund um die Standortverlagerung. Das beinhaltet die Organisation des Möbel- und Materialtransports. Außerdem kümmerst Du Dich um temporäre Unterkünfte für die Mitarbeiter und deren Familien und besorgst Angebote für Wohnungen und Häuser. Du erledigst soweit wie möglich die notwendigen Behördengänge für die Mitarbeiter. Du kümmerst Dich um Kindergartenplätze und besorgst Informationen über die ansässigen Schulen. Und natürlich bekommen alle Mitarbeiter eine Liste mit den Freizeitmöglichkeiten am Ort.

829 Urlaubsvertretung

Viele kleine Einzelhändler, die allein oder zusammen mit der Ehefrau im Laden stehen, machen gar keinen Urlaub, oder aber sie schließen ihr Geschäft einfach für zwei Wochen. Das ist die denkbar ungünstigste Lösung,

denn in dieser Zeit fällt natürlich der gesamte Umsatz und damit auch der Gewinn flach.
Deine Geschäftsidee: Du vermittelst Urlaubs- und Krankheitsvertretungen für Einzelhändler und Handwerksbetriebe. Du suchst bei Firmen, die noch Kapazitäten frei haben, kompetente Kräfte, die in der Lage sind, ein Geschäft einige Wochen weiterzuführen. Aus dieser Kartei vermittelst Du auf Anfrage dann Vertretungen. Neben einfachen Einzelhandelskaufleuten unterhältst Du in Deiner Kartei auch Spezialisten etwa für Apotheken, Sanitärfachgeschäfte, Fischgeschäfte oder Elektronikgeschäfte.
Deine Vermittlungsprovision richtet sich nach der Länge der Geschäftsvertretung und der erforderlichen Ausbildung der Vertretungskraft.

Versanddienst **830**

Viele große Unternehmen lagern ihre Versandabteilungen aus und nutzen Versanddienste. Wer professionelles Verpacken und Verschicken von Waren und Geschenken sowie Eintüten von Werbeprospekten anbietet, hat eine sichere Einnahmequelle. Auch kleineren Firmen kannst Du Deine Dienste anbieten. Denn meistens fehlt ihnen das Personal und der Aufbau einer eigenen Versandabteilung lohnt sich nicht. Als Einsteiger brauchst Du nicht allzuviel Geld. Ein Telefon und etwas Verpackungsmaterial genügen schon. Du brauchst allerdings einen Lagerraum, wo Du die Waren Deiner Kunden deponierst. Wie bei allen Dienstleistungen machst Du am ehesten das Rennen, wenn Du etwas Besonderes bietest. Dein Verpackungsservice sollte sich also vom Packpapierbraun abheben. Du kannst Deinen Kunden beispielsweise originelle Verpackungen vorschlagen; die zum jeweiligen Firmenimage passen. Da Du ja hauptsächlich Geschäftskunden bedienst, kannst Du auch ganz gezielt akquirieren. Am besten machst Du das per Mailing.

Vinotheken **831**

Das ist eine Mischung zwischen Kneipen-Treff und Weinhandlung. Neben einem gut ausgewählten Sortiment an Weinen bietest Du auch einen kleinen Imbiß und natürlich Deinen Hauswein an. Solche Läden leben in erster Linie von ihrer Atmosphäre. Es darf ruhig etwas zünftiger sein, mit einfachen Holztischen und Bänken oder Stehtischen. In guter Lage entwickeln sich solche Vinotheken schnell zum Publikumsmagnet. Voraussetzung ist natürlich, daß Du Dich wirklich gut mit Wein auskennst.

832a Visum-Beschaffer

Viele Geschäftsreisende und viele Urlauber kennen die Situation: Zwei Tage vor Abflug fällt ihnen siedendheiß ein, daß sie für das jeweilige Land ja ein Visum brauchen. Es folgt ein hektischer Kampf um den begehrten Stempel: Das zuständige Konsulat muß ausfindig gemacht, der zuständige Beamte gefunden und von der Dringlichkeit der Angelegenheit überzeugt werden. Oft ist es ein Nervenkrieg bis zur letzten Minute, bis das Visum endlich da ist – und nicht wenige Reisen sind wegen des fehlenden Stempels schon ins Wasser gefallen.

Deine Geschäftsidee: Du spezialisierst Dich darauf, in kürzester Zeit Visa zu beschaffen. Du weißt genau, welche Anlaufstelle und welcher Sachbearbeiter in welchem Konsulat schnell arbeitet. Du machst Dich mit den entsprechenden Konsulatsangestellten bekannt – kleine Geschenke helfen vielleicht auch noch weiter. Mit diesem »Know-how« kannst Du dann innerhalb von ein bis zwei Tagen Visa für die meisten Länder beschaffen. Je nach Schwierigkeit des zu beschaffenden Visums und nach Deinem Zeitaufwand berechnest Du Deine Provision. Für Deinen Dienst machst Du Werbung in Reisebüros, auf Bahnhöfen und an Flughäfen.

832b Wahrsagen

Mach Dich astrologie- oder handlesekundig!

Jetzt bist Du platt! Daß der Konz sich zu solch zweifelhaften Ratschlägen hergibt. Nun hör mal erst zu:

Du glaubst hier im Unterbewußtsein, etwas Unseriöses zu tun. Aber Geldverdienen ist nicht Unseriöses – es sei denn, man betrügt andere zu ihrem Nachteil dabei. Das aber tust Du selbst bei solch einer zweifelhaften Tätigkeit wie dem Wahrsagen nicht.

Wer an Astrologie- u. Handlesen glaubt, hört von Dir für seine Zukunft oder seinen Charakter etwas Positives. Er empfindet Freude darüber, ihm schenkst du neuen Lebensmut. Du nimmst ihm seine Depressionen und machst ihn wieder zu einem aktiven Menschen.

Den Hunderter, den er bei Dir läßt, kannst Du mit gutem Gewissen als See-

lenarzt einstecken. Zumal Du Dein Brot nicht geschenkt erhältst. Schließlich gehört eine ganze Portion Studium dazu, diese – von der Wissenschaft zur Zeit nicht anerkannnten Wissensgebiete (vor 300 Jahren waren sie's noch!) gründlich zu beherrschen. Ob Du Dir die nun neben Deinem augenblicklichen Beruf mit dem Ziel, Dich später damit auf beglückende und befriedigende Weise, ohne großen Kapitalbedarf dafür, einmal selbständig zu machen, oder als Arbeitsloser mit viel freier Zeit zur Brust nimmst – das ist Dein eigener Entschluß. Geh mal in dich und finde heraus, ob Dir so etwas liegt. Es gibt kaum etwas Schöneres und Befriedigenderes, als wenn sich ein Hobby mit dem Beruf geschickt verbinden läßt.
Und das will ich Dir auch noch sagen: An der Astrologie ist was dran! Auch wenn es von den Eierköpfen immer nur vernichtende Kritiken gibt.

Web-Master 832c

Als solcher bietest Du im Auftrag von Firmen sog. Web-Sites an. Das sind Infos auf einzelnen Seiten, die ständig auf neuesten Stand zu bringen sind. Kontakte zu Programmierern, Kunden und den Netzanbietern sind erforderlich und wichtig. Wer Informatik studiert hat und was vom Programmieren versteht, besitzt beste Voraussetzungen, sich hier selbständig und das große Geld zu machen.

Werbe- und Medienvorlagen-Hersteller 832d

Das ist die Mischung aus einer Reprofachkraft, einem Typografen und einem Grafiker, der Hard- und Software aus dem Effeff kennengelernt hat. Viel Zeichentalent ist nötig. Klugerweise läßt Du Dich dazu erst mal vom Arbeitsamt kostenlos umschulen. Da der Bedarf an diesen Leuten groß ist, fällt es Dir später leicht, Dich auf diesem Gebiet selbständig zu machen. Auch als TV-Designer.

Zahnbürstenladen 833

In Holland ist es der absolute Renner. In Deutschland gibt es zur Zeit erst ganz wenige Zahnbürstenläden. Hier gibt es Zahnbürsten vom einfachen Standardmodell für 3,50 Mark bis hin zum Designermodell für 28 Mark, Bürsten mit Plastikborsten oder Naturhaar, in grellem Pink oder aus Chrom. Zugpferde des Sortiments sind natürlich die ausgefallenen Modelle. Speziell

für Kinder gibt es alle bekannten Comicfiguren von Asterix bis Snoopy als Mundpflegegerät. Am besten setzt Du auf zwei Verkaufsschlager: die originellen Bürsten als Geschenkidee und gleichzeitig Zahn- und Mundpflegeartikel, die es in den Regalen der Drogerie-Discounter nicht gibt. Etwa Zahnseiden in verschiedenen Stärken, Mundduschen, elektrische Zahnbürsten, medizinische Mundwässer, Zahnsalz und Spezialpasten.
Doch was nützen die besten Mundpflegemittel, wenn der Kunde nicht weiß, was er damit anstellen soll? Also veranstaltest Du für Deine Kunden regelmäßig Mundpflegeseminare. Viele Zahnärzte werden dankbar sein und ihre Patienten zu Dir schicken, statt ihnen selber den ungeliebten Zahnputzunterricht zu erteilen. Darüber hinaus bietest Du den Grundschuldirektoren in Deiner Stadt an, ein- oder zweimal im Jahr Zahnputzunterricht für die Schulanfänger zu geben.

834 Zauberhändler

Jonglieren, Gaukeln und Zaubern sind als Freizeitbeschäftigung absolut im Trend. Nicht nur Kinder, sondern auch. viele Erwachsene haben Spaß daran, sich mit Bällen, Reifen und Kegeln als Jongleur zu versuchen, die Kunst des Feuerspuckens zu erlernen oder Freunde und Bekannte mit kleinen Zaubertricks zu verblüffen. Inzwischen haben sich in vielen Städten schon richtige Treffpunkte für Freizeitgaukler herausgebildet, wo man gemeinsam übt und sich gegenseitig die neuesten Tricks vorführt.
Deine Geschäftsidee: Du bietest in einem Spezialgeschäft alles an, was man als Hobby-Gaukler so braucht – von den sandgefüllten Jonglierbällen über Kaninchen-Versteck-Kästen bis hin zu Till-Eulenspiegel-Kappen. Neben dem guten Sortiment kannst Du darüber hinaus noch preiswerte Kurse für angehende Jongleure oder Zauberer anbieten. Damit steigerst Du die Nachfrage nach Deinen Artikeln.

Guter Rat: Du könntest auch als Tüftler und Erfinder zu schnellem Reichtum gelangen.
Hier weise ich Dir drei Möglichkeiten dazu auf, über deren Lösung Du nachsinnen magst. Solltest Du sie gefunden haben, so verrate sie keiner Menschenseele und melde sie sofort bei den Patentämtern der Industrie an!

- Ein Mittel, das abgestorbene Haare wieder zu neuem Leben erweckt und kräftigen Haarwuchs erzeugt.
- Einen Scheibenwischer für Autos, der dem Fahrer nicht vor der Nase tanzt.
- Eine Therapie, welche dem Schnupfen binnen ein paar Stunden den Garaus macht.

Drei pfiffige Ideen, die bereits ein Knüller wurden

Feuerteufel im Wohnzimmer 835

Mit der unternehmerischen Selbständigkeit hatten Andreas K. und Markus K. eigentlich gar nichts am Hut: Als Requisiteure am Bielefelder Stadttheater waren sie unter anderem zuständig für Feuer und Raucheffekte auf der Bühne. Heute gehören die beiden und ihr Team zu den ersten Adressen in Deutschland, wenn es um Feuerwerke, TV-Actionaufnahmen und Spezialeffekte geht. Die Spezialität der beiden feuerbegeisterten Unternehmer ist das Innenraumfeuerwerk: Funkensprühende Kometen und flammende Säulen auf der Bühne, ohne daß das Publikum dabei in Gefahr gerät – das haben Andreas K. und Markus K. in ihrer Stadttheaterzeit von der Pike auf gelernt.
Der Erfolg: Unternehmensgiganten wie BMW, Bertelsmann oder Bayer verpflichten die Bielefelder bei Jubiläen, Produktpräsentationen und Betriebsfeiern. Und wenn zum Höhepunkt des Abends Funkenblitze über die Bühne zucken, Glitterregen herniederprasselt und Leuchtsterne durch die Halle schwirren, dann sind die beiden Feuerteufel in ihrem Element.
Als weiteres Umsatzstandbein handelt die junge Firma noch mit dem Handwerkszeug der Effekt-Pyromanen. Selbst Feuerwehr und Polizei gehören zu den Stammkunden, denn wenn bei Übungen und Vorführungen den Beamten Böller und Raketen um die Ohren fliegen, dann soll alles sicher sein.

Kartuschen-Doktor 836

Kopiergeräte und moderne Laserdrucker bestechen durch Geschwindigkeit und hohe Auflösung – haben aber auch so ihre Tücken. Ist die Tonerkartusche leer, heißt es: Toner nachfüllen – die Gefahr von dauerhaften schwarzen Flecken auf dem Hemd ist gewaltig. Die zweite Möglichkeit ist, die Kartu-

sche komplett auszuwechseln. Viele Hersteller sind schon dazu übergegangen, nicht nachfüllbare Wegwerfkartuschen in ihre Geräte einzubauen. Der Neupreis einer solchen Kartusche liegt selten unter 200 Mark.
Diesen Mißstand hat Christof S. erkannt und geschickt eine Geschäftsgrundlage für sich daraus geschaffen. Der junge Münsteraner holt die leeren Toner-Kartuschen sämtlicher Drucker und Kopiererfabrikate aus den Büros ab und füllt sie in der heimischen Werkstatt wieder auf. Für diesen Service nimmt Christof S. rund 50 Mark weniger, als eine neue Kartusche kosten würde. Daneben bekommen Büros, die sich der Dienste des Kartuschen-Doktors bedienen, noch einen kostenlosen Funktionscheck des Geräts – bei anstehenden Reparaturen ergibt sich so auch das eine oder andere Anschlußgeschäft.
Bei der Kundenakquisition ist für Christof S. das Telefon die Hauptwaffe. Mit dem ebenso einfachen wie wirkungsvollen Begrüßungsspruch »Wollen Sie 50 Mark verdienen?« zieht er sicher so manchen Kunden für seine Firma an Land.

837 Klinik für Golfschläger

Obwohl es nicht so aussieht: Golf ist ein ausgesprochen brutaler Sport. Zwar sind bei den Spielern selbst Verletzungen ausgesprochen selten, dafür gehen pro Golfsaison Tausende von Schlägern zu Bruch. Die andauernde hohe Belastung beim Schlag läßt die Verbindungsstelle zwischen Stiel und Schlagfläche immer wieder entzweigehen.
Diese leidvolle Erfahrung machte auch Horst H. Der passionierte Golfer hat schon auf Hunderten von Grüns in Europa und Übersee gespielt – und überall kannte man das Problem: den immensen Verschleiß an teuren Golfschlägern. Horst H. hatte die zündende Geschäftsidee: Kaputte Golfschläger muß man nicht wegwerfen, sondern reparieren. Und schon war das Konzept für Deutschlands erste Klinik für Golfschläger geboren.
Der findige Geschäftsgründer begann in europäischen Golfklubs die Werbetrommel zu rühren, verteilte auf der Düsseldorfer Golfmesse Informationsmaterial, knüpfte Kontakte zu den Herstellern von Golfschlägern.
Daneben war er ständig auf Suche nach einem Kreditgeber, denn die Werkstatteinrichtung und die Ersatzteile kosteten eine runde halbe Million Mark. Doch kein Firmenkundenbetreuer glaubte an einen Geschäftserfolg

für den hochspezialisierten Reparaturbetrieb. Doch dann half der Zufall: Horst H. unterbreitete seine Geschäftsidee einem Bankdirektor, der selbst aktiver Golfer war und auch schon leidvolle Erfahrungen mit Schlägerbruch gemacht hatte. Der Kredit konnte fließen.

Inzwischen ist die Golfklinik in Fischnich bei Köln zu einer anerkannten Adresse im weltweiten Golfsport geworden. Klubs, Trainer und Privatleute aus der ganzen Welt schicken ihre zerbrochenen Schläger hierher zur Reparatur. Dank des umfangreichen Ersatzteillagers kann der Schläger meist schon nach einigen Tagen fast wie neu zurückgeschickt werden. Inzwischen wurde schon eine ganze Reihe von Nachahmerbetrieben gegründet. Für Horst H. kein Grund zur Besorgnis: »Der Golfsport ist im Aufwind – da gibt es genug Arbeit für alle.«

Letzter Tip

Für den Fall, daß Du wegen Konkursvergehen im Knast landest

Der Insasse wußte, daß die gesamte Sträflingspost zensiert wurde. In einem Brief fragte ihn seine Frau, wann sie die Kartoffeln im Schrebergarten pflanzen solle. Er schrieb zurück: »Daß Du mir auf keinen Fall den Garten umgräbst! Ich habe dort meine Knarren verbuddelt.«

Ein paar Tage später schrieb seine Frau: »Sechs Beamte waren hier und haben jeden Quadratzentimeter Garten umgewühlt.«

Postwendend schrieb er ihr: »Na prima, jetzt rein mit den Kartoffeln!«

Anhang

Adressen, die Du kennen solltest

Man muß nicht alles wissen – man muß nur wissen, wen man fragen kann. Die Bundesrepublik Deutschland hat ein ausgesprochen dichtes Netz von Wirtschaftsverbänden und -vereinen. Zusammen mit den öffentlichen Behörden und Beratungsstellen ergibt das ein leistungsfähiges System von Experten, das Du für Deine Existenzgründung nutzen kannst.

AOK-Bundesverband
Kortrijker Straße 1
53177 Bonn
Tel. 022 8/8 43-0

Arbeitsgemeinschaft Förderung
Partnerschaft in der Wirtschaft
Wilhelmshöher Allee 283a
34131 Kassel
Tel. 0561/3 60 44

Arbeitsgemeinschaft selbständiger
Unternehmer e. V. (ASU)
Mainzer Str. 238
53179 Bonn
Tel. 0228/9 54 59-0

Ausstellungs- und Messe-Ausschuß
der Deutschen Wirtschaft e.V.
(AUMA)
Lindenstraße 8
50674 Köln
Tel. 02 21/2 09 07-0

Bund der Selbständigen –
Deutscher Gewerbeverband e.V.
Heilsbachstraße 32
53123 Bonn
Tel. 0228/64 30 72

Bundesministerium der Finanzen
Graurheindorfer Straße 108
53117 Bonn
Tel. 0228/6 82-0

Bundesministerium für Bildung,
Wissenschaft, Forschung
und Technologie
Heinemannstraße 2
53175 Bonn
Tel. 0228/1 57-0

Bundesministerium für Wirtschaft
Villemombler Straße 76
53123 Bonn
Tel. 0228/6 15-0

Bundesverband
des Deutschen
Güterfernverkehrs e.V. (BDF)
Breitenbachstraße 1
60487 Frankfurt/Main
Tel. 069/79 19-0

Bundesverband Deutscher
Unternehmensberater (BDU)
Friedrich-Wilhelm-Straße 2
53113 Bonn
Tel. 0228/23 80 55

Bundesverband Junger
Unternehmer der ASU
Mainzer Straße 238
53179 Bonn
Tel. 0228/9 54 59-0

Bundesverband mittelständische
Wirtschaft – Unternehmerverband
Deutschlands e.V.
Berliner Freiheit 36
53111 Bonn
Tel. 0228/69 20 71

Bundesvereinigung
der Deutschen
Arbeitgeberverbände e.V.
Gustav-Heinemann-Ufer 72
50968 Köln
Tel. 0221/37 95-0

Deutsche
Ausgleichsbank
Ludwig-Erhard-Platz 1–3
53179 Bonn
Tel. 0228/8 31-0

Deutscher
Franchise-Verband e.V.
Paul-Heyse-Straße 33
80336 München
Tel. 089/53 50 27

Deutscher Industrie- und
Handelstag
(DIHT)
Adenauerallee 148
53113 Bonn
Tel. 0228/1 04-0

Deutsches Patentamt
Zweibrückenstraße 12
80331 München
Tel. 089/21 95-0

Hauptverband
der gewerblichen
Berufsgenossenschaften
Alte Heerstraße 111
53754 Sankt Augustin
Tel. 02241/23 10-1

Interhoga –
Gesellschaft zur Förderung
des deutschen Hotel-
und Gaststättengewerbes mbH
Kronprinzenstr. 46
53173 Bonn
Tel. 0228/8 20 08-0

Kreditanstalt für Wiederaufbau
(KfW)
Palmengartenstraße 5–9
60325 Frankfurt/Main
Tel. 069/74 31-0

Leitstelle
für Gewerbeförderungsmittel
des Bundes
Höninger Weg 196a
50969 Köln
Tel. 0221/36 25 17

Verband Deutscher
Rentenversicherungsträger e.V.
Eysseneckstraße 55
60322 Frankfurt/Main
Tel. 069/15 22-0

Verband deutscher
Unternehmerinnen e.V.
Gustav-Heinemann-Ufer 94
50968 Köln
Tel. 0221/37 50 74

Vereinigung Mittelständischer
Unternehmer e.V.
Elisabethstraße 34
80796 München
Tel. 089/33 41 85

Wirtschaftsjunioren
Deutschland
Adenauerallee 148
53113 Bonn
Tel. 02 28/1 04-514

Zentralverband
des Deutschen Landwerks
(ZDH)
Johanniterstraße 1
53113 Bonn
Tel. 0228/5 45-0

Literaturempfehlungen

Taschenbuch des öffentlichen Lebens, Festland Verlag

Franz Konz, *1000 ganz legale Steuertricks,* Knaur Verlag

–, *Tips und Tricks bei Steuerfahndung und Betriebsprüfung,* Wirtschaftsverlag Langen Müller

–, *Wenn der Betriebsprüfer kommt,* Ullstein Verlag

Reinhard K. Sprenger, *Mythos Motivation – Wege aus der Sackgasse,* Campus Verlag

Sachwortverzeichnis

(nach Randziffern)
(Kursiv = Geschäftsideen)

Knaur

Josef Kirschner

(7549)

Foto: Isolde Ohlbaum

(7442)

(7610)

Von Josef Kirschner sind außerdem bei Knaur erschienen:

Die Kunst, ohne Überfluß glücklich zu leben (7647)

Die Kunst, ohne Angst zu leben (7689)

So wehrt man sich gegen Manipulation (7717)

So lernt man, sich selbst zu lenken (7718)

So hat man mehr Spaß am Sex (7719)

So plant man sein Leben richtig (7720)

So lebt man glücklich – ohne Heirat (7740)

So macht man auf sich aufmerksam (7741)

So nutzt man die eigenen Kräfte besser (7742)

So lernt man, sich selbst zu lieben (7743)